ACHIM PETERS
Unsicherheit

ACHIM PETERS
MIT SEBASTIAN JUNGE

Unsicherheit

Das Gefühl
unserer Zeit

und was uns gegen
Stress und gezielte
Verunsicherung hilft

C. Bertelsmann

MIX
Papier aus verantwortungsvollen Quellen
FSC® C014496

Verlagsgruppe Random House FSC® N001967

1. Auflage
© 2018 beim C. Bertelsmann Verlag, München,
in der Verlagsgruppe Random House GmbH
Umschlaggestaltung: Jorge Schmidt, München
Satz: Greiner & Reichel, Köln
Druck und Bindung: GGP Media GmbH, Pößneck
Printed in Germany
ISBN 978-3-570-10343-2

www.cbertelsmann.de

Inhalt

Meinen Eltern

I. Teil

Das Gehirn

1. Was ist Stress?

Der älteste Gefühlszustand der Welt • Die Entdeckung des Stressbegriffs • Wann ist Stress gut, wann tolerierbar und wann toxisch? • Lässt sich Unsicherheit berechnen? • Claude Shannon und die Suche nach der Formel für ein stressreduziertes Leben

Worüber sprechen wir eigentlich, wenn wir von Gefühlen sprechen? Von Liebe, Angst, Eifersucht, Ekel, Furcht, Geborgenheit, Hass, Hoffnung, Neid, Reue, Scham, Trauer, Wut oder Zuneigung? Gefühle, die wohl jeder Mensch schon erlebt hat. Ganz gleich, welcher Epoche oder Kultur er angehört. Diese Gefühle sind wahrscheinlich so alt wie die Menschheit selbst. Es gibt für diese Gefühle Namen oder Bezeichnungen in beinahe jeder Sprache – von Albanisch bis Walisisch. Und auch die Begriffe für Liebe, Hoffnung oder Hass in den jeweiligen Sprachen sind so alt, dass ihr Ursprung kaum zu bestimmen ist.

Wenn also unser Gefühlsleben so vielfältig ist und schon vor so langer Zeit Eingang in alle Kulturen und Sprachen gefunden hat, wie kann es dann sein, dass ein bestimmter Gefühlszustand scheinbar erst in der Moderne »entdeckt« wurde? Und es geht hier nicht um irgendein abseitiges, selten auftretendes Phänomen, sondern um einen Zustand, den wir ebenfalls alle kennen: STRESS. Eingeführt (und wohl auch geprägt) wurde der Begriff nämlich erst 1936 – von dem Arzt und Chemiker Hans Selye.[1] Er stellte als

Erster den Stressbegriff auf eine biologisch-medizinische Grundlage. Ihm ging es dabei um die Frage, was im Körper passiert, wenn er starken negativen Reizen ausgesetzt ist – wie zum Beispiel Hitze, Hunger oder Durst. Selye setzte Versuchstiere unterschiedlichsten Belastungen aus und entdeckte, dass bei ihnen immer wieder die gleichen Symptom-Muster auftraten: Die Nebennieren wuchsen, der Thymus schrumpfte, und es entstanden Magen-Darm-Geschwüre. Er nannte dieses Phänomen Stress. Heute wissen wir, dass das Anwachsen der Nebenniere mit der vermehrten Ausschüttung von Cortisol (einem Stresshormon) zusammenhängt und dass der geschrumpfte Thymus Zeichen einer Schwächung des Immunsystems ist. Doch damals – vor weniger als hundert Jahren – war dieses Gebiet wissenschaftliches Neuland. Wir wissen mittlerweile auch, dass neben Hitze, Hunger und Durst eine ganze Reihe anderer Stressoren existiert.

Stress taucht als Begriff also zum ersten Mal vor über achtzig Jahren auf und markiert den Beginn der Stressforschung. Seitdem ist vieles passiert, und viele neue Erkenntnisse wurden gewonnen. Aber auch das Wort Stress hat ein Eigenleben außerhalb der Wissenschaft begonnen. Und da sind wir wieder bei den Gefühlen. Kritiker könnten jetzt einwenden, ob es sich bei Stress überhaupt um ein Gefühl handelt – und sie hätten recht. Stress nur als Gefühl zu beschreiben, würde seiner Komplexität kaum gerecht werden. Die subjektiven Gefühlszustände im Stress hängen eng mit der Wahrnehmung von den zahlreichen Veränderungen im gestressten Körper zusammen, wie »das Herz schlägt mir bis zum Hals«. Genauer gesagt ist das, was wir umgangssprachlich unter dem Begriff Stress verstehen, vor allem ein hochemotionaler Zustand. Wenn wir sagen, dass wir gestresst sind, dann meinen wir im Allgemeinen, angespannt, erschöpft, unruhig oder vielleicht auch nur genervt zu sein. Wenn wir allerdings erklären sollen, was Stress genau ist, denn fällt die Antwort nicht mehr so leicht. Im Grunde haben wir eine eher diffuse Vorstellung davon, was Stress ist und was ihn auslöst, wie wir ihm entgegenwirken können, welche Rolle dabei unser eigenes Verhalten spielt und was Stress in unserem Körper bewirkt.

Interessanterweise geht das nicht nur Laien so. Auch in der Forschung tun sich Wissenschaftler damit schwer, den Begriff klar zu definieren. Sicher ist, dass die Stressforschung noch immer eine vergleichsweise junge Wissenschaft ist und ziemlich am Anfang steht. Und obwohl der Begriff erst 1936 geprägt wurde, ist das Phänomen Stress selbst mindestens so alt wie jene tiefbewegenden Zustände, welche Liebe, Hass oder Hoffnung hervorbringen. Bestimmt ist Stress sogar noch älter. Womöglich ist Stress sogar der älteste Gefühlszustand der Welt. Oder anders gesagt: Stress ist ein Zustand, den jedes Lebewesen kennt. Selbst der primitivste Einzeller, der wohl kaum ein bewusstes Erleben, geschweige denn einen Begriff von der großen Liebe haben kann, zeigt unter kritischen Umständen genau das unruhige Suchverhalten, wie es typisch ist für Stress. Denn Stress entsteht überall dort, wo lebenswichtige Dinge fehlen oder wo das Überleben in Gefahr ist. Deswegen könnte man wohl behaupten: Stress ist so alt wie das Leben selbst. Und er ist – bis heute – eine der größten und mächtigsten Kräfte, die auf uns im täglichen Leben einwirken. Deshalb ist es so wichtig, ihn besser zu erforschen und zu verstehen.

Und dieser Weg des Verstehens fängt mit einer ganz einfachen, grundlegenden Frage an: Was ist Stress? Auf diese Frage würde jeder spontan und situativ wahrscheinlich ganz unterschiedlich antworten: der Stau, der einen daran hindert, pünktlich zur Arbeit zu kommen. Der Chef, der eine Leistung kritisiert. Das Baby, das nachts schreit anstatt zu schlafen. Oder die Angst, den Job zu verlieren. Doch das alles sind keine wissenschaftlich belastbaren Definitionen, sondern bestenfalls Auslöser dafür, dass unser Stresssystem hochfährt, also sogenannte Stressoren. Und was ist nun Stress, wissenschaftlich betrachtet?

Wenn wir von Stress sprechen, ist es zunächst wichtig, festzustellen, welche Stressstufe eigentlich gemeint ist. Denn Stress ist nicht gleich Stress. Grundsätzlich unterscheidet die Stressmedizin drei Stressebenen:

1. **Guter Stress:** Er ist in der Regel kurz. Stressforscher sprechen auch von einer Episode. Wir erleben zum Beispiel eine fordernde Situation, die schnelles und umsichtiges Handeln verlangt. Wir besorgen uns die nötigen Informationen, entscheiden und lösen das Problem. Der Druck lässt nach, die Anspannung auch, und das Stresssystem, das kurzfristig hochaktiv war, begibt sich wieder in die Ruheposition. Wir haben danach ein gutes Selbstwertgefühl und auch das Gefühl, die Sache wieder unter Kontrolle zu haben. Ein derartiges Stresserlebnis können wir durchaus als anstrengend empfinden, aber auch als erfolgreich und bereichernd.

2. **Tolerierbarer Stress:** Jetzt ist der Druck größer, und meine Möglichkeiten zu handeln sind eingeschränkt. Wir können das Problem und die bedrohliche Situation nicht auflösen. Aber wir selbst können uns vielleicht verändern.

Ein Beispiel: Ein 52-jähriger Mann ist seit acht Jahren arbeitslos. In der ersten Zeit war er extrem verunsichert, angespannt, aufgeregt, erschöpft, schlaflos und hat oft nachts gegrübelt. Mit der Zeit hatte er sich aber an seine neue Lebenssituation gewöhnt. Mittlerweile lebt er äußerst bescheiden und hat eine gewisse Ruhe gefunden. Indem er sich mithilfe seiner Puffermechanismen sowie seiner sozialen Unterstützung in der Familie an die Lage angepasst hat, erlebt er seine schwierige Lebenssituation als tolerierbar. Könnte er dies nicht, liefe er Gefahr, sich mittelfristig toxischem Stress auszusetzen.

3. Toxischer Stress: Wir befinden uns in einer Situation, in der das Stresssystem immer wieder oder dauerhaft erregt ist. Ständig werden wir überrascht. Wir sehen oder finden keine Möglichkeit, daran etwas zu ändern. Aber wir suchen und suchen weiter nach der Lösung, der richtigen Strategie. Oft verharren wir dann in der Unsicherheit, ohne etwas Konkretes zu unternehmen. Das kann zum Beispiel jemand sein, der sich von seinen Kollegen gemobbt fühlt und nicht weiß, ob er kündigen soll, oder jemand, der in einer Partnerschaft mit einer Person lebt, die aufgrund eines Alkoholproblems unberechenbar ist. Wie gesagt, das sind nur einige von vielen Möglichkeiten, in eine Lebenssituation zu geraten, die mit toxischem Stress einhergeht. Wir werden uns im Verlauf dieses Buchs besonders eingehend mit toxischem Stress befassen. Denn seine Auswirkungen können verheerend sein – nicht nur auf unsere Lebensqualität, sondern auch auf unsere Gesundheit.

Aber all das beantwortet natürlich noch nicht definitiv die Frage, was Stress genau ist. Gemeinsam mit dem amerikanischen Pionier der Stressforschung, Bruce McEwen, und dem britischen Psychiater Karl Friston habe ich folgende Frage formuliert, die sich auf jede Form von Stress anwenden lässt:[2, 3]

• *Welche meiner Strategiemöglichkeiten soll ich auswählen, um mein zukünftiges physisches, mentales und soziales Wohlbefinden sicherzustellen?*

Wenn es gelingt, hier jeweils die richtige Antwort zu geben, sind alle möglichen schlimmen Überraschungen ausgeschaltet: Wir haben dann genug zu essen, ein gesichertes Einkommen. Nichts und niemand bedroht uns. Wir sind gesund, leben in einer intakten Beziehung, haben Freunde und Kollegen, mit denen wir uns verstehen, und arbeiten in einem Job, in dem wir uns wohlfühlen. Es sind auch keine Gefahren am Horizont zu erkennen − wie zum Beispiel schulische Probleme der Kinder, oder dass unser Arbeitgeber in einer wirtschaftlich schwierigen Phase ist und womöglich Stellen abbauen wird. Das sind natürlich nur Beispiele, aber ich denke, es wird deutlich, was gemeint ist: Wir sind in der Lage, unser Leben so zu gestalten, dass wir Überraschungen vermeiden können.

Und jetzt kommen wir zum zweiten und eigentlichen Teil der Stressdefinition nach Peters, McEwen und Friston:

• Stress tritt immer dann auf, wenn Menschen in einer riskanten Lebenssituation diese Frage − welche meiner Strategiemöglichkeiten soll ich auswählen, um mein zukünftiges Wohlbefinden sicherzustellen? − nicht sicher beantworten können.

Damit lässt sich auch die Frage beantworten, auf die wir meist keine Antwort wissen: Nämlich was macht den Stress für den Einzelnen eigentlich so stressig? Oder anders gefragt: Warum reagiert nicht jeder Mensch auf potenzielle Stressoren gleich? Warum fühlt sich der eine von der Kindererziehung gestresst und ein anderer nicht? Warum regen sich manche Menschen im Stau auf und andere entspannen? Warum macht der gleiche Job dem einen Angst und dem anderen Freude? Der Schlüssel zu diesen Fragen ist individuelle UNSICHERHEIT. Nicht zu wissen, was *ich* als Nächstes tun soll, erzeugt Unsichcrhcit (Abb. 1). Damit erhält Stress seine subjektive Dimension! Und Unsicherheit steckt seit jeher hinter jedem Stressor. Die Situationen und Stressoren haben sich im Verlauf der Menschheitsgeschichte gewandelt, die Stressantwort des Körpers ist die gleiche geblieben. Bei unseren Vorfahren war es womöglich die Begegnung mit einem wilden Raubtier – und die Wahl von zwei Möglichkeiten, der Gefahr zu entgehen: Kämpfen oder fliehen. Aber welche der Strategiemöglichkeiten ist jetzt die richtige? Die Folge, wenn man das nicht weiß: Unsicherheit. Oder der Angestellte, der sich in seinem beruflichen Umfeld unwohl fühlt: Soll er bleiben oder sich einen neuen Job suchen? Welche der beiden Möglichkeiten wird sich als erfolgreich erweisen? Die Folge: ebenfalls Unsicherheit. Und diese Unsicherheit wächst in dem Maße, in dem uns relevante Informationen fehlen. Der junge Mann, der sich zum ersten Mal einem Raubtier gegenübersieht, weiß nicht, was jetzt zu tun ist – kämpfen oder fliehen? Und weil seine Unsicherheit groß ist, steigt sein Stresslevel immer weiter an. Vielleicht entscheidet er sich für die eine oder andere Strategie. Vielleicht ist er aber auch so gelähmt, dass er nichts tun kann. Der erfahrene Jäger empfindet auch Stress bei dieser Begegnung. Er aber weiß, dass bei Begegnungen mit Bären die Flucht nichts bringt, weil der Bär im Zweifelsfall schneller ist. Er wird die Ruhe bewahren, sich langsam zurückziehen und sich aber mental auf den Kampf einstellen, in der Hoffnung, dass es nicht so weit kommen wird. Genauso, wie er es in der Vergangenheit schon mehrfach erlebt hat. Seine Unsicherheit weicht einer gewissen Sicherheit, weil er über Erfahrung verfügt (siehe Abb. 1).

Worin die relevante Information besteht, mit der sich Stress auflösen lässt, hängt stark von der Situation ab. Begegnungen mit Bären sind heutzutage eher selten und althergebrachtes Jägerwissen würde uns in modernen Stresssituationen nicht weiterhelfen. Aber das Prinzip lässt sich übertragen. Zum Beispiel auf die Arbeitswelt. Nehmen wir an, ein Angestellter ist für ein Unternehmen tätig, das seit Generationen als solide gilt und seinen loyalen Mitarbeitern gewissermaßen einen sicheren Arbeitsplatz auf Lebenszeit garantiert hat. Aber im Zuge der Globalisierung haben sich die Märkte verändert. Es gibt neue Konkurrenz aus Übersee. Die Auftragsbücher sind schon lange nicht mehr voll. Eine Betriebsstätte wurde bereits geschlossen. Eine Welle von Sparmaßnahmen schwappt über die Belegschaft hinweg. Dann kommt es zu Verzögerungen bei der Lohnzahlung. Es gibt Übernahmegerüchte oder das Gerücht, dass der Konkurs bevorsteht. Doch Konkretes passiert erst einmal nicht. Der Angestellte wird seinen Arbeitsplatz jetzt nicht mehr als sicher empfinden. Er denkt an seine Zukunft, an die Hypothek fürs Haus und ob er einen vergleichbaren Job finden wird, wenn er jetzt kündigt. Er weiß nicht, wie es mit dem Unternehmen weitergehen wird.

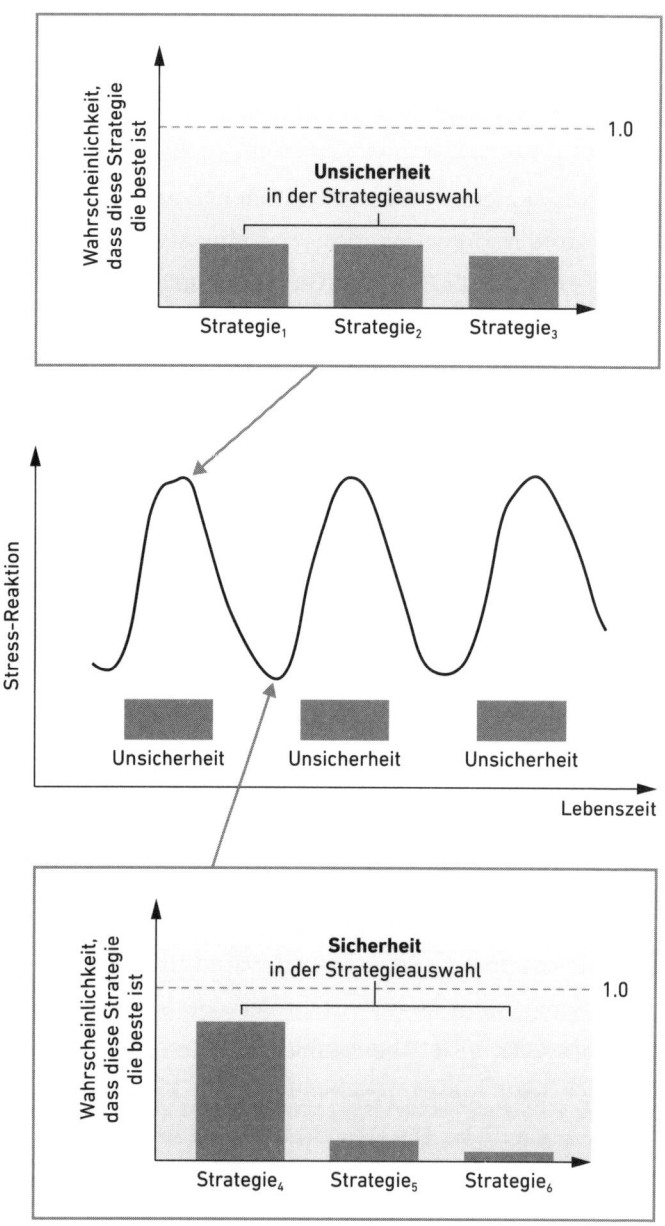

Abb. 1: Wiederholte Stressreaktionen in Zeiten der Unsicherheit. Stressreaktionen entstehen, wenn sich die Umwelt ändert und der Mensch in der riskanten Lage unsicher ist, welche seiner Strategiemöglichkeiten er auswählen soll, um sein zukünftiges physisches, mentales und soziales Wohlbefinden sicherzustellen. Ihm stellt sich die Frage: Welches ist die beste Strategie? In dieser Situation ordnet sein Gehirn den möglichen Antworten jeweils eine Wahrscheinlichkeit zu. Die Zuordnung der Wahrscheinlichkeit 0 zu irgendeiner der Antworten bedeutet das Gleiche wie wenn man sagt: Diese Antwort ist unmöglich. Die Zuordnung der Wahrscheinlichkeit 1 zu einer Antwort ist das Gleiche als wenn man sagt: Diese Antwort ist sicher. Üblicherweise liegen die Wahrscheinlichkeitswerte für die Antworten irgendwo zwischen 0 und 1. Vor 70 Jahren verwendete Claude Shannon, der Begründer der Informationstheorie, genau solche Wahrscheinlichkeiten von möglichen Antworten, um Unsicherheit mathematisch exakt zu definieren. Seine Definition von Unsicherheit hat die interessante Eigenschaft, dass, wenn man einer Antwort die Wahrscheinlichkeit 1 zuordnet – und demzufolge allen anderen die Wahrscheinlichkeit 0 zuweist – die Unsicherheit 0 beträgt. (Wer bereits die richtige Antwort kennt, hat keine Unsicherheit.) Wenn hingegen alle verfügbaren Antworten die gleiche Wahrscheinlichkeit aufweisen, dann ist die Unsicherheit maximal. (Wer so spärliche Informationen hat, dass er gleiche Wahrscheinlichkeiten zuweisen muss, ist in Bezug auf die Antwort so unsicher wie möglich.) Shannon definierte Unsicherheit also als einen Wert, der anzeigt, wie unsicher jemand bei der Beantwortung einer wohldefinierten Frage ist. Ist die Unsicherheit eines Menschen in Bezug auf die oben gestellte Frage nach der besten Strategie maximal (oberes Diagramm), dann löst sein Gehirn auch maximale Stressreaktionen aus: Der Mensch wird überwach, sein Herz schlägt schneller, denn die Stresshormone fluten seinen gesamten Organismus. Diese Reaktionen dienen dazu, Informationen für das Gehirn zu beschaffen, um die Unsicherheit wieder aufzulösen. Shannon fuhr fort, indem er die Information in einer Nachricht als den Unterschied zwischen zwei Unsicherheiten definierte: einer Unsicherheit, die mit dem Wissen *vor* einer Nachricht verbunden ist, und der anderen Unsicherheit, die mit dem Wissen *nach* einer Nachricht verbunden ist. Man versteht also, was er meinte, wenn er sagte: Es braucht Information, um Unsicherheit zu reduzieren. Als Nächstes berücksichtigen wir hier noch ein wichtiges physikalisches Grundprinzip: Um Information zu erhalten, wird Energie benötigt. Ausgehend von diesem Grundprinzip wird deutlich, warum die Stressreaktion als weitere wichtige Komponente die Beschaffung von zusätzlicher Energie für das Gehirn enthält. Mit der Hilfe dieser Extraenergie für das Gehirn wird die Informationsverarbeitung gesteigert. Wenn die Unsicherheit schließlich aufgelöst ist, dann kann der Mensch wieder *sicher* eine der verfügbaren Strategien auswählen (unteres Diagramm). Denn in diesem Fall gibt es eine ziemlich sichere Antwort auf die Frage nach der besten Strategie. So kann die Sicherheit zurückgewonnen werden, und die Stressreaktionen verschwinden.

Er weiß aber auch nicht, ob die neue Arbeitsstelle, die er in Aussicht hat, sich als zufriedenstellend erweisen wird. Er empfindet mittlerweile starken dauerhaften Stress, weil seine berufliche Situation von Unsicherheit geprägt ist. Er kann sich nicht entscheiden, ob er gehen oder bleiben soll, weil ihm entscheidende Informationen fehlen.

Das Szenario wird vielen Menschen bekannt vorkommen – ob aus den Nachrichten oder weil sie selbst betroffen waren oder sind. Und wer so etwas schon einmal erlebt hat, weiß, wie zermürbend sich so eine Situation anfühlen kann, vor allem dann, wenn sich die Unternehmenskrise langsam über Monate oder Jahre zuspitzt. So wie es bei der Abwicklung großer Firmenkomplexe immer wieder vorkommt. Also: Welche Information könnte dem Angestellten in dieser Situation den Stress nehmen? Zum Beispiel eine Arbeitsplatzgarantie für einen bestimmten Zeitraum, den der Arbeitgeber ihm und seinen Kollegen verlässlich zusichert. Das mag zumindest vorübergehend das Stressempfinden dämpfen. Aber wir sehen, wie schwierig und komplex es sein kann, die relevanten Informationen zu erhalten. Und überhaupt – wie lassen sich diese Informationen erfassen oder gar bemessen? Lassen sie sich überhaupt bemessen? Tatsächlich ist ein derartiges Messverfahren in der Stressforschung bisher nicht bekannt. Dabei wäre es mehr als nur hilfreich, über so ein Verfahren zu verfügen. Weil so Stress erstmals konkret erfasst und bewertet werden könnte. Die Schwammigkeit des Stressbegriffs würde Erkenntnissen weichen, die es erstmals ermöglichen würden, auch individuelle psychosoziale Belastungen konkret einzuschätzen, um angemessen und sinnvoll zu intervenieren. Wir werden diesen Gedanken im Verlauf des nächsten Kapitels weiterverfolgen und versuchen zu ergründen, wie so eine Formel zur Berechnung aussehen könnte. Ausgangspunkt dieser Überlegungen ist eine Definition, die der amerikanische Mathematiker Claude Elwood Shannon bereits 1948 in seiner epochemachenden Arbeit veröffentlichte: Es braucht Information, um Unsicherheit zu reduzieren.[4] Wenn dieses theoretische Konzept anwendbar ist, dann ist ein Verfahren zur Bemessung oder Quantifizierung von Information in Bezug auf Stress sogar essenziell. Denn mit so einer Formel ließe sich erstmals der Zusammenhang von Information, Unsicherheit und Stress mathematisch genau beschreiben. Zugegeben, das klingt jetzt etwas kompliziert, ist aber im Grunde gar nicht so schwierig zu verstehen. Und es wird sich auf jeden Fall lohnen, hier etwas tiefer einzusteigen.

2. Unsicherheit, Information und Energie

Ein Besuch in der British Library • Wie viel Energie kostet es, Unsicherheit zu reduzieren? • Information und Chaos • Was ist ein Bit? • Die Chancen bei Glücksspielen berechnen • Thomas Bayes tritt auf • Wie ein Notarzt mit Wahrscheinlichkeiten umgeht • Keine Dogmen in der Wissenschaft • Deleuze oder: Warum es keine absolute Wahrheit geben kann

Stellen wir uns vor, wir befinden uns in der größten Bibliothek der Welt, der BRITISH LIBRARY in London. Hier werden 170 Millionen Bücher und andere Medien aufbewahrt. Wir suchen ein bestimmtes Buch. Ein komplexes Ordnungssystem wird uns helfen, herauszufinden, ob ein Exemplar des Buches in der Bibliothek existiert und wo es zu finden ist. Stellen wir uns jetzt aber weiter vor, jemand habe über Nacht alle Bücher komplett durcheinandergebracht. Keines sei mehr dort zu finden, wo es sich laut Ordnungssystem befinden sollte. Dann hätten wir eine chaotische Situation, in der das Auffinden eines bestimmten Titels unter 170 Millionen fast unmöglich erscheint, zumindest aber enorm viel Zeit und Energie erfordern würde. Solche nicht geordneten Zustände sind in Bibliotheken zum Glück selten, aber in der Physik treffen wir sie häufig an.

Um das leicht verständlich zu machen, verwendete Richard Feynman, amerikanischer Physiker und Nobelpreisträger des Jahres 1965, in einer seiner berühmten Vorlesungen das Beispiel eines Systems, dessen Information ausgelesen werden kann[5]: Ein luftdichter, aufrecht stehender Zylinder wird mit einem Gas befüllt. Nur eines der Gasteilchen ist rot markiert. Die Aufgabe besteht darin, dieses rote Teilchen zu finden. Allerdings haben sich alle Teilchen chaotisch im Zylinder verteilt. Diesen Hang zur immer größeren Unordnung beschreibt man in der Physik mit dem Begriff Entropie. Mit Ordnung ist Organisation und Struktur gemeint: das Gegenteil von Zufälligkeit oder Chaos. Das Gas befindet sich also im Zustand größtmöglicher Entropie, wenn sich alle Teilchen möglichst unordentlich oder chaotisch im Zylinder verteilt haben. Das rote Teilchen könnte jetzt überall im Hohlraum sein. Niemand könnte seine Position vorhersagen. Doch unser Zylinder verfügt über eine spezielle Kolbenvorrichtung. Sein Hohlraum lässt sich mittels einer beweglichen dünnen Trennplatte zusammenschieben. Im unteren Teil des Zylinders befinden sich die Gasteilchen, oberhalb des Scheibenkolbens ist Luft, die Schritt für Schritt immer mehr Raum einnimmt. Sobald das Gas komprimiert wird, wird dieses heißer; aber wenn wir eine Weile warten, entweicht die Wärme wieder aus der Vorrichtung, und die Temperatur des Gases kehrt zu ihrem ursprünglichen Wert zurück. Je weiter wir also den Scheibenkolben nach unten drücken, desto weniger Orte gibt es, an denen sich das rote Gasteilchen befinden kann, und wir sind *weniger unsicher* über seinen Aufenthaltsort.

Die Energie, die wir zum Ordnen der Gasteilchen aufwenden müssen, lässt sich bemessen – und zwar in der für Energie gebräuchlichen Einheit Joule (oder Kalorien). Aber auch die Entropie – also das Maß der Unordnung oder Unsicherheit – lässt sich messtechnisch erfassen: nämlich in der Einheit Bit (binary digit). Da Claude Shannon feststellte, dass die Reduktion von Unsicherheit durch Information erfolgt, gilt umgekehrt für das komprimierte Gas, dass wir Informationen gewonnen haben. Wir haben das gesuchte Teilchen zwar noch nicht gefunden, aber wir wissen zumindest, dass es sich nicht mehr im oberen Teil des Zylinders befinden kann, der sich mit Luft gefüllt hat, und haben so das Suchfeld eingegrenzt.

Aber diese Eingrenzung des Areals, in dem sich das Teilchen befindet, ist nicht umsonst zu haben. Und das wirft folgende Frage auf: Wie viel Energie (Joule) muss ich aufbringen, um eine bestimmte Information (Bit) zu erhalten? Was auch immer die Berechnung im konkreten Fall ergeben wird, auf jeden Fall wird das Ergebnis nicht »null« lauten. Und das macht deutlich, wie wichtig der Zusammenhang zwischen Energie und Information ist. Denn aus der Verbindung von Physik und Informationstheorie lässt sich hier dieses allgemeingültige Gesetz ableiten: Es gibt keine Information ohne Energie.

Schon frühere Generationen von Physikern konnten mathematisch aufzeigen, wie eng Information und Energie miteinander verflochten sind.[6-8] Jedoch erst kürzlich gelang der jüngsten Forschergeneration der entscheidende Durchbruch. Mit ausgeklügelten Experimenten wurde aufgezeigt, dass, wer Information bekommen will, Energie investieren muss; wer Information löscht, sogar Energie zurückerhält.[9, 10] Das alles kann in der Praxis natürlich sehr unterschiedlich aussehen. Im Fall unseres Zylinderexperiments wurde Muskelarbeit verrichtet, indem der Scheibenkolben von oben nach unten gedrückt wurde, um so Information zu gewinnen.

Auch im Fall der Büchersuche in der BRITISH LIBRARY ist

die gewünschte Information ohne Energie nicht zu haben: Wir wenden uns an ein Computerterminal, geben den Titel des Buches in das Register ein, überprüfen, ob der vorgeschlagene Titel unserem Buch entspricht, merken uns, in welcher Abteilung und in welchem Regal das Buch genau zu finden ist, und begeben uns dorthin. Da in diesem Fall aber der Entropiefaktor gering ist – Bibliotheken sind für ihre penible Ordnung berühmt –, ist unser Energieaufwand zur Beschaffung der Information, wo das gesuchte Buch zu finden ist, eher gering. Vor allem im Vergleich zu dem oben beschriebenen Szenario, in dem alle 170 Millionen Bücher heillos durcheinandergebracht wurden. In so einer Ausgangssituation das Buch zu finden, würde uns Jahre oder Jahrzehnte kosten und damit unseren Energieaufwand um ein Vielfaches erhöhen.

Wenn nun aber Information und Stress eng miteinander verknüpft sind, wie lässt sich dann feststellen, wie viel Information ich tatsächlich habe bzw. wie viel mir fehlt und wie groß die damit verbundene Unsicherheit ist? Tatsächlich lässt sich das – abhängig von der jeweiligen Situation – sogar exakt darstellen und berechnen. Nehmen wir zunächst ein einfaches Beispiel, das jeder kennt: den berühmten Münzwurf und die damit verbundene Frage: Kopf oder Zahl? Wie jeder weiß, beträgt die Chance, zu gewinnen oder zu verlieren, 50 Prozent. Das heißt: Unsere Unsicherheit darüber »was kommen mag«, ist hier recht groß. Genauer gesagt: Größer kann die Unsicherheit bei zwei Möglichkeiten gar nicht sein (wäre die Gewinnchance größer als 50 Prozent, hätten wir mehr Sicherheit, dass wir gewinnen; wäre sie kleiner als 50 Prozent, würde unsere Sicherheit zunehmen, dass wir verlieren). Es wäre natürlich beruhigend, wenn wir die Sicherheit oder die Wahrscheinlichkeit, zu gewinnen, erhöhen könnten. Können wir aber nicht: Denn der Münzwurf lässt sich nicht beeinflussen (außer die Münze ist gezinkt). Um also an die Information zu kommen und um hier Gewissheit zu erhalten, gibt es nur eine Möglichkeit: das Ergebnis des Münzwurfs abzuwarten. Diese Situation lässt sich auch mathematisch ganz einfach und leicht verständlich darstellen:

- Die Unsicherheit vor einem Münzwurf (Zweierentscheidung: Kopf oder Zahl) beträgt 1 Bit.
- Die Unsicherheit nach dem Münzwurf ist 0 Bit (wir kennen ja das Ergebnis).
- Also ist die Information, die der Münzwurf liefert (d. h. die Reduktion von Unsicherheit), genau 1 Bit: nämlich 1 Bit − 0 Bit = 1 Bit.

Machen wir es also im nächsten Schritt ein bisschen komplizierter: Die Unsicherheit, die richtige aus 4 Spielkarten vorherzusagen, beträgt 2 Bits; die Unsicherheit, die richtige aus 8 Karten vorherzusagen, 3 Bits, usw. (siehe Abb. 2). Wer verstehen will, wie sich die Reduktion von Unsicherheit in einfachen Fällen berechnen lässt, findet Einzelheiten dazu in Box 1 im Anhang.

Nun sind die Unsicherheitsfaktoren bei Münzwürfen, Spielkarten und Würfeln vergleichsweise leicht zu berechnen, weil diese auf der Basis eng umrissener Zahlensysteme funktionieren. Was aber passiert, wenn der menschliche Faktor hinzukommt? Im täglichen Leben kann das »infernalische Duo« Unsicherheit und Stress in allen möglichen Erscheinungen auftreten. In Situationen, in denen

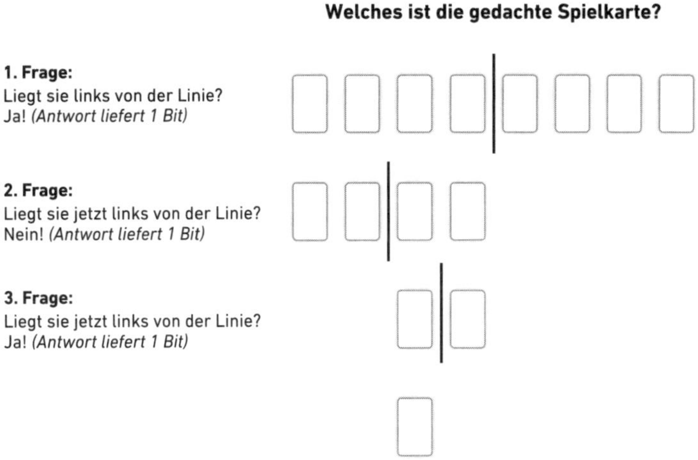

Welches ist die gedachte Spielkarte?

1. Frage:
Liegt sie links von der Linie?
Ja! (Antwort liefert 1 Bit)

2. Frage:
Liegt sie jetzt links von der Linie?
Nein! (Antwort liefert 1 Bit)

3. Frage:
Liegt sie jetzt links von der Linie?
Ja! (Antwort liefert 1 Bit)

Abb. 2: Unsicherheitsreduktion bei der Identifikation einer Spielkarte. Die Unsicherheit, die richtige aus 8 Karten vorherzusagen, beträgt 3 Bit. Jede der 3 Informationen (die man durch Beantwortung der Fragen erhält) reduziert unsere Unsicherheit jeweils um 1 Bit.

sich mathematische Formeln kaum oder nur eingeschränkt anwenden lassen, weil eben wichtige Informationen nicht verfügbar sind. Ja, manchmal fehlt sogar der konkrete Ausgangspunkt, von dem aus eine Berechnung überhaupt vorgenommen werden könnte. Einer der ersten Menschen, die sich über dieses Problem Gedanken gemacht haben, war Thomas Bayes, ein presbyterianischer Geistlicher und Mathematiker aus Leidenschaft, der im England des 18. Jahrhunderts auf folgende Idee kam: Wenn sich etwas nicht exakt berechnen lässt (weil wir keinen direkten Zugang zur Wahrheit haben), könnte man sich dem Ergebnis dann nicht mathematisch annähern, um so das richtige Ergebnis zumindest einzugrenzen? Mit dieser revolutionären Idee gilt Bayes heute als einer der wichtigsten Pioniere der Wahrscheinlichkeitsrechnung. Revolutionär ist sein Ansatz zunächst deshalb, weil er das Problem des fehlenden Ausgangspunkts ganz pragmatisch löst, indem er einen sogenannten Prior setzt. Ein Prior bezeichnet eine Ausgangswahrscheinlichkeitsverteilung. Beim oben erwähnten Münzwurf gingen wir ja davon aus, dass die Priorwahrscheinlichkeit 50 Prozent für Kopf und 50 Prozent für Zahl ist, oder anders ausgedrückt jeweils 0,5. Bayes definierte also einen Ausgangspunkt und versuchte jetzt, von dort ausgehend immer weitere Informationen zu sammeln und in die Beurteilung einzubringen, um so dem Ergebnis Schritt für Schritt näher zu kommen. Was aber das Bayes-Theorem besonders interessant macht, ist ein zweiter Aspekt: Das Bayes-Theorem erlaubt es, von einem beobachteten EFFEKT auf eine uns unbekannte URSACHE zu schließen.[11]

Schön und gut – das klingt erst einmal ziemlich theoretisch. Aber das sogenannte Bayes-Theorem lässt sich durchaus in ganz lebensnahen Situationen anwenden. Folgende Szene soll uns als Beispiel dienen: Ein Notarzt wird von einem Passanten gerufen, der nachts einen bewusstlosen Menschen am Straßenrand entdeckt hat. Der Arzt sieht die 17-jährige Person am Boden liegen und erfasst sofort, dass es sich hier um ein Koma handelt. Er nimmt also sozusagen den EFFEKT (Symptom) wahr – was er aber nicht kennt, ist die URSACHE (Diagnose) des Problems. Er kann jetzt Vermutungen anstellen, aber er kann sich zu diesem Zeitpunkt nicht sicher sein. Was wird der Arzt nun tun? Informationen sammeln, um sich der wahrscheinlichsten Ursache des Komas anzunähern. Er geht in Gedanken sein Wissen über jugendliche Komapatienten durch und kommt zu folgendem Schluss: Es gibt in diesem Fall drei wahrscheinliche Komaursachen:

1. Intoxikation – also eine Vergiftung durch Alkohol oder Drogen

2. Neuroglukopenisches Koma – ein Koma durch Unterzuckerung im Zuge einer Typ 1 Diabetes-Erkrankung (Insulinüberdosis)

3. Hirnblutung – verursacht durch ein rupturiertes Aneurysma (erweitertes Blutgefäß, das platzt) im Kopf

Wie wahrscheinlich diese drei Möglichkeiten sind, bezeichnet das, was Bayes Prior-Wahrscheinlichkeitsverteilung nannte. Aufgrund seiner Erfahrung ist für den Notarzt die Ursache 1 der Favorit (mit 50-prozentiger Wahrscheinlichkeit richtig), gefolgt von Ursache 2 (mit 40-prozentiger Wahrscheinlichkeit richtig) und dem Schlusslicht Ursache 3 (mit 10-prozentiger Wahrscheinlichkeit richtig). Diese Prior-Wahrscheinlichkeitsverteilung ist der Ausgangspunkt, der es dem Arzt überhaupt erst ermöglicht, die Ursache einzugrenzen. Um sich dem Ergebnis weiter anzunähern, überprüft der Arzt zunächst den Blutzucker. Das Blutzuckerergebnis ist dann der zweite EFFEKT, den die zugrunde liegende Krankheit verursacht. Die Messung ergibt eine Glukosekonzentration von 25 mg/dl. Das ist deutlich unter dem Normalwert von 70–100 mg/dl. Ein Hinweis für Ursache 2 – das neuroglukopenische Koma. Er hat mit diesem Schritt seine Unsicherheit deutlich reduzieren können. Aber hundertprozentig sicher kann er noch nicht sein. Es ist unwahrscheinlicher, aber eben nicht unmöglich, dass ein so niedriger Blutzuckerspiegel auch durch eine Alkoholvergiftung oder ein geplatztes Aneurysma entsteht. Wenn man die Situation jetzt mathematisch betrachtet, wird aber deutlich, wie stark die Unsicherheit zurückgedrängt wurde:

(Wer nicht so sehr an den mathematischen Einzelheiten interessiert ist, kann Tabelle 1 auch überspringen)

17-jähriger Patient im Koma

Ursache	Effekt	Prior	Likelihood	Posterior
X	Y	P(X)	P(Y|X)	P(X|Y)
Intoxikation		0,5	0,1	0,12
Neuroglukopenisches Koma	Blutglukose-Messung zeigt 25 mg/dl	0,4	0,9	0,86
Hirnblutung		0,1	0,1	0,02

Tabelle 1: Medizinische Diagnostik nach dem Bayes-Theorem. Der Prior – d. h. die Wahrscheinlichkeit der unbekannten Ursache P(X) *vor* der Blutuntersuchung – beträgt bei der Intoxikation 50% (0,5), beim Neuroglukopenischen Koma 40% (0,4) und bei der Gehirnblutung 10% (0,1). Alle drei Priorwahrscheinlichkeiten zusammen betrachtet nennt man Prior-Wahrscheinlichkeitsverteilung oder Priorerwartung. Nachdem der Arzt festgestellt hat, dass der Blutzucker mit 25 mg/dl zu niedrig ist, wird sich seine Einschätzung deutlich verändern. Der Arzt weiß nämlich aus seiner Erfahrung, wie wahrscheinlich es ist, dass die jeweilige Ursache (X) zum neu beobachteten Effekt (Y) passt. Das ist die Likelihood. Genauer gesagt: Die Likelihood P(Y\|X) beschreibt die (bedingte) Wahrscheinlichkeit, dass Y eintritt, wenn X bereits eingetreten ist. Dass also ein Blutzucker von 25 mg/dl eintritt, wenn tatsächlich ein neuroglukopenisches Koma vorliegt, hat eine 90%ige Wahrscheinlichkeit. Verglichen mit den beiden anderen Diagnosen, passt das neuroglukopenische Koma am besten – denn es hat die höchste Likelihood 90% (0,9). Intoxikation und Gehirnblutung passen nicht so gut – denn die Likelihood ist jeweils nur 10% (0,1). Nun könnte der Arzt einfach die Diagnose mit der besten Likelihood auswählen. Solch ein Vorgehen hätte aber einen Nachteil: Was ist, wenn die am besten passende Diagnose sehr selten ist? Sollte sie dann immer noch – auch wenn sie so gut passt – zum Favoriten werden? Optimal ist es hingegen, wenn die Häufigkeit der Diagnose mitberücksichtigt wird. Und das ist genau der Witz beim bayesianischen Schlussfolgern, dass man nämlich sowohl den Prior als auch die Likelihood einbezieht: Man multipliziert einfach den Prior mit der Likelihood. Dieses Ergebnis muss man jetzt noch durch einen Normierungsfaktor P(Y) (in diesem Beispiel 0,42) teilen, um den sogenannten Posterior zu erhalten. Der Posterior P(X\|Y) ist die Wahrscheinlichkeit der unbekannten Ursache *nach* der Messung. Der Nor-

mierungsfaktor soll sicherstellen, dass die drei Posteriorwahrscheinlichkeiten zusammenaddiert die Summe 100% (1,0) ergeben. Die Posterioren sind also die bestmöglichen Annäherungspunkte. Das neuroglukopenische Koma liegt jetzt mit einem Posterior von 86% (0,86) weit vorne, vor Intoxikation mit 12% (0,12) und weit abgeschlagen der Hirnblutung mit 2% (0,02). Der Vollständigkeit halber sei hier noch die Bayes-Formel aufgeführt:

$$P(X|Y) = \frac{P(Y|X)P(X)}{P(Y)}$$

Mithilfe des Bayes-Verfahrens hat der Arzt nun eine neue Favoriten-Diagnose ermittelt, nämlich Ursache 2 (aufgrund des Updates mit 86-prozentiger Wahrscheinlichkeit richtig), Ursache 1 und 3 liegen jetzt mit 12 Prozent und 2 Prozent deutlich hinten. Der Arzt wird aufgrund dieser diagnostischen Annäherung eine Glukosespritze geben, und wenn die Diagnose stimmt, erwacht der Patient nach wenigen Augenblicken aus dem Koma. Und dennoch – und dieses ist entscheidend – er kann sich nicht hundertprozentig sicher sein, dass seine Diagnose korrekt ist, selbst wenn die Wahrscheinlichkeit erdrückend hoch ist (nämlich 86 Prozent).

In der Wissenschaft hat man um diese Perspektive jahrhundertelang gestritten. Das Bayes-Theorem galt vielen Mathematikern (und anderen Wissenschaftlern) lange als suspekt, weil sein Entdecker darauf verwies, dass die meisten Probleme nicht exakt zu erfassen sind, sondern nur annäherungsweise. Thomas Bayes definierte Wahrscheinlichkeiten nämlich als Grad vernünftiger Erwartung, also als Maß für die Glaubwürdigkeit einer Aussage, das von 0 (unglaubwürdig) bis 1 (glaubwürdig) reicht. Wenn wir nun von Prioren sprechen, handelt es sich dabei um subjektive Glaubensgrade, die viele Wissenschaftler früher vollständig ablehnten. Das widersprach lange dem Selbstverständnis der Wissenschaft, die ja immer um Objektivität bemüht war. Heute gilt diese vermeintliche Schwäche von Bayes' Theorem als seine eigentliche Stärke. Weil es so möglich wird, durch das Wechselspiel von Erwartungen und neuen Beobachtungen jedes Problem einzukreisen und oftmals auch lösen zu können. In der Wissenschaft hat diese Erkenntnis dazu geführt, anzuerkennen, dass es kein absolutes Wissen geben kann. Jede Erkenntnis kann den Wissenschaftler der Lösung eines Problems näher bringen, hat aber nur so lange Gültigkeit, bis es das nächste relevante Update gibt.

Dieser Gedanke klingt logisch und eigentlich selbstverständlich, er ist es aber kultur- und wissenschaftshistorisch betrachtet keineswegs. Zum Beispiel herrschte in der Medizin lange Zeit dogmatisches Denken vor: Was einmal als gesicherte Erkenntnis galt, war kaum durch neue Fakten zu erschüttern. Heute wird dieses Denken von der sogenannten evidenzbasierten Medizin abgelöst, in der weniger die Meinungen von Koryphäen zählen als belastbare Daten (Genaueres in Kap. 23). Dogmen haben die Eigenschaft, den Gewinn von neuen Erkenntnissen zu erschweren oder gar zu verhindern. Auf den Punkt gebracht, könnte man sagen, dass dogmatisches Denken einen Sachverhalt zu einer absoluten Wahrheit erklärt und keine neuen Erkenntnisse zulässt. Eine Aussage mit dem Glaubensgrad 1 (100 Prozent) kann durch keine Erfahrung oder Beobachtung je erschüttert werden: Sie ist tatsächlich unrevidierbar. So betrachtet wird offensichtlich, dass sich dogmatisches Denken schwerlich mit wissenschaftlicher Forschung in Einklang bringen lässt. Und um sich aus dieser Falle zu befreien, hat sich die Gemeinschaft der Wissenschaftler im bayesianischen Sinne selbst ein Dogmatismusverbot auferlegt.[12] Der französische

Philosoph Gilles Deleuze hat dazu eine treffende Aussage geliefert: »Wir haben Unrecht, wenn wir an Fakten glauben, es gibt nur Zeichen. Wir haben Unrecht, wenn wir an Wahrheit glauben, es gibt nur Interpretationen.«[13] Wissenschaft kann sich also nie hundertprozentig sicher sein und muss immer bereit sein, anerkanntes Wissen zu hinterfragen und gegebenenfalls auch zu verwerfen.

3. Das bayesianische Gehirn

Karl Friston und das bayesianische Gehirn • Was Spaghetti kochen mit Wahrnehmungsrückschluss und Handlungsrückschluss zu tun hat • Was nehmen wir wahr: die Realität oder unsere Vorstellung von der Realität? • Warum unser Gehirn nicht zwei verschiedene Objekte gleichzeitig sehen kann • Die Macht der Vorstellung und das Update des Verliebten • Konservatives versus progressives Denken

Was hat das Ganze aber mit Stress und Unsicherheit in unserer heutigen Welt zu tun? Viel. Sehr viel. Der britische Neurowissenschaftler und Physiker Karl Friston − 2017 für den Nobelpreis nominiert − hat sich nämlich die Frage gestellt, ob Thomas Bayes damals vor etwa 250 Jahren nicht viel mehr als nur eine mathematische Lösung zur Berechnung von Wahrscheinlichkeiten entdeckt hat.[14] Sondern ein Grundprinzip, nach dem jedes menschliche Gehirn funktioniert und arbeitet, um mehr Sicherheit durch Informationen zu erlangen. Sehen wir uns einmal an, wie sich diese Idee des bayesianischen Gehirns − wie Friston das Erklärungsmodell nennt − anhand eines alltäglichen Beispiels veranschaulichen lässt.

Ein weitsichtiger Mann möchte Spaghetti kochen. Er setzt einen Topf mit gesalzenem Wasser auf. Während er darauf wartet, dass es siedet, versucht er, sich daran zu erinnern, wie lange Spaghetti eigentlich kochen müssen. Sind es sechs Minuten oder acht oder doch nur fünf? Er ist sich nicht sicher, schätzt aber, dass fünf Minuten richtig sein könnten. Seine Priorerwartung sagt, dass dies seine beste Annahme ist. Um sicher zu werden, bräuchte er aber nähere Informationen. Intuitiv greift er zur Packung. Doch die Schrift ist klein, die Lichtverhältnisse sind ungünstig, und er findet seine Lesebrille nicht. Was da steht, sieht aus wie drei Minuten. Kann das sein? Diese Zeitangabe kommt ihm sehr kurz vor, aber die Information ist als Update auch wenig tauglich. Er konnte die Schrift ja nicht klar entziffern. Der nächste Schritt wäre jetzt zum Beispiel, sich die Brille zu holen und eine helle Lampe anzuknipsen. Um dann zu lesen, dass die korrekte Kochdauer acht Minuten beträgt. Seine Posteriorerwartung sagt, dass das nun die beste Annahme ist. Er hatte wohl im Dämmerlicht die 8 für eine 3 gehalten.

Das Beispiel verdeutlicht, was Friston meint, wenn er vom bayesianischen Gehirn spricht. Wir nutzen es tagtäglich viele Male – besonders dann, wenn wir herausgefordert werden. Wir treffen eine Annahme, sind aber nicht hundertprozentig sicher. Und entweder riskieren wir es und vertrauen auf die Richtigkeit unserer Erwartung (und ärgern uns natürlich jedes Mal, wenn wir danebenliegen). Oder wir machen ein Update und lassen die neuen Informationen einfließen. Und zwar so lange, bis wir überzeugt sind, uns der richtigen Lösung bestmöglich angenähert zu haben. Keine Frage, dass dies der erfolgversprechendere Weg ist. Interessant dabei ist, inwieweit er in unserem Gehirn angelegt ist. Doch obwohl es so aussieht, dass uns bayesianisches Vorgehen zutiefst innewohnt, wir es oft anwenden und es sich in den meisten Fällen auch bewährt, sind wir offenbar nicht uneingeschränkt bereit, dies auch anzuerkennen. Warum?

Kehren wir noch einmal zu Deleuzes Aussage zur Wahrheit am Ende des vorigen Kapitels zurück. Nämlich dass es keine Wahrheit gibt, sondern nur Interpretationen. Und dass es keine Fakten gibt, sondern nur Zeichen. Wahrscheinlich hat sich bei einigen Leserinnen und Lesern an dieser Stelle spontan Widerspruch geregt. Wahrheit und Fakten sollen nicht existieren? Zugegeben, das klingt auf den ersten Blick ein wenig nach der Argumentation, die von politischen Populisten gern verwendet wird – nämlich Tatsachen nicht anzuerkennen und Wahrheiten bewusst zu verdrehen. Aber natürlich ist das hier keinesfalls gemeint. Im Gegenteil: Deleuze wollte uns davor warnen, etwas als absolut wahr zu bezeichnen, was sich bei näherem Hinsehen doch als etwas anderes erweisen könnte, als es scheint. Er geht aber noch weiter, indem er sagt:»Die Natur des Bewusstseins ist so, dass es Effekte registriert, aber nichts von Ursachen weiß.«[15] Um aber diesen unbekannten Ursachen dennoch näher zu kommen, bedient sich unser Gehirn offenbar ausgefeilter statistischer Methoden. Und da geht es zunächst um zwei Begriffe, die mit bayesianischem Denken eng verknüpft sind:
• den Wahrnehmungsrückschluss (engl. perceptual inference) und
• den Handlungsrückschluss (engl. active inference).[16]
Es ist im Grunde wie mit dem Notarzt und dem jungen Komapatienten: Wir geraten in eine Situation und versuchen, diese zunächst auf Grund unserer Erwartungen zu erfassen. Der gute Diagnostiker ist zunächst ein guter Beobachter. Er verwendet all seine Sinne, um der Diagnose näher zu kommen – das ist sein Wahrnehmungsrückschluss. Aber er ist auch Pragmatiker: Wenn unser Notarzt Glukose spritzt

und der Patient sofort aufwacht, dann ist er danach ziemlich sicher, dass er richtiglag. Das ist sein Handlungsrückschluss. Das heißt, wir handeln, wir verändern dadurch unsere Position in der Umgebung oder sogar die Umgebung selbst. Durch die aktiv veränderte Perspektive ziehen wir neue Rückschlüsse – Handlungsrückschlüsse (active inference). Wahrnehmungsrückschluss und Handlungsrückschluss sind im täglichen Leben untrennbar miteinander verknüpft. Und die Naturwissenschaftler? Sie machen das genauso. Nur unterscheiden sie sich im Wesentlichen von anderen Menschen dadurch, dass sie ihre Handlungsrückschlüsse besonders aufwendig und systematisch planen: Und das nennen wir dann ein Experiment.

Doch zurück zu unserem ganz alltäglichen bayesianischen Verhalten. Schauen wir uns ein anderes Beispiel zum Handlungsrückschluss an: Wir betreten einen etwas altmodischen Salon. Im Halbdunkel erkennen wir eine Bücherwand, schwere Ledersessel, einen Couchtisch, einen großen antiken Globus. So weit unser Wahrnehmungsrückschluss. Wenn wir das Ganze aber näher überprüfen, zum Beispiel, indem wir an die Wand oder Tür klopfen, stellen wir vielleicht fest, dass die Bücherwand nur eine Attrappe ist, um darin eine Geheimtür zu verbergen (Handlungsrückschluss). Und der Globus lässt sich öffnen und entpuppt sich eigentlich als Versteck, das ein Bündel mit kompromittierenden Liebesbriefen beherbergt. Dieses – zugegebenermaßen – etwas Edgar-Allen-Poe-mäßige Szenario macht aber deutlich, dass selbst banale alltägliche Dinge nicht unbedingt das sind, was wir in ihnen aufgrund unseres Wahrnehmungsrückschlusses vermuten. Auch wenn das für uns (und unser Gehirn) sicher die bequemste Lösung wäre. Was übrigens auch einer der Gründe dafür ist, dass wir den Wahrnehmungsrückschluss oftmals ungeprüft zur Grundlage unserer Einschätzungen oder Entscheidungen machen – es ist zeitsparend – jedenfalls auf den ersten Blick. Bei dieser Betrachtung geht es aber um etwas viel Grundsätzlicheres als um Geheimtüren und versteckte Briefe.

Es geht um die Frage, wie real unser Bild von der Welt eigentlich ist. Dazu gibt es ein faszinierendes visuelles Experiment. Testpersonen bekommen eine VR-Brille aufgesetzt (also eine Brille, die statt Gläsern kleine Monitore hat; VR ist die Abkürzung für virtuelle Realität). Dem einen Auge wird das Bild eines Hauses gezeigt, dem anderen Auge zeitgleich das Bild einer Frau. Was also wird der Proband sehen? Wer jetzt annimmt, eine Überlagerung aus Haus und Frau, wäre sicher verblüfft, wenn er selbst die Brille aufhätte. Tatsächlich ist es so, dass die Testperson zunächst nur ein Bild wahrnimmt, etwa das Haus – und zwar ca. acht Sekunden lang; und dann sieht die Person nur das andere Bild (die Frau) – wiederum acht Sekunden lang; und dann wieder das Haus usw.[17] Diesen verblüffenden Effekt nennen Psychologen binokulare Rivalität. Er entsteht dadurch, dass es in der Vorstellungswelt unseres Gehirns nicht vorgesehen ist, mit beiden Augen gleichzeitig jeweils ein komplett anderes Bild zu sehen. Er geht fest von der Erwartung aus, dass sich zwei Gegenstände niemals gleichzeitig an ein und demselben Ort befinden können. Deshalb muss das Gehirn sich für eine von beiden Möglichkeiten entscheiden. Es wählt also zunächst die eine Annahme (Haus) aus, welche zumindest zu einem Teil der Sinneseindrücke passt, und stellt diese als das Wahrgenommene dar, während die andere Annahme (Frau) einfach ausgeblendet wird. Da die Sinneseindrücke des anderen Auges aber mit dem anderen Bild (Frau) ständig dazwischenfunken, entscheidet sich das Gehirn um: Es verwirft die erste Annahme (Haus) und wendet sich nun der zweiten zu. Dieser einfache Test untermauert, dass das, was wir wahrnehmen, zunächst nur die Erwartung unseres Gehirns von der Realität ist – ein sogenanntes Virtual-Reality-Modell – und nicht die Realität selbst. Und dass diese Erwartung ständig durch neue Informationen und Updates korrigiert wird, bis sich die Erwartung in unserem Kopf möglichst genau mit den (von den Dingen der Welt erzeugten) sensorischen Eindrücken (Sinneseindrücken) decken. Was wir also bewusst erleben, gleicht einem Theater, in dem fiktive Erzählungen und Fantasien geprobt und gegen sensorische Evidenz getestet werden. Meist passiert das natürlich unbewusst und in der Regel auch ohne größere Störungen oder Fehler. Weshalb wir der Einfachheit halber annehmen, dass das, was wir wahrnehmen, eben die Realität selbst sei und nicht nur unsere Erwartung davon.[18]

Der Wahrnehmungsrückschluss ist so ziemlich das Gegenteil von dem, wie sich die meisten Menschen den Wahrnehmungsvorgang vorstellen. Die gängige Sicht besagt, dass Sinneseindrücke aufgenommen werden und in die höheren Hirnebenen gelangen (bottom-up), in denen dann ein Bild entsteht, welches sich der sogenannte Bewusthaber ansieht. Das neue an der Idee vom Wahrnehmungsrückschluss – die übrigens ursprünglich von dem berühmten Physiologen und Physiker Hermann von Helmholtz stammt – ist allerdings, dass der Wahrnehmungsprozess genau in Gegenrichtung abläuft (top-down): Die Erwartungen von den Dingen in der Welt werden in den höchsten Wahrnehmungsebenen kodiert und dort bewusst erlebt; aus den Erwartungen ergeben sich Vorhersagen, die dann in die tiefer liegenden Ebenen gesendet und dort mit den eintreffenden Sinneseindrücken verglichen werden. Kommt es dort zu einer Abweichung zwischen Vorhersage und Sinneseindruck, so wird diese Abweichung nach oben zurückgemeldet, und die Erwartung wird korrigiert. Wir erleben dann in unserem Bewusstsein die korrigierte Erwartung. Formal betrachten wir hier das Bewusstsein als Wahrnehmungsrückschluss.[19] Mit anderen Worten: Wir betrachten Bewusstsein als die wahrscheinlichste (in einem Bayes-optimalen Sinn) Erklärung für unsere Sinneseindrücke. Die Hirnforschung hat hier somit in den vergangenen Jahren die Sache auf den Kopf gestellt: Top-down statt Bottom-up. Man könnte auch sagen, dass wir die Realität permanent durch die Brille unserer Erwartungen erleben. Diese Erwartungen werden dann durch Sinneseindrücke lediglich korrigiert. Was wir bewusst erleben – also das, was Philosophen Qualia nennen –, spiegelt folglich nicht die Realität an sich, sondern ist bloß ein recht gutes Abbild von der Realität.

Wenn wir uns ehrlich hinterfragen, erleben wir doch manchmal, dass unsere Vorhersagen von den durch die Realität erzeugten Sinneseindrücken abweichen. Zum Beispiel, wenn das Sofa, das wir im Möbelhaus gekauft haben, überraschenderweise nicht in die vorgesehene Zimmerecke passt, obwohl wir sicher waren, dass es nicht zu groß ist. Inwieweit Vorhersagen und neue Sinneseindrücke auseinanderklaffen können, lässt sich aber auch an einem anderen Beispiel veranschaulichen:

Man lernt einen Menschen kennen und verliebt sich. Die Gedanken und Gefühle beginnen um diese Person zu kreisen, auch wenn wir mit ihr gerade nicht zusammen sind. Unser Gehirn entwickelt also eine bestimmte Vorstellung von dieser Person. Und beim nächsten Date stellen wir dann überraschenderweise fest, dass das Gesicht doch irgendwie anders aussieht, als wir nach der ersten Begegnung dachten. So beschreibt eine Szene aus Marcel Prousts Roman *Auf der Suche nach der verlorenen Zeit* eine derartige Zweitbegegnungsüberraschung: *»Als ich etwas später ankam, glaubte ich zunächst, sie sei gar nicht im Atelier. Ich sah wohl ein junges Mädchen in einem Seidenkleid dasitzen, ohne Hut, doch ich erkannte weder ihr üppiges Haar noch Nase, noch Teint und fand überhaupt in ihr die Wesenheit nicht wieder, die ich aus einer jungen Radfahrerin mir gewonnen hatte, die mit einer Polomütze auf dem Kopf am Meer entlanggefahren war. Und doch war es Albertine.«*[20] Aber ganz unabhängig davon, wie eine solche Romanze ausgeht – die anfängliche Unsicherheit kann sich durch wiederholten Abgleich einer Gewissheit annähern, ob man mit diesem Menschen eine Liebesbeziehung beginnt oder nicht.

Und es geht noch weiter. Das bayesianische Gehirn verwendet die Bayes-Regel nicht einfach nach Schema F, sondern jeweils an die aktuelle Ausgangslage und die eigenen Erfahrungen angepasst. Mal entspricht seine Vorgehensweise eher konservativem Denken, ein anderes Mal eher progressivem Denken. Prinzipiell stehen dem bayesianischen Gehirn sogar Mittel zur Verfügung, zwischen beiden Denkformen jeweils die am besten passende herauszufinden.

Und sofort ist die Sache ein ganzes Stück spannender

und brisanter. Tatsächlich ist es unbestritten, dass konservatives Denken sehr stark bewährte Erwartungen betont und sich tendenziell mit neuen Ideen eher schwertut. Man könnte also sagen, dass Entscheidungen, die auf der Basis konservativen Denkens getroffen werden, neue Erkenntnisse eher zögerlich berücksichtigen. Progressives Denken hingegen betont die neuen Informationen und aktualisierten Erwartungen sehr stark und tendiert dazu, ältere Erwartungen weniger zu berücksichtigen. Faszinierend ist, dass das bayesianische Gehirn sich beider Elemente bedient: Mal entscheidet es mehr auf der Basis konservativer Erwartungen, mal werden mithilfe progressiver Updates neue und bessere Erkenntnisse gewonnen. Wer sich hingegen im Denken der einen Richtung komplett verweigert, läuft sehr schnell Gefahr, dogmatisch zu denken; wer sich der anderen Seite verweigert, riskiert, seine Meinung in allzu schneller Folge zu ändern.

4. Vom Umgang mit verborgenen Zuständen

Realität und das Modell von der Realität • MP3 – gespartes Speichervolumen durch Vorhersagefehler • Prior und das bekannteste Gemälde der Welt • Optische Täuschung? Ein Wettstreit zweier Prioren • Warum unser Gehirn hierarchisch aufgebaut ist • Hidden States: Schwerkraft und das Tasten im Dunkeln • Überraschung, Unsicherheit, Freie Energie • Wie wir Unsicherheiten und Stress reduzieren können • Vermeidbare und unvermeidbare Überraschungen

Wenn wir also annehmen, dass jeder Mensch seine Erwartung von der Realität im Kopf hat, dann ist er natürlich auf die Updates seiner Sinneswahrnehmungen angewiesen. Diese Wahrnehmungen, die durch Augen, Ohren, Nase und Haut ins Gehirn gelangen, stellen eine große bis riesige Datenflut dar, die permanent selektiert, bewertet und verarbeitet werden muss, bevor einzelne Informationen zur Grundlage von Entscheidungen werden. Damit das überhaupt funktionieren kann, ist die Wahrnehmung in unserem Gehirn hierarchisch organisiert und besteht aus etwa fünf bis acht Leveln, in Einzelfällen sogar aus noch mehr Leveln.

Auf der untersten Ebene der Wahrnehmungshierarchie unseres Gehirns werden Details erfasst und gesammelt. Im Fall des Sehsinns zum Beispiel Farben, Muster, Strukturen, Umrisse, Texturen usw. Diese Ebene liegt in der Netzhaut – die ja einen ausgestülpten Teil des Gehirns darstellt – und

43

ist permanent offen für neue Eindrücke. Auch hier werden bereits Prioren aktiv, also Erwartungen, die helfen sollen, die Flut der Daten und Eindrücke möglichst schnell zu einem sinnvollen Bild oder Erkennungsmuster zusammenzufügen. Dabei arbeitet das Gehirn auf dieser untersten Wahrnehmungsebene mit einer Art Fehlerkorrektur, wie sie aus MP3-Musikdateien bekannt ist: Da bei Stereoaufnahmen der linke und der rechte Kanal sehr ähnlich sind, wird bei der MP3-Kodierung zunächst nur der linke Kanal gespeichert und zusätzlich noch die Abweichung zwischen links und rechts. Diese Abweichung wird auch Fehler genannt. Die Abweichung beansprucht deutlich weniger Speicherplatz als der vollständige rechte Kanal. So spart man Speicherplatz ohne Informationsverlust. Die Wiedergabe eines Musikstücks ist trotzdem mit einem authentischen Klangbild möglich. Beim Sehen entstehen so im menschlichen Gehirn im Zusammenspiel aus Erwartung (Prior) und der Abweichung zwischen erwartetem und tatsächlichem Sinneseindruck wahrgenommene Bilder. Diese Abweichung wird in der Hirnforschung auch Vorhersagefehler genannt. Die Wahrnehmung mittels Vorhersagefehlern ist äußerst energieeffizient, weil komprimierte Information übermittelt wird. Mit Vorhersagefehlern werden wir in diesem Buch noch öfter zu tun haben (siehe Abb. 3).

Das folgende Beispiel verdeutlicht, wie unser Wahrnehmungsprior mit selbst mangelhaften Bildinformationen zielgerichtet umgehen kann, vorausgesetzt, es existiert eine klare Erwartung in unserem Gehirn. Obwohl das Gesicht auf dem Porträt bis zur Unkenntlichkeit verpixelt ist, können wir unschwer die Mona Lisa erkennen (Abb. 3). Das funktioniert aber eben nur, weil uns Leonardos welt-

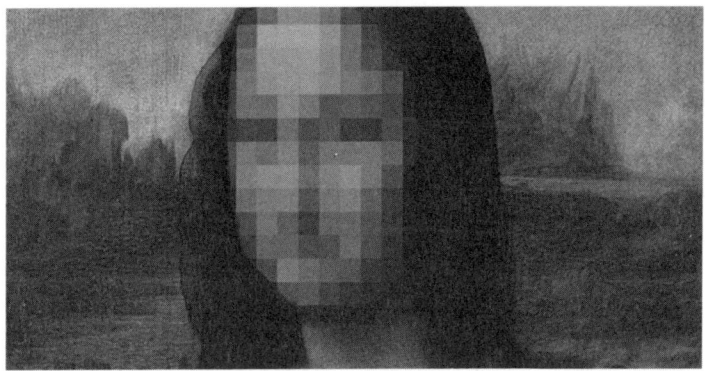

Abb. 3: Was erkennen Sie auf diesem Bild?

berühmtes Gemälde so vertraut ist. Aber selbst wer das Bild nicht kennt, würde aus diesem rudimentären Datensatz mit hoher Wahrscheinlichkeit auf die Abbildung eines weiblichen Gesichts schließen und hätte damit ebenso recht. Das Beispiel demonstriert eindrücklich, wie gut das System mit dem Prior trotz eingeschränkter Information funktionieren kann (siehe Abb. 4).

Allerdings arbeitet das System nicht immer so eindeutig. Dass unsere Bilderfassung auch Raum für Interpretationen oder Fehldeutungen lässt, verdeutlichen die optischen Täuschungen der sogenannten Kippbilder (Abb. 4). Hier konkurrieren verschiedene Annahmen um die Deutungshoheit. Auf der Illustration ist ebenso der Umriss eines goldenen Kelchs erkennbar wie der Scherenschnitt zweier Gesichter, die sich im Profil zugewandt sind. In diesem Fall gibt es nicht einmal ein »richtig« oder »falsch«. Das Bild wurde bewusst so angelegt, dass die Betrachtungsmöglichkeiten zweideutig sind.

Entscheidend ist aber, dass wir auf der unteren Wahrnehmungsebene offen für Interpretationsmöglichkeiten sind.

Abb. 4: Was erkennen Sie auf diesem Bild?

Unsere Erwartungen sind auf den unteren Leveln nicht besonders festgelegt, sondern wandelbar und jederzeit empfänglich für Updates. Diese Offenheit für Updates auf den unteren Leveln der Wahrnehmungshierarchie ist deshalb so wichtig, weil hier permanent neue situative Anpassungen an die Veränderungen unverzichtbar sind – zum Beispiel wenn wir uns im Straßenverkehr bewegen.

Diese Wandelbarkeit sieht allerdings an der Spitze der Wahrnehmungspyramide ganz anders aus. Man kann sagen, dass die Bereitschaft, Updates durch neue Informationen anzunehmen, abnimmt, je höher die Ebene ist, auf der Entscheidungsprozesse ablaufen. Ganz oben – auf dem höchsten Level – regieren die mächtigsten Prioren unseres Gehirns: unsere Weltbildvorstellungen wie Vorstellungen zur

Existenz Gottes, zum freien Willen oder zur Unsterblichkeit der Seele; politische Überzeugungen können hier angesiedelt sein sowie unsere kulturellen oder ethnischen Vorlieben und Abneigungen etc. Hier üben aber auch unsere sozialen und moralischen Zielerwartungen ihre Macht aus: ob wir ein ehrliches Leben anstreben, welche Rolle Fairness und Gerechtigkeit spielen, welche soziale Anerkennung wir erreichen wollen, unsere Stellung in der Gesellschaft, unsere Erwartung von Partnerschaft und Familiengestaltung, unserem beruflichen Werdegang. Da hier also die Bereitschaft für Updates am niedrigsten ist, wird deutlich, warum Überzeugungen mit hoher Priorität selbst durch die besten Argumente oft nicht oder nur sehr schwer zu verändern sind. Mit diesen obersten Ebenen unserer Wahrnehmungshierarchie werden wir uns später im Buch noch intensiv beschäftigen.

Was ist eigentlich von der uns umgebenden Realität zu halten? Wir haben gesehen, dass unsere Erwartungen ständig durch Sinneseindrücke korrigiert werden, nämlich die Sinneseindrücke, die durch die Dinge der Welt verursacht werden. Wir haben also keinen direkten Zugang zu den Dingen dieser Welt. In der Wissenschaft spricht man von Hidden States, von verborgenen oder unerreichbaren Zuständen. Das bayesianische Gehirn kann allenfalls rückschließen auf das, was da außerhalb von ihm vorgeht. Obwohl das bayesianische Gehirn im Dunkeln zu tappen scheint, bekommt es doch im Laufe der Zeit durch ständige Updates immer mehr über die Hidden States heraus. Das mutet wie ein Wunder an – die Hirnforschung bezeichnet diesen Vorgang der wachsenden Erkenntnis über unzugängliche Zustände als Selbstorganisation.

Einen der berühmtesten Hidden States kennen wir alle.

Das Faszinierende daran ist, dass jeder und jedes davon permanent betroffen ist und es zugleich eines der größten Mysterien der Wissenschaft darstellt. Als der Physiker Isaac Newton im Herbst 1666 aus dem Fenster seines Arbeitszimmers im TRINITY COLLEGE von Cambridge sah und beobachtete, wie ein Apfel vom Baum auf den Boden fiel, inspirierte ihn dies zu seinen Forschungen über Schwerkraft. So jedenfalls erzählt es die Legende. Tatsache ist, dass es Newton gelang, die Phänomene und Gesetze der Schwerkraft zu erfassen und mathematisch zu beschreiben. Nämlich dass ein Körper je nach Masse die Eigenschaft hat, Materie an sich zu ziehen. Und seit Einstein wissen wir auch, dass die Schwerkraft sogar Zeit und Raum beeinflussen kann. Was wir aber bis heute nicht kennen, ist die Ursache der Schwerkraft. Woher kommt sie? Wie genau ist sie beschaffen? Nicht einmal, ob diese Kraft innerhalb oder außerhalb unseres Universums entsteht, ist eindeutig zu klären. Schwerkraft ist wahrscheinlich der größte Hidden State, mit dem wir es zu tun haben. Wir kennen die Effekte, haben aber keinen blassen Schimmer, was die Ursache ist.

Betrachten wir in diesem Zusammenhang noch einmal Deleuzes Einsicht, dass es keine Fakten gibt, sondern nur Zeichen, keine Wahrheit, sondern nur Interpretationen. Die moderne Sicht der Hirnforschung sagt in ähnlicher Weise, dass wir – sei es im täglichen Leben oder in der Wissenschaft – unsere Bewertungen und Entscheidungen oft nur auf der Basis von Effekten treffen und nicht auf der Basis von Ursachen, weil wir sie nicht kennen. Wie zum Beispiel der Notarzt, der bei dem jungen Patienten zunächst nur den Effekt sehen kann (das Koma), aber die Ursache nicht kennt. Denn ob die Ursache des Komas eine Intoxikation, ein zerebraler Energiemangel oder eine Blutung ist, bleibt ihm letztlich verborgen. Die Ursache des Komas ist für ihn ein Hidden State. Er stellt Vermutungen an, wägt Wahrscheinlichkeiten ab, verschafft sich ein Update (durch die Bestimmung des Blutzuckerwerts) und nähert sich so der wahrscheinlichsten Ursache an. Aber genau betrachtet, behandelt er den Patienten, ohne die Ursache wirklich zu kennen. Er handelt und behandelt nach dem Prinzip der höchsten Wahrscheinlichkeit. Er operiert sozusagen mit einem Hidden State. Und er tut gut daran. Denn würde er sich nur auf der Basis absolut gesicherter Erkenntnisse über die Ursache dazu entschließen einzugreifen, würde viel kostbare Zeit ungenutzt verstreichen. Oder noch schlimmer: Er würde womöglich nie eingreifen können, weil sich die Ursache nicht zweifelsfrei ermitteln ließe.

Hidden States begegnen uns also bei den größten Fragen der Physik, etwa bei der Frage »Was ist Gravitation?«. Hidden States begegnen uns auch in der Medizin, wenn der Arzt mit diagnostischen Methoden versucht, den Hidden State (also die Krankheit) seines Patienten aufzuspüren. Hidden States begegnen uns aber auch in unserem täglichen Leben. Ob uns diese Vorstellung gefällt oder nicht – das machen wir alle so –, jeden Tag und jede Minute versuchen wir, Hidden States aufzuspüren. Um es klar zu sagen: Unser Gehirn hat es ausschließlich mit Hidden States zu tun und hat einzig und allein die Möglichkeit, auf das Wesen dieser Hidden States rückzuschließen. Wir jonglieren mit Effekten und Wahrscheinlichkeiten – auch wenn wir davon überzeugt sind, auf der Basis unumstößlicher Fakten Wahrheiten zu erkennen.

Betrachten wir dazu folgendes einfache Szenario zu verborgenen Zuständen: Sie befinden sich in einem Haus ohne Fenster, ohne Tür, ohne Bücher, ohne Internet. Sie hören ein Klopfen und müssen jetzt herausfinden, was dieses Klopfen verursacht hat. Einem Gehirn würde es dann ganz ähnlich gehen wie Ihnen in solch einer Situation. Der Schädel wäre dann das Haus. Und das Klopfen wäre der akustische Reiz von außen. Während Sie sich Gedanken über die Ursache dieses akustischen Inputs machen, fangen Sie schon an, mögliche Ursachen dieses Inputs aufzulisten. Es könnte das Klopfen eines Spechtes sein, ein Ast könnte im Wind an die Wand schlagen, ein Einbrecher könnte sich am Türschloss zu schaffen machen, es könnten Bauarbeiten an der weiter entfernt liegenden Straße sein, es könnten Kinder Steine werfen oder es könnte etwas im Haus sein, zum Beispiel lose Wasserrohre, die aneinanderschlagen. Lassen Sie Ihrer Fantasie freien Lauf, es gibt beinahe unzählig viele mögliche Ursachen. Nennen wir jede dieser Möglichkeiten eine Hypothese. Das Problem der Wahrnehmung besteht nun genau darin, die richtige Hypothese über den Hidden State zu formulieren und auszuwählen.

Wie wichtig permanente Updates sind, um die kleinen und größeren Hidden States in Schach zu halten, verdeutlicht auf anschauliche Weise ein weiteres Alltagsbeispiel: Wir liegen in unserem eigenen Bett in unserem Schlafzimmer, also in vertrauter Umgebung. Wir haben die lichtdichten Rollläden heruntergelassen, um möglichst ungestört schlafen zu können. Plötzlich wachen wir mitten in der Nacht auf. Vielleicht hat uns ein Geräusch geweckt. Schlaftrunken versuchen wir jetzt, unsere Erwartung von der Welt mit unseren Sinneseindrücken in Einklang zu bringen. Wir tasten nach dem Lichtschalter. Aber der ist nicht dort, wo wir ihn vermutet oder vorhergesehen haben, und es ist ja – wie gesagt – stockfinster. Nach einer Weile haben wir ihn gefunden. Oh, das Licht geht nicht an. Vielleicht ein Stromausfall? Jetzt müssen wir uns weiter auf unsere Erwartung und unseren Tastsinn verlassen. Wo liegt noch mal die Brille? Wie weit ist es bis zur Tür? Aua – das Bett war doch länger als gedacht, und weil wir zu früh abgebogen sind, pocht jetzt ein stechender Schmerz im Schienbein. Endlich haben wir die Zimmertür erreicht, doch die Klinke ist nicht dort, wo wir sie erwartet haben ... Man könnte diese Situation weiter und weiter ausmalen. Aber es wird bereits klar, wie wichtig gute Vorhersagen und zuverlässige Aktualisierungen unserer Erwartungen sind, damit wir uns selbst in vertrautester Umgebung überhaupt sicher und zielstrebig bewegen können.

Karl Friston bezeichnet die Verletzung unserer Vorhersagen als Überraschung (engl. surprisal). Überraschungen können vielfältig sein und können unser inneres Milieu (Energiemangel, Sauerstoffmangel, Blutverlust, Infektion, Toxine, Trauma, Myokardinfarkt etc.) oder unsere äußere Umgebung betreffen (soziale Konflikte, Überlastung/Unterforderung, Mobbing, Diskriminierung, soziale Niederlage usw.). Dabei ist es aus mathematischer Sicht gleichgültig, ob es sich um gute oder schlechte Überraschungen handelt – zum Beispiel das unerwartete Lob oder das verlorene Portemonnaie. Entscheidend ist bei der Überraschung, dass wir etwas anderes erwartet haben. Unsicherheit ist mathematisch gesehen erwartete Überraschung. Und jetzt kommt der geniale Trick – der eigentlich vom Physiker Richard Feynman stammt: Ein zukünftiger Überraschungsgrad ist grundsätzlich nicht kalkulierbar; aber eine andere Größe ist für das Gehirn gut und einfach berechenbar. Diese Größe heißt Freie Energie. Sie ist eine informationstheoretische Größe und mit der von Hermann von Helmholtz beschriebenen Freien Energie der Thermodynamik (Wärmelehre) mathematisch verwandt – sie ist aber nicht dasselbe. Diese informationstheoretische Größe – und das konnte Karl Friston mithilfe von Feynmans Trick zeigen – ist stets ein bisschen größer als der Überraschungsgrad (bei einem gegebenen Modell von der Realität; siehe Abb. 5, oben). Trick hört sich zwar einfach an, die Mathematik dahinter ist aber nicht trivial. Die informationstheoretische Freie Energie ist also eine Obergrenze, über welche die Überraschung niemals anwachsen kann. Das Gehirn mit seinen Nervenzellen kann die informationstheoretische Freie Energie sehr einfach berechnen. Denn: In der menschlichen Wahrnehmung entspricht die Freie Energie genau den Vorhersagefehlern, die wir weiter oben bereits kennengelernt haben. Daher weiß das Gehirn stets, dass die Überraschung nie größer sein kann als die Freie Energie. Das ist schon mal beruhigend. Aber es geht noch weiter: Das Gehirn kann im Wahrnehmungs- und Handlungsrückschluss die Freie Energie immer weiter minimieren. Durch solch ein systematisches Absenken dieser Obergrenze werden die möglichen Überraschungen auf ein immer kleineres Maß zurückgestutzt. Wer also eine geringe informationstheoretische Freie Energie hat, ist vor schlimmen Überraschungen wirkungsvoll geschützt!

Und wie hängen nun die informationstheoretische Freie Energie und die Helmholtz'sche thermodynamische Freie Energie zusammen? Dazu werfen wir zunächst einen genaueren Blick auf die Unterschiede beider Begriffe: Die thermodynamische Freie Energie bezeichnet die Menge an Arbeit, die ein thermodynamisches System zu verrichten vermag. Gas unter hohem Druck hat ein großes Arbeitsvermögen, das spontan in einer Explosion oder kontrolliert in einem Pressluftmotor freigesetzt werden kann. Auch das menschliche Gehirn ist ein thermodynamisches System, das metabolische (also chemische und elektrische) Arbeit verrichten kann. Diese Freie Energie wird in Joule gemessen. Hingegen bezeichnet die informationstheoretische Freie Energie die Menge an Information, die einer Person fehlt und die ihr helfen könnte, die Realität bestmöglich mit ihrem internen Modell abzubilden. Je größer die Freie Energie einer Person ist, desto mehr vermag sie noch über die Realität zu lernen, um danach genauere Vorhersagen zu machen. Diese Freie Energie wird in Bit gemessen. So viel zu den Unterscheidungen. Beide Formen der Freien Energie weisen aber auch Gemeinsamkeiten auf:

• Im Laufe von Lernprozessen läuft die informationstheoretische Freie Energie auf ein Minimum zu (Abb. 5, unten).
• Zur gleichen Zeit läuft parallel dazu auch die thermodynamische Freie Energie des Gehirns − das heißt seine metabolischen Energiekosten − auf ein Minimum zu (Abb. 5, unten).

Die metabolischen Energiekosten des Gehirns werden in den Neurowissenschaften auch als Komplexitätskosten bezeichnet. Von den Komplexitätskosten werden wir im Laufe des Buches noch einiges erfahren. Mit anderen Worten: Je besser das virtuelle Realitätsmodell von der Welt ist (möglichst akkurat, aber nicht zu komplex), mit dem das Gehirn seine Vorhersagen trifft, desto weniger Kalorien wird das Hirn verbrauchen[21] (siehe Abb. 5).

Je mehr informationstheoretische Freie Energie jemand hat, desto größer ist seine Unsicherheit (erwartete Überraschung) und damit verbunden auch sein Stress. Und desto größer sind die metabolischen Energiekosten seines Gehirns (vor allem Glukose und Ketone). Würde man Friston die Frage stellen, was der Sinn des Lebens sei, wäre er um eine Antwort nicht verlegen. Seiner Auffassung nach scheint alles auf das eine Spiel hinauszulaufen, das Spiel der Minimierung: langfristige Minimierung von informationstheoretischer Freier Energie, von Überraschungen, von Unsicherheit oder einfach von Stress. Also ein Leben zu führen, das möglichst wenig von Unsicherheit und Stress beeinflusst ist. Und dazu gibt es eine gute und eine nicht so gute Nachricht. Die gute lautet: Wir sind durchaus in der Lage, durch eine ständige und flexible Interaktion von Erwartungen und Updates das Maß der Freien Energie oder – anders formuliert – der unliebsamen Überraschungen niedrig zu halten (Abb. 5). Die nicht so gute Nachricht ist, dass sich unterhalb einer noch so effektiven Interaktionskurve zur Vermeidung von Unsicherheit und Stress immer ein Bereich befinden wird, in dem es Überraschungen gibt, die nicht beeinflussbar und vermeidbar sind. Sozusagen eine Art Rest-Unsicherheit, die uns immer begleiten wird, solange wir leben.

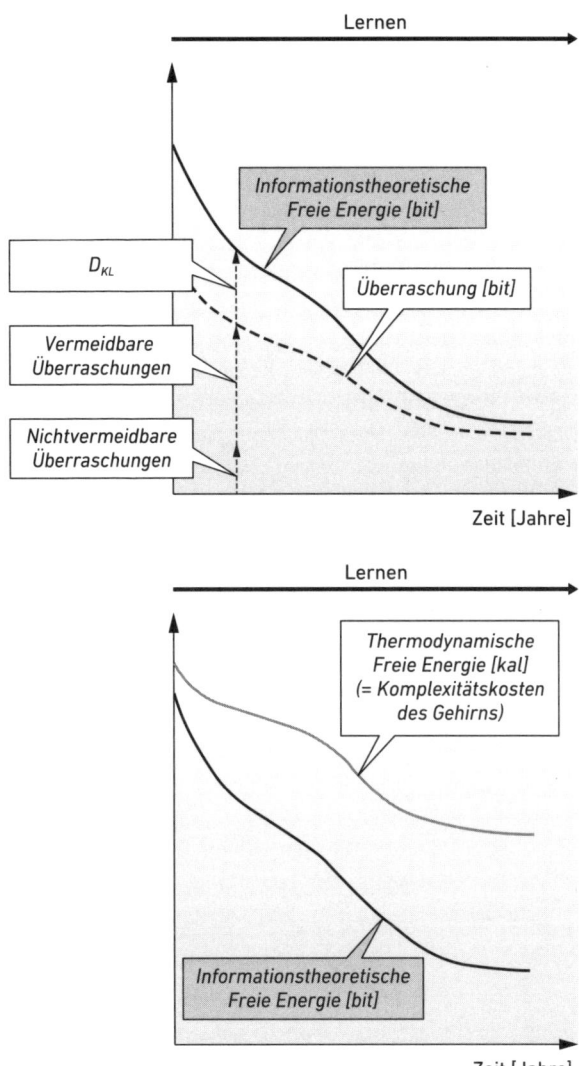

Abb. 5: Die informationstheoretische und die thermodynamische Freie Energie werden im Laufe unserer Lernprozesse immer kleiner. <u>Oberes Diagramm:</u> Der entscheidende Vorteil der informationstheoretischen Freien Energie (FE_{info}) ist, dass sie für das Gehirn berechenbar, d. h. bekannt ist; denn sie lässt sich aus den Vorhersagefehlern direkt berechnen. Im Gegensatz dazu kann das Gehirn Überraschungen mathematisch nicht direkt erfassen, sie bleiben dem Gehirn unbe-

kannt. In der vorliegenden Abbildung sind alle unbekannten, vom Gehirn nichtberechenbaren Größen gestrichelt dargestellt. Es lässt sich mathematisch zeigen, dass die Freie Energie die Eigenschaft hat, dass sie immer ein wenig größer ist als die möglichen Überraschungen. Da Überraschungen nicht erfassbar sind, bleibt natürlich auch diese Differenz zwischen FE_{info} und Überraschung (D_{KL}; gestrichelter Pfeil) dem Gehirn unbekannt und ist für das Gehirn auch nicht berechenbar. Ganz allgemein gesagt lässt sich in der Mathematik eine solche Abweichung (Abstand zweier statistischer Verteilungen) als Kullback-Leibler-Divergenz (D_{KL}) ausdrücken. Es ist leicht, durch mathematische Umformung zu beweisen, dass diese nichterfassbare Differenz (D_{KL}; gestrichelter Pfeil) genauso groß ist wie die Abweichung unserer Realitätserwartung von der (nichterfassbaren) Realität. Je mehr wir im Laufe der Zeit von der Welt gelernt haben, desto kleiner wird auch die Abweichung unserer Realitätserwartung von der (nichtnachweisbaren) Realität. Wie gesagt bleiben die möglichen Überraschungen dem Gehirn grundsätzlich unbekannt. Nur ein Teil der Überraschungen im Leben ist durch Lernen und Erfahrung abwendbar und gehört damit zu den vermeidbaren Überraschungen (gestrichelter Pfeil; Unfälle sind durch Vorsicht vermeidbar), der verbleibende Teil gehört zu den nichtvermeidbaren Überraschungen (gestrichelter Pfeil; dass beim Würfeln eine bestimmte Zahl kommt). Vermeidbare Überraschungen sind solche, die die (nicht erfassbare) Realität noch für uns bereithält oder, mit anderen Worten, sie zeigen an, wie viel unser Gehirn noch zu lernen hat. Indem also das Gehirn die berechenbare Freie Energie minimiert, minimiert es automatisch neue Überraschungen und reduziert damit langfristig Unsicherheit. Unteres Diagramm: Wenn die informationstheoretische Freie Energie im Laufe von Lernprozessen ihr Minimum erreicht, erreicht zeitgleich auch die Helmholtz'sche thermodynamische Freie Energie (FE-thermo) des Gehirns ihr Minimum. Die thermodynamische Freie Energie ist identisch mit den metabolischen Energiekosten des Gehirns, die auch Komplexitätskosten genannt werden. Das heißt, sobald das Gehirn langfristig Unsicherheit minimiert hat, arbeitet es fortan im Modus seines minimalen Energieverbrauchs.

5. Claude Shann(
»Was ist eigentlich Inform;

Claude Shannon begründet die Informationstheorie • Eine kur-
ze Geschichte der Kryptografie • Unsicherheit im Krieg • Wie
knackt man einen Code? • Konfuzius über Unsicherheit •»Wer
wird Millionär?« oder: Die Aussagekraft des Publikum-Jo-
kers • Magellan: Sich in Unsicherheit begeben, um Sicherheit
zu gewinnen

Wir leben in Zeiten von PINS, Passwörtern, TAN-Num-
mern und biometrisch gesicherten Datenzugängen. Dass
Daten Schutz benötigen, um nicht missbraucht zu werden,
ist für uns eine − manchmal lästige − Selbstverständlichkeit geworden. Die Methoden dazu sind so komplex, dass
wir sie zwar täglich nutzen, aber kaum verstehen oder erklären könnten. Das liegt daran, dass diese alltäglichen Ver-
schlüsselungscodes auf einer Wissenschaft basieren, die
zu einem mathematisch anspruchsvollen Forschungsgebiet
gehört − der Kryptografie, die übrigens erst während des
Zweiten Weltkriegs zur eigenständigen Wissenschaft wurde. Stark vereinfacht kann man sagen, dass es bei Kryptografie (wörtlich übersetzt: geheime Schrift) um die Ver-
schlüsselung von Nachrichten mit mathematischen Mitteln
geht. Geheimsprachen und einfache Verschlüsselungssys-
teme gab es allerdings schon wesentlich früher. Leonardo
da Vinci verwendete eine Spiegelschrift, um das unbefug-
te Lesen seiner Aufzeichnungen zu erschweren. Einfache

Zeichentauschalgorithmen wurden bereits im Mittelalter eingesetzt. Man verwendete einen einfachen Code, den nur Sender und Empfänger kannten, bei dem zum Beispiel jeder Buchstabe des Alphabets durch einen anderen oder eine Zahl ersetzt wurde. Doch solche Geheimsprachen sind vergleichsweise leicht zu entschlüsseln. Die Notwendigkeit, Codes zu entwickeln, die als »unknackbar« galten, wurde vor allem während des Zweiten Weltkriegs zu einem vordringlichen strategischen Ziel ausgerufen. Zu wissen, was der Gegner plant, würde enorme strategische Vortcile bringen, könnte sogar kriegsentscheidend werden. Im Gegenzug durften die eigenen Informationen dem Feind auf keinen Fall zugänglich werden. Die Kryptografie wurde während des Krieges also zu einer Wissenschaft, die fieberhaft in beide Richtungen forschte: entschlüsseln und verschlüsseln. Insbesondere die Alliierten nahmen das Thema Kryptografie und Kryptoanalyse sehr ernst. Auf dem englischen Landsitz Bletchley Park arbeitete der Mathematiker Alan Turing zusammen mit anderen Kryptoanalytikern daran, den sogenannten Enigma-Code der deutschen U-Boot-Flotte zu knacken. Bei der Enigma (griech. = Rätsel) handelte es sich um eine Rotormaschine, mit der sich mittels eines täglich wechselnden Schlüssels Funknachrichten mechanisch chiffrieren und dechiffrieren ließen, sofern man im Besitz einer Enigma-Maschine und des aktuellen Schlüssels war. Tatsächlich gelang es Turing und seinem Team, die Enigma mithilfe eines Computervorläufers, den Turing entwickelt hatte, zu knacken, was sich vor allem bei der Kriegführung auf den Meeren als entscheidend erweisen sollte. Turing hatte den Beweis angetreten, dass Informationstechnologien militärisch von enormer Bedeutung sein können und in Zukunft verstärkt sein würden.

Währenddessen fuhr in Murray Hill, New Jersey, ein 25-jähriger auf einem Einrad, Kegel jonglierend, durch die die Gänge der BELL TELEPHONE LABORATORIES, auf der Suche nach neuen Einfällen. Der Techniker, Tüftler und Mathematiker Claude Shannon erfand im Laufe seiner Tätigkeit für den Telefonriesen BELL eine Frisbee-Scheibe mit Raketenantrieb, die frühe Version eines Schachcomputers und einen »Gedankenleseapparat«. Verglichen mit seinen Meisterleistungen waren das allerdings nur Kreativitätsübungen. Shannon hatte mit einer Veröffentlichung auf sich aufmerksam gemacht, bei der es um die mathematische Berechnung von Schaltkreisen ging. Eine bahnbrechende Arbeit, die sich als wegweisend für die Entwicklung der Relaistechnik erweisen sollte und ihm den Job bei BELL einbrachte, wo man offenbar bereit war, dem genialen Freigeist auch sein exzentrisches Auftreten und seine scheinbar wenig zielführenden Basteleien durchgehen zu lassen. Doch sein wahres Meisterstück stand noch bevor: Als die USA am 1. Januar 1942 an der Seite Großbritanniens und der Sowjetunion in die Anti-Hitler-Koalition eintraten, musste schnell eine Lösung gefunden werden, um die Kommunikation zwischen US-Präsident Franklin Delano Roosevelt und Großbritanniens Premier Winston Churchill zu verschlüsseln. Zwei Mathematikern gelang dies mittels eines Verfahrens, das letztlich auf Shannons genialer kryptografischer Vorarbeit beruhte. 1948/49 fasste Claude Shannon diese Erkenntnisse zu einer mathematischen Theorie zusammen, die zur Initialzündung der modernen Informationstheorie wurde.

Betrachtet man die Situation eines großen Krieges durch die Brille eines Informationstheoretikers wie Claude Shannon, wird man feststellen, dass es bei militärischen Auseinandersetzungen im Wesentlichen um ein hohes Maß an Unwägbarkeiten oder Überraschungen geht, mit der fatalen Eigenschaft, dass falsche Entscheidungen für die eigene Seite dramatische Konsequenzen haben können. Denn jede strategische Überlegung basiert in großen Teilen auf Annahmen: Wie wird der Gegner auf den Angriff reagieren, wo genau liegen seine Truppen, wie stark sind die feindlichen Kräfte, gibt es Nachschub? Klassische Informationsquellen wie zum Beispiel Spione und Aufklärungsflüge jenseits der Front können hier meist nur rudimentäre Informationen liefern. Es bleibt ein unerträglich hohes Maß an Überraschungen. Shannon (und andere Informationstheoretiker) haben im Zweiten Weltkrieg diesem Problem eine neue Dimension verliehen, indem sie gezielt versucht haben, den Überraschungsgrad mit mathematischen Mitteln einzugrenzen. Dabei hat Kryptografie eine entscheidende Rolle gespielt. Und Kryptografie ohne Mathematik ist undenkbar. Wie sich Shannon, Turing und andere in Kriegszeiten dem Problem genähert haben, lässt sich anhand eines kleinen Gedankenexperiments erläutern. Es ist allerdings unumgänglich, dafür einen Exkurs in die Mathematik zu unternehmen. Aber keine Sorge: Mathematische Grundkenntnisse sollten ausreichen. Für das Verständnis ist es auch nicht erforderlich, jede Gleichung und Berechnung mathematisch nachzuvollziehen. Es geht hier eher um eine Vertiefung, die dem einen oder anderen mathematisch interessierten Leser helfen kann, die Gedankengänge Shannons nachzuvollziehen. Wir probieren es einfach einmal:

Bei der Entschlüsselung von Nachrichten, die ursprünglich in einer bestimmten Sprache verfasst wurden (zum Beispiel Deutsch), geht es zunächst einmal um das Chiffrieren auf der Basis der 27 Buchstaben des im Deutschen verwendeten Alphabets. Es handelt sich dabei um die 26 Buchstaben des deutschen Alphabets und zusätzlich ß als eigenständigem Buchstaben. Beginnen wir also unseren kleinen Kryptografiekursus mit meinem zweiteiligen Gedankenexperiment.

<u>Erste Szene – Buchstaben auf Karten:</u> Stellen wir uns vor, wir haben 27 Karten, auf denen jeweils ein anderer Buchstabe steht. Die Karten liegen verdeckt auf einem Tisch. Der Spielleiter wählt nun eine Karte aus und zeigt sie den Zuschauern. Die 27 Buchstaben kommen mit gleicher Wahrscheinlichkeit vor. Sie – als Kandidat – können den ausgewählten Buchstaben nicht sehen. Ihre Aufgabe lautet nun, zu erraten, welcher Buchstabe auf der gezogenen Karte steht. Wer das genau nachrechnen will, kann dazu Gleichung 1 verwenden (siehe Box 1 im Anhang). Ihre Unsicherheit (den richtigen Buchstaben zu nennen) bei 27 gleich wahrscheinlichen Buchstaben beträgt 4,75 Bit.

Aber in Sprachen sind die Wahrscheinlichkeiten, wie häufig ein verwendetes Zeichen (Buchstabe) auftritt, keinesfalls gleich, sondern ungleich verteilt, denn ihre Häufigkeit unterliegt den Grundregeln der jeweiligen Sprache. Für den Kryptoanalytiker kann die Häufigkeit, in der ein bestimmtes Zeichen wiederkehrt, ein wichtiger Hinweis sein. Nehmen wir einmal an, ein in Deutsch geschriebener Text würde in einen Code aus 27 Ziffern umgewandelt, bei dem – sagen wir – die Zahl 12 besonders häufig vorkommt. Das könnte ein Hinweis dafür sein, dass diese Zahl für den Buchstaben e eingesetzt wurde. Denn der Buchstabe e tritt im Deutschen mit einer Wahrscheinlichkeit von 17,4 Prozent am häufigsten auf. In unserem Zahlencode taucht die Ziffer 4 hingegen nur extrem selten auf. Womöglich handelt es sich um das Äquivalent für den Buchstaben q, der mit 0,02 Prozent im Deutschen am seltensten vorkommt. Tabelle 2 zeigt die ungleich verteilten Häufigkeiten der Zeichen bei einem auf deutscher Sprache basierenden Chiffre.

Buchstabe	Rangplatz	Relative Häufigkeit
e	1	0,1740
...	...	
r	5	0,0700
...	...	
m	14	0,0250
...	...	
q	27	0,0002

Tabelle 2: Buchstabenhäufigkeit in einem deutschsprachigen Text. Der Buchstabe e ist in deutschsprachigen Texten der häufigste (17,4 %) und liegt damit auf dem 1. Rangplatz. Der Buchstabe r ist der fünfthäufigste (7 %). q steht auf dem Rangplatz 27 und ist damit der seltenste Buchstabe im Alphabet (0,02 %).

Zweite Szene – Buchstaben im Text: Sie erhalten eine Nachricht, bestehend aus 10 Ziffern (z. B. 15–3–9–13–4–2–12–10–22–13). Jede der 27 Ziffern steht für einen der 27 Buchstaben des Alphabets. Sie erfahren, dass die Nachricht ein deutsches Wort kodiert. Sie sollen nun erraten, welcher Buchstabe hinter der Ziffer 3 steckt. Wie groß ist dabei Ihre Unsicherheit? Diese Antwort erhält man mithilfe von Shannons berühmter Unsicherheitsformel. Wer dieses Phänomen gern mathematisch nachvollziehen möchte, kann dies tun, indem er diese Unsicherheitsformel einsetzt (siehe Gleichung 2; Box 2 im Anhang). Wie dem auch sei, die Antwort lautet: Ihre Unsicherheit beträgt genau 4,06 Bit.

Man beachte, dass bei gleicher Verteilung der Buchstaben hier das einzelne Zeichen einen Überraschungsgrad von 4,75 Bit hat (erste Szene), während bei ungleicher Verteilung, wie sie wirklich im deutschen Alphabet vorliegt, der erwartete Überraschungsgrad mit 4,06 Bit deutlich niedriger liegt (zweite Szene). Wenn Sie auf das Erscheinen eines Buchstabens wetten sollten, welches Szenario würden Sie bevorzugen: die Buchstaben auf Karten oder Buchstaben im Text? Ich würde für eine Wette auf jeden Fall Buchstaben im Text wählen, denn die Vorinformation, dass es häufige und weniger häufige Buchstaben im deutschen Alphabet gibt, reduziert unsere Unsicherheit von 4,75 Bit auf 4,06 Bit – wir sind also im Fall der Buchstaben im Text weniger unsicher.

Mit diesen mathematischen Mitteln lassen sich Sprachcodes Schritt für Schritt entschlüsseln. Und zwar, indem mithilfe von neuer Information Unsicherheiten nach und nach reduziert werden. Das genau passiert beim Entschlüsseln eines Codes. Und ist er erst einmal vollständig geknackt, ist der kodierte Text ganz einfach zu lesen (jedenfalls so lange, bis der Gegner bemerkt, dass der Code entschlüsselt wurde und er sich ein neues Verfahren überlegt.)

*»Wer das Ziel kennt, kann entscheiden. Wer entscheidet,
findet Ruhe. Wer Ruhe findet, ist sicher. Wer sicher ist,
kann überlegen. Wer überlegt, kann verbessern.«*

Diese – gewissermaßen – Bedienungsanleitung für Entscheidungen verfasste der chinesische Philosoph Konfuzius
vor etwa 2500 Jahren. Konfuzius – so könnte man sagen –
hat schon damals das beunruhigende Wesen der Unsicherheit erkannt und auf den Punkt gebracht. Denn drehen wir
seinen Leitsatz einmal um, könnte der so lauten:

*»Sein Ziel nicht zu kennen, macht eine gute Entscheidung
fast unmöglich. Nicht entscheiden zu können, versetzt uns
in Unruhe oder sogar Angst. Wer unruhig ist oder Angst
hat, wird unsicher. Wer unsicher ist, dem fällt es schwer
zu überlegen. Wer nicht überlegen kann, kann nichts verbessern.«*

Was aber heißt das nun für uns? Was genau kann ich tun,
um Unsicherheit so weit zu reduzieren, dass sich meine Entscheidungsgrundlage deutlich verbessert? Und wie würde
so eine gute Entscheidungsgrundlage aussehen – zum Beispiel statistisch? Eine mögliche Antwort auf diese Frage
lautet: »Aktivieren Sie den Publikums-Joker.« Jedenfalls,
wenn Sie Kandidat in der TV-Rateshow »Wer wird Millionär?« sind und gerade nicht weiterwissen. Etwa bei der
Frage, welcher dieser vier Hollywood-Schauspieler ist kein
gebürtiger Kanadier? Ist es:
a) Michael J. Fox; b) Tom Hanks; c) Donald Sutherland; d)
Jason Priestley?

Wenn Sie jetzt denken:»Ich kenne keinen von denen«, dann geht es Ihnen ungefähr so wie dem Kandidaten in der Show. Also entschied er sich, das Publikum zu befragen. Jeder im Studio anwesende Zuschauer hat mittels eines Knopfdrucks die Möglichkeit seine Antwort zu geben: a, b, c oder d.

Natürlich kann man nicht davon ausgehen, dass alle 100 Zuschauer die richtige Antwort kennen. Aber wie viele (wahrscheinlich) richtige Antworten würde der Kandidat benötigen, um sich in seiner Entscheidung sicherer zu fühlen?

Beginnen wir mit dem Worst-case-Szenario. Und das lautet in diesem Fall: 25–25–25–25 Prozent. Ein Viertel der Zuschauer hat sich für den ersten Namen entschieden, ein Viertel für den zweiten Namen usw. Die Grafiken, die in der Sendung eingeblendet werden, zeigen, dass alle Balken gleich hoch sind (die Balken zeigen jeweils die relative Häufigkeit an). Für den Kandidaten heißt das: maximale Unsicherheit. In der Praxis kommt das bei »Wer wird Millionär?« allerdings so gut wie nie vor. Und auch unser Kandidat konnte sich auf »sein« Publikum verlassen: 6–86–4–4 Prozent. Mit 86 Prozent votierte eine erdrückende Mehrheit für b) = Tom Hanks (nur der Vollständigkeit halber: Hanks wurde 1956 in Concord, Kalifornien, geboren). 86 Prozent sind ein sehr hoher Wert. Aber auch 60 Prozent für Tom Hanks hätten noch Sicherheit geben können. Doch je weniger sich der meistgewählte Vorschlag des Publikums von den übrigen Vorschlägen unterscheidet, desto größer ist die Unsicherheit.

Jetzt können wir im normalen Leben nur selten einen Wissensjoker ziehen, der uns die fehlenden Informationen verlässlich zukommen lässt. Im wirklichen Leben müssen wir dazu aktiv werden. Und da kommt es häufig zu einem scheinbaren Paradoxon: Um Sicherheit zu gewinnen, müssen wir auf dem Weg dorthin zunächst ein noch höheres Maß an Unsicherheit auf uns nehmen. Der legendäre Seefahrer Magellan hat das so formuliert:»Wer an der Küste bleibt, kann keine neuen Ozeane entdecken.« Etwas zu riskieren, um eine Ungewissheit oder Unsicherheit in eine Gewissheit oder Sicherheit zu wandeln, wird in der Biologie als exploratives Verhalten bezeichnet.

Wir müssen also Entdecker werden, um Unsicherheit zu überwinden. Dies ist eine mögliche und oft auch erfolgreiche Strategie, proaktiv mit Situationen umzugehen, in denen Unsicherheit vorherrscht. Die Alternative besteht in einer Strategie, die nichts Neues wissen will – kurz: einer Vogel-Strauß-Politik. Der explorative Weg hingegen ist der Versuch, eine Unsicherheit aktiv zu überwinden. Auch wenn der Preis dafür hoch sein mag.

Wenn man sich alte Seekarten aus der Zeit Magellans anschaut, kann man feststellen, dass oft nur Teilbereiche erforscht und kartiert sind, danach beginnt das große Unbekannte. Dort haben die Kartografen oft Seeschlangen und andere Ungeheuer gezeichnet. Als Symbol für die Gefahren, die dort lauern konnten.»Beyond this point are monsters«, hieß es auf englischen Seekarten dieser Epoche: Ab dort muss man mit Ungeheuern rechnen. Aber Tatsache ist, dass jede erfolgreiche Fahrt in diese Gegenden neue Erkenntnisse erbrachte. Neue, unerforschte oder unbekannte Inseln, Untiefen, Riffe oder gar ganze Kontinente konnten dort eingezeichnet werden, wo bis dahin Monster vermutet wurden. Die Unsicherheit auf den alten Seekarten wurde so mit jeder Fahrt durch verlässliche Informationen weiter zurückgedrängt.

6. Vorhersage – Vorhersagefehler – Update

Ein Experiment auf der Rolltreppe • Plädoyer für Vorhersage-
fehler • Ein zweiter Notarzt tritt auf • Bayesianisch oder nicht
bayesianisch – das ist hier die Frage

Es gibt wissenschaftliche Theorien, wie zum Beispiel die
Funktionsweise von Schwarzen Löchern oder die Existenz
von Antimaterie, die außerordentlich schwierig und aufwendig abzusichern sind. Die Behauptung hingegen, dass
unser Gehirn die Realität abbildet, indem es eins zu eins die
Welt mit allen Sinnen erfasst, Vorhersagen trifft, um diese dann mit den Sinneseindrücken, die von den Gegebenheiten der Realität verursacht werden, abzugleichen – diese
These lässt sich vergleichsweise einfach überprüfen. Dazu
benötigen wir weder einen Teilchenbeschleuniger noch ein
Labor. Zum Versuchsaufbau gehören lediglich wir selbst
und eine Rolltreppe. Wichtig zu erwähnen ist, dass die Ver-
suchsperson bereits Erfahrungen mit dem Bewegungsablauf
gemacht hat, der vonnöten ist, um eine fahrende Rolltreppe sicher zu betreten. Denn diesen Bewegungsablauf haben
wir als gelernt verinnerlicht. Und wenn wir auf eine Rolltreppe zugehen und uns anschicken, sie zu betreten, trifft
unser Gehirn die Vorhersage, dass der nächste Schritt auf
einer Oberfläche erfolgt, die sich in einer bestimmten Geschwindigkeit von uns wegbewegt. Zur Vorhersage gehört,
dass wir den nächsten Schritt automatisch diesem neuen
beweglichen Untergrund anpassen und mit dem ganzen

Körper quasi mitgehen, um sicher auf der fahrenden Stufe zu landen. Was aber passiert, wenn die Rolltreppe gar nicht fährt, sondern stillsteht? Unser Gehirn gibt aufgrund seiner Erfahrung mit Rolltreppen trotzdem die Vorhersage an die Beinmuskulatur weiter, sich auf die Eigenbewegung der Rolltreppe einzustellen. Das Ergebnis ist ein sich etwas seltsam anfühlender Auffangschritt, der zwangsläufig ins Leere läuft, weil die Rolltreppe – wider Erwarten – stillsteht. Erst im nächsten oder übernächsten Schritt bemerkt das Gehirn seine fehlerhafte Vorhersage und korrigiert diese. Wir benutzen die Rolltreppe nun wie eine normale, unbewegliche Treppe. Und damit wären wir beim wichtigsten Instrument unseres Gehirns zur Abbildung der Realität und den damit verbundenen Entscheidungen angelangt – dem Vorhersagefehler.

Vorhersagefehler oder auch Prediction Error wie der Begriff in der internationalen Hirnforschung lautet – das hört sich erst mal nicht sehr gut an. Das Wort Fehler verknüpfen wir in der Regel mit Begriffen wie Versagen, Fehleinschätzung, schlechtem Urteilsvermögen, Unkenntnis oder Inkompetenz. Soziokulturell sind wir von Erwartungen geprägt, die das richtige Ergebnis als Erfolg feiern und den Fehler als Misserfolg verachten.

»Wer viel arbeitet, macht viele Fehler. Wer wenig arbeitet, macht wenig Fehler. Wer nicht arbeitet, macht keine Fehler. Wer keine Fehler macht – der wird befördert.«

Dieser bekannte und etwas zynisch anmutende Aphorismus macht das Dilemma deutlich: Fehler zu machen, wird uns im Berufsleben nur selten zugestanden. Selbst dann nicht, wenn diese wichtig für Entwicklungsprozesse sein können. Diese Einschätzung korreliert natürlich sehr schlecht mit der Tatsache, dass die Wahrnehmungsstrategie unseres Gehirns auf Vorhersagen und dem Prinzip von Versuch und Irrtum basiert. Die damit verbundenen Vorhersagefehler sind keinesfalls als Schwächen des Gehirns anzusehen, sondern vielmehr als eine clevere Vorgehensweise, um Irrwege möglichst zu vermeiden und um enorme Rechenvorgänge zu umgehen, die bekanntermaßen die Stärke von Computern sind, aber eben nicht des menschlichen Gehirns.

Um dies zu verdeutlichen, kehren wir noch einmal zum Notarzt und zu dem jungen Komapatienten zurück, der an einer Straße aufgefunden worden war (Kap. 2). Das Beispiel sollte zeigen, dass man verborgene Zustände wie unklare medizinische Diagnosen mithilfe der von Thomas Bayes entwickelten Formel näher eingrenzen kann. Wir erinnern uns, dass Bayes im 18. Jahrhundert das Theorem formuliert hat, dass man sich mathematisch einer Lösung auch dann annähern kann, wenn man keinen direkten Zugang zu den Ursachen hat: nämlich indem man einen Prior setzt – also einen beliebigen Ausgangspunkt – und sich von diesem Punkt aus rechnerisch der Lösung nähert. Wie bereits erwähnt, gilt Bayes mit seinem Theorem bis heute als ein früher Pionier der Wahrscheinlichkeitsrechnung. Eines sollte bei diesem Gedankenexperiment klar sein: Kein Notarzt wird realistischerweise am Ort des Geschehens seine Diagnose stellen, indem er schriftlich oder im Kopf mit Thomas Bayes' Formel rechnet (Formel in der Legende von Tabelle 1; Kap. 2). Allerhöchstens ein Nerd, der gleichzeitig Arzt und Mathematiker ist, würde so vorgehen. Das Beispiel diente allein der Illustration, wie das Bayes-Theorem funktioniert. Erwähnt wurde aber ebenfalls, dass die aktuelle Hirnforschung davon ausgeht, dass das Bayes-Theorem die Grundlage ist, wie unsere Gehirnstruktur überhaupt aufgebaut ist und wie unser Gehirn prinzipiell die Welt wahrnimmt und auf die Welt reagiert – indem es eine Annahme (= Prior) trifft, um sich dann schrittweise der richtigen Lösung zu nähern. An dieser Stelle könnte man mit einiger Berechtigung fragen: Ist es denn nun »bayesianisch« – unser Gehirn – oder ist es das nicht? Flapsig formuliert könnte man antworten: Es arbeitet schon bayesianisch – nur ohne die klassische Formel von Thomas Bayes. Das Gehirn verwendet stattdessen eine umgekehrte bayesianische Variante, deren Vorgehensweise sich von der klassischen Formel in drei Punkten unterscheidet.

Um die Unterschiede zwischen dem klassischen bayesianischen Vorgehen und der Variante zu verdeutlichen, führen wir uns noch einmal den Notarzteinsatz mit dem jugendlichen Komapatienten am Straßenrand vor Augen. Und nehmen wir weiter an, ein zweiter Arzt würde einen solchen Fall eines ohnmächtigen jungen Mannes untersuchen. Das Beispiel des zweiten Notarztes soll die normale Funktionsweise eines bayesianischen Gehirns illustrieren, so wie jeder Mensch eines hat.

Und im Gegensatz zum ersten Mediziner geht dieser Arzt nicht exakt bayesianisch vor (d. h., er verzichtet auf Formeln), sondern approximativ (d. h., er benutzt ein mathematisches Näherungsverfahren). Das Ergebnis ist also nicht die exakte Wahrscheinlichkeit, welche die Bayes-Formel liefert, sondern nur ein Wert, der nahe am exakten Ergebnis liegt. Für praktische Zwecke reicht das vollkommen. Das ist der erste unterschiedliche Punkt, er betrifft die Genauigkeit des Ergebnisses. Der zweite Notarzt versucht nicht, die Lösung exakt mit »Papier und Bleistift« anhand der Bayes-Formel zu finden – so wie es der erste Notarzt im Prinzip getan hat –, sondern intuitiv, und trotzdem kommt er zu einem gleichwertigen Ergebnis. Der tiefere Grund, warum er diese Approximationsmethode anwendet, ist, dass sein Gehirn nach einem bayesianischen Bauplan funktioniert.

Und obwohl sich die exakte und die approximative Vorgehensweise deutlich unterscheiden, denkt und handelt auch der zweite Arzt bayesianisch – nur ohne die klassische Bayes-Formel anzuwenden.

Zurück zur Situation: Der Patient liegt noch immer am Boden – offenbar in einem komatösen Zustand. Aufgrund des jugendlichen Alters des Patienten und der statistischen Wahrscheinlichkeiten setzt auch dieser zweite Notarzt auf Intoxikation als favorisierte Diagnose – also Koma durch Alkoholvergiftung oder Drogenmissbrauch; er kann sich aber nicht sicher sein, dass diese Diagnose auch hundertprozentig zutrifft. Bis hierhin sind die weiteren Unterschiede in den Vorgehensweisen der beiden Notfallmediziner noch nicht offenkundig. Und dennoch gibt es einen gravierenden zweiten Unterschied: nämlich in Bezug auf die Praktikabilität. Im Gegensatz zum ersten Arzt verwendet der zweite eine Approximationsmethode, die nicht nur zum gleichwertigen Ergebnis führt, sondern auch viel einfacher, besser und schneller im Gehirn implementiert werden kann.

Und schließlich gibt es noch einen dritten, einen zeitlichen Unterschied im Vorgehen der beiden Ärzte: Während der erste Notarzt erst nach der Messung des Blutzuckers anfängt, neue Wahrscheinlichkeiten zu berechnen, beginnt der zweite Notarzt bereits vor der Blutzuckermessung mit Wahrscheinlichkeiten zu operieren. Was also unternimmt der zweite Notarzt genau? Vor der Messung – also vor dem Auftreten der Evidenz – trifft er eine Vorhersage, welcher Blutzucker beim Patienten zu erwarten sein wird, wenn seine favorisierte Diagnose, die Intoxikation, stimmt. Dazu verwendet er die Priorwahrscheinlichkeit für Intoxikation und noch eine zweite Wahrscheinlichkeit, die angibt, welcher Blutzuckerwert am besten zur Intoxikation passt. Die zweite Wahrscheinlichkeit nennt man Likelihood; die haben wir schon kennengelernt (Kap. 2). Beide Wahrscheinlichkeitswerte sind dem Kollegen aufgrund seiner langjährigen Erfahrungen als Notarzt vertraut. Mit den beiden Werten kann er nun denjenigen Blutzuckerwert vorhersagen, der am besten zu einem intoxikierten Patienten passt. Das wäre in diesem Fall ein Wert von 90 mg/dl.

Kombiniert man Prior und Likelihood, bevor neue Evidenz erschienen ist, nennt man das ein generatives Modell; kombiniert man Prior und Likelihood, nachdem bereits neue Evidenz aufgetreten ist, so entspricht das der klassischen Bayes-Formel. Mit einem generativen Modell lassen sich sehr praktische Vorhersagen machen: Zum Beispiel lassen sich im Fall unseres Notarztes physiologische Effekte (Blutzucker) vorhersagen, wenn man eine bestimmte Ursache (Intoxikation) annimmt. Oder – sehr viel allgemeiner – bei unserer Wahrnehmung können wir bestimmte Sinneseindrücke vorhersagen (wir sehen einen Menschen lächeln), wenn wir eine Ursache annehmen (dass der Mensch uns freundlich gesinnt sei). Wir Menschen arbeiten alle im täglichen Leben mit unseren generativen Modellen. Diese Vorgehensweise ist intuitiv, das heißt, sie beruht auf unbewussten Vermutungen, die durch Erfahrungen gestützt werden. Und obwohl dabei die klassische Bayes-Formel nicht zur Anwendung kommt, bleibt das bayesianische Prinzip erhalten, denn das Zusammenspiel von Prior und Likelihood ist gewahrt. Und zwar indem der zweite Notarzt zuerst seine Favoritendiagnose (Intoxikation) festlegt, und im zweiten Schritt Blut abnimmt und den vorhergesagten Blutzuckerspiegel überprüft. Könnten wir ihm jetzt beim Denken zuhören, würden wir wohl Ohrenzeugen des folgenden inneren Monologs werden: *»Wahrscheinlich eine Alkoholvergiftung. Um die Möglichkeit neuroglukopenisches Koma auszuschließen, werde ich jetzt den Blutzucker bestimmen. Wenn Alkohol oder Drogen im Spiel sind, ist es am wahrscheinlichsten, dass sein Blutzucker 90 mg/dl sein wird. Ich suche mal nach einer Stelle zum Blutabnehmen ... Oh – der Wert des Patienten liegt ja nur bei 25 mg/dl ... Verflixt. Bei der Alkoholintoxikation kann er schon mal etwas erniedrigt sein, aber 25? Nein, so tief definitiv nicht! Da habe ich ja ganz schön danebengetippt. Doch ein Unterzucker-Koma. Jetzt nur schnell die Glukosespritze verabreichen ...«*

Aus einer anderen, protokollarischen Perspektive betrachtet kann man sagen, dass das Gehirn des Arztes nach der Feststellung des Blutwerts die Differenz aus Vorhersage und neuer Evidenz gebildet hat: $90-25\text{mg/dl} = 65\text{mg/dl}$. Also 65mg/dl – das ist der Vorhersagefehler. So genau und konkret lässt er sich beziffern. Das Gehirn des Arztes verwendet dann diesen Vorhersagefehler, um die neue

Posterior-Wahrscheinlichkeitsverteilung (d. h. das Update) abzuschätzen. Das technische Problem besteht darin, dass bei dieser umgekehrten Rechenschrittfolge die genaue Berechnung der neuen Posterioren nicht mehr mit einer einfachen Formel (wie der Bayes-Formel) durchgeführt werden kann. Wir kennen in der Mathematik Gleichungen, bei denen auf der linken Seite die Unbekannte X steht, während die rechte Seite ausschließlich bekannte Zahlen oder Größen zeigt. Dann ist alles ganz einfach. Aber so ist das hier nicht. Die Gleichung mit dem unbekannten Posterior auf der linken Seite lässt sich gar nicht ohne Weiteres, wenn überhaupt, berechnen. Stattdessen hilft man sich bei solchen schwierigen mathematischen Problemen mit einer Approximationsmethode, um den Posterior wenigstens ungefähr zu ermitteln. Deshalb nennt man diese Methode auch approximatives oder annäherndes Bayes-Verfahren. Einfacher ausgedrückt: Das Gehirn des zweiten Notarztes passt sukzessive die Werte des Posteriors an, so lange, bis seine Vorhersagefehler möglichst klein geworden sind.

Da Vorhersagefehler identisch sind mit informationstheoretischer Freier Energie (Kap. 4), kann man auch sagen, dass das Gehirn des zweiten Notarztes seinen Posterior genau dann gefunden hat, wenn seine Freie Energie am kleinsten ist. Dieses Verfahren ist das sogenannte Freie-Energie-Prinzip von Karl Friston, welches als vereinheitlichte Theorie der Funktionsweise des menschlichen Hirns zu den größten Errungenschaften der modernen Neurowissenschaft zählt.[16, 22] Seit 2005 hat Friston eine umfangreiche Serie von Artikeln veröffentlicht, deren Essenz Anil Seth von der UNIVERSITY OF SUSSEX kürzlich prägnant herausgearbeitet hat.[23] Es handelt sich beim Freie-Energie-Prinzip im Grunde um eine mathematische Optimierungsaufgabe. Solche Optimierungsaufgaben kennen wir sehr gut aus verschiedenen Lebensbereichen: Die Ingenieure der Autoindustrie versuchen leistungsfähige Autos mit minimalem Spritverbrauch zu konstruieren. Als Kunde suchen wir oft das Produkt mit dem minimalen Preis-Leistungs-Verhältnis. Viele Schüler minimieren ihr Aufwand-Nutzen-Verhältnis in der Schule. Und das Gehirn minimiert seine informationstheoretische Freie Energie. Oder anders gesagt: Das Gehirn versucht so gute Vorhersagen zu treffen, dass nur minimale Vorhersagefehler entstehen.

Im Wahrnehmungsrückschluss des zweiten Notarztes liegt also der ungefähre Posterior für die Diagnose eines neuroglukopenischen Komas nahe bei 0,857 (ca. 86 Prozent), was darauf hinweist, dass dies die bestgewählte Diagnose ist. Doch das ist – wie gesagt – eine protokollartige Beschreibung dieses Vorgangs. Im Bewusstsein des Arztes spielen weder die Berechnungen noch die eben beschriebenen einzelnen Schritte des Prozesses eine Rolle. Er handelt ja intuitiv und gleicht seine Vorhersage mit der Aussage des Blutzuckerwerts ab, um daraufhin seinen Prior zu korrigieren. Mit anderen Worten: Ein vorhersagekräftiges generatives Modell plus Vorhersagefehler haben in nur zwei Schritten zur Lösung des Problems geführt.

Diese hier beschriebene Bayes-Variante stammt eigentlich aus der statistischen Physik und wird beim sogenannten maschinellen Lernen häufig dazu verwendet, schwierige mathematische Integrationsprobleme mit hohem Rechenaufwand in einfachere Optimierungsaufgaben mit geringem Rechenaufwand zu überführen.[24] Heutzutage benutzen die Ingenieure des maschinellen Lernens genau solche rechenökonomischen Algorithmen bei der Herstellung von selbst-fahrenden Autos. Das Gehirn braucht also beim Gebrauch der Bayes-Variante nicht die sonst erforderlichen aufwendigen Berechnungen anzustellen.

Wir können aber auch festhalten, dass keiner der beiden Schritte in diesem Verfahren verzichtbar gewesen wäre. Nur im Zusammenspiel von generativem Modell und Vorhersagefehler war es möglich, sich der Lösung so schnell anzunähern. Vielleicht hilft uns diese Betrachtung auch dabei, Fehlern einen größeren Respekt entgegenzubringen. Denn so – wie in diesem Beispiel veranschaulicht – arbeitet unser Gehirn grundsätzlich: Vorhersage – Vorhersagefehler – Update. Tatsächlich ist unser Gehirn von seinem Aufbau her dafür geschaffen, auf die nähere und nächste Zukunft zu spekulieren – und einmal recht zu behalten und einmal eben auch nicht. Es geht im Wesentlichen darum, gut genug und bereit zu sein, jederzeit fehlerhafte Vorhersagen zu korrigieren. Das ist gemeint, wenn im weiteren Verlauf des Buchs vom bayesianischen Gehirn die Rede sein wird.

Das Beispiel vom Notarzt ist zugegebenermaßen etwas vereinfacht dargestellt. Es ging mir darum, das Prinzip Prior – Vorhersage – Update so anschaulich wie möglich zu erklären. Die Prozesse im Gehirn sind tatsächlich jedoch komplizierter, aber wir wollen uns nicht in Einzelheiten verlieren. Wichtig ist allerdings noch folgender Unterschied: Der Notarzt hat für die Ursache des Komas drei Möglichkeiten in Betracht gezogen. Folglich gab es drei Priorwahrscheinlichkeiten (50 Prozent–40 Prozent–10 Prozent). Solche abzählbaren Ursachen (3 Diagnosen) mit ihren dazugehörigen Wahrscheinlichkeiten lassen sich grafisch einfach als Balkendiagramm (mit 3 Balken) darstellen, und es genügt für das Update ein simples Vorgehen nach der Bayes-Variante. Das Gehirn hat aber oft die Aufgabe, eine Ursache herauszufinden, bei der es eine Vielzahl von Möglichkeiten gibt. Das ist beispielsweise der Fall, wenn es auf eine kontinuierliche Größe wie die Temperatur rückschließen soll. Im Temperaturspektrum gibt es eine enorm große Anzahl von Möglichkeiten. In solchen Fällen verwendet das Hirn eine erweiterte Bayes-Variante, bei der man Priorerwartungen in Form von Glockenkurven darstellen kann. Diese Glockenkurven werden wir im nächsten Kapitel noch kennenlernen.

Doch zurück zum bayesianischen Gehirn und zu den hierarchisch angeordneten Prioren und den Vorhersagefehlern, die sich für uns oft als so nützlich erweisen. Allerdings sind Vorhersagefehler nur dann effektiv und hilfreich, wenn es uns gelingt, sie in Schach zu halten. Denn Vorhersagefehler sind einerseits unentbehrlich, um adäquat die Realität abzubilden und um zu lernen. Andererseits würde eine Flut von Vorhersagefehlern die Unsicherheit nicht senken, sondern steigern. Es muss also darum gehen, Vorhersagefehler (oder Freie Energie) langfristig zu minimieren. Am Beispiel des Notarztes haben wir erfahren, dass der Vorhersagefehler selbst dazu die Chance bietet, weitere falsche Vorhersagen zu vermeiden. Im Fall des Komapatienten wies der Vorhersagefehler darauf hin, dass die Grundannahme – also der Prior – des Mediziners deutlich überschätzt war. Und damit sind wir an einem entscheidenden Punkt angelangt: Ein zielführendes Zusammenspiel von Prioren und Vorhersagefehlern beinhaltet immer die Möglichkeit (und Bereitschaft), den Prior zu korrigieren. In diesem Zusammenhang ist es wichtig, sich mit den hierarchischen Eigenschaften von Prioren näher zu befassen. Beim Rolltreppen-Experiment haben wir festgestellt, dass es mitunter gar nicht so einfach ist, den Prior zu verändern.

7. Der Motor unseres Handelns

Das vorhersagende Gehirn • Ein rätselhafter Patient: Der Fall Ian Waterman • Woher wissen wir, dass uns zu kalt ist? • In einem Holzfäller-Camp in Kanada • Das enge Zusammenspiel zwischen Wahrnehmung und Handlung

Das Notarztbeispiel half uns, das bayesianische Prinzip anhand von Priorerwartungen zu verstehen, die auf einer einzigen Ebene des Gehirns lokalisiert sind. Aber da unser Gehirn hierarchisch aufgebaut ist, muss es in der Lage sein, mit Priorerwartungen auf unterschiedlichen Ebenen gleichzeitig umzugehen. Unser so strukturiertes Gehirn setzt das Prinzip der Vorhersagekorrekturen weitaus häufiger, weitreichender und intensiver ein, als wir es uns vorstellen können.

Genauer gesagt verwendet das Gehirn permanent Vorhersagen und Vorhersagefehler, ohne dass wir das überhaupt bemerken. Der Philosoph Jakob Hohwy spricht daher auch vom vorhersagenden Geist (engl. predictive mind). Jede unserer Bewegungen beruht auf diesem Prinzip, ohne das wir bewegungsunfähig wären. Vielleicht haben wir uns schon einmal gefragt, wie es sein kann, dass wir Schritt für Schritt durch die Welt gehen, ohne dass wir wirklich auf unsere Füße achten müssen. Oder dass wir mit geschlossenen Augen in einer ausholenden Bewegung den Zeigefinger direkt zur Nasenspitze führen können (früher ein beliebter Test, um festzustellen, ob eine Person Alkohol getrunken hat).

Dass uns diese Körper-Kunststücke scheinbar so mühelos gelingen, hängt damit zusammen, dass wir über einen wenig bekannten Sinn verfügen: die Propriozeption (Abb. 6). Frei übersetzt bedeutet der Begriff mit lateinischem Ursprung Eigenwahrnehmung. Gemeint ist hier die Fähigkeit unseres Gehirns, die Positionen des Körpers im Raum zu bestimmen und zu kontrollieren. Woher wissen wir beispielsweise in totaler Dunkelheit, ob wir stehen oder liegen? Wir können die Position des Körpers ja nicht mit den Augen kontrollieren. Die Antwort lautet: Propriozeption. Dieser Sinn erhält seine Informationen über Muskelspindeln, Sehnenspindeln und Knochenrezeptoren. Sie geben die Position und Bewegungsrichtung der verschiedenen Körperteile an das Gehirn weiter. Sie lassen uns Gewichte spüren – auch das unseres eigenen Körpers im Raum. Die Arbeitsweise dieser Sinneswahrnehmung basiert grundsätzlich auf dem Prinzip Vorhersage – Vorhersagefehler – Update. Die Propriozeption trifft also ständig Voraussagen, wo sich der Körper und seine Gliedmaßen gerade befinden, ob sie sich richtig zueinander und zur Umgebung verhalten, um eine gewünschte Bewegung auszuführen. Man kann sich leicht vorstellen, wie viele Priorerwartungen nötig sind, um einen aufrecht gehenden Körper nur in der Balance zu halten, zugleich zu beschleunigen und auf einem womöglich unebenen Weg schrittweise sicher in eine bestimmte Richtung zu bewegen (siehe Abb. 6).

Wie gesagt – all das geschieht mithilfe der Propriozeption, ohne dass wir praktischerweise bewusst wahrnehmen würden, was wir da gerade machen. Praktisch, weil wir unsere Aufmerksamkeit so auf etwas anderes lenken können, während sich unser Körper gewissermaßen wie von selbst

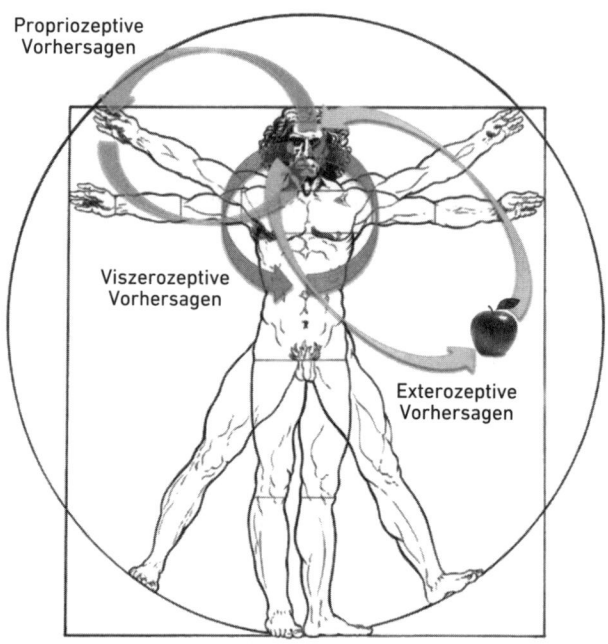

Proprioceptive
Vorhersagen

Viszerozeptive
Vorhersagen

Exterozeptive
Vorhersagen

**Abb. 6: Das Gehirn trifft exterozeptive, propriozeptive und viszerozeptive Vor-
hersagen.** Die *Exterozeption* beschreibt die Außenwahrnehmung anhand von sehen, hören, riechen, schmecken sowie Schmerz- und Temperaturempfindungen.
Die *Propriozeption* umfasst den Bewegungs-, Kraft- und Lagesinn und arbeitet mit
Muskelspindeln, Sehnenspindeln, Knochenrezeptoren. Bei der *Viszerozeption* wird
der innere Zustand des Körpers wahrgenommen; sie nimmt Signale aus den inneren Organen auf wie starkes Herzklopfen oder das mulmige Gefühl in der Magengegend. All diese Top-down-Vorhersagen des Gehirns werden mit den aktuell
eintreffenden Sinneseindrücken verglichen. Aus den Abweichungen werden Vorhersagefehler berechnet. Im Wahrnehmungsrückschluss stellen sich Vorhersagefehler als Bottom-up-Signale dar. Sie dienen dazu, die Vorhersagen des Gehirns zu
aktualisieren. Im Handlungsrückschluss stellen sich die Vorhersagefehler als Ak-
tionssignale dar, mit denen die Zustände der Welt oder des Körpers verändert werden können. Die exterozeptiven und propriozeptiven Vorhersagefehler erzeugen
Signale, die über das periphere Nervensystem zur Skelettmuskulatur gelangen
und dort in Bewegung umgesetzt werden. Die viszerozeptiven Vorhersagefehler
erzeugen Signale, die über das autonom-endokrine System (d.h. das Stresssystem) zu allen inneren Organen (Herz, Gefäßwände, Darm, Harnwege und Genital-
trakt) gelangen und dort die Organfunktion regulieren. Auf diese Weise werden
die Zustände in Welt und Körper so lange verändert, bis die exterozeptiven, pro-

priozeptiven und viszerozeptiven Vorhersagen des Gehirns erfüllt sind. Interessant ist in diesem Zusammenhang, wie Emotionen aus der Perspektive des bayesianischen Gehirns entstehen: Subjektive Gefühlszustände (Emotionen) sind ständig aktualisierte viszerozeptive Vorhersagen. Emotionen sind das Ergebnis eines Prozesses, bei dem der Mensch mithilfe seine inneren Wahrnehmung und seiner inneren Handlung (der Aktionen seines autonom-endokrinen Systems) Rückschlüsse auf die verborgenen Zustände in seinem Körper zieht.[25-27]

bewegt. Das alles ist für uns selbstverständlich, solange das System funktioniert. Wie kompliziert und anspruchsvoll die Initiierung und Kontrolle unseres Körpers tatsächlich ist und wie viele Prioren bzw. Vorhersagefehler tatsächlich nötig sind, um nur einfache Bewegungen durchzuführen, zeigt sich erst, wenn das System ausfällt. So wie bei Ian Waterman.

1971 war Ian Waterman 19 Jahre alt. Er lebte auf der britischen Kanalinsel Jersey. Dort hatte er kurz zuvor seine Ausbildung als Metzger beendet. Eines Morgens war es ihm unmöglich, zur Arbeit zu gehen. Er war erkrankt, und es fühlte sich für ihn an wie eine heftige Magen-Darm-Grippe. Ian blieb im Bett, um sich auszukurieren. Doch die Genesung blieb aus. Er fühlte sich schwächer und schwächer. Wenige Tage später erlitt er einen Zusammenbruch und musste ins Krankenhaus eingeliefert werden. Dort wurde der junge Mann für die Ärzte zu einem rätselhaften Patienten. Er hatte offenkundig die Fähigkeit verloren, sich zu bewegen oder seinen Körper überhaupt zu spüren. Alles, was Ian zu diesem Zeitpunkt konnte, war, im Bett liegen.

Auch nach Wochen gab es keine Anzeichen von Besserung. Ian blieb ans Bett gefesselt, und die Ärzte auf Jersey waren ratlos. Erst später sollte sich herausstellen, dass Ian einen viralen Infekt mit grippeähnlichen Symptomen erlitten hatte, der zu einer sehr seltenen Nervenerkrankung geführt hatte. Davon betroffen war sein propriozeptives System. Er litt an einer sensorischen Nervenkrankheit, bei der die Nervenfasern der Propriozeption geschädigt wurden. Sämtliche Nervenbahnen, welche Sinneseindrücke bzw. Informationen über die Positionierung des Körpers und der Gliedmaßen an das Gehirn übermitteln, waren massiv beeinträchtigt. Es kam so zu einem Ausfall der sensorischen Informationen, die für die Muskel- und Bewegungskontrolle unverzichtbar sind. Ian war praktisch gelähmt, ohne gelähmt zu sein. Denn obwohl die Nervenverbindungen vom Gehirn zu den Muskeln völlig intakt waren, konnte sich Ian nicht mehr rühren, weil die Rückmeldungen des Körpers zum Gehirn – wo genau er sich gerade befindet – unterbrochen waren. Da Wahrnehmung und Handlung so eng ineinandergreifen, dass das eine nicht ohne das andere möglich ist, war der Patient nahezu bewegungsunfähig. Das Gehirn hätte zwar seine gewünschte oder beabsichtigte Körperposition über absteigende Nervenbahnen an die Nervenzellen im Rückenmark senden können. Aufgrund fehlenden Feedbacks war es aber unmöglich, auf der Rückenmarksebene Motorbefehle zu erzeugen, die ihrerseits die Muskulatur in Gang setzen. Für diese Art der Erkrankung gab es damals und gibt es bis heute keine Therapie, die zu einer Regeneration des Nervengewebes führen würde. Ian ist mittlerweile 65 Jahre alt und hat sein Körpergefühl niemals wiedererlangt. Und trotzdem kann er sich wieder bewegen und ein normales Leben führen – obwohl Ärzte ihm damals prophezeit hatten, er würde den Rest seines Lebens wohl auf den Rollstuhl angewiesen sein.

Seine wundersame Erholung setzte ein, als Ian bald nach

der Diagnose mit einer Physiotherapie begann. Dabei stellte er fest, dass seine Gliedmaßen darauf reagierten, wenn er sich mit seinen Augen auf die gewünschte Bewegung konzentrierte. So erreichte er zum Beispiel, seine Hand zum Mund zu führen, indem er den gesamten Bewegungsablauf mit seinen Augen konzentriert verfolgte. Nach und nach lernte sein Gehirn, die visuelle Bewegungskontrolle anstatt der propriozeptiven Rückmeldung zu akzeptieren. Auf diese Weise gelang es Ian, sich aufzurichten, zu stehen, zu gehen, zu sitzen, zu greifen, mit der Hand zu schreiben usw. Nach wie vor muss er jeden dieser Bewegungsabläufe mit seinen Augen lenken und kontrollieren. Das hat zu ungewöhnlichen Bewegungsmustern geführt. Ians Bewegungen sind nicht flüssig, sondern wirken eher eckig und etwas ungelenk. Aber es funktioniert, wie eine eindrucksvolle Filmdokumentation der BBC zeigt.[28] Dieses völlig neuartige Bewegungstraining hat Ian sogar zu einer Art Karriere verholfen. Gemeinsam mit dem Neurologen Jonathan Cole entwickelte Ian ein Bewegungstraining, das anderen Patienten mit der gleichen Erkrankung helfen kann.

Der Fall von Ian Waterman macht deutlich, wie umfassend und alltäglich Gehirn und Körper über das bayesianische System aus Prioren und Vorhersagefehlern miteinander kommunizieren, um so permanent Updates aus der Umgebung zu erhalten und zu verarbeiten. Man kann sagen, dass das propriozeptive System neben dem Seh-, Geruchs- und Hörsinn die wichtigste Verbindung zwischen unserem Körper und der Welt darstellt. Auch dann, wenn wir dies gar nicht bewusst registrieren.

Wie wir mit ebendiesen Priorerwartungen auf mehreren Ebenen umgehen, ohne dass uns dies bewusst wird, möchte ich mit einem Szenario verdeutlichen. Natürlich wäre unser Gehirn nicht unser Gehirn, wenn es nicht in der Lage wäre, hierarchisch unterschiedliche Priorerwartungen zu behandeln. Wie bei jemandem, der Jonglieren lernt, fügen wir jetzt also einen zweiten Ball hinzu. Es gibt nun

- den übergeordneten Ziel-Prior, der unsere Zielerwartung definiert, und
- den untergeordneten Prior, der unsere Vorstellungen vom aktuellen Zustand der Welt wiedergibt.

In diesem Gedankenexperiment wird es darum gehen, wie unser Körper auf verschiedene Temperaturreize reagiert und wie komplex das System einer Temperaturanpassung ist, wenn uns einfach nur kalt ist. Aufgrund unserer eigenen Warm-kalt-Erfahrungen gehen wir vielleicht davon aus, dass unser Körper über eine Art objektives »Thermometerorgan« verfügt, das die Außentemperatur messen und das Ergebnis über das Gefühlte als »zu kalt« oder »zu warm« mitteilen kann. Aber tatsächlich ist das System, wie der Körper die Außentemperatur wahrnimmt, vielschichtiger, als wir vermuten würden. Leider ist es so, dass der Körper über keinerlei objektive Thermometerfunktion verfügt, die schnell exakte Ergebnisse liefert. Nicht allein, dass die Temperatur für uns ein verborgener Zustand ist, wir wollen auch noch unter den möglichen verborgenen Zuständen genau denjenigen Zustand finden, in dem wir uns am wohlsten fühlen. Und trotz der Schwierigkeit der Aufgabe sind wir in der Lage, Temperaturunterschiede wahrzunehmen und unser Wohlbefinden zu sichern. Das geschieht wie bei allen anderen Wahrnehmungsarten (sehen, hören, riechen usw.) auch über das Wechselspiel zwischen Prioren, Vorhersagefehlern und Updates.

Stellen wir uns also ein Winterlager tief in den Wäldern Kanadas vor. Holzfäller haben den ganzen Tag bei minus 30° Celsius gearbeitet. Am Abend kommen die verfrorenen Männer in einem großen Gemeinschaftszelt mit Lagerfeuer in der Mitte zusammen. Die meisten Waldarbeiter erwarten eine Innentemperatur von angenehmen 24° (auch wenn diese Erwartung ihnen so konkret nicht bewusst ist). Aber in der Annahme, dass es im Zelt mit dem Feuer schön warm sein wird, freuen sie sich darauf, ihre dicken Winterjacken am Eingang abzulegen und nur im Hemd mit aufgerollten Ärmeln am Feuer zu sitzen. Während die Männer bewusst nur eine vage Vorstellung vom warmen Zelt haben, grenzen ihre Gehirne diese Situation unbewusst genauer ein und definieren eine Wohlfühltemperatur. Diese 24° Wohlfühltemperatur bezeichnet den übergeordneten Ziel-Prior. Solch eine Zielerwartung können wir auch als Sollzustand verstehen – als Zielzustand unseres Wohlfühlbereichs. Dann gibt es noch den untergeordneten Prior. Er zeigt an, von welcher aktuellen Temperatur ein solcher Holzfäller ausgeht.

Das Ziel besteht nun darin, den untergeordneten Prior mit dem Ziel-Prior in Deckung zu bringen. Vor allem die Zone, die mittig zwischen dem Feuer und der Zeltwand liegt, hat sich als besonders angenehm erwiesen. Hier stehen auch die meisten Bänke und Tische. Der übergeordnete Ziel-Prior (Sollzustand) deckt sich also zu diesem Zeitpunkt und an dieser Stelle genau mit dem untergeordneten Prior (Ist-Wert) von 24°. Es ist also nicht überraschend, dass genau hier in der Mitte zwischen Feuer und Zeltwand die meisten Männer beisammensitzen. Sie essen, trinken und reden laut. Jacke oder Sweater sind nicht erforderlich – es ist ja behaglich warm. Doch unerwartet sinkt nun die Temperatur im Zelt. Zunächst kaum merklich, dann immer deutlicher für die Männer spürbar. Schließlich zeigt ein dort aufgehängtes Thermometer nur noch 14° an. An diesem Punkt ist es hilfreich, dass wir uns vergegenwärtigen, dass die tatsächliche Temperatur für uns ein Hidden State ist, ein verborgener Zustand. Wie gesagt: Unser Körper verfügt nun einmal über kein objektives Thermometer, sondern lediglich über Temperaturrezeptoren der Haut, die Wärme- und Kältereize ans Gehirn weiterleiten. Wir können also bloß mithilfe unserer Sinne rückschließen, welche Temperatur wohl außerhalb von uns vorliegen mag. Die wahre Temperatur bleibt uns aber prinzipiell verborgen.

Was jetzt in den Gehirnen der Holzfäller abläuft, ist ein Prozess, der ihnen weitestgehend unbewusst widerfährt, genau wie bei jedem von uns, wenn wir uns in einer vergleichbaren Lage befänden. Und die folgende wortreiche Erläuterung dieses Prozesses lesend zu verfolgen, dauert womöglich länger als der Prozess selbst. Aber es ist hilfreich, genau zu verstehen, wie die beiden hierarchischen Prioren im Gehirn in einer derartigen Situationsveränderung miteinander kommunizieren und zu einer optimalen Handlungsstrategie finden. Es ist auch deshalb hilfreich, weil hier deutlich wird, was uns in unserem Leben überhaupt antreibt zu handeln.

Nach dem Temperaturabfall im Zelt können die Vorhersagen des Waldarbeiters anhand seines untergeordneten Priors (er geht ja immer noch von 24° aus) nicht mehr mit den Signalen seiner Temperaturrezeptoren – das heißt der sensorischen Evidenz – in Einklang gebracht werden. Es muss also ein Update gemacht werden. Was passiert nun in der Wahrnehmung des Mannes, und wie wird er sich in der neuen Situation verhalten? Dazu durchläuft der Waldarbeiter einen sogenannten Wahrnehmungs-Handlungs-Zyklus (Abb. 7). Und danach wiederholen sich derartige Wahrnehmungs-Handlungs-Zyklen so lange, bis der Mann wieder in seinem Wohlfühlbereich angekommen ist.

1. Durchlauf: Versetzen wir uns in die Lage eines Holzfällers. Die im Folgenden beschrieben Korrekturen seiner Vorstellungen und Erwartung geschehen wie gesagt alle unbewusst. Er tritt in den ersten Wahrnehmungs-Handlungs-Zyklus ein. Dabei geht es zunächst darum, sich ein neues Bild von der aktuellen Temperatur zu machen. Das Gehirn begibt sich also auf die Suche nach einem neuen Posterior, welcher den untergeordneten Prior von 24° ersetzen soll. Das Gehirn funktioniert so, wie wir es beim zweiten Notarztbeispiel gesehen haben, außer dass es jetzt mit Vorhersagefehlern auf zwei Ebenen arbeitet. Der Ziel-Vorhersagefehler besagt, dass die angenommene aktuelle Temperatur nicht zur Wohlfühltemperatur passt. Der sensorische Vorhersagefehler besagt, dass der Holzfäller eine bestimmte Temperatur als die aktuelle annimmt und aufgrund dieser Annahme Temperaturempfindungen vorhersagt, die nicht zu seinen aktuellen Sinneseindrücken passen. Gesucht wird also der neue Posterior, bei dem beide Vorhersagefehler zusammen betrachtet einen möglichst kleinen Gesamt-Vorhersagefehler ergeben. In diesem ersten Durchlauf ist das Suchergebnis ein Posterior von 19°. Leser, die diesen Prozess vertiefen wollen, finden weitere Details

in Abb. 7; oberes Diagramm. Diese aktualisierte Temperatur-Erwartung von 19° erlebt der Waldarbeiter jetzt bewusst als die aktuelle Temperatur (siehe Abb. 7).

19° findet der Holzfäller aber als zu kalt für einen gemütlichen Feierabend. Das Wahrnehmungs-Update ist also zunächst noch ein Kompromiss, bei dem beide Vorhersagefehler berücksichtigt wurden. Jetzt kümmert sich das Gehirn des Holzfällers speziell um den sensorischen Vorhersagefehler. Wie kann es diesen Fehler noch weiter verkleinern? Durch Handlung! Indem sich der Mann auf das Feuer zubewegt, stimmen die aktuellen Temperaturempfindungen immer besser mit den bei 19° erwarteten Temperaturempfindungen überein. Durch seine Bewegung in Richtung des Feuers kann der Arbeiter also den zweiten Vorhersagefehler bis auf null reduzieren. Dieses Vorgehen ist der Handlungsrückschluss (Details in Abb. 7; unteres Diagramm).

Bei einem Wahrnehmungs-Handlungs-Zyklus reduziert der Mensch also beide Vorhersagefehler. Übrigens ist der Gesamt-Vorhersagefehler identisch mit der informationstheoretischen Freien Energie. Eben nach diesem Grundprinzip arbeitet unser ganzes Gehirn: Minimierung von Vorhersagefehlern (Freier Energie) auf allen hierarchischen Leveln.

2. Durchlauf: Jetzt wiederholt sich der Wahrnehmungs-Handlungs-Zyklus. Der Holzfäller wird genau wie im ersten Durchlauf seine Temperaturannahmen aktualisieren und sich dabei aufs Feuer zubewegen. Denn er ist schließlich noch nicht in seinem Wohlfühlbereich angekommen. Und 19° fühlte sich eben noch nicht so mollig warm an. Also wiederholt sich das gleiche Zusammenspiel zwischen Wahrnehmungs- und Handlungsrückschluss noch einmal,

Wahrnehmungsrückschluss

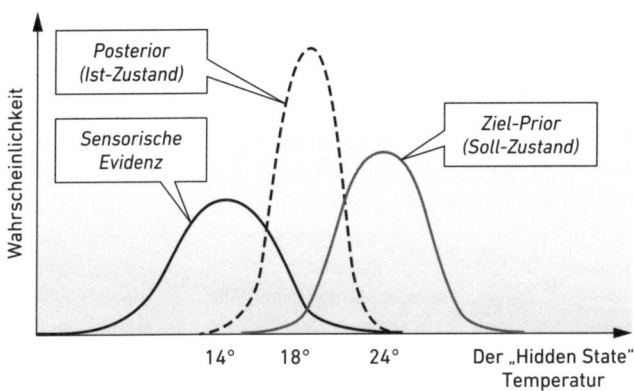

Handlungsrückschluss

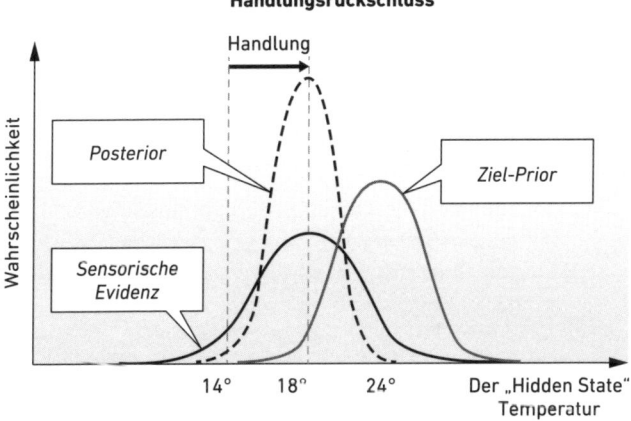

Abb. 7: Ein Durchlauf eines Wahrnehmungs-Handlungs-Zyklus beim Holzfällerbeispiel: Wahrnehmung: Der übergeordnete Ziel-Prior (Sollzustand, graue Glockenkurve) bleibt die ganze Zeit stabil bestehen. Man will es schließlich weiterhin warm haben. Aktualisiert werden soll allein der untergeordnete Prior – also das, was man für die aktuelle Temperatur hält. Bei dem nun folgenden bayesianischen Update-Prozess wird der untergeordnete Prior durch einen neuen untergeordneten Posterior ersetzt (Ist-Wert, gestrichelte Glockenkurve). Es wird also der optimale Posterior gesucht. Das Update erfolgt mittels eines generativen Modells, das ansagt, wie wahrscheinlich eine bestimmte sensorische Evidenz bei einer bestimmten Temperatur ist (schwarze Glockenkurve). Um den Posterior zu finden, begibt sich das Gehirn auf die Suche. So wie ein Schachcomputer Tausende von Zügen ausprobiert

und testet, welcher Zug zum besten Ergebnis führt (Besitz von mehr Schachfiguren oder bessere Stellung als der Gegner), so probiert das Gehirn des Holzfällers eine ganze Reihe von möglichen Temperaturannahmen aus. Der gesuchte Posterior wird irgendeine Annahme zwischen dem Ziel-Prior 24° und der sensorischen Evidenz bei 14° sein. Das Gehirn sucht nun genau diejenige aktualisierte Temperaturannahme, die den kleinsten Gesamt-Vorhersagefehler liefert. Gesamt-Vorhersagefehler deshalb, weil es jetzt um zwei Vorhersagefehler geht, denn wir betrachten ja ein hierarchisches Modell mit zwei Ebenen. Ähnlich wie ein Schachcomputer geht unser Gehirn jetzt nach und nach mögliche Annahmen durch, bevor es den nächsten »Zug« macht. Das Gehirn fängt zunächst probeweise mit der Annahme 18° an und erhält dabei folgende Vorhersagefehler:

- Der Ziel-Vorhersagefehler gibt an, dass die Zielerwartung von 24° nicht mit einer angenommenen aktuellen Temperatur von 18° übereinstimmt.
- Der sensorische Vorhersagefehler zeigt an, dass die Sinneseindrücke, die man bei angenommenen 18° vorhersagen würde, nicht mit den aktuellen Sinneseindrücken übereinstimmen. Es ist schließlich ziemlich kalt und das Thermometer im Zelt zeigt bloß 14° an.

Diese beiden Vorhersagefehler wertet das Holzfäller-Gehirn jetzt aus. Je nachdem, ob es seinen Sinneseindrücken oder seinen Erwartungen mehr vertraut, erhält bei dieser Analyse der sensorische oder der Ziel-Vorhersagefehler mehr Gewicht. So ergibt sich ein Gesamt-Vorhersagefehler (technisch ausgedrückt ein gewichteter Summen-Vorhersagefehler), und dieser sollte möglichst klein sein. Nachdem das Gehirn wie der Schachcomputer noch andere Annahmen zwischen 14° und 24° geprüft hat, kommt es zu dem Suchergebnis, dass eine angenommene aktuelle Temperatur von 19° mit dem kleinsten Gesamt-Vorhersagefehler behaftet ist. Und so wie der Schachcomputer den besten Zug auswählt, wählt das Gehirn genau jene bestpassende Temperatur-Erwartung aus, und diese erleben wir dann bewusst als die aktuelle Temperatur. Das Ergebnis dieses Suchprozesses ist im Falle des Holzfällers also die Vorstellung, dass im Zelt zwar nicht die gewünschte Wohlfühltemperatur herrscht, aber 19° – das ist der gesuchte Posterior. Dieses Verfahren ist der Wahrnehmungsrückschluss. Handlung: Jetzt fragen wir uns vielleicht, warum der Wahrnehmungsrückschluss nicht gleich auf den Punkt kommt. Denn das Thermometer im Zelt zeigt nur 14° an, doch der Holzfäller geht davon aus, es wären aktuell 19°. Sein Gehirn nutzt aber genau diese Abweichung (19° minus 14°, d. h. den sensorischen Vorhersagefehler) für einen genialen Trick: Es versucht, den sensorischen Vorhersagefehler durch Handlung (Aktion) zu minimieren. Indem es die Vorgabe ausgibt, die Position im Raum (im Zelt) zu verändern, kann es diesen sensorischen Vorhersagefehler sogar auf Null verringern. Denn bewegt sich der Holzfäller auf das Feuer zu, fühlt es sich wärmer an. Und er bewegt sich, bis seine Sinne melden, dass es sich genau wie bei einer Raumtemperatur von 19° anfühlt. Das ist der Handlungsrückschluss.

und so bewegt er sich noch ein Stück näher an das Feuer. Danach fühlt es sich an wie 21°.

3. Durchlauf: Das Ganze geschieht noch einmal: 23°.

Letzter Durchlauf: Es erfolgt noch eine Wiederholung: »Ja, so fühlt es sich endlich gut an, hier im Zelt: herrliche 24° zum Wohlfühlen.« Der Holzfäller hat nach mehreren Wahrnehmungs-Handlungs-Zyklen sein Plätzchen in der Nähe des Feuers gefunden. Auf diese Weise verbindet die Minimierung von Vorhersagefehlern unsere Wahrnehmung mit unserem Verhalten.

Die Männer selbst erleben diesen komplexen, unbewussten und in mehreren Schritten ablaufenden Suchprozess ihrer Gehirne an die veränderte Umgebungstemperatur natürlich viel banaler: Sie bemerken, dass es aus unerfindlichen Gründen mittlerweile ziemlich kalt im Zelt ist und ungemütlich. Sie werden nach und nach unruhig. Die meisten rücken näher ans Feuer, andere ziehen sich dickere Jacken an, um sich wieder wohlzufühlen.

Aber einen dieser Männer stört das gehörig: »Ich bin nicht hierhergekommen, um zu frieren. Ich will hier auch nicht in meiner dicken Jacke rumsitzen, die muss ich schon den ganzen Tag bei der Arbeit im Wald tragen. Und überhaupt – warum ist es hier eigentlich so saukalt?« Er macht sich auf die Suche nach der Ursache des Temperatursturzes. Damit begegnet er dem Problem auf einer höheren Ebene im Gehirn und löst es mit einer grundlegend anderen Strategie: Er verhält sich explorativ, indem er das Loch in der Zeltwand sucht, um es zu stopfen.

Vielleicht gibt es aber auch einen anderen Mann in diesem Zelt, der von alledem nichts bemerkt, der in seinem Hemd mit den aufgerollten Ärmeln nicht friert, weil seine

Temperaturwahrnehmung infolge einer Nervenschädigung schon seit Längerem defekt ist. Vielleicht aufgrund einer ähnlichen Nervenkrankheit wie bei Ian Waterman. Dieser Mann könnte erfrieren, ohne es zu merken. Er wäre darauf angewiesen, alternative Temperaturinformationen einzuholen. Er könnte auf ein Thermometer schauen, um zu entscheiden, wie er sich angemessen kleiden soll. Oder er würde in seiner Lage wahrscheinlich einfach dem Beispiel seiner Kameraden folgen und ihr Temperaturempfinden als Handlungsgrundlage nehmen. Unser Holzfäller hätte mit seiner gestörten Temperatur-Sensorik die Fähigkeit eingebüßt, temperatursensorische Vorhersagefehler festzustellen. So wie Waterman seinen Sinn für die Körperwahrnehmung – die Propriozeption – verloren hatte und es folglich für ihn keine brauchbaren propriozeptiven Vorhersagefehler geben konnte. Und obwohl sein Gehirn durchaus in der Lage gewesen wäre, potente Bewegungssignale in den Körper zu senden, konnte sich Ian Waterman zu Beginn seiner Erkrankung einfach nicht bewegen. Erst seine Entdeckung, visuelle Vorhersagefehler ersatzweise zu nutzen, ermöglichten ihm später, das Gehen wieder zu erlernen. Wie bei Ian Waterman oder den kanadischen Holzfällern gilt für jeden von uns, dass die Fähigkeit, aus Vorhersagefehlern Rückschlüsse auf die Umgebung zu ziehen, es uns überhaupt erst ermöglicht, aktiv zu leben. Vorhersagefehler sind die Motoren unseres Handelns.[29] Ohne Vorhersagefehler verfällt der Mensch in Passivität.

II. Teil

Der Mensch

8. Entscheiden in Unsicherheit

Ist ein Leben ohne Stress wirklich wünschenswert? • *Das Dark-Room-Problem* • *Aktuelle Zustände – erreichbare Zustände – Zielzustände* • *Wie Stress als Notprogramm funktioniert* • *Unsicherheit eines Angestellten oder: Wie toxischer Stress entstehen kann*

Stellen wir uns doch einmal vor, wir könnten ohne Stress auskommen. Nie wieder aufgeregt sein vor Prüfungen, keine Angst mehr in heiklen Situationen, keine Schweißausbrüche, keine Blackouts, keine schlechte Stimmung mehr, falls wir uns bei einem wichtigen Termin verspäten. Keine Ausraster, keine stressbedingten Erkrankungen wie Burn-out. Stattdessen ein Leben in Gelassenheit. Wäre das nicht herrlich? Schaut man sich die unzähligen Gelassenheitsratgeber an, die Therapieformen der Achtsamkeitsmedizin, Meditation, autogenes Training usw., könnte man den Eindruck gewinnen, dass Menschen exakt diesen Idealzustand anstreben – keinen Stress mehr aushalten zu müssen. Doch was genau würde das eigentlich bedeuten, stressfrei zu leben? Um diesen Zustand zu erreichen, gäbe es – zumindest theoretisch – zwei Möglichkeiten.

Szenario eins: Wir leben in einer Welt, in der Updates bedeutungslos sind. Bildlich gesprochen befinden wir uns in einer Blase – oder wie kürzlich prägnant formuliert – in einem »Dark Room«. Dieser Dark Room bietet so gut wie keine Reize oder Anhaltspunkte über eine Welt draußen, dementsprechend macht es weder Sinn, noch ist es überhaupt möglich, seine eigenen Vorhersagen oder Erwartungen anzupassen. Dieser Dark Room ist natürlich ein philosophisch-theoretisches Konstrukt, um zu zeigen, wie eine Umgebung beschaffen sein müsste, um konsequent ohne Updates auskommen zu können. Das Konzept vom bayesianischen Gehirn konstatiert nun, dass Lebewesen grundsätzlich danach streben, Überraschungen und Unsicherheit – also Stress – zu vermeiden. Ein wiederkehrendes Rätsel der Kritiker dieses neurowissenschaftlichen Modells ist, dass biologische Systeme Überraschungen gar nicht zu vermeiden scheinen: »Wir suchen nicht einfach eine dunkle, unveränderliche Kammer und bleiben dort.« Das ist das Dark-Room-Problem.[30] Ich werde die Behandlung dieses Problems zunächst noch aufschieben, in den folgenden Kapiteln erst die dazu erforderlichen Voraussetzungen ausführen, um schließlich in Kapitel 21 die Lösung des Dark-Room-Problems aufzuzeigen.

Szenario zwei: Ein Leben ohne Stress wäre ebenfalls denkbar, wenn unser bayesianisches Gehirn absolut reibungslos arbeitet. Es trifft Vorhersagen, sammelt neue Sinneseindrücke und nimmt immer die richtige Korrektur der Erwartungen vor. Das wäre – wie gesagt – theoretisch durchaus möglich. Die Sache hat nur einen Haken: Dazu müsste das Gehirn immer und in jedem Fall alle verfügbaren Informationen erhalten, um per Update immer die richten Entscheidungen treffen zu können. Es wäre – bildlich gesprochen – ein Leben, bei dem wir in jeder kniffligen Frage oder Situation den Publikumsjoker aktivieren könnten, der verlässlich die richtigen Antworten kennt. Wir wissen aus unserer Lebenserfahrung, wie unwahrscheinlich das ist.

Um ein Leben ohne Stress zu führen, müsste man also entweder im Dark Room sitzen oder ein Quizshow-Kandidat sein, der permanent mit den richtigen Antworten gefüttert wird. Das ist zugegebenermaßen eine Zuspitzung, eine Übertreibung. Aber es steckt ein solider Kern Wahrheit darin.

In der Unsicherheits-Stressbeziehung steckt etwas Zirkuläres: Einerseits erzeugt Unsicherheit Stress, andererseits bietet unsere Stressreaktion aber die Chance, ebendiese Unsicherheit zu reduzieren – indem Stress uns wandlungs- und handlungsfähiger macht, als wir es im Normalzustand sind. Wenn wir nun also Stressfreiheit als Dauerzustand anstreben würden, hätte das gravierende Folgen. Ein Leben ohne Stress bedeutet: keine Wandlung. Wir würden dadurch einen entscheidenden Lebensimpuls einbüßen, alles hinnehmen, nichts infrage stellen, nichts verändern oder erreichen wollen. WARUM? Weil das Stresssystem die wirksamste Möglichkeit ist, in Situationen, in denen uns wichtige Informationen für eine gute Entscheidung fehlen, diese zu beschaffen und die Situation zu verändern. Das Stresssystem sorgt dabei nicht nur dafür, dass dem Gehirn entsprechende Energie vom Körper bereitgestellt wird, es macht unser Gehirn wacher und versetzt es so in einen hochtourigen Zustand, der es ihm ermöglicht, schnell eine Lösung zu finden. Das fühlt sich nicht unbedingt gut an. Wir alle kennen das mulmige Gefühl in der Magengegend und diese innere Unruhe, wenn es stressig wird, und wie unsere Gedanken dazu neigen, sich zu überschlagen. Genau diese Gefühlslage und die Folgen für unser Befinden (und langfristig auch für unsere Gesundheit) haben den Stress bei uns so unbeliebt gemacht, dass wir ihn am liebsten wegmeditieren würden. Wie gesagt: Es ist richtig, dass Unsicherheit Stress verursacht.

Es ist aber auch richtig, dass Stress in schwierigen Situationen unsere einzige Option ist, Unsicherheit zu überwinden.

Die Frage lautet also, ob wir weiterhin Stress nur erleben oder ob wir ihn auch verstehen wollen. Denn nur indem wir das System Stress verstehen lernen, werden wir wissen, wo seine Stärken liegen, wie wir es besser einsetzen können und wann Stress sich gegen uns und unsere Gesundheit wendet. Wer also Stress nicht mehr nur erleben, sondern ihn auch verstehen will, erhält im zweiten Teil dieses Buches die Antworten.

»Wir nehmen mit dem Auge die Dinge, als wären sie wahr, denn das Ergebnis der unbewussten Schlüsse sind Deutungen, die sich unserem Bewusstsein aufdrängen, gleichsam wie eine äußere Macht, über die unser Wille keine Gewalt hat.« Diese Sätze veröffentlichte Hermann von Helmholtz, Physiker, Physiologe und Philosoph, 1867 im letzten Band seines epochalen Werkes *Handbuch der physiologischen Optik* mit den psychologischen Effekten der visuellen Wahrnehmung. Mehr als hundert Jahre bevor die Medizin sich mit den Neurowissenschaften befasste, stellte Helmholtz bereits fest, dass alles, was wir erleben, nicht die Realität sein kann, sondern lediglich unser Modell von Realität. Eine Wirklichkeit in unserer ganz eigenen Version. Für Helmholtz war dies nur ein Denkmodell. Mit seinen Erkenntnissen über die Wirkmechanismen visueller Reize war Helmholtz der Wissenschaft um mehr als ein Jahrhundert voraus. Wir wis-

sen heute, dass seine Idee sehr zutreffend beschreibt, wie unser Gehirn sich ein Abbild oder Modell von der Realität konstruiert. Dabei ist nicht nur die Welt außerhalb unseres Körpers ein uns verborgener Zustand, über den wir gewisse Ideen haben, die über unsere Sinne permanent neu bewertet werden. Selbst unser eigener Körper ist für das Gehirn (und auch für unser Bewusstsein) ein verborgener Zustand. Denn nicht nur die Sinnesorgane, die für die Exterozeption zuständig sind – also das Sehen, Hören, Riechen, Tasten usw. –, senden permanent Signale ans Gehirn. Auch der Körper selbst kann nur dann vom Gehirn in seinen Zuständen erfasst werden, wenn unsere propriozeptiven und viszerozeptiven Sinne ihre Botschaften ans Gehirn schicken. Dabei bestimmen die Botschaften unserer inneren Organe, etwa das mulmige Gefühl in der Bauchgegend, unsere subjektiven Gefühlszustände (Emotionen; vgl. Abb. 6).[31]

Jetzt mag sich der eine oder andere fragen, warum wir von der Propriozeption eigentlich nichts mitbekommen? Das Sehen, Hören, Riechen oder Tasten sind Sinneswahrnehmungen, die wir zumindest teilweise bewusst wahrnehmen und erleben. Von Propriozeptoren mag manch einer jetzt gerade zum ersten Mal erfahren haben. Das hängt sicherlich auch damit zusammen, dass bei Weitem nicht alle Sinneseindrücke an den Teil des Gehirns geschickt werden, in dem sich unsere bewusste Wahrnehmung abspielt – dem *lateralen Präfrontalen Cortex* (lateral PFC; Abb. 8). Wenn wir uns an die Stirn fassen, liegt der laterale PFC in etwa unterhalb unserer Hand. Wie wir bereits erwähnt haben, erfolgt die Verarbeitung der Sinneseindrücke im Gehirn auf unterschiedlichen Ebenen. Der laterale PFC stellt in dieser Hierarchie die höchste Wahrnehmungsebene dar. Wie gesagt –

hier spielt sich die bewusst erlebte Wahrnehmung ab.[32] Von hier werden aber auch unsere aktuellen Erwartungen von der Welt in andere Gehirnteile entsendet. Aufgrund dieser aktuellen Erwartungen macht der laterale PFC Vorhersagen, die er zum Beispiel an die Sehrinde (visueller Cortex) weiterleitet. Dort wird überprüft, ob die Erwartung des lateralen PFC mit den visuellen Daten der Außenwelt übereinstimmt. Etwa wenn ein Autofahrer sich auf einer langen, geraden Landstraße befindet, würde der laterale PFC die Erwartung einer langen, geraden Landstraße an die Sehrinde schicken, die diese mit den Daten, die das Auge liefert, abgleicht. Solange Erwartung und Außendaten übereinstimmen, wird die Sehrinde nicht intervenieren. Ändert sich allerdings der Straßenverlauf, würde die Sehrinde den lateralen PFC darauf aufmerksam machen, dass die Annahme nicht mehr stimmt und hier offenkundig ein Vorhersagefehler vorliegt. Auf diesen Wahrnehmungsebenen – also im Datenaustausch zwischen lateralem PFC und visuellem Cortex – werden die aktuellen Zustände verarbeitet, nämlich das, was uns jetzt in diesem Moment aus der Umwelt an Informationen erreicht. Damit wäre der laterale PFC auf dem neuesten Informationsstand. Doch oft reicht das nicht aus. Zum Beispiel im Fall des Autofahrers, der nach langer und eintöniger Geradeausfahrt plötzlich auf eine scharfe Kurve zusteuert. Damit der Fahrer entsprechend reagieren kann, sendet der laterale PFC die neuen Informationen über mehrere Zwischenstationen, die wir noch besprechen werden, an den motorischen Cortex, wo die Bewegungsabläufe in Gang gesetzt und kontrolliert werden. In diesem Fall: Fuß vom Gas und eine entsprechende Lenkbewegung (siehe Abb. 8).

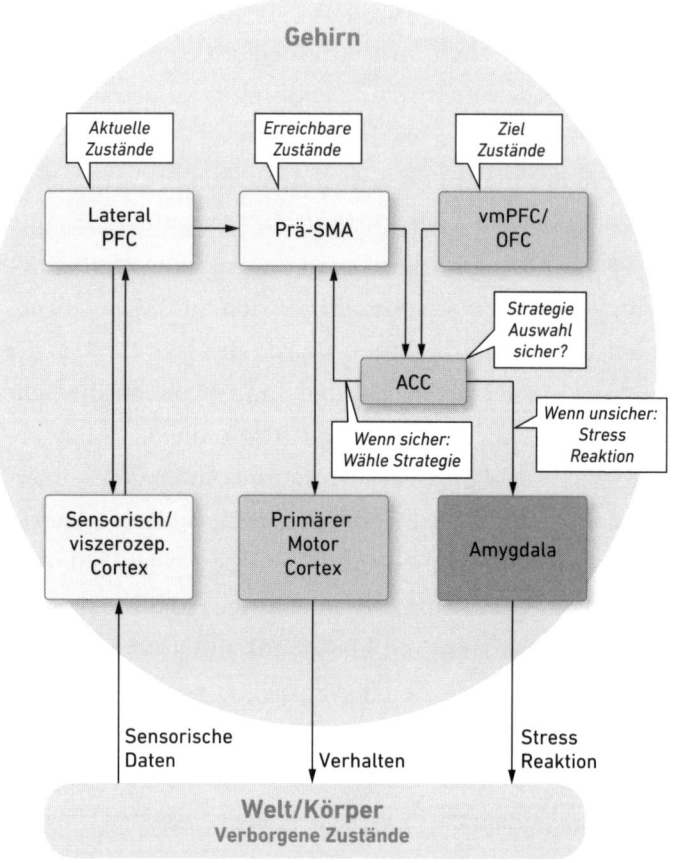

Gehirn

Aktuelle Zustände

Erreichbare Zustände

Ziel Zustände

Lateral PFC → Prä-SMA

vmPFC/ OFC

Strategie Auswahl sicher?

ACC

Wenn sicher: Wähle Strategie

Wenn unsicher: Stress Reaktion

Sensorisch/ viszerozep. Cortex

Primärer Motor Cortex

Amygdala

Sensorische Daten

Verhalten

Stress Reaktion

Welt/Körper
Verborgene Zustände

Abb. 8: Entscheidungsprozess im bayesianischen Gehirn. Im bayesianischen Gehirn sind unsere Erwartungen (Prior-Wahrscheinlichkeitsverteilungen) bezüglich der aktuellen Zustände von Welt und Körper kodiert sowie die Erwartungen bezüglich der von uns erreichbaren Zustände (bei einem vorgegebenen Verhaltensrepertoire) und die Erwartungen bezüglich unserer Zielzustände. Die Erwartungen zu den aktuellen Zuständen in der Welt und im Körper werden durch Wahrnehmungsrückschluss ständig aktualisiert. Die tatsächlichen Zustände in der Welt und im Körper bleiben dem bayesianischen Gehirn letztlich verborgen (Hidden States). Basierend auf den Erwartungen zu den aktuellen Zuständen der Welt, die im lateralen präfrontalen Cortex kodiert sind (lateral PFC), werden mithilfe eines generativen Modells Vorhersagen top-down an den sensorisch/viszerosensorischen Cortex gesendet. Hier werden diese Vorhersagen mit aktuellen sensorischen Daten verglichen. Ergibt sich hier eine Abweichung (Vorhersagefehler), so wird dieser

Vorhersagefehler bottom-up an den lateralen präfrontalen Cortex zurückgesendet, und hier findet ein Update der Erwartungen bezüglich der aktuellen Zustände von der Welt und vom Körper statt. Die mit einem Verhaltensrepertoire <u>erreichbaren Zustände</u> sind im prä-supplementär-motorischen Cortex (prä-SMA) kodiert. Die prä-SMA ist mit generativen Modellen ausgestattet, welche die mit verschiedenen Strategien erreichbaren Zustände in der Welt und im Körper vorhersagen können. Diese Erwartungen bezüglich der erreichbaren Zustände werden mit den Erwartungen bezüglich der <u>Zielzustände</u> verglichen, welche im ventromedialen Präfrontalen Cortex (vmPFC) und im orbitofrontalen Cortex (OFC) kodiert sind. Dieser Vergleich findet im anterioren cingulären Cortex (ACC) statt. Wenn die Entscheidung – welches die beste Strategie darstellt – sicher ist, wird diese beste Strategie ausgewählt und das Ergebnis dieser Auswahl zurück an die prä-SMA gesendet. Von hier aus wird das Signal bezüglich der ausgewählten Strategie an den primär-motorischen Cortex weitergeleitet und das entsprechende Verhalten in Gang gesetzt, mit dem die Welt oder der Körper verändert wird. Ist die Strategieauswahl unsicher – das heißt, es gibt keine eindeutig beste Strategie –, so wird ein Notprogramm in Gang gesetzt mit dem Ziel, die Unsicherheit bezüglich der Strategieauswahl im bayesianischen Gehirn zu reduzieren. Die Amygdala spielt in diesem Notprogramm die zentrale Rolle. Die Amygdala organisiert und kontrolliert sämtliche Stressreaktionen im Organismus. Dieses Unsicherheits-Beseitigungs-Programm legt verschiedene Hebel im gesamten menschlichen Organismus um, sowohl im Gehirn als auch im Körper.

Auf der höchsten Handlungsebene werden die erreichbaren Zustände verarbeitet – also die Zustände, die sich gewissermaßen in greifbarer Nähe befinden. Wie gesagt sind lateraler PFC und motorischer Cortex nicht direkt miteinander verbunden. Dazwischengeschaltet liegt unter anderem der prä-supplementär-motorische Cortex (oder auch prä-supplementär-motorisches Areal genannt; prä-SMA). Die Erwartungen über die erreichbaren Zustände sind größtenteils im prä-supplementär-motorischen Cortex repräsentiert. Aus der Sicht des bayesianischen Gehirns enthält der supplementär-motorischen Cortex ein vorhersagekräftiges generatives Modell von der Welt, das Vorhersagen über die Zustände treffen kann, die mit alternativen Strategien (aus einem gegebenen Verhaltensrepertoire) erreicht werden können. Alle früheren Lebenserfahrungen, wie schwere Kindheitsbelastungen, Trennung vom Lebenspartner, Verlust des sozialen Status, haben einen starken Einfluss darauf, welche zukünftigen Zustände für eine erwogene Verhaltensstrategie vorhergesagt werden.

Hier befindet sich aber auch ganz einfach das in der Fahrschule und in den Jahren der Fahrpraxis angehäufte Wissen, auf das das Gehirn des Fahrers jetzt zurückgreifen kann. Man könnte auch sagen, dass es sich bei den erreichbaren Zuständen um unsere Projektionen auf die nähere und entferntere Zukunft handelt (unter Berücksichtigung unseres Erfahrungs- und Wissensschatzes). Tatsächlich zum nächsten erreichbaren Zustand zu gelangen, ermöglicht uns letztlich die Motorik:[33] mit der Lenkbewegung beim Autofahren, die gleich erforderlich sein wird, um den Wagen sicher auf der Straße zu halten. Zu erreichbaren Zuständen gehören aber auch Überlegungen, in welchen Schritten eine komplexere Aufgabe – wie zum Beispiel ein kleines Bau- oder Bastelprojekt – möglichst sinnvoll umgesetzt werden kann.

Auf der höchsten Referenzebene befinden sich die Zielerwartungen. Auch sie wurden bereits an anderer Stelle erwähnt (Kap. 4). Bei Zielerwartungen kann es sich um berufliche Karrierewünsche handeln, ob wir eine Familie gründen wollen oder nicht, oder andere biologische Ziele (z. B. angenehme Temperatur, Sattheit usw.), nach denen wir unsere Lebensführung ausrichten. Diese Zielerwartungen haben ebenfalls einen eigenen Sitz im Gehirn: Sie befinden sich im ventromedialen präfrontalen Cortex (vmPFC) und orbitofrontalen Cortex (OFC). Es liegt auf der Hand, dass der Bereich der lebensprägenden Zielerwartungen bei

Weitem nicht so empfänglich für schnelle Updates ist wie die Bereiche der aktuellen oder erreichbaren Zustände. Unsere wesentlichen Zielerwartungen lassen sich eben nicht so einfach wandeln.

Was aber, wenn Entscheidungen anstehen, die weitaus schwieriger, komplexer und weitreichender sind, als ein Fahrzeug sicher durch eine Kurve zu steuern oder ein Gartenhäuschen aufzubauen? Was, wenn es sich um eine Entscheidung handelt, die unsere Zielerwartungen im Kern berührt?

Nehmen wir eine Situation, in der sich viele Arbeitnehmer befinden. Nehmen wir weiter an, dass die Firma, bei der einer der Angestellten arbeitet, bislang als zukunftssicher galt. Wie viele seiner Kollegen, hat der Angestellte nicht nur seine beruflichen Ziele, sondern auch seine familiären Erwartungen auf diesen Arbeitsplatz abgestimmt. Denn obwohl die Firma sich in einer ländlichen Region befindet und weit und breit kein anderer vergleichbarer Arbeitsplatz zu haben ist, hat der Angestellte eine Hypothek aufgenommen, um ein Haus zu kaufen, von dem er weiß, dass es schwierig zu verkaufen wäre, wenn er seinen Job verlöre oder gar die Firma Konkurs anmelden müsste. Aber der Angestellte hat Vertrauen ins Management des Traditionsunternehmens, bei dem schon sein Vater 40 Jahre lang sein Auskommen hatte. In Zeiten der Globalisierung können allerdings auch Traditionsunternehmen schnell in eine wirtschaftliche Schieflage geraten. Und genau das passiert bei der Firma des Angestellten. Zunächst gibt es Gewinnwarnungen an die Investoren. Dann Einsparungen, Personalabbau, jüngere Kollegen verlieren ihren Arbeitsplatz. Noch ist der Angestellte nicht betroffen. Aber er ist zutiefst beunruhigt. Sein Vertrauen ins Management ist geschwunden. Und jetzt sind auch noch seine Zielerwartungen bedroht. Für das Gehirn des Angestellten stellt dieses Szenario eine außergewöhnliche Herausforderung dar. Mit jeder weiteren Hiobsbotschaft, die die Belegschaft aus der Chefetage erreicht, wird es dem Angestellten deutlicher, dass er eine Entscheidung treffen muss. Aber welche ist die richtige? Nach langem Nachdenken wird ihm klar, dass er drei Optionen hat:

1. Jetzt sofort kündigen. Allerdings: Einen adäquaten Job in der Nähe gibt es nicht. Die Familie müsste umziehen. Sie müssten das Haus verkaufen. Wahrscheinlich mit Verlust. Er fragt sich, wie seine Situation in fünf Jahren aussehen würde, und stellt sich vor: Leben in der nächstgrößeren Stadt, Unterforderung in einem schlechter bezahlten Job, kleinere Mietwohnung …

2. Die zweite Option lautet: »Ich bleibe an Bord, passe mich an und hoffe, dass die Firma die Krise übersteht und ich nicht zu denen gehöre, deren Stellen gestrichen werden.« Aber wenn er wartet, bis die Firma pleitegeht, ist er nicht nur seinen Job los – der Wert des Hauses wird noch weiter sinken, weil jetzt ja auch alle seine Kollegen ihre Häuser verkaufen müssten. Auch bei dieser Option bleibt die Fünf-Jahres-Frage kläglich: Leben im Wohnblock gegenüber, degradiert zum Lagerverwalter …

3. Oder der Angestellte beschließt zu kämpfen. Er wendet sich an den Betriebsrat, organisiert Streiks oder andere Protestmaßnahmen, um sich so für den Erhalt der

Arbeitsplätze aktiv einzusetzen. Was in fünf Jahren sein wird? Frustriert, weil man die vielen Entlassungen nicht verhindern konnte …

In seinem Gehirn sind jetzt sowohl der prä-supplementär-motorische Cortex (Sitz der erreichbaren Zustände) als auch der vmPFC (Sitz der Zielerwartungen) im ständigen Austausch, auf der Suche nach der bestmöglichen Entscheidung. Der Austausch erfolgt aber nicht direkt, sondern geht über eine weitere Hirninstanz: den anterioren cingulären Cortex (ACC). Die Aufgabe des ACC besteht darin, die Optionen gegeneinander abzuwägen und Risiken zu berechnen.[34-38] Anders formuliert soll der ACC die »Unsicherheit, was zu tun ist« feststellen. Würde man die drei Optionen des Angestellten in Form eines Kurvendiagramms darstellen, sähe es in etwa folgendermaßen aus (siehe Abb. 9):

Die Zielerwartungen werden durch die schwarze Glockenkurve verdeutlicht (Abb. 9). Die mit den drei Strategien erreichbaren Zustände des Angestellten markieren die drei grauen Kurven. Es ist deutlich zu sehen, dass die Verläufe der schwarzen und der jeweiligen grauen Kurven stark voneinander abweichen. Den Abstand zwischen zwei Glockenkurven können Statistiker mit der sogenannten Kullback-Leibler-Divergenz bemessen;[39] so auch den Abstand zwischen der Zielglockenkurve (schwarz) und einer der Strategieglockenkurven (grau). Die Kullback-Leibler-Divergenz besagt: Je größer der Abstand zwischen diesen beiden Kurven (der schwarzen und einer grauen) ist, desto größer ist das Risiko der entsprechenden Strategie. Da die drei grauen Kurven einen annähernd gleich großen Abstand zur schwarzen Kurve aufweisen, wird deutlich, dass

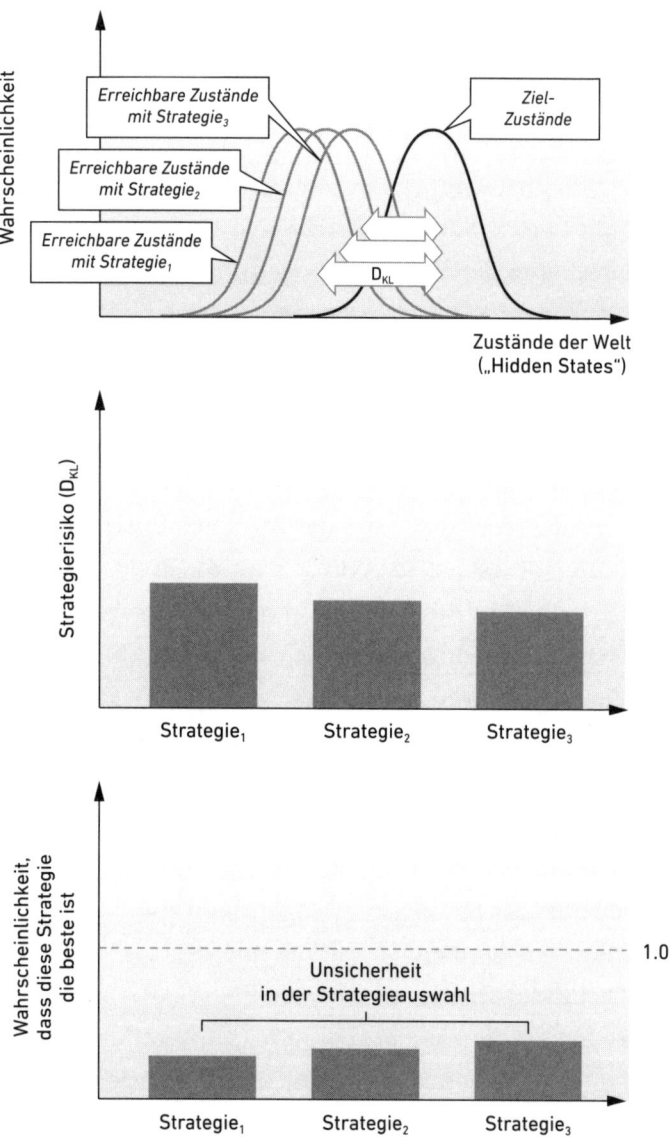

Abb. 9: Risikobewertung von drei Handlungsstrategien im anterioren cingulären Cortex (ACC). Oberes Diagramm: Im ACC werden die Wahrscheinlichkeiten der erreichbaren Zustände (grau) und der Zielzustände (schwarz) kodiert. Diese stellen sich jeweils als Glockenkurven über den Zuständen der Welt (Hidden States) dar.

Beispiel: Ein Angestellter arbeitet in einer Firma, die in eine wirtschaftliche Krise gerät. Für den Angestellten steht die finanzielle Absicherung der eigenen Familie auf dem Spiel. Sein erwarteter Zielzustand ist ein ausreichendes Einkommen (Stelle auf der x-Achse, die sich genau unterhalb des Scheitelpunktes der schwarzen Glockenkurve befindet). Er hat drei mögliche Handlungsstrategien zur Auswahl. 1. kündigen, 2. nicht kündigen oder 3. sich im Arbeitskampf wehren. Wie die Abbildung zeigt, sind die vom Angestellten erwarteten erreichbaren Zustände (graue Glockenkurven) jeweils weit von den Zielzuständen (schwarze Glockenkurve) entfernt. Für jede der drei Handlungsstrategien lässt sich nun der Abstand zur Zielglockenkurve berechnen. Abstände zwischen zwei Glockenkurven quantifiziert man in der Mathematik mit der sogenannten Kullback-Leibler-Divergenz (D_{KL}). Für alle drei Strategien ist die D_{KL} recht groß. Mittleres Diagramm: Hier sind die Strategierisiken der drei Handlungsstrategien dargestellt (das Risiko, dass das Einkommen nicht ausreicht). Das Strategierisiko entspricht der D_{KL} in dem oberen Diagramm. Die drei Risiken unterscheiden sich nicht sonderlich. Unteres Diagramm: Hier ist für jede mögliche Strategie die Wahrscheinlichkeit dargestellt, dass dies die beste Strategie ist. Diese Wahrscheinlichkeiten lassen sich jeweils aus den Strategierisiken im mittleren Diagramm berechnen. Die drei Wahrscheinlichkeiten bezüglich der besten Strategie unterscheiden sich nur geringfügig, sodass eine sichere Auswahl der besten Strategie nicht erfolgen kann. Je unsicherer die Strategieauswahl, desto größer der Stress.

keine der drei Optionen des Angestellten sich als eindeutig beste Strategie erkennen lässt. Er kann also auf dieser Basis keine eindeutige Entscheidung treffen: Die Erfolgswahrscheinlichkeiten aller drei Strategien sind gering, ohne dass sich klar eine beste Strategie abzeichnet.

In einer derartig unsicheren Entscheidungs-Ausgangslage startet das Gehirn eine Art Notfallprogramm. Der ACC schaltet dazu den sogenannten Mandelkern (Amygdala) ein. In diesem Hirnareal wird das Stresssystem aktiviert. Die aktivierte Amygdala bewirkt im menschlichen Organismus zahlreiche Veränderungen, die zu einem Zustand mit ausgeprägten negativen Gefühlen führen. Dass der Angestellte in seiner Lage Stress empfindet, ist für jeden plausibel. Und vielleicht mag man jetzt denken, dass der Stress die Sache nur noch schlimmer macht. Was sein Wohlbefinden betrifft, so ist diese Vermutung wahrscheinlich richtig. Der Angestellte verbringt so manche schlaflose Nacht und grübelt über sein Problem nach. Aber der Stress hat durchaus seine Berechtigung, denn er hilft mit dem autonomen Nervensystem und dem neuroendokrinen System an der Lösung zu arbeiten (Abb. 10):[40] Durch die Stress-Reaktion wird ein Zustand der Überwachheit hergestellt – tags und nachts. Das Gehirn kann jetzt deutlich mehr Informationen als im Normalzustand verarbeiten (Abb. 10, hellgrau). Das sympathische Nervensystem sorgt dafür, dass dem Gehirn mehr Glukose zur Verfügung gestellt wird, um die gesteigerte Datenverarbeitung zu ermöglichen (Abb. 10, mittelgrau). Schließlich werden die Nebennieren stimuliert. Hier wird das Hormon Cortisol ausgeschüttet – der vielleicht wirkmächtigste Player im Stresssystem (Abb. 10, dunkelgrau). Unter dem Einfluss von Cortisol sind wir besonders offen für das Umlernen. Neue Strategien, die sich in der Stresssituation eben erst bewährt haben, werden erst dann abgespeichert, wenn die Cortisolkonzentrationen bereits wieder abgesunken sind. Cortisol bewirkt auf diese Weise nichts Geringeres, als das Gehirn in Teilen neu zu vernetzen und zu strukturieren. Und wenn dieser Vorgang zu einem positiven Ergebnis – also zu einer zielgerichteten Entscheidung – geführt hat, dann entspannt sich das Stresssystem wieder und fährt auf den Normalzustand zurück (siehe Abb. 10).

Das Notprogramm versetzt den Angestellten somit in einen Problemlösungssuchmodus. Er sucht nach allen nur denkbaren Informationsquellen. Dazu werden zum einen die Sinne geschärft: Zum Beispiel weiten sich im Stress die

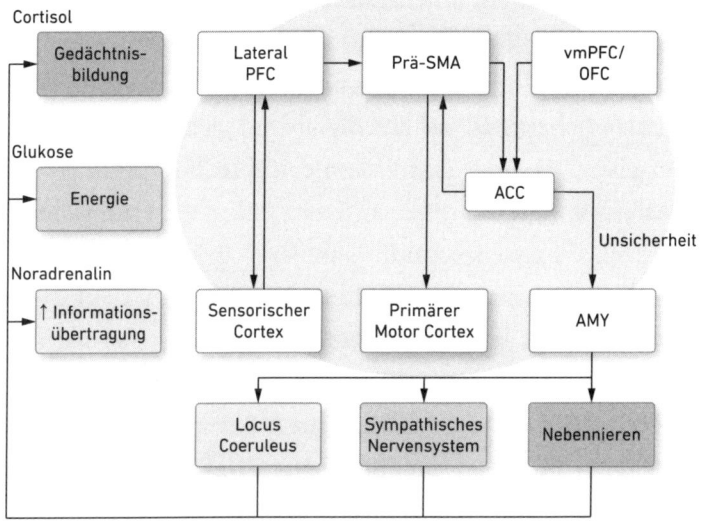

Abb. 10: Das Unsicherheits-Beseitigungs-Programm des bayesianischen Gehirns.
Besteht Unsicherheit darüber, welches die beste Handlungsstrategie ist, aktiviert die Amygdala (AMY) drei Unterprogramme. Der Locus coeruleus im Hirnstamm bewirkt über aufsteigende Nervenbahnen, die in alle Gehirnregionen reichen, dass im Cortex die Informationsübertragung gesteigert wird. Noradrenalin ist der vermittelnde Botenstoff für diese Steigerung der Informationsübertragung (Bit pro Sekunde). Das sympathische Nervensystem versorgt das Gehirn mit zusätzlicher Energie (Glukose) aus dem Körper, da für die gesteigerte Informationsübertragung Extraenergie benötigt wird. Die Nebennieren setzen Cortisol in den Blutkreislauf frei. Dieses Stresshormon gelangt über die Blut-Hirn-Schranke in sämtliche Hirnregionen. Es kontrolliert im Gehirn die Gedächtnisbildung. Bei hohen Cortisolkonzentrationen im Gehirn besteht eine erhöhte Umlern- und Wandlungsbereitschaft. Bei niedrigen Cortisolkonzentrationen wird hingegen die Gedächtnisbildung und -verfestigung und damit die Konsolidierung von Verhaltensstrategien gefördert.

Pupillen, um mehr Licht auf die Netzhaut zu lassen und damit den Datenfluss visueller Information zu erhöhen. Im Stresszustand wird zum anderen nach ungewöhnlichen Informationsquellen gesucht. Zufällig kennt der Schwager unseres Angestellten privat einen hochkarätigen Wirtschaftsexperten. Daher bittet der Angestellte seinen Schwager, er möge versuchen, einen Kontakt zu dem Experten herstellen – was tatsächlich gelingt. Der »Wirtschaftsweise« überblickt sofort die Situation und gibt dem Angestellten einen persönlichen Rat: zu kündigen und sich selbstständig zu machen. Da die Qualifikation des Betroffenen ein gewisses Alleinstellungsmerkmal aufweise, seien die Erfolgsaussichten einer Existenzgründung in der Gegend besonders günstig. Wir erinnern uns an dieser Stelle an Claude Shannons Aussage: »Es braucht Information, um Unsicherheit zu reduzieren.« Der Angestellte nutzt hier die Information des Wirtschaftsexperten. Diese neue Information verändert das Risikoprofil seiner drei Strategien. Nach dem Update gibt es eindeutig eine beste Strategie. Sie heißt: kündigen. Und anschließend eine wirtschaftliche Existenz aufbauen. An dieser Stelle soll eine Tatsache besonders betont werden: Die Entscheidung des Angestellten, sich aus der Angestellten-Abhängigkeit zu lösen und sich selbstständig zu machen, geht zunächst mit neuer großer Unsicherheit einher. Aber wenn die Existenzgründung gelingt, hat er durchaus gute Chancen, in fünf Jahren sein eigener Herr zu sein und sich insgesamt sicherer zu fühlen.

Das hört sich eigentlich nach einer wunderbaren Erfolgsstory an – hätte die Sache nicht einen gewaltigen Haken. Das Stressnotprogramm kann nur dann funktionieren, wenn es im Bereich des Möglichen ist, die fehlenden Informationen zu erlangen, die zu einer Entscheidung führen, die den Zielerwartungen entspricht. Was aber, wenn diese Informationen außerhalb unserer Reichweite liegen – wenn der Angestellte keinen Schwager hat, der einen Wirtschaftsexperten kennt? Die Unsicherheit, die ihn umtreibt, wurzelt in der Firmenpolitik, in der Weltmarktlage, in Managementscheidungen, die für den Angestellten weder transparent noch beeinflussbar sind. Verlässliche Information zu bekommen, ist oft sehr schwierig. Anders gesagt: Sein vom Stresssystem getuntes Gehirn kann noch so hochtourig arbeiten, es wird sich dennoch nicht in die Lage versetzen, die mit dem Job verbundene Unsicherheit reduzieren zu können.

Was also kann unser Angestellter ohne verlässliche Informationsquelle machen? Würfeln? Aber das macht kein Mensch in Lebenskrisen. Tatsächlich gibt es eine vierte – allerdings letzte Option: Er hat die Möglichkeit, seine Zielerwartungen zu ändern. Er muss schließlich nicht um jeden Preis 80 000 € im Jahr verdienen. Vielleicht ist es sogar ganz schön und entspannt, sich eine ganz andere Arbeit mit geringerem Einkommen zu suchen und in eine Großstadt zu ziehen, selbst wenn man den Lebensstandard dadurch zusätzlich einschränken müsste. Es wäre ein Neuanfang, mit neuen Chancen und Möglichkeiten. Angenommen, der Angestellte trifft genau diese Entscheidung, dann würde sein Stresssystem wieder runterfahren. Die Unsicherheit verschwindet. Denn das Ziel erscheint jetzt unter neu gesteckten Zielvorgaben durchaus erreichbar. Entscheidungen fallen wieder leicht. Er könnte jetzt gelassen auf die Job- und Wohnungssuche gehen. Und nach einiger Zeit stehen die Chancen sehr gut, dass der Angestellte, der jetzt kein Angestellter (seiner alten Firma) mehr ist, sich mit neuen Zielerwartungen in einer anderen Lebenssituation befindet und sich damit wesentlich wohler fühlt als davor.

Was wäre die Alternative? Was, wenn der Angestellte in seiner unsicheren Situation verharrt? Natürlich kann er versuchen, sich anzupassen und auf das Beste zu hoffen.

Aber er wird das beunruhigende Gefühl der nahenden existenziellen Krise wohl kaum loswerden können. Unsicherheit – ist sie erst einmal aktiv – hat die Eigenschaft, eigene Dynamiken zu entwickeln. Zum permanenten Bedrohungsgefühl gesellt sich noch eine schleichende gesundheitliche Gefahr: In unabsehbaren Krisensituationen, die von nicht eindämmbarer Unsicherheit geprägt sind, gelingt es dem Stresssystem der Menschen, die darin leben, meist nicht, sich wieder zu beruhigen. Ein dauerhaft erhöhtes Stresssystem führt langfristig zu toxischem Stress, und der beeinträchtigt nicht nur massiv die Lebensqualität, sondern erhöht auch das Risiko tödlicher Erkrankungen.

9. Überwachheit – Datenautobahn hinauf zur obersten Gehirnetage

Das Gehirn als Theater • Die Kernaufgaben der Amygdala • Wenn der himmelblaue Kern zum Regisseur wird und das Hirn auf Touren bringt • Bit pro Sekunde statt Bit pro Joule: Erhöhter Energieverbrauch für mehr Informationen • Gesteigerter Datenfluss von den Sinnesorganen zu höheren Hirnregionen • Als der Höhlenmensch sich bewaffnete

Das Theater ist stockdunkel. Ein Stück von Dostojewski. Nur ein Teil der Bühne wird von einem einzigen Lichtkegel erhellt. Ausgeleuchtet wird ein Schauspieler, der gerade einen Monolog hält. Gebannt folgt das Publikum seinen Worten und Gesten. Doch dann überschlagen sich die Ereignisse. Plötzlich ist alles taghell. Das gesamte Ensemble stürmt auf die Bühne. Alle reden durcheinander, jeder verfolgt eine andere Handlung. Es ist klar, dass gerade sehr viel passiert, aber den Zuschauern fällt es schwer, den einzelnen Handlungssträngen oder gar den gesagten Worten zu folgen. Sie haben schlicht die Übersicht verloren.

Stellen wir uns doch einmal vor, dieses Theater wäre unser Gehirn. Übertragen würde das bedeuten, dass wir im ersten Teil der Szene den normalen Arbeitszustand des Gehirns erleben: auf eine bestimmte Sache konzentriert, während der Rest im Dunkeln liegt (also mehr oder weniger inaktiv bleibt). Der abrupte Wechsel – die vielen Lichter, die sich überschlagenden Aktivitäten der Schauspieler etc. –, das wäre dann unser Gehirn im Stresszustand. Es ist jetzt viel wacher, viel aktiver und arbeitet auf mehreren Ebenen gleichzeitig. Wenn wir also annehmen, dass die Bühne und die Schauspieler die unteren Aktivitätsebenen des Gehirns darstellen, dann steht das Publikum, das sich auf der obersten hierarchischen Gehirnebene befindet, für das Bewusstsein. Dem Monolog des einzelnen Schauspielers kann es gut folgen. Doch im Stresszustand, wenn alle durcheinanderreden und verschiedene Handlungen gleichzeitig ablaufen, ist das Publikum (also das Bewusstsein) schnell überfordert. Während also jeder einzelne Akteur auf der Bühne weiß, was er tut, bekommt das Publikum (= Bewusstsein) davon nur Bruchstücke mit.

Jeder, der schon einmal unter starkem Stress stand und sich später an Details erinnern soll, kennt wohl dieses Phänomen. Doch auch wenn hier jetzt der Eindruck entstehen sollte, dass Stress vor allem Verwirrung verursacht, ein Chaos im Kopf anrichtet, entspricht das nicht den Tatsachen. Richtig ist, dass unter Ruhebedingungen die aktuelle Kapazität der Datenverarbeitung unseres Gehirns viel geringer ist als seine maximal mögliche Datenverarbeitungsrate. Und wenn das Gehirn unter Stress auf Hochtouren läuft, dann kann es leicht passieren, dass unser Bewusstsein nicht mehr mitkommt – daher der Eindruck von Verwirrung. In Wahrheit aber arbeitet das Gehirn unter Stress wesentlich schneller und effizienter als im Normalzustand.

Stellt man die Frage, wo im Körper der Stress eigentlich beheimatet ist, fällt die Antwort schwer. Gefühlt würde man vermuten, dass sich unser Stresszentrum irgendwo in der Magengegend befinden müsste, weil wir da den Stress besonders intensiv spüren. Aber tatsächlich gibt es ein Art

Zentrum, von dem aus das Stresssystem geleitet und kontrolliert wird. Und diese Stresszentrale befindet sich im Gehirn, genauer gesagt, in der Amygdala. Gäbe es für die Amygdala eine Art Jobprofil, könnte eine Stellenbeschreibung in etwa so lauten:

Für eine verantwortungsvolle Position bei der neuronalen Datenverarbeitung suchen wir zum nächstmöglichen Zeitpunkt einen höchst kompetenten Abteilungsleiter. Zu Ihren Kernaufgaben zählen:

- *Schnell Wachzustände herstellen*
- *Hohe Umlernbereitschaft erzeugen*

Und um diesen Aufgaben gerecht zu werden, benötigt die Amygdala natürlich ganz spezielle Fähigkeiten und Kompetenzen, über die sie fraglos verfügt. Nehmen wir also einmal an, das Gehirn gerät in eine Situation, in der es ein Problem zu lösen gilt, das von Unsicherheit geprägt ist. Im normalen Betriebszustand (einer Art Energiesparmodus) wird es kaum möglich sein, so viel mehr und neue Daten innerhalb kurzer Zeit zu verarbeiten, um die Unsicherheit zu minimieren und somit das Problem lösen zu können.

Also schaltet die Amygdala jetzt einen Kern im Hirnstamm ein: den Locus coeruleus, der übersetzt den etwas wolkigen Namen »himmelblauer Kern« trägt, den wir aber fortan der Einfachheit halber ganz prosaisch als LC abkürzen wollen. Und statt einem Ein-Personen-Stück beizuwohnen, wird plötzlich das gesamte Ensemble auf die Bühne geholt (Abb. 11). Dazu sendet der LC vom Hirnstamm aus Signale in alle Regionen des Gehirns. Der Botenstoff, den er benutzt, ist Noradrenalin. Ein Stressbotenstoff, der einen Zustand der

Überwachheit erzeugt, indem er die vom LC ausgehenden Nervenbahnen entlangwandert und in allen anderen Hirnarealen freigesetzt wird.[41, 42] Das ist vergleichbar mit einem nächtlichen Hochhaus, in dem nur ein Fenster beleuchtet ist, während alle anderen dunkel sind, weil die Bewohner schlafen. Mit einem Schlag werden alle aufgeweckt, das Gebäude ist hell erleuchtet und voller Aktivität. Aber hier geht es nicht einfach nur um irgendeine Aktivität. Das würde womöglich schnell in eine Art neuronalen Aktionismus führen. Tatsächlich gelingt es dem LC mit seiner Noradrenalin-Initiative, die Rechenkapazität aller beteiligten Neuronen im Gehirn dramatisch zu steigern (siehe Abb. 11).

Um dies näher zu erläutern, werfen wir kurz einen Blick auf das Äußere und das Innere einer aktiven Nervenzelle des Gehirns. Wie groß die aktuelle Rechenkapazität eines Neurons ist, hängt maßgeblich vom Neurotransmitter Glutamat ab. Jedes Neuron hat in seiner Nachbarschaft Versorgungszellen, die diesen Botenstoff bilden und dem Neuron zur Verfügung stellen. Das Neuron hält den Botenstoff dann zur Verwendung bereit. Und zwar an der Schnittstelle (Synapse), die das eine sendende Neuron mit einem anderen, empfangenden Neuron verbindet. Die empfangenden Nervenzellen in der Hirnrinde (Cortex) können zum Beispiel einem besonderen Typ angehören – den sogenannten Pyramidenzellen. Einige dieser Pyramidenzellen sind darauf spezialisiert, Vorhersagefehler zu berechnen und zu kodieren. In den sendenden Nervenzellen wird Glutamat in relativ großer Menge vorgehalten. Allerdings wird im normalen Betriebszustand nur ungefähr ein Zehntel des Glutamats tatsächlich ausgeschüttet und zur Datenübertragung verwendet.[43, 44] Die anderen 90 Prozent Glutamat verbleiben

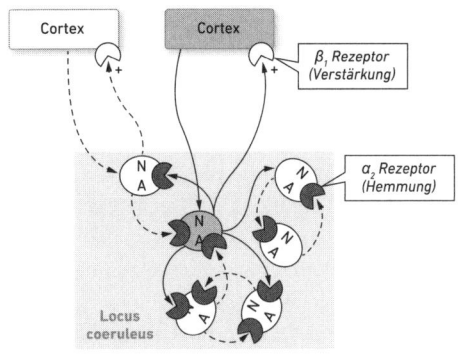

Fokussierte Aufmerksamkeit

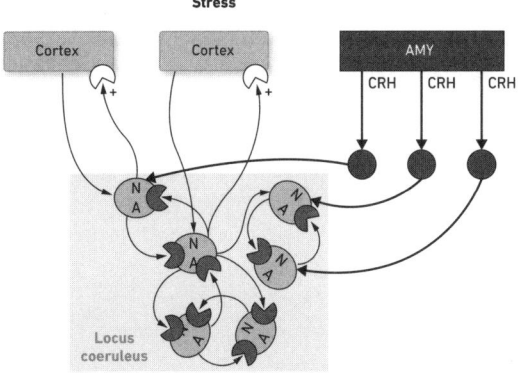

Stress

Abb. 11: Die Rolle des Locus coeruleus bei fokussierter Aufmerksamkeit und bei Stress. Der Locus coeruleus (LC) kontrolliert, welche Cortex-Areale aktiv sind und welche nicht. Arbeiten wir konzentriert an einer bestimmten Aufgabe (z. B. Lesen eines Buches), so wird – vereinfacht gesagt – ein einziges Cortex-Areal unterstützt, die Aktivität der anderen Cortex-Areale hingegen nicht. Der LC hat somit die Funktion, den Arbeitsmodus der verschiedenen Cortex-Areale zu organisieren. Im LC gibt es nur etwa 1000 Nervenzellen. Einerseits sind diese alle miteinander verknüpft. Andererseits sendet jedes dieser LC-Neuronen Nervenbahnen zu seinem zugehörigen Cortex-Areal, das im Gegenzug Nervenbahnen zu seinem LC-Neuron zurücksendet. Sobald ein LC-Neuron aktiv ist, wird sein zugehöriges Cortex-Areal in seiner Aktivität unterstützt, sonst nicht. Diese LC-Neuronen produzieren den Botenstoff Noradrenalin (NA), den diese Neuronen sowohl an ihren benachbarten Neuronen freisetzen als auch in den weiter entfernten ihnen zugehörigen Cortex-Arealen. Noradrenalin dockt im Wesentlichen an zwei Rezeptortypen an:

- α_2-Rezeptoren, die vor allem auf den LC-Nervenzellen lokalisiert sind und die sich dort hemmend auf die Zellaktivität auswirken.

- β_1-Rezeptoren, die vor allem in den Cortex-Arealen lokalisiert sind und die sich verstärkend auf die Nervenzellaktivität im Cortex auswirken.

Da alle LC-Neuronen miteinander verknüpft sind und sich mittels NA gegenseitig hemmen, entsteht eine Konkurrenz unter den Nervenzellen. Eine solche Konkurrenzsituation kennt man in der Biologie häufiger. Ein bekanntes Beispiel dafür ist, wie Eizellen in den weiblichen Eierstöcken miteinander konkurrieren. In der ersten Zyklushälfte reifen gleichzeitig mehrere Eizellen im Eierstock heran. Je größer eine Eizelle herangewachsen ist, desto stärker sendet sie einen Botenstoff in ihre Umgebung aus. Dieser Botenstoff hemmt die benachbarten Eizellen. Nach einigen Tagen bleibt nur noch die stärkste Eizelle übrig: Sie hemmt alle Nachbareizellen, und diese sind zu schwach, um hemmend zurückzuwirken. Die stärkste Eizelle reift schließlich als Graafscher Follikel heran und wird beim Eisprung aus dem Eierstock ausgeworfen. Fokussierte Aufmerksamkeit: Vergleichbar mit den Eierstöcken sind die Aktivitäten im LC. Hier gewinnt das stärkste LC-Neuron die Konkurrenz, alle anderen LC-Neuronen werden gehemmt und können nicht ausreichend zurückhemmen. Auf diese Weise wird nur ein einziges Cortex-Areal in seiner Aktivität unterstützt, und das ist dasjenige, welches gerade die Aufgabe ausführt, auf die wir uns in diesem Moment konzentrieren. Stress: In einer Stresssituation setzt die hochaktive Amygdala (AMY) ein Neuropeptid (CRH) frei, das sämtliche 1000 LC-Neuronen gleichermaßen stimuliert. Dadurch spielt die gegenseitige Hemmung der LC-Neuronen praktisch keine Rolle mehr. Auf diese Weise werden im Stress zahlreiche Cortex-Areale gleichzeitig in ihrer Aktivität unterstützt.

zunächst inaktiv im sendenden Neuron. Das ändert sich in dem Moment, in dem das Noradrenalin die Nervenzelle erreicht. Als hätte ein Regisseur »... und Action!« gerufen (und tatsächlich ist der LC der Regisseur des Geschehens), wird jetzt auch das bislang passive Glutamat ausgeschüttet. Damit erhöht sich nicht nur der Datenfluss, sondern vor allem auch die Rechenkapazität der empfangenden Pyramidenzellen steigert sich deutlich. Noradrenalin verstärkt besonders die Empfangs- und Sendeleistung derjenigen Pyramidenzellen, die Vorhersagefehler kodieren.

Jetzt also sind durch die Aktivierung des Stresssystems (vom LC über die Nervenbahnen mittels Noradrenalin und einer erhöhten Glutamat-Ausschüttung) viele Nervenzellen des Gehirns auf einem erhöhten Leistungsniveau. Und wieder sind wir bei unserer Theater-Analogie: Zunächst stand nur ein Schauspieler im Rampenlicht, jetzt wird der Rest der Truppe aktiv. Das ursächliche Problem der Unsicherheit, das den Stress-Tsunami im Gehirn ausgelöst hat, wird jetzt von unzähligen Neuronen gleichzeitig bearbeitet, die über die Sinneswahrnehmungen immer größere Datenströme erhalten. Das lässt sich sogar von außen physiologisch nachweisen. Wie schon erwähnt, vergrößern sich in diesem Zustand die Pupillen, um mehr visuelle Daten liefern zu können, auch das Gehör schärft sich, und Gerüche werden intensiver wahrgenommen. Gleichzeitig werden im Gehirn die einzelnen Areale aktiviert, die neue Sinnesdaten verarbeiten, sodass der interne Datenfluss zwischen den unteren hierarchischen Wahrnehmungsebenen zu den oberen Ebenen – also von der Netzhaut zum lateralen PFC (wo die Sinneseindrücke bewusst erfahren werden) – ebenfalls auf Hochtouren arbeitet. Neu eintreffende Sinneseindrücke werden präziser übermittelt, das heißt, die Vorhersagefehler werden mit größerer Präzision und größerer Sendeleistung an die höheren Ebenen gesendet (bottom-up). Das alles dient dazu, ein neues und besseres Update unseres Modells von der Welt zu erstellen, um letztlich den oder die Vorhersagefehler, die zu Unsicherheit und Stress geführt haben, wieder zu beseitigen. Wir können also sagen, dass unser Gehirn unter Stress mit jeder verfügbaren Nervenzelle demnach als großartige und unglaublich effektive Problemlösungsmaschine fungiert.

Doch das hat natürlich auch seinen Preis. Und der erklärt, warum es uns nicht möglich ist, dieses hohe Leistungsniveau dauerhaft aufrechtzuerhalten. Wer es dennoch versucht, riskiert gravierende gesundheitliche Schäden. Doch darauf werden wir an einer anderen Stelle näher eingehen. Der Schlüssel zur Leistung ist wie bei jedem Motor auch beim Gehirn der Energieverbrauch. Denn der Status des normalen Arbeitszustands des Gehirns wird nicht vom maximalen Leistungsvermögen bestimmt. Wäre dies das alles entscheidende Kriterium, wären wir wahrscheinlich alle Genies. Jedenfalls im Vergleich zu durchschnittlich arbeitenden Gehirnen. Nein, das entscheidende Kriterium ist vielmehr die Ökonomie. Wie aktiv muss ein Gehirn sein, um bei möglichst niedrigem Energieverbrauch die Aufgaben zu lösen, die gerade anstehen. So könnte man stoffwechselphysiologisch die Arbeitsweise eines entspannt denkenden und handelnden Gehirns definieren: ein möglichst optimales Verhältnis von Leistung und Verbrauch herzustellen und stabil zu halten. Es ist im Grunde wie bei einem Auto, von dem Ingenieure exakt sagen können, bei welcher Geschwindigkeit und welcher Drehzahl sich Leistung und Verbrauch möglichst günstig zueinander verhalten. Drückt man hingegen das Gaspedal bis zum Anschlag, dann steigt zwar die Leistung, aber eben auch der Verbrauch. Und das nicht etwa linear, sondern quadratisch. Anders gesagt: Für jeden weiteren km/h mehr auf dem Tacho wird eine überproportionale Menge an Zusatzbrennstoff benötigt. Der Motor unter dem Einfluss eines durchgedrückten Gaspedals entspricht in etwa der Situation des Gehirns, wenn es sich im Stressmodus befindet. Jetzt optimiert das Gehirn tatsächlich seine Leistungsfähigkeit – ohne Rücksicht auf den Energieverbrauch.

Doch was heißt das konkret? Wir wissen heute, dass das Gehirn in der Hierarchie der Energieversorgung über allen anderen Organen steht.[45] Es ist das einzige Organ, das bei Nahrungsmangel oder -reduktion nicht an Masse abnimmt.[46, 47] Das Gehirn beansprucht allein 65 Prozent der Glukose (Blutzucker), die im Körper zirkuliert. Und das ist nur der Durchschnittswert. Stressforscher unterzogen Testpersonen sehr aufwendigen Untersuchungen. Mittels tief in die großen Gehirnvenen eingeführten Kathetern kontrollierten die Wissenschaftler über einen längeren Zeitraum den Gehirnglukoseverbrauch der Probanden. In entspanntem Zustand lag dieser bei 130 Gramm Glukose pro Tag.[48] Das entspricht in etwa der Kohlenhydratmenge, die man für einen Kuchen braucht. Dann wurden die Testpersonen sogenanntem mildem Stress ausgesetzt. Sie mussten eine etwas knifflige Aufgabe lösen – allerdings ohne soziale Komponente (es wurde kein zusätzlicher Druck ausgeübt). Und selbst unter diesem milden Stress sprang das Gehirn bereits messbar an: Der Gehirnglukoseverbrauch stieg immerhin auf 112 Prozent an.[49] Aus praktischen (und wohl auch ethischen) Gründen war es nicht möglich, die Probanden unter echten krisenhaften Stressbedingungen zu testen. Doch es darf vermutet werden, dass das weitere »Drücken aufs Gaspedal« den Glukoseverbrauch des Gehirns deutlich höher ansteigen ließe.

Aber es ist nicht das Phänomen des erhöhten Energieverbrauchs allein, das Stressforscher beschäftigt und fasziniert. Das Gehirn schaltet nämlich unter Stress in einen ganz anderen Betriebsmodus. Der Normalzustand wird über den sparsamsten Verbrauch definiert: informationstheoretisch ausgedrückt in bit/joule. Bits sind die Informationsheiten, in denen die Datenverarbeitung bemessen wird, Joule (alternativ Kalorien) beziffert den Energieverbrauch. Das normal arbeitende Gehirn versucht also, die erforderliche Datenverarbeitung zum Preis eines möglichst niedrigen Energieverbrauchs zu gewährleisten.

Unter dem Einfluss von Stress hingegen wird dieses ökonomische Prinzip ausgehebelt. Jetzt arbeitet das Gehirn nach der Maßgabe maximaler bit/sec. Nun hat die möglichst hohe Datenverarbeitung pro Sekunde absolute Priorität. Dass dabei der Energieverbrauch enorm ansteigt, darf nicht zum Hemmnis werden. Das Regulationsprinzip von Bit pro Joule ist für die Dauer des Stresszustands außer Kraft gesetzt und gewinnt erst wieder die Oberhand, wenn die Stresshormone abklingen.

Aber das ist noch nicht alles: In der Stellenbeschreibung für die Amygdala wurde neben dem Wachzustand noch eine weitere Kernaufgabe angesprochen: erhöhte Umlernbereitschaft. Und tatsächlich kommen wir zur eigentlichen Zielführung des gestressten Gehirns. Einfach nur jeden Stein umzudrehen und die neuronalen Netze mit immer mehr Informationen zu fluten, wäre wenig zielführend. Das Ganze macht nur dann Sinn, wenn es einen möglichst bleibenden Nutzen hat. Deshalb ist nachhaltiges Lernen eines der Ziele des Gehirns. Dabei spielt das aus den Nebennieren freigesetzte Stresshormon Cortisol eine wichtige Rolle.

Veranschaulichen wir die Lernstrategie des Gehirns anhand einer anderen Szene: Gehen wir dazu von unserem Theater mehrere zehntausend Jahre in der Zeit zurück. Wir befinden uns jetzt in einer steinzeitlichen Höhle gemeinsam mit einem unserer frühen Vorfahren. Er inspiziert die Höhle und begegnet einem Raubtier, das sich in die Ecke gedrängt fühlt und Angriffsbereitschaft signalisiert. Ein sicherer

Rückzug scheint unmöglich, dafür ist unser Urahn zu tief in die Höhle eingedrungen. Es bleibt also nur die Option, zu kämpfen. Das Gehirn des Mannes wird mit Stresshormonen geflutet. Darunter ist auch das Hormon Cortisol. Denn unser Mann hat so eine Situation schon einmal erlebt und mit schweren Verletzungen nur knapp überlebt. Seinerzeit kämpfte er nur mit bloßen Händen und wurde schwer verwundet. Eine Erfahrung, die er auf keinen Fall wiederholen möchte. Doch was tun? Das frühere Verhalten, der Faustkampf gegen Raubtierkrallen, ist als Erfahrung des Misserfolgs verankert – und negativ konnotiert. Und in dieser Phase entfaltet das Cortisol bei der zweiten Begegnung seine Wirkung: Es ermöglicht dem Gehirn, alte Wissensstrukturen und Strategien infrage zu stellen und sich für einen neuen Lösungsansatz zu öffnen. Die Sinneswahrnehmungen werden geschärft. Schnelle Updates sind jetzt gefordert. Die Neuronen feuern jetzt auf Hochtouren, als der bedrängte Urmensch einen großen Stein am Boden wahrnimmt. Er hebt ihn schnell auf und wirft ihn gegen den Kopf des angreifenden Tieres, das sich getroffen in die Tiefe der Höhle zurückzieht. Unverletzt kann unser Mann jetzt die Höhle verlassen. Die Stresshormone ebben ab, und da die neue spontane Strategie so erfolgreich war, wird sie in der folgenden Phase als gelernt vom Gehirn abgespeichert. Später setzt dann die Konsolidierung ein, die Verankerung eines neuen Verhaltens. Der Steinzeitmensch wird künftig nie wieder eine Höhle betreten, ohne mit Steinen bewaffnet zu sein. Unter Stress hat der Urahne also nicht nur eine ganz neue Verteidigungsstrategie gefunden, er hat sie auch abgespeichert und wird sie wahrscheinlich weiter verfeinern und ausbauen.

10. Der Stoff des Lernens

*Das Gehirn: Die vorhersagende Lernmaschine • Glenn Goulds
Überlistungstrick • Wie viel Information speichert ein Glas
Honig?* • *Cortisol schaltet das Umlernen ein oder aus • In der
Nacht vergewissern wir uns, wo unser Platz ist • Student A
und B: Was ist erfolgreicher – mechanisches Pauken oder Lernen mit Einsicht?* • *Dendritenbäume und das innere Bild von
der Welt*

Wie lernen wir? Wann und unter welchen Umständen speichert unser Gehirn neues Wissen ab und präsentiert es uns
bei nächster Gelegenheit als anwendungsbereit? Tatsache
ist, dass unser Gehirn sich ständig in Lernprozessen befindet – ob wir es nun merken oder nicht. Doch jeder, der bereits unter Druck lernen musste – weil eine wichtige Prüfung anstand oder etwa ein Musikstück für ein Konzert
eingeübt werden musste –, hat womöglich schon erlebt,
dass unsere Lernmaschine Gehirn nicht immer berechenbar ist. Oft wissen wir nicht genau im Voraus, wie gut unser
Lernerfolg sein wird. Ob unser Gehirn wirklich alles Not-
wendige erfasst und abgespeichert hat oder ob wir es auch
tatsächlich so abrufen können, wie wir es uns erhoffen. Das
Problem beginnt schon bei den verschiedenen Lerntech-
niken. Manche schwören auf reines Pauken, stopfen ihr Gehirn mit so vielen Informationen wie möglich voll. Andere
versuchen, mit dem Lernstoff kreativ umzugehen, mit ihm
im Kopf zu arbeiten, neue Verbindungen herzustellen, The-

sen aufzustellen und denkend zu überprüfen, Einsichten zu gewinnen, und sind davon überzeugt, dass sich so nicht nur Wissen verfestigt, sondern auch weiter verzweigt.

Der kanadische Pianist Glenn Gould, der für seine Exzentrik bekannt war, berichtete einmal von einer ungewöhnlichen Lernstrategie. Beim Einstudieren eines technisch außerordentlich anspruchsvollen Klavierkonzerts blieb er immer wieder an einer bestimmten Passage hängen. Sosehr Gould sich mühte – er konnte diese speziellen Takte technisch nicht bewältigen. Im Gegenteil: Gould hatte den Eindruck, dass es umso schwieriger wurde, je mehr er sich auf die Aufgabe konzentrierte. In seiner Ratlosigkeit beschloss er, das Radio so laut aufzudrehen, dass er sich nicht mehr hundertprozentig auf sein Spiel konzentrieren konnte. Und während er nicht mehr hören konnte, was er da spielte, gelang es ihm zum ersten Mal, das Stück fehlerfrei zu spielen. Von da an war es nur eine Frage der Zeit, bis sein Gehirn die Komposition gelernt hatte. Er hatte für sein Problem eine Lösung gefunden und eine Lernstrategie, die er zwar anwenden, aber nicht erklären konnte.

Was also passiert im Gehirn, wenn es lernt? In diesem Kapitel wollen wir versuchen, das Geheimnis mithilfe der neuesten Erkenntnisse aus den Neurowissenschaften zu lüften. Und wir beginnen mit einem ganz simplen Versuchsaufbau. Vor uns auf einem Tisch befinden sich folgende Gegenstände:

Ein Glas mit zähflüssigem Honig und ein Löffel auf der einen Seite. Gegenüber steht die Nachbildung eines menschlichen Kopfes aus Styropor, so wie er zur Aufbewahrung von Perücken verwendet wird. Der erste Teil des Experiments besteht darin, den Löffel in den Honig einzutauchen und wieder herauszuziehen. Wenn wir jetzt annehmen, dass dieser Vorgang das Speichern einer Information veranschaulichen soll, was können wir dann daraus schließen? Der Löffel wird den Honig aufrühren, anschließend lassen wir den Honig vom schwebenden Löffel langsam in das Glas zurückfließen, und dann wird der Honig wieder zur Ruhe kommen. Obwohl einige Informationen in den Honig eingebracht wurden (das Eintauchen des Löffels, das Herausnehmen einer bestimmten Honigmenge und das langsame Zurückfließen des Honigs vom Löffel ins Glas), wird von alledem nach dem Vorgang nichts zu sehen sein. Keine dieser Veränderungen wird eine sichtbare Informationsspur hinterlassen. Das Glas mit dem Honig wird nach Beendigung der Intervention mit dem Löffel genauso aussehen wie zuvor – als wäre nichts geschehen. Der Prozess, der hier stattgefunden hat, lässt sich als viskös (zähflüssig) bezeichnen. Ein derartiges Eingreifen kann in einem viskösen Medium wie Honig keine bleibenden Spuren hinterlassen, weil eben die Beschaffenheit des Honigs dies nicht zulässt.

Ganz anders verläuft das Experiment beim Styroporkopf. Wenn wir mit dem bloßen Finger Druck auf seine Oberfläche ausüben, wird sich dort eine Delle abzeichnen. Der Eindruck des Fingers wird als bleibende Information in Form einer Einbuchtung bestehen bleiben. Es ist kein Zufall, dass der Begriff Information seinen lateinischen Ursprung in dem Wort informare hat: etwas aktiv in *Form* bringen, bilden, gestalten. Der lateinische Informationsbegriff geht wiederum auf einen älteren Schlüsselbegriff der griechischen Philosophie zurück: Eidos (griech. εἶδος) bezeichnet Gestalt, Aussehen oder *Form*. Materie ist his-

torisch zunächst der Gegenbegriff zur Form. Ein Perücken-
kopf ist aus Styropor. Styropor ist seine Materie. Der Kopf
ist aber nicht einfach Styropor, sondern ein styroporener
Kopf. Kopf ist das, was er eigentlich ist; Kopf ist sein Eidos,
sein Wesen, seine Form.[50, 51] Aristoteles gab in seiner phi-
losophischen Seinslehre der Form den Titel erste Substanz
(ousía) und stellte sie damit über die Materie.[52] Und dieser
antike Formbegriff entspricht recht genau dem, was mehr
als 2000 Jahre später Claude Shannon als Information bezeichnet hat. Information wandelt die Form – so wie in unserem Perückenkopfbeispiel der Eindruck des Fingers.

Würden wir beide Objekte – Honigglas und Styroporkopf – nach dem Experiment einem Gutachter überstellen,
könnte er anhand der Oberflächenstrukturen nicht feststellen, ob sich im Honig ein Löffel befunden hat, würde
aber sofort die Information erhalten, dass ein Finger sich
in die Styroporoberfläche gebohrt hat. Weil im Gegensatz zur Viskosität des Honigs das Material Styropor plastisch – also formbar – auf mechanische Einflüsse reagiert.
Diese Plastizität ist auch das Modell, das uns erklärt, wie
das Gehirn lernt. Es sammelt und verarbeitet natürlich anders Eindrücke als die, die ein Finger auf einer Oberfläche
aus Styropor hinterlässt. Aber die Wortwahl des Begriffs
Eindruck gibt uns schon einen deutlichen Hinweis, dass
die beiden Vorgänge – Plastizität des Styropors und Plastizität des Gehirns – gar nicht so verschieden sind. Denn
auch im Gehirn bewirkt die Verarbeitung von Eindrücken
(in diesem Fall durch die von unseren Sinnesorganen gesammelten Daten) eine strukturelle Veränderung. Was sich
im Gehirn verändert, ist mathematisch gesprochen die neuronale Struktur, welche die Form einer Prior-Wahrschein-

lichkeitsverteilung kodiert (beispielsweise die Form einer Gauß'schen Glockenkurve, gekennzeichnet durch ihre Steilheit). Kurz gesagt: Im Lernen verändert das Gehirn seine Struktur. Es ist danach nicht mehr dasselbe wie zuvor.

Die spannende Frage nun lautet: Wie entscheidet das Gehirn, was es lernt und ob es überhaupt lernt? Die bisherige Lektüre dieses Buchs lässt vermuten, dass das Stresssystem hier eine entscheidende Rolle spielt, und so ist es auch. Genauer gesagt ist es das Stresshormon Cortisol, das bei allen Lernprozessen des Gehirns die Fäden zieht (siehe Übersicht in Abb. 10). Cortisol ist einer der wirkmächtigsten Botenstoffe im menschlichen Organismus. Die Amygdala kontrolliert den Hypothalamus, der wiederum die Hirnanhangsdrüse, und diese kontrolliert, wie viel Cortisol aus den Nebennieren in den Blutkreislauf freigesetzt wird. Cortisol wirkt auf alle Organe des Körpers ein (Leber, Bauchspeicheldrüse, Nieren, Milz, Knochen, peripheres Nervensystem u.a.) und verrichtet dort die unterschiedlichsten Aufgaben (Stoffwechsel, Wasserhaushalt, Immunfunktionen etc.). Aber es übt auch eine Feedback-Wirkung aus und wirkt auf diese Weise auch zurück auf das Stresssystem selbst.[53] Es ist das wichtigste Hormon, das dämpfend (also beruhigend) auf die Amygdala, den Hypothalamus und die Hirnanhangsdrüse und damit auf das gesamte Stresssystem einwirken kann. Cortisol hat damit die Funktion, ein Überschießen der Stressreaktion zu verhindern – was einen tödlichen Ausgang zur Folge hätte. Es ist aber auch ein Hormon, das bei toxischem Stress permanent hochdosiert im Körper wirkt und für eine Reihe schwerer Nebenwirkungen und Stressfolgeerkrankungen (wie z.B. Abbau von Knochen-, Muskel- und Bindegewebe, Akkumulation von

Bauchfett usw.) verantwortlich sein kann.[54] Der Einfluss des Cortisols ist auch deshalb so groß und weitgreifend, weil es die Eigenschaft und Fähigkeit hat, in jede einzelne Körperzelle einzudringen und dort aktiv zu werden. Es arbeitet und wirkt also auch jenseits des peripheren Nervensystems zum Beispiel in Haut-, Muskel- oder Fettzellen. Und weil es so mächtig ist, überwindet es auch die Blut-Hirn-Schranke, als würde diese Barriere gar nicht existieren. Einmal freigesetzt, gelangt es auch im Gehirn in jede Nervenzelle. Eine der vielen Aufgaben, die es dort verrichtet, besteht darin, die Möglichkeit der Plastizität zu kontrollieren. Cortisol hat die Fähigkeit, im Gehirn eine erhöhte Bereitschaft zum Umlernen zu erzeugen oder zu verhindern.

Es geht dabei um exakt diese beiden Optionen: Soll umgelernt, also ein Strategiewechsel, vorgenommen werden oder nicht. Nicht umzulernen – die zweite Option – setzt voraus, dass bereits vorhandenes Wissen sich bewährt hat und gefestigt werden kann. Wenn wir nun davon ausgehen, dass Option 2 immer dann greift, wenn wir Aufgaben erledigen, auf die wir mit unseren Fähigkeiten ausreichend vorbereitet sind, dann bedeutet Option 1 zwangsläufig: STRESS. Denn ein Umlernen, ein Strategiewechsel ist ja nur dann notwendig (und sinnvoll), wenn unsere alten Strategien versagen. Das ist genau dann der Fall, wenn die beste Strategie unseres bisherigen Verhaltensrepertoires nur sehr geringe Erfolgsaussichten ausweist. Dann muss also eine völlig neue Strategie her. Da diese in der Regel aber nicht einfach so verfügbar ist, muss sie entwickelt und getestet werden. Unser altes Strategierepertoire muss aufgestockt werden. Und welche von den aufgestockten Strategiemöglichkeiten ausgewählt werden soll, um das physische, mentale und soziale Wohlbefinden sicherzustellen, ist zunächst noch völlig unsicher. Eine solche Aufstockung der zur Entscheidung stehenden Strategiemöglichkeiten stellt nicht nur einen erheblichen Energieaufwand dar, sondern verlangt auch dem Gehirn ab, dass es sich selbst strukturell verändern muss. Sowohl die Plastizität des Gehirns als auch die Bereitschaft, umzulernen, nimmt in einem Neuronen-Typus ihren Anfang, der in der Wissenschaft als Pyramidenzelle bezeichnet wird (weil er unter dem Mikroskop pyramidenförmig aussieht).

Um zu verstehen, wie das Umlernen unter Cortisoleinfluss auf der Zellebene funktioniert, müssen wir ein wenig tiefer in die Physiologie eintauchen:[55] Innerhalb der meisten der unzähligen Pyramidenzellen des Gehirns befinden sich zwei Rezeptortypen, an denen Cortisol andocken und wirksam werden kann: der Mineralocorticoid-Rezeptor (MR) und der Glucocorticoid-Rezeptor (GR).[56] Es war die bahnbrechende Leistung von Bruce McEwen, den MR im Gehirn zu entdecken.[57] Der MR ist sehr empfindlich und hat die Eigenschaft, sehr leicht Cortisolmoleküle zu binden bzw. anzuziehen.[58] Er reagiert also immer bereits dann, wenn nur wenige Cortisolmoleküle in der Zelle umherschwirren. Das ist in der Regel vor dem Zubettgehen und in der ersten Nachthälfte der Fall. Wird das Neuron hingegen mit Cortisol geflutet, so wird der weniger empfindliche GR-Rezeptor aktiv, und dieser sendet ein Signal, welches das Signal des MR überlagert. Das passiert normalerweise morgens nach dem Aufwachen oder im Stress. Worum diese beiden Rezeptoren ringen, ist die Deutungshoheit, ob Gedächtnismoleküle gebildet werden sollen oder nicht. Gedächtnismoleküle sind gewissermaßen der Stoff, aus dem das Lernen ist. Gedächtnismoleküle sind der Schlüssel unseres Gehirns, um neues Wissen zu speichern. Sie sind folglich die Werkzeuge der Hirnplastizität. Wenn nun also nur wenig Cortisol ausgeschüttet wird, springen die MR an und signalisieren, dass verstärkt Gedächtnismoleküle gebildet werden sollen.[59] Das Gehirn wird auf die Bildung von Gedächtnis programmiert. Es befindet sich in einer Art Konservierungsmodus. Ist dagegen das Stresshormon Cortisol in rauen Mengen vorhanden, regieren vornehmlich die GR. Die Bildung von Gedächtnismolekülen wird demzufolge unterbunden, und das Gehirn befindet sich – salopp formuliert – in einer Art Wandlungsmodus. Die alten Strategien werden über Bord geworfen und neue Strategien hervorgebracht und ausprobiert – so lange, bis endlich eine wirksame gefunden worden ist.

Wir könnten diese Vorgänge jeden Abend bzw. jede Nacht erleben, wenn sie uns bewusst wären. Wenn sich unser Tag neigt und wir uns innerlich auf die Schlafenszeit vorbereiten, sinkt an einem guten Tag unser Cortisolspiegel ab, bis er in der ersten Nachthälfte – der sogenannten Tiefschlafphase – seinen niedrigsten Tagesstand erreicht hat: optimale Voraussetzungen für die Bildung von Gedächtnismolekülen. Tatsächlich bereitet das Gehirn im Tiefschlaf die tags zuvor angewendeten Strategien auf. Die Neuronenaktivität von neu erworbenen erfolgreichen Strategien und neu erprobten Fähigkeiten wird buchstäblich im Tiefschlaf noch einmal reaktiviert (der Fachausdruck heißt Replay), und genau diese Verbindungen zwischen den reaktivierten Neuronen werden gefestigt, sodass die erfolgreichen Strategien gelernt werden. Es ist die wichtigste Zeit im Tag-Nacht-Zyklus für die Gedächtnisbildung. Im Tiefschlaf brennen sich neue Namen oder Gedichte in unser Gedächtnis ein, hier lernen wir die Art und Weise, wie wir uns in einer fremden Stadt orientieren, und auch, auf welche Weise wir mit unseren Mitmenschen gut kommunizieren können. Allerdings werden all diese Eindrücke wirklich nur dann auf Dauer gespeichert, wenn der Cortisolspiegel tatsächlich niedrig ist.

Hingegen nach einem schlechten Tag oder bei chronischem Stress sinkt das Cortisol zur Nacht nicht so weit ab, wie es optimal sein sollte. Wer mit hohen Cortisolkonzentrationen ins Bett geht, wird keinen Tiefschlaf finden. Denn: Hohes Cortisol verursacht Schlafstörungen.[60, 61] Alles, was dazu führt, dass Cortisol abends oder nachts hoch ist und somit die Tiefschlafphase stört, unterbindet oder beeinträchtigt auch die nächtliche Bildung von Gedächtnismolekülen. Die Fähigkeit, Gedächtnis zu bilden, ist in so einer Situation nur eingeschränkt oder gar nicht möglich. Und das ist gut so, es ist sogar hochgradig sinnvoll, dieses zu unterbinden: Denn ein Verhalten, das zu Stress bzw. einem hohen Cortisolspiegel geführt hat, ist unbrauchbar – und sollte keinesfalls gefestigt bzw. wiederholt werden. Man könnte also sagen, dass die Tiefschlafphasen dafür sorgen, dass wir uns Nacht für Nacht vergewissern, wo unser Platz in der Welt ist, uns vergewissern, dass wir über das entsprechende Wissen und die Fähigkeit verfügen, um die Aufgaben des Tages zu meistern. Im Umkehrschluss bedeutet das aber auch, dass hohes Nacht-Cortisol und die damit verbundenen Schlafstörungen nicht nur dazu führen können, dass wir weniger Gedächtnis bilden und lernen. Unter derartigen Umständen nimmt auch das Risiko zu, dass unser Selbstwertgefühl sinkt, wir uns weniger kompetent fühlen, unsicherer, ja, vielleicht sogar ängstlicher. Was wiederum das Risiko erhöht, depressiv zu werden.

Stress und Umlernen sind also eng miteinander verknüpft. Und das Cortisol spielt bei der nächtlichen Gedächtnisbildung eine entscheidende Rolle – aber nicht nur dort. Wie eingangs des Kapitels erwähnt, sind hohe oder niedrige Cortisolspiegel auch höchst relevant für die Beantwortung der Frage, ob das vorhandene Strategierepertoire ausreicht oder ob eine neue Situation entstanden ist, bei der das Repertoire um völlig neue Strategien erweitert werden muss. Begeben wir uns dazu in eine klassische Prüfungssituation. Medizinstudenten müssen sich mündlich einer Kommission stellen, die ihr Fachwissen und ihre klinische Kompetenz prüfen will. Solche mündlichen Prüfungen sind durchaus gefürchtet, weil sie situativ schwer einzuschätzen sind und weil im Gegensatz zu den schriftlichen Multiple-Choice-Fragebögen keine möglichen Antworten vorgegeben werden. Nehmen wir also an, wir haben zwei Studenten, die sich ganz unterschiedlich auf die Prüfung vorbereitet haben.

- Student A setzt auf die Strategie, so viele Fakten wie möglich zu lernen, um seinen Stoff möglichst perfekt zu beherrschen. Bei den schriftlichen Prüfungen hat sich diese Strategie hervorragend bewährt. Er hat fast immer die volle Punktzahl erreicht. Doch wird das auch für einen mündlichen Test genügen?
- Student B ist dagegen nicht so der Pauk-Typ. Er ist durchaus auch fleißig, aber bei seinen Lernbemühungen nicht so sehr daran interessiert, sich möglichst viele Detailinformationen einzuprägen. Er versucht statt-

dessen, sein erworbenes Wissen in neue Zusammenhänge zu bringen. Er ist an Ursachen interessiert, an Herleitungen und den Gedankenprozessen, die zu neuen Erkenntnissen und einem tieferen Verständnis führen sollen.

In der Prüfungssituation wird ein Patient vorgestellt, der an einer offenbar komplexen und selten auftretenden Herzerkrankung leidet. Student A hat auch sofort eine passende Erwartung parat, was die Ursache sein könnte. Als dies von den Prufern als unwesentlich eingestuft wird, probiert er es mit einer anderen These. Aber erneut erntet er nur Kopfschütteln und wird immer nervöser. Auf die Anregung hin, das Problem von Anfang an offen durchzudenken, ohne gleich eine Diagnose zu stellen, scheitert er kolossal. Er kann sich plötzlich an nichts mehr erinnern. Ein totaler Blackout beendet seine Prüfung.

Auch Student B versucht es zunächst mit einer gelernten Standarddiagnose und scheitert ebenso wie sein Kommilitone. Er aber begreift schnell, dass vorgefertigtes Fachwissen hier offenbar nicht gefragt ist, und setzt auf einen Strategiewechsel: Er fängt noch einmal von vorn an, definiert die möglichen Ursachen einer Herzerkrankung, prüft Schritt für Schritt anhand von Grundprinzipien der inneren Medizin, in welche Richtung die Symptome weisen, und entwickelt anhand der Antworten, die er sich selbst auf seine Fragen gibt, seine eigene Differenzialdiagnose und stellt schließlich die korrekte Diagnose. Prüfung bestanden.

Wenn wir jetzt die Möglichkeit gehabt hätten, während der Prüfung die Stresshormone der beiden Probanden zu messen, würde sich folgendes Bild ergeben: Zunächst ist bei beiden der Stresspegel hoch – typisch für eine Prüfungssituation. Als Student B feststellt, dass er mit seinem gelernten Diagnosewissen nicht weiterkommt, steigt das Cortisol noch einmal ordentlich an. Er setzt in dieser Situation auf einen Strategiewechsel. Seine Amygdala feuert jetzt wie wild. Das Stresssystem startet durch, und der Verarbeitungsmodus des Gehirns schaltet endgültig vom wirtschaftlichen Modus (optimale Zahl an Bits pro Joule) auf den hocheffektiven Modus (maximale Zahl an Bits pro Sekunde) um. Rasend schnell werden die Optionen geprüft. Dann riskiert Student B etwas und probiert etwas Neues aus. Schritt für Schritt versucht er sich dem Problem anzunähern und macht damit genau das Richtige. Das Lob der Prüfungskommission und die Nachricht, dass er bestanden hat, erfüllen ihn mit Freude. Sein Cortisolspiegel sinkt rasch ab, und er spürt das Wohlgefühl, das sich immer dann einstellt, wenn wir Stress gemeistert haben. Student B wird in dieser Nacht gut und ruhig schlafen. Sein nächtlicher Cortisolwert wird niedrig sein, und die Quelle der Gedächtnismoleküle wird in der Tiefschlafphase nur so sprudeln. Er weiß jetzt, wie er mündliche Prüfungen ablegen kann, und wird sein Wissen und seine neue Strategie in dieser Nacht konservieren.

Ganz anders sieht die Lage bei Student A aus. Auch bei ihm stieg das Cortisol während der Prüfung an – nicht nur stark, sondern so dramatisch, dass ihm von einer Sekunde auf die andere der Zugang zum gelernten Stoff komplett verwehrt wird. Es kommt zum gefürchteten Blackout. Er wird diese Nacht schlecht schlafen, und sein Cortisol wird auch nachts überdurchschnittlich hoch sein. Gedächtnismoleküle werden nicht gebildet – wozu auch? Denn seine Strategien ist krachend gescheitert, ein Strategiewechsel aus der Situation heraus war ihm nicht möglich. Es gibt also nichts Positives zu lernen. Und deshalb versucht das Gehirn es nicht einmal.

Aber wie konnte es passieren, dass Student A und Student B – beide unterschiedlich vorbereitet, aber mit gleichem Zeitaufwand – in die gleiche Prüfung gingen, beide Probleme bekamen und der eine sie lösen konnte, während der andere verzweifelte? Der Schlüssel liegt in der unterschiedlichen Vorbereitung: Während Student A unzählige Details in- und auswendig beherrschte, konzentrierte Student B sich mehr auf Zusammenhänge, Grundprinzipien und Schlussfolgerungen. Der wesentliche Unterschied zwischen beiden Studenten geht aber tiefer: Er liegt in den Tiefendimensionen des jeweiligen hierarchischen Weltbilds. Wir erinnern uns, dass die Wahrnehmungsebenen unseres Gehirns hierarchisch organisiert sind. Auf der obersten Ebene, wo Änderungen oder Korrekturen am schwierigsten durchzusetzen sind, befinden sich allgemeine Grundprinzipien, aus denen sich weitere untergeordnete speziellere Prinzipien ableiten lassen, aus denen dann wiederum einzelne Details folgen. Student B hat von Anfang an Zusammenhänge auf mehreren hierarchischen Ebenen und gedankliche Transferleistungen als Grundlage seines Lernens im Studium angewendet. Höchstwahrscheinlich hatte er bereits in der Schule diese Form des Lernens und Verstehens verinnerlicht. Auch er war in der Prüfungssituation zunächst verunsichert. Wie viele andere Kommilitonen hatte er ebenfalls das Medizinstudium als ein starres Abfragen von Fakten erlebt. Als ihm in der mündlichen Prüfung klar wurde, dass die starre Anwendung gepaukten Wissens dort nicht funktionierte, konnte er umschalten und eine Strategie einsetzen, die ihm aus anderen Situationen bereits vertraut war. Sein hierarchisches Weltbild machte diesen Strategiewechsel sofort anwendbar.

Student A hingegen kann nur auf ein starres Weltbild zurückgreifen, das kaum mehr als eine einzige Hierarchieebene aufweist: nämlich die, die zahllose Einzelfakten und Beobachtungen repräsentiert. Das hat bisher auch immer gereicht, denn in den Multiple-Choice Prüfungen bekam der die besten Noten, der die Details perfekt beherrschte. In der praktischen Medizin allerdings – und das gilt besonders für die Diagnostik – genügt es nicht, nur möglichst viele Fakten parat zu haben. Der Fall des Notarztes und des jugendlichen Komapatienten hat uns gezeigt, dass es vielmehr darauf ankommt, das eigene Wissen bayesianisch anzuwenden. Also Prioren zu setzen und sich von dort aus nach dem Prinzip der schrittweisen Updates dem richtigen Ergebnis anzunähern. Kurz: Die Kunst ist, Wesentliches vom Unwesentlichen zu unterscheiden. Student A jedenfalls steht vor einem gravierenden Problem. Seine Strategie des starren Faktensammelns wurde fundamental infrage gestellt. Auch das Anspringen des Stresssystems konnte ihm in der Prüfungssituation nicht helfen. Das Cortisol schnitt ihn zwar vom gelernten (und in dieser Situation nutzlosen) Faktenwissen ab, aber die von der Amygdala freigesetzte Informationsverarbeitungskapazität konnte er nicht für das Finden einer neuen Strategie umsetzen, weil ihm dafür in seinem starren Lern-Weltbild die Grundvoraussetzungen der hierarchischen Tiefe fehlten. Stattdessen kam es zu einer Art cortisolbedingtem Kurzschluss im Gehirn: Blackout. Um nicht wieder in so eine Lage zu geraten, wird es für ihn künftig darauf ankommen, ob er in der Lage ist, sein hierarchisch flaches Weltbild zu revidieren. Und das ist wahrlich nicht einfach.

Student B hat uns hingegen eindrücklich gezeigt, wie wichtig und wertvoll Stress im Prozess des Lernens sein kann. Nur unter dem Einfluss von Stress wird uns bewusst, dass womöglich eine neue Situation auch eine neue Strategie von uns verlangt. Und weil diese Erkenntnis allein nicht genügt, stellt das Stresssystem mithilfe der Amygdala auch gleich die nötige Energie und Kapazität bereit (indem es die Informationsverarbeitung von Bit/Joule auf Bit/Sec umschaltet), um improvisierend aus der Situation heraus eine neue Strategie zu entwickeln. Wenn diese sich bewährt, wird sie in der nächsten Tiefschlafphase abgespeichert, und ein erfolgreicher Lernzyklus hat sich geschlossen.

Neuronale Lernvorgänge lassen sich sogar unter dem Mikroskop sichtbar machen. So kann man die Funktionsfähigkeit der Pyramidenzellen im Gehirn am Zustand ihrer Dendriten ablesen. Diese baumartigen Fortsätze der Pyramidenzellen funktionieren wie Antennen und stellen gewissermaßen die Verbindungen zu benachbarten Neuronen her. Je verzweigter diese Dendriten sind, desto höher ist die Synapsendichte. Mit anderen Worten: Das Gehirn ist gut vernetzt und dementsprechend funktionsfähig. Ist der Cortisoleinfluss im Gehirn aber anhaltend hoch (wie bei chronischem Stress), so wirkt sich das nachhaltig negativ auf die Dendriten aus: Sie verästeln sich immer weniger und sehen irgendwann aus wie Bäume, die vom Waldsterben heimgesucht wurden (Abb. 12, Mitte).[62] Die verkümmerten Dendriten können als Ausdruck einer (hoffentlich)

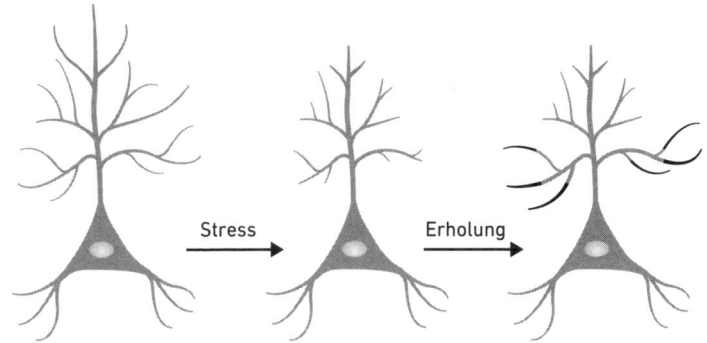

Abb. 12: Chronischer Stress verursacht die Schrumpfung von neuronalen Dendritenbäumchen. In der Erholungsphase können Dendriten wieder neu sprießen. Allerdings sieht das neue Bäumchen anders aus.

vorübergehenden Dekonstruktion des internen Bildes von der Welt verstanden werden, weil erfolglose Strategien nicht mehr umgesetzt und auch nicht mehr im Gedächtnis verfestigt werden können. Eine solche Situation geht mit Unsicherheit, Angst, vielleicht sogar einer Neigung zu Panikattacken, Depressionen einher. Die gute Nachricht ist, dass Dendriten sich auch wieder erholen können, wenn der Mensch in der Lage ist, seine Unsicherheiten wieder aufzulösen. Dann stabilisiert sich der Cortisolspiegel nachhaltig auf niedrigem Niveau, und neue Äste sprießen (Abb. 12, rechts). Bemerkenswert ist allerdings, dass der alte dendritische Baum eine andere Form hatte als der neue. Der neue Dendritenbaum repräsentiert förmlich ein aktualisiertes internes Bild von der Welt.

11. Energie auf Anfrage

Das Überholmanöver – schnelle Reduktion von Unsicherheit erfordert Extraenergie • Die Lieferkette des Gehirns • Brain-Pull, Body-Pull, Such-Pull • Im Stress erhält das Gehirn den größeren Energieanteil • Insulin wird gedrosselt • Ketone – die Energie-Alternative aus dem Bauchfett

Wer kennt das nicht? Wir schleichen auf einer kurvenreichen Landstraße hinter einem LKW her. Gern würden wir schneller fahren, aber das geht nicht, weil der Lastwagen das Tempo vorgibt. Natürlich könnte man sich in die Situation fügen und denken:»Was soll's. Fahre ich halt gemütlich hinterher. Bloß keinen Stress.« Was aber, wenn wir das nicht wollen? Dann bleibt nur die Möglichkeit, den Versuch zu wagen, das rollende Hindernis zu überholen. Aber wie gesagt: Der LKW ist lang, die Strecke kurvenreich und unübersichtlich. An einer halbwegs geraden Strecke riskieren wir das Überholmanöver. Vom Gegenverkehr ist in diesem Moment nichts zu sehen. Aber die nächste Kurve ist nicht weit, und wir wissen nicht, was dahinter auf uns zukommt. Während wir nun das Überholmanöver einleiten, treten wir in eine Phase erhöhter Unsicherheit ein. Denn wir haben nur riskante Optionen, wenn uns plötzlich ein Fahrzeug entgegenkommt. Wir schätzen also die Wegstrecke bis zur Kurve ab und ob die Zeit reicht, die wir benötigen, um vor dem Lastwagen einscheren zu können.

Lässt sich das Risiko des Überholmanövers und die damit

verbundene Unsicherheit reduzieren? Ja. Und zwar, indem wir abwarten, bis die Gegenfahrbahn auf einer angemessenen Strecke frei ist und wir unser Fahrzeug beschleunigen. Denn je schneller wir den Überholvorgang abschließen, desto eher sind wir wieder in der richtigen Spur. Beschleunigung ist in dieser Situation also eine Strategie, die Unsicherheit einer Fahrt auf der Gegenfahrbahn zu vermindern. Wir müssen dazu den Motor des Wagens auf Touren bringen, damit er beschleunigen kann. Das wiederum erfordert mehr Energie, die wir freisetzen, indem wir aufs Gaspedal drücken. Stellen wir unseren Bordcomputer so ein, dass er den aktuellen Kraftstoffverbrauch anzeigt, werden wir feststellen, dass er sprunghaft ansteigt: Statt der 7,5 Liter auf 100 Kilometer, die er eben noch bei der gemütlichen Landstraßenfahrt errechnet hat, jagen die Verbrauchswerte beim Überholen hoch – auf 15, 20, vielleicht sogar 30 Liter. Die Anstrengung Beschleunigung kostet ein deutliches Energieplus. Um in dieser Situation ein möglichst risikoarmes Überholmanöver zu absolvieren, muss das Auto also schneller rollen, der Motor leistet mehr, und der Spritverbrauch steigt an. Unsicherheit zu reduzieren, kostet in diesem Fall zusätzliche Energie, und die kommt aus dem Tank des Autos.

Dieses Beispiel soll hier als eine Art Analogie dienen, die uns zu der Frage führt, was in unserem Gehirn passiert, wenn wir uns anstrengen müssen, um Unsicherheit zu reduzieren. Wir wissen bereits, dass unser Gehirn in Zuständen von Unsicherheit seinen Betriebsmodus umstellt – vom ökonomischen verbrauchsorientierten Arbeiten hin zu einer möglichst schnellen Datenverarbeitung (dafür sorgt das jetzt hochaktive Stresssystem). Gewissermaßen von der langsamen Landstraßenfahrt zum beschleunigten Überholvorgang. Ähnlich wie beim Automotor braucht auch das Gehirn für die stressinduzierte Steigerung der Informationsverarbeitung deutlich mehr Energie. Da der menschliche Körper im Gegensatz zum Auto keinen Treibstofftank besitzt, muss die Energie also woanders herkommen. Tatsächlich ist es so, dass unser Gehirn unter den Organen das mit dem höchsten Verbrauch am Energiebrennstoff Glukose ist. Deshalb ist es auch darauf bedacht, möglichst energiesparend zu funktionieren.

Doch unter Stress und mit der Aufgabe, Unsicherheit zu reduzieren, kann der Energieverbrauch des Gehirns geradezu explodieren – eben wie bei einem heruntergetretenen Gaspedal. Dieser erhöhte Energiebedarf wird vom Gehirn genau registriert und als Forderung an den Stoffwechsel gemeldet. Dieses Phänomen wird als Brain-Pull bezeichnet.[63] Also die Fähigkeit des Gehirns (Brain), Energie aus dem Körper zu ziehen (engl. to pull). Das Prinzip, nach dem diese Energieanforderung umgesetzt wird, entspricht dem einer Lieferkette, wie wir sie aus industriellen Fertigungsprozessen kennen. Die Energie, die der menschliche Organismus benötigt, befindet sich in der Nahrung, die wir auf dem Markt oder im Geschäft einkaufen müssen (1. Station der Lieferkette); anschließend bringen wir sie nach Hause, bereiten sie zu und servieren sie (Station 2). Indem wir sie essen, gelangt sie in den Körper und wird im Darm aufgenommen. Von dort wandert die Energie direkt in den Blutkreislauf; hier zirkuliert ein großer Energieanteil in Form von Glukose (Station 3 der Kette). Endverbraucher (Station 4) und gewissermaßen die Pyramidenspitze dieses Systems ist das Gehirn.

Doch dieses Lieferkettenprinzip ist keineswegs eine Einbahnstraße. Während die Energie zum Gehirn hinfließt, sendet das Gehirn in die Gegenrichtung Informationen, die dazu dienen, die Lieferungen zu optimieren.[63] Wie bei einem industriellen Produktionsprozess kommt es auch bei der Energieversorgung des Gehirns darauf an, dass alles möglichst perfekt ineinandergreift. Hier heißt das vor allem, dass immer genau die Energiemenge zur Verfügung gestellt wird, die das Gehirn gerade akut benötigt. Dieser Bedarf kann sich schnell dramatisch verändern. So steigt der Gesamt-Glukoseverbrauch des Gehirns schon bei geringstem Stress um 12 Prozent, im Tiefschlaf hingegen sinkt er um 40 Prozent ab.[49, 64] Deshalb muss die Lieferkette dementsprechend schnell reagieren können. Dazu braucht es ständig aktuelle Bestellungen, die das Gehirn an den Körper weiterleitet. Auch diese Anforderungen orientieren sich an der Lieferkette. Es gibt den bereits erwähnten Brain-Pull, mit dem das Gehirn Energie aus den Reservoirs des Körpers anfordert. Body-Pull wird die Kraft genannt, mit der der Körper Energie aus der Umwelt anfordert, um seine Energiedepots wieder aufzufüllen. Der Body-Pull bringt uns also dazu, Nahrung aufzunehmen. Und der sogenannte Such-Pull bezeichnet die Anforderung von Energie aus der entfernten Umgebung, die uns zur Nahrungssuche (z. B. Einkaufen) anregt.

All diese Pull-Kräfte und Verhaltensmuster werden vom Gehirn kontrolliert und initiiert. Dabei geht es ausschließlich darum, die Energieversorgung unseres zentralen Denkorgans sicherzustellen. In früheren, mittlerweile widerlegten Erklärungsmodellen ging man davon aus, dass die Hirnzellen ausschließlich über eine Art Push-Prinzip versorgt werden, indem Glukose bloß vom Körper ins Gehirn geschoben wird (engl. to push). Studien ergaben, dass die simple Push-These schon deshalb nicht stimmen kann, weil eine *passive* Energieversorgung automatisch zu einer tendenziell ausgewogenen Verteilung unter den Organen führen würde.[63] Die Daten zeigen aber ein völlig anderes Bild. Wir haben bereits festgestellt, dass 200 Gramm Glukose in etwa den Tagesbedarf eines erwachsenen Menschen decken. Unter Ruhebedingungen werden 130 Gramm davon dem Gehirn zugeteilt, und nur 70 Gramm stehen allen anderen Organen zur Verfügung.[48] Einerseits ist der Glukosebedarf des Gehirns extrem hoch, andererseits hat das Gehirn aber selbst keinen Platz, um Energie einzulagern. Deshalb ist es permanent auf eine Versorgung über den Blutkreislauf angewiesen.

Welche Dimension diese scheinbar ungerechte Energieverteilung hat, lässt sich an einem einfachen Rechenbeispiel darlegen. Zur besseren Anschaulichkeit rechnen wir nicht mit einer Gehirn-Körper-Zuteilung von 130:70, sondern einfach mit 100:100. Nehmen wir also an, dass eine Person mit 60 Kilogramm Körpergewicht (davon bringt das Gehirn etwas mehr als 1 Kilogramm auf die Waage) ein Brötchen frühstückt und die eine Hälfte des Brötchens energetisch vom Körper verwertet wird und die andere vom Gehirn, dann entspricht das grob der tatsächlichen Verteilung. Gerecht wäre diese Halbe-halbe-Aufteilung aber keineswegs. Bei einer gerechten Verteilung bekäme das Gehirn aufgrund seines geringen Gewichts nur ein 1/60 des Brötchens anstatt der tatsächlichen Hälfte des Brötchens. Diesen Löwenanteil kann das Gehirn nur deshalb für sich beanspruchen, weil es die Energieversorgung über seine Brain-Pull-Mechanismen aktiv kontrolliert und selbst bestimmt, welche Energie wohin fließen darf und wohin nicht.

Und hier kommt das Stresssystem ins Spiel – und zwar in einer Art Doppelrolle. Zum einen steigt der Energiebedarf in unserer Denkzentrale deutlich an, weil das aktivierte Stresssystem vermehrt Noradrenalin freisetzt. Zum anderen ist das Stresssystem aber auch das biologische System, mit dem das Gehirn seine gesteigerten Energieanforderungen an den Körper durchsetzt. Bezogen auf unser Brötchenbeispiel, bedeutet ein unter Stress gesteigerter Brain-Pull, dass von einem gefrühstückten Brötchen drei Viertel ins Gehirn gehen und ein Viertel für den restlichen Körper bleibt (Abb. 13; rechte Spalte, schwarz gerahmt). Das Gehirn benötigt aber nicht nur anteilmäßig, sondern in der Gesamtmenge mehr Energie (zur gesteigerten Informationsverarbeitung). Genügt dem Gehirn bei einem guten Leben ein gefrühstücktes Brötchen, um bis zum Mittagessen durchzuhalten, so benötigt es unter Stress für den gleichen Zeitraum anderthalb Brötchen (Abb. 13, oberste Zeile).

Und wie viel soll der gestresste Mensch nun essen? Um seinen hohen Gehirnbedarf zu decken, muss der Gestresste gemäß den Gesetzmäßigkeiten von Lieferketten insgesamt zwei Brötchen essen (Abb. 13, rechte Spalte). Erst wenn er zwei ganze Brötchen verzehrt hat und das Hirn mit anderthalb Brötchen genügend versorgt ist, stellt sich bei ihm das Gefühl der Sattheit ein. Die unausweichliche Folge: Der Körper des Gestressten bekommt auf diese Weise nur noch den kleinen Rest ab, nämlich ein halbes Brötchen. Anders ausgedrückt: Der Mensch isst grundsätzlich nur bedarfsgerecht, nämlich so lange, bis der Energiebedarf seines Gehirns gedeckt ist. Was die Verfolgung dieses »höchsten

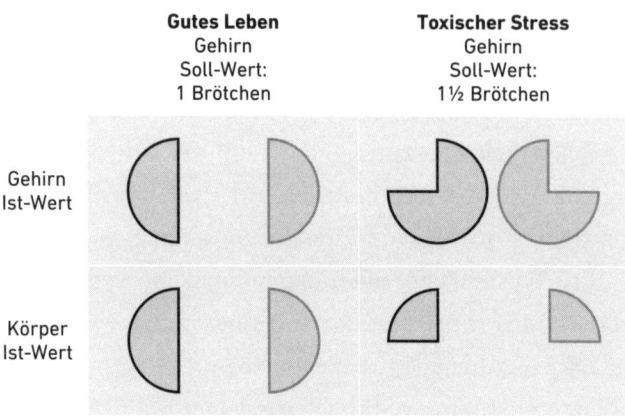

Abb. 13: Glukoseverteilung zwischen Gehirn und Körper bei gutem Leben und unter toxischem Stress. Gezeigt wird hier, wie gefrühstückte Brötchen in einem Vier-Stunden-Zeitraum (z. B. vom Frühstück bis zum Mittagessen) den Energiebedarf des Gehirns decken sollen (Soll-Werte) und wie sich nach der Nahrungsaufnahme die Energie tatsächlich anteilig auf das Gehirn und den Körper verteilt (Ist-Werte). Gutes Leben: Kurze Episoden mit gutem Stress wechseln mit längeren Ruhephasen ab. Berücksichtigt man jetzt einen längeren Zeitraum (z. B. mehrere Monate) für die Ermittlung des durchschnittlichen Gehirnbedarfs beim gesunden Leben, so ergibt sich, dass das Gehirn für den Vier-Stunden-Zeitraum 1 ganzes Brötchen benötigt (Soll-Wert). Wenn dieser Mensch also an einem Morgen zunächst 1 Brötchen frühstückt (schwarz gerahmt), gelangt davon ½ Brötchen ins Gehirn und ½ Brötchen in den Körper. Das reicht aber noch nicht, um den gesamten Bedarf des Gehirns für die vier Stunden zu decken, der ja 1 ganzes Brötchen beträgt. Also muss der Mensch noch ein zweites Brötchen (grau gerahmt) frühstücken. Wieder gelangt ½ Brötchen ins Gehirn und ½ Brötchen in den Körper. Tatsächlich hat nun das Gehirn insgesamt 1 Brötchen bekommen – sein Bedarf ist jetzt vollständig gedeckt. Der Mensch wird also erst dann satt, wenn das Gehirn ausreichend versorgt ist. Die Gesetze der Lieferkette zeigen, dass wir bedarfsgerecht essen, also genau so viel zu uns nehmen, wie das Gehirn braucht. Toxischer Stress: Lang andauernde oder wiederkehrende Stressphasen herrschen vor. Das Gehirn hat infolge des überaktivierten Stresssystems (das zu ständiger Überwachheit und Schlaflosigkeit führt) einen erhöhten durchschnittlichen Energiebedarf von 1½ Brötchen (Soll-Wert). Wenn dieser gestresste Mensch also an einem Morgen zunächst 1 Brötchen frühstückt (schwarz gerahmt), gelangen wegen des aktivierten Brain-Pull ¾ Brötchen ins Gehirn und ¼ Brötchen in den Körper. Das reicht aber noch nicht aus, um den gesamten Bedarf des Gehirns für die vier Stunden zu decken, der insgesamt 1½ Brötchen beträgt. Also muss der Mensch noch ein zweites Brötchen (grau ge-

rahmt) frühstücken. Wieder gelangen ¾ Brötchen ins Gehirn und ¼ Brötchen in den Körper. Jetzt hat das Gehirn tatsächlich 1½ Brötchen bekommen (Ist-Wert) – sein Bedarf ist nun vollständig gedeckt. Allerdings hat der Körper des Gestressten insgesamt nur noch ½ Brötchen abbekommen. Die Folge: Auf lange Sicht verliert der gestresste Mensch an Körpergewicht, vor allem durch Verlust des subkutanen Unterhautfettgewebes.

Zieles der Hirnversorgung« für den restlichen Körper für Konsequenzen hat, ist dabei zunächst von untergeordneter Bedeutung.

Die Selfish-Brain-Theorie beschreibt ebendiese Fähigkeit des menschlichen Gehirns, die Energieversorgung des Organismus derart zu regeln, dass es vorrangig den eigenen, im Vergleich mit anderen Organen hohen Bedarf deckt. Das Gehirn verhält sich insofern selbstsüchtig – egoistisch (engl. selfish). Diese Theorie vom egoistischen Gehirn ist experimentell vielfach abgesichert[47, 65–68] und gehört mittlerweile zum medizinischen Standard-Lehrbuchwissen.[69, 70]

Das Hirn ist also einerseits der größte Glukoseverbraucher im Körper und kontrolliert andererseits das Geschehen, in dem es in der Lage ist, die Energieflüsse so zu lenken, wie es aus seiner Sicht am sinnvollsten ist. Aber wie genau funktioniert das – physiologisch gesehen? Die Antwort ist ein wenig komplexer und setzt sich aus drei Teilen zusammen:

DIE ZEREBRALE INSULINSUPPRESSION – ODER WIE DAS GEHIRN DIE INSULINAUSSCHÜTTUNG DROSSELT, UM MEHR ENERGIE FÜR SICH ZU BEKOMMEN.

Dass Insulin beim Glukose- und Fettstoffwechsel eine große Rolle spielt, haben wir schon häufig in Zusammenhang mit Diabetes gehört. Tatsächlich hat der körpereigene Botenstoff Insulin eine Art Torwächterfunktion. Nach der Nahrungsaufnahme ist Energie im Überfluss im Blutkreislauf vorhanden. Durch die hohen Blutglukosekonzentrationen wird verstärkt Insulin von der Bauchspeicheldrüse freigesetzt, und Insulin öffnet das Tor zur Speicherung dieses Energieüberschusses, der nun in umgewandelter Form im Fett- und Muskelgewebe eingelagert werden kann. Insulin ist also der passende Schlüssel, der das Tor zum Energiespeicher öffnet. Doch das heißt nicht, dass in der Bauchspeicheldrüse auch die Entscheidung getroffen wird, ob Energie eingelagert wird oder nicht. Der entscheidende Befehl dazu kommt aus dem Gehirn – genauer gesagt aus der Amygdala, dem Stresszentrum in unserem Kopf. Und die Amygdala ist mächtig. So mächtig, dass diese Schaltzentrale sogar über zwei Wege verfügt, das Insulin zu drosseln und somit die Tore der Energiespeicher zu schließen.[65, 71–75] Zum einen setzt das sympathische Nervensystem den Stressbotenstoff Noradrenalin an seinen Nervenendigungen frei. Dieses Stresshormon gelangt über die Nervenbahnen zu allen Organen: Bauchspeicheldrüse, Bauchfett, Herz, aber auch Leber, Darm und Harnblase. Seine Botschaft an die Bauchspeicheldrüse ist unmissverständlich: »Insulinfreisetzung unterdrücken«.[76] Noradrenalin ist so etwas wie die schnelle Eingreiftruppe. Von der Noradrenalinausschüttung bis zur Insulindrosselung vergehen nur Sekunden oder maximal einige Minuten, bis sich die Speichertore schließen und dem Gehirn ein deutliches Energieplus zur Verfügung steht. Denn: Das Gehirn kann immer Glukose aufnehmen – dazu braucht es kein Insulin![77, 78]

Das Gehirn setzt in dieser wichtigen Frage der Eigenenergieversorgung aber nicht nur auf Geschwindigkeit, sondern auch auf Gründlichkeit und Nachhaltigkeit. Und da kommt das zweite, ebenfalls die Insulinsekretion unterdrückende Hormon ins Spiel: Cortisol. Die Cortisolspiegel im Blut werden vom Hypothalamus-Hypophysen-Nebennierenrinden-System (HHN) reguliert. Wie erwähnt, steht das HHN-System seinerseits unter der Kontrolle der Amygdala. Cortisol wird aus den Nebennieren ausgeschüttet und verbreitet sich nicht über die Nervenbahnen, sondern über den Blutkreislauf und hat dabei die Eigenschaft, langsam, aber beharrlich in alle Organsysteme und in jede einzelne Körperzelle einzusickern. Cortisol ist überall im Körper verteilt. Allerdings kann es einige Stunden dauern, bis es überall wirkt. Gemeinsam gelingt es Cortisol und Noradrenalin auf Befehl der Amygdala sehr effektiv, den Körper von der Glukoseversorgung abzuschneiden, damit das Gehirn mit Blutzucker geflutet werden kann. Der Verteilungsfaktor unter Stressbedingungen beträgt sogar bis zu 90 Prozent fürs Gehirn und nur 10 Prozent für den Körper. Und dennoch ist das Gehirn noch nicht am Ziel. Es will noch mehr Energie, und es braucht sie auch.

KETONKÖRPER AUS DEM BAUCHFETT – DIE ENERGIERESERVE DES GEHIRNS FÜR ALLE FÄLLE. Wie bereits erwähnt, hat Insulin die Aufgabe, Energievorräte im Körper anzulegen, auf die im Bedarfsfall zurückgegriffen werden kann. Das ist allerdings nicht ganz einfach. Glukose aus der Nahrung wird in Fett umgewandelt und im Fettgewebe abgespeichert. Besteht ein erhöhter Gehirnenergiebedarf, sendet der Brain-Pull über die Bahnen des sympathischen Nervensystems einen Befehl an das Bauchfett, und daraufhin setzen die Fettzellen sogenannte freie

Fettsäuren frei, die in der Leber biochemisch zu Ketonen (auch Ketonkörper genannt) umgewandelt werden. Das sind Moleküle, die wie Glukose sehr energiehaltig sind. Diese Ketone sind neben der Glukose Brennstoff Nummer zwei für das Gehirn. Nicht nur bei anhaltendem Hunger, sondern vor allem unter dem Einfluss von Stress spielt die Verbrennung von Ketonen im Gehirn eine große Rolle. Bei Testpersonen, die eine öffentliche Rede halten sollten, wurden nicht nur erhöhte Stresshormone festgestellt, sondern auch ein Anstieg der Keton-Konzentration im Blut um 400 Prozent![79]

Unter dem Einfluss eines hocherregten Stresssystems wird das Gehirn also zum Energiefresser: 90 Prozent des Blutzuckers wandern in den Kopf, und die Bereitstellung von Ketonen verfünffacht sich im Vergleich zum Normalzustand. Das sind gewaltige Veränderungen und große Anforderungen an den Energiehaushalt des Körpers. Man könnte auch sagen, dass das gestresste Gehirn einem Motor gleicht, der unter Volllast dreht. Das ist eigentlich kein Problem: Gehirn und Energiestoffwechsel sind für derartige Belastungen und Leistungen ausgelegt – wenn es sich um Ausnahmezustände handelt. Stress entsteht situativ und dauert in der Regel so lange an, bis die Situation geklärt oder die verursachende Unsicherheit aufgelöst ist. Das können Sekunden sein, Minuten oder Stunden, manchmal vielleicht auch Tage. Doch irgendwann sollte so eine Episode abgeschlossen sein, damit Körper und Geist wieder in eine innere Balance kommen und das Gehirn zu seinem ökonomischen Normalzustand zurückfinden kann.

Was aber, wenn genau das nicht eintritt? Wenn der Zustand des hocherregten Stresssystems anhält, zum Dauerzustand wird – weil die stresserzeugende Situation sich nicht lösen lässt? Weil Unsicherheit einfach nicht aus unserem Leben verschwinden will? Dann wird Stress chronisch oder – wie Stressforscher mittlerweile auch sagen – toxisch. Unter dem Einfluss von toxischem Stress wird die prekäre Energieversorgung des Gehirns zu einem immer schwieriger zu lösenden Problem. Auf Dauer reicht es nicht, das Bauchfett und die Leber anzuweisen, Ketonkörper zu produzieren. Für das Gehirn wäre es in so einem Fall eigentlich ideal, wenn es selbst Energie speichern könnte. Aber dafür fehlt im knöchernen Schädel einfach der Platz. Und dennoch verfolgt unser Gehirn unter dem Einfluss von Dauerstress genau diese Strategie: Es schafft sich einen eigenen Energiespeicher. Ein Reservoir, zu dem das Gehirn exklusiven Zutritt hat und das ihm selbst unter Dauerstress ermöglicht, sich mit so viel Energie zu versorgen, wie es braucht. Zu jeder Tages- und Nachtzeit, selbst dann, wenn aus irgendwelchen Gründen die Glukosezufuhr nachlassen sollte. Bildhaft gesprochen könnte man sagen, dass sich das Gehirn sein eigenes Notstromaggregat zulegt, oder besser noch: sein eigenes Kraftwerk.

Und dieses Energiezentrum des Gehirns befindet sich in unserem Bauch. Genauer gesagt im Bauchfett – auch viszerales Fett genannt. In unserem Körper gibt es zwei verschiedene Arten von Fettgeweben: zum einen das Unterhautfett (auch subkutanes Fett genannt). Es befindet sich direkt unter der Haut – und das überall im Körper. An den Armen, Beinen, am Kopf und auch am Bauch – in der Außenschicht. Das Unterhautfett speichert nicht nur Energie, und zwar für die Herz- und Skelettmuskulatur, sondern es isoliert gleichzeitig gegen Kälte. Zum anderen gibt es dann noch das sogenannte viszerale Fett. Es befindet sich innerhalb des Bauchraums zwischen den Darmschlingen. Dieses spezielle Fettgewebe hat über die Pfortader eine direkte Verbindung zur Leber. Man kann sich das wie eine Superpipeline für Ketonkörper vorstellen. Freie Fettsäuren aus dem Bauchfett gelangen über die Pfortader in die Leber, werden dort zu Ketonkörpern umgebaut, und diese werden im Expressfahrstuhl des Blutkreislaufs in den obersten Stock ins Gehirn transportiert, um dort verbrannt zu werden. Dieses viszerale Fett wird unter dem Einfluss von toxischem Stress langfristig (wir reden hier über einen Prozess, der sich über Jahre oder Jahrzehnte hinzieht) zum zerebralen Energiespeicher, der allerdings außerhalb des Gehirns liegt, umgebaut. Um es ganz deutlich zu sagen: Es handelt sich hierbei um eine gezielte Strategie, die das Gehirn anwendet, um einen weiteren Teil des Energiestoffwechsels des Körpers komplett unter Kontrolle zu bringen.

Bei chronischem Stress löst das Gehirn eine geniale biochemische Kettenreaktion aus, die das Wachsen des Bauchfetts triggert.[2, 80] Bei langandauerndem, toxischem Stress schafft sich das Gehirn also einen Zusatzspeicher: das Bauchfett-Depot. Möglicherweise ist auch dieser adaptive Schutzmechanismus nicht frei von Nebenwirkungen. Einige Autoren vermuten, dass vermehrtes Bauchfett bestimmte Eiweiße ins Blut freisetzt, die das Herz-Kreislauf-System direkt schädigen, aber dafür ist die kausale Evidenz bisher nicht sicher. Der Bauchumfang nimmt also zu. Aber was passiert mit dem anderen Fettgewebe, dem subkutanen Fett? Es wird bei Dauerstress abgebaut. Denn durch die zerebrale Insulinsuppression kann das subkutane Fett nicht mehr ausreichend nachgefüllt werden. Toxischer Stress führt also langfristig zu einer dramatischen Veränderung der Körperform: Fettgewebe wird umverteilt, von der Körperhülle in die Körpermitte. So nehmen Arme, Beine, Gesäß an Masse ab – nur der Bauch wächst.

Eingangs des Kapitels hatten wir aber erwähnt, dass das Gehirn über drei Strategien verfügt, um die Energieversorgung in stressigen Zeiten zu gewährleisten. STRATEGIE NUMMER 3 ist die simpelste von allen, aber die mit den gravierendsten Risiken für unsere Gesundheit: Das Gehirn erhöht die Schlagzahl unseres Herzens dauerhaft …

12. Der Gebirgsfluss

Eine Raftingtour: Laminare versus turbulente Strömung • Stress lässt das Herz schneller schlagen, um noch mehr Energie ins Hirn zu pumpen • Turbulenzen in den Schlagadern • Wenn das Blut zu schnell fließt, werden die Gefäße erweitert • Remodellierung: Umbau der Gefäßwände als Strategie, um den Blutfluss wieder zu beruhigen • Warum Cholesterin Teil der Lösung ist • Toxischer Stress und Arterienverkalkung

Ein Gebirgsfluss strömt zügig, aber ruhig bergab. Die Bootsinsassen, die zum ersten Mal an einer Raftingtour teilnehmen, können sich noch nicht vorstellen, was sie einige Biegungen weiter erwarten wird. Denn noch gleitet das Schlauchboot offensichtlich mühelos über das Wasser. Dann kündigt sich der schwierige Abschnitt an: Das Wasser wird unruhiger. Weil das Flussbett sich an der nächsten Biegung stark verengt, erhöht sich hier die Fließgeschwindigkeit, und das Wasser sprudelt nun aufgewühlt durch die felsige Passage.

Bisher war die Strömung ruhig und gleichmäßig. In der Physik spricht man in so einem Fall von einer laminaren Strömung. Doch durch die Verengung und vereinzelte Felsbrocken im Wasser entsteht eine turbulente Strömung, die Besatzung der Boote muss jetzt mit allen Kräften gegensteuern, um die Raftingboote einigermaßen auf Kurs zu halten. Als besonders tückisch erweisen sich dabei Strudel, die sich häufig an Stellen entwickeln, an denen das Wasser am natürlichen Weiterfließen gehindert wird. Hier verlangsamt sich die Fließgeschwindigkeit, und es kommt sogar vor, dass das Wasser in einer Art Gegenströmung rückwärts zu fließen beginnt. Nach einer Weile und vielen hektischen Steuermanövern verbreitert sich der Flusslauf wieder, und das Wasser beginnt sich zu beruhigen. Die Boote gleiten jetzt wieder ruhiger in der laminaren Strömung dahin. Die Raftingrookies sind zwar pitschnass, aber auch zutiefst erleichtert. Sie haben ihre Flusstaufe unversehrt überstanden.

Rund 100 000 Kilometer Länge umfasst das Blutgefäßsystem des menschlichen Organismus. Ein weitverzweigtes Netz aus Röhren der verschiedensten Durchmesser, in denen vier bis fünf Liter Blut zirkulieren, angetrieben von der Pumparbeit des Herzmuskels. Wie das Raftingboot auf dem reißenden Gebirgsfluss strömen unzählige rote Blutkörperchen mit dem Blutfluss mit, beladen mit Sauerstoff, auf dem Weg ins Gehirn. Neben den Blutkörperchen schwimmen auch noch in massenhafter Zahl Glukosemoleküle mit diesem Blutstrom. Mithilfe des Sauerstoffs und der Glukose muss das Gehirn seinen hohen Energiebedarf decken. Es ist naheliegend, dass dieser stete Strom ins Hirn möglichst reibungslos fließen sollte. Und tatsächlich streben die Regulations- und Schutzmechanismen des Blutkreislaufsystems – bei dem die Gefäßwände regelrecht umgebaut werden – einen möglichst laminaren Blutfluss an. Solange das Gehirn im Ökonomiemodus arbeitet – also versucht, bei möglichst niedrigem Energieaufwand alle erforderlichen Aufgaben zu bewältigen –, kann das Blut laminar strömen. Das allerdings ändert sich unter dem Einfluss von Unsicherheit und Stress. Wir haben ja bereits erfahren, dass eine der Strategien, um den erhöhten Energieverbrauch des gestressten Gehirns sicherzustellen darin besteht, dass es dem Herzen befiehlt, schneller zu schlagen.[81] Damit wirft das Herz automatisch in jeder Minute eine größere Blutmenge aus. Ein stärkerer Blutfluss sorgt dafür, dass mehr Sauerstoff und mehr Glukose das Gehirn erreichen. Doch die Sache hat einen Haken. Wie beim Gebirgsfluss entstehen Turbulenzen, wenn die Menge der Flüssigkeit, die pro Sekunde den Fließkanal passiert, einen bestimmten Wert überschreitet. Bei jedem Gewässer, jedem Flussbett, jeder Röhre und auch jedem Blutgefäß gibt es einen Grenzwert, an dem das Fließen vom laminaren in den turbulenten Zustand umschlägt. Ob dieser Grenzwert überschritten wird und damit Turbulenzen auftreten, lässt sich für jeden Fall, bei dem ein Gefäß mit einer Flüssigkeit durchströmt wird, spezifisch mit der sogenannten Reynoldszahl bestimmen.[82, 83] Doch das sei nur am Rande erwähnt.

VORBEUGENDE GEFÄSSBETT-ERWEITERUNGEN. Wichtiger ist, dass ab einem bestimmten Fließtempo das Risiko steigt, dass Turbulenzen entstehen. Dass dies unter der Einwirkung von Stresshormonen tatsächlich im Blutkreislauf passiert, lässt sich anhand experimenteller Studien nachweisen. Die Injektion eines Medikaments mit ähnlicher Struktur und Wirkung wie der des Stresshormons Noradrenalin erzeugt eine künstliche Stressreaktion. Bei Messungen werden entsprechend die typischen Symptome einer Stressreaktion deutlich: Das Herz schlägt schneller, das Fließtempo des Blutes nimmt zu, und es kommt zu Turbulenzbildung in der Hauptschlagader, der Aorta.[84, 85] Dadurch entsteht ein Dilemma. Denn die Turbulenzen führen ihrerseits zu hohen Reibungsverlusten. Und das ist zunächst einmal unökonomisch. Im Bestreben, mehr Blut schneller ins Hirn zu pumpen, führt genau diese Strategie zu einer Art unerwünschter Bremsung durch den Reibungsverlust.

Aber anders als das felsige Bett des Gebirgsflusses sind Blutgefäße keine starren Röhren. Und so leitet der Körper eine erste Gegenmaßnahme ein, die dem Auftreten von Turbulenzen und den damit verbundenen Reibungsverlusten vorbeugt. Wenn das Blut insgesamt schneller fließt, steigen in gleichem Maße die Scherkräfte an, die auf die Gefäßwand – das sogenannte Endothel – einwirken. Die endotheliale Scherkraft ist die tangentiale Kraft, die aus der Reibung des fließenden Blutes an der inneren Oberfläche der Arterienwand entsteht. Also: Je schneller das Blut durch den Gefäßbaum fließt, desto höher das Risiko von Turbulenzen. Und je schneller das Blut fließt, desto größer sind auch die Scherkräfte. Schlussfolgerung: Steigende Scherkräfte sind ein sicheres Vorzeichen für das Auftreten von Turbulenzen.

Nun sind Blutgefäße nicht per se dehnbar wie ein Luftballon. Arterienwände sind mit kleinsten Muskeln ausgestattet, die den Gefäßdurchmesser gezielt verengen oder erweitern können. Die Blutgefäße bleiben so lange in ihrer Form, bis sie den Befehl dazu erhalten, sich zu weiten. Und das geschieht durch Mechanosensoren, die sich in den Gefäßwänden befinden. Sie messen die endotheliale Scherkraft und leiten, wenn diese infolge zunehmender Fließgeschwindigkeit wächst, zunächst eine Arterienweiterung ein, welche die Strömungsgeschwindigkeit wieder verlangsamt – sodass das Blut weiterhin laminar und ökonomisch fließen kann.[86] Dadurch kann einem Auftreten von Turbulenzen vorgebeugt werden. Blutgefäße können sich also – im Gegensatz zu Fluss- oder Bachläufen – intelligent an die Flüssigkeitsmenge und Geschwindigkeit anpassen. Die erste Gegenmaßnahme nennt man vorbeugende Gefäßbett-Erweiterung. Diese Strategie der Blutflussberuhigung basiert auf der regulierten Formbarkeit unserer Blutgefäße – und ist eine höchsteffektive Vorbeugemaßnahme gegen das Auftreten von Turbulenzen.

ADAPTIVE GEFÄSSWAND-REMODELLIERUNG. Doch das ist noch nicht das Ende der Geschichte. Die Erweiterung (und anschließende Rückbildung) von Blutgefäßen ist nur wirksam, wenn der Kreislauf kurz und vorübergehend unter dem Einfluss eines erhöhten Stresssystems steht. Dauert die Stressepisode länger an (Wochen, Monate), so entstehen jetzt tatsächlich Turbulenzen an den kritischen Stellen im Blutkreislauf. Vor allem an Biegungen und Gabelungen ist bei Blutgefäßen genau wie bei Gebirgsbächen (etwa an Brückenpfeilern) das Risiko, dass Turbulenzen auftreten, am größten – also zum Beispiel an Gabelungen der Hauptschlagader des Gehirns und der Hauptherzkranzgefäße. Und nun leitet das arterielle Gefäßsystem eine zweite Gegenmaßnahme ein – eine Art wunderbare Selbstheilung – um die Turbulenzen wieder zu beseitigen.

Nach wochenlangem Stress gleicht die Blutzirkulation an vielen Stellen dem reißenden Gebirgsfluss. Die Strömungsgeschwindigkeit ist insgesamt stark erhöht. Wie Raftingboote rasen die roten Blutkörperchen im Strom Richtung Gehirn. Es gibt Passagen, in denen das Blut schnell, aber noch laminar fließt; hier sind die Scherkräfte erhöht. Aber es gibt auch die Stellen im Gefäßverlauf, an denen es schon turbulent zugeht. An der Außenseite der bereits erwähnten Hirnhauptschlagader-Gabelung entsteht typischerweise ein Strudel, in dem das Blut ausgebremst wird und sogar rückwärts fließt. Das nennt man Rezirkulation des Blutes (Abb. 14, links). Wo bereits Turbulenzen sind, sind die Scherkräfte hingegen niedrig (Abb. 14, rechts). Das Absinken der Scherkräfte zeigt also dem Gefäßbaum an, wo schon Turbulenzen aufgetreten sind. Niedrige Scherkräfte bedeuten demnach, dass genau an dieser Stelle etwas gegen Turbulenzen unternommen werden muss (siehe Abb. 14).

In dieser Situation gibt es physikalisch nur eine Möglichkeit, diese Turbulenzen aufzulösen und den laminaren Zustand wiederherzustellen: Der Blutfluss muss gezielt umgelenkt werden. Der Körper steht jetzt vor einem Problem, das auch Ingenieure kennen, die dafür sorgen sollen, dass ein Flusslauf schiffbar bleibt. Um Turbulenzbildung an einer Flußgabelung zu beseitigen, muss die Strömung so umgelenkt werden, dass das Wasser wieder laminar fließt. Und genau das passiert an der Gabelung der Hauptschlagader des Gehirns. An diesen besonderen Stellen tritt jetzt Plan B in Kraft. Da das Blut im turbulenten Bereich sogar rückwärts an der Gefäßwand entlangfließt, messen nun die Mechanosensoren an dieser Stelle ein Absinken der Scherkräfte (Abb. 14, rechts). Niedrige Scherkräfte bewirken so, dass sich in der Innenauskleidung der Gefäßwand genau am kritischen Punkt kleine Fenster öffnen. Durch die entstandenen Zellwandöffnungen dringen nun vorbeischwimmende LDL-Cholesterin-Teilchen in die Gefäßwand ein (Abb. 14, links). Dort werden die Fettteilchen dann »verbaut«. Immunzellen des Blutes werden an diese Stelle beordert, die in dieser Situation als eine Art Baubrigade fungieren.

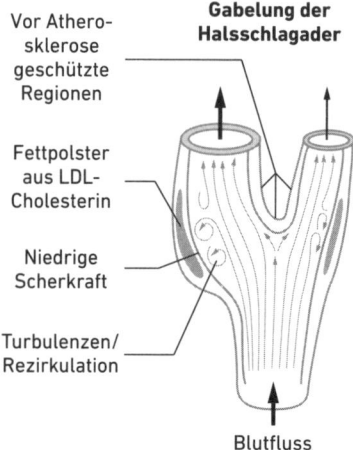

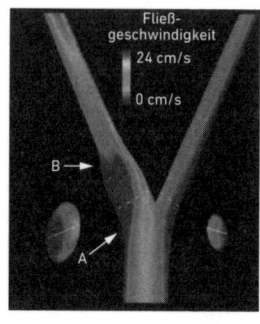

Vor Athero-
sklerose
geschützte
Regionen

**Gabelung der
Halsschlagader**

Fettpolster
aus LDL-
Cholesterin

Niedrige
Scherkraft

Turbulenzen/
Rezirkulation

Fließ-
geschwindigkeit

24 cm/s

0 cm/s

B→

A

Blutfluss

Abb. 14: Adaptive Gefäßwand-Remodellierung. <u>Links:</u> Schematische Darstellung
der Gabelung der Halsschlagader. Turbulenzen entstehen besonders leicht an den
Außenwänden von Gefäßgabelungen. Im Bereich der Turbulenzen fließt das Blut
mit verminderter Fließgeschwindigkeit, teilweise sogar rückwärts (Rezirkulation).
Hier sind die Scherkräfte niedrig. Die Gefäßwände sind mit Mechanosensoren ausgestattet, die ein Absinken der Scherkräfte bei niedriger Fließgeschwindigkeit erfassen. Daraufhin setzen die Mechanosensoren eine Reihe von Umbauvorgängen
in Gang. Zunächst wird Cholesterin aus dem Blut in Fettpolster innerhalb der Gefäßwand eingelagert und eingekapselt. Dehnt sich dieses Fettpolster aus, so wölbt
es sich in den Gefäßhohlraum vor und füllt den Bereich mit dem turbulenten Fluss
aus. Das Blut kann dann wieder laminar fließen. Dieser Prozess ist eine Anpassungsleistung und wird daher adaptive Gefäßwand-Remodellierung genannt. Nur
wenn die adaptive Gefäßwand-Remodellierung überfordert ist wie bei toxischem
Stress, entstehen im Laufe der Jahre an den kritischen Stellen (Außenseiten der
Gabelungen) atherosklerotische Veränderungen, die letztlich zu Herzinfarkt oder
Schlaganfall führen können. <u>Rechts:</u> Hier sind an der Gabelung der Halsschlagader die Fließgeschwindigkeiten in Graustufen kodiert dargestellt. Es zeigt sich die
typische Verminderung der Fließgeschwindigkeit (dunkelgrau) an den Außenseiten
der Gefäßwand-Gabelungen.

Wenn LDL-Partikel in der Endothelschicht eingeschlossen
worden sind, werden sie ummauert und fest verankert. Die
Aufgabe der am Umbau beteiligten Zellen besteht darin, aus
Blutfetten im Inneren der Gefäßwand ein elastisches Fett-

polster aufzubauen. Dieses immer größer werdende Fettpolster führt dazu, dass sich in der Gefäßwand nun eine Beule bildet, die in den inneren Hohlraum des Blutgefäßes vordringen kann. Diese Vorwölbung wird genau denjenigen Bereich ausfüllen, in dem das Blut gerade noch turbulent geflossen ist. An dieser ausgebeulten Stelle kann das Blut also wieder laminar vorbeifließen. Die Scherkraft ist dadurch wieder auf normale Werte angestiegen. Im Gefäßhohlraum hat sich an dieser Stelle eine durch LDL-Cholesterin ausgepolsterte Wölbung gebildet, die so konstruiert ist, als wären geniale Ingenieure am Werk gewesen. Ist dieser plastische Umbau erfolgreich beendet, so werden die Öffnungen in der Zellwand wieder geschlossen. Das Fettpolster ist ummauert. Die Immunzellen ziehen wieder ab. Das Turbulenzproblem ist nun bis auf Weiteres behoben, das Blut fließt laminar, die Energieversorgung des gestressten Gehirns bleibt gesichert. Kardiologen nennen diesen Anpassungs- und Schutzvorgang deshalb auch adaptive Gefäßwand-Remodellierung.[87, 88]

Wem beim Lesen die Themen Atherosklerose (Arterienverkalkung) und Herzinfarkt in den Sinn gekommen sind, befindet sich auf der richtigen Spur. Tatsächlich konnte die adaptive Gefäßwand-Remodellierung erstmals als Zwischenstufe erkannt werden, die zwischen Stress (verursacht durch Unsicherheit im Gehirn) einerseits und Herzinfarkten bzw. Schlaganfällen andererseits steht. Bisher ging die Medizin davon aus, dass die Gefäßwand-Veränderungen, wie sie bei dieser adaptiven Form der Gefäßwand-Remodellierung unter Stress entstehen, immer Symptome einer Gefährdung sind. Dass Cholesterin dabei eine wesentliche Rolle spielt, ist schon lange bekannt, und in der Inneren

Medizin wurde lange die Auffassung vertreten, dass diese Gefäßveränderungen unbedingt vermieden werden sollten. Deshalb wurden und werden cholesterinsenkende Medikamente verordnet – ebenso wie cholesterinarme Diäten. Doch diese Annahme hat sich nicht bestätigt. Denn laut den Studienergebnissen gelingt es nur bei einem von 50 Menschen, die über einen Zeitraum von fünf Jahren mit cholesterinsenkenden Medikamenten behandelt werden, ein größeres kardiovaskuläres Ereignis (z. B. einen Herzinfarkt) zu verhindern.[89] Warum ist die Wirksamkeit dieser Medikamente so viel niedriger als ursprünglich erwartet? LDL-Cholesterin spielt zwar bei der Entstehung von Herzinfarkt oder Schlaganfall eine Rolle. Es ist überraschenderweise aber nicht Teil des Problems, sondern vielmehr Teil der Lösung. Weil die Einlagerung von Cholesterinpolstern in die Gefäßwand den Blutfluss beruhigen kann, stabilisiert sich nicht nur die Energieversorgung des Gehirns, auch das Risiko eines Hirninfarkts wird so zunächst abgesenkt. Cholesterinsenkende Medikamente wären nicht nur in einer Phase des adaptiven Gefäßwand-Umbaus nutzlos, sondern sogar kontraproduktiv. Denn sie verknappen die Menge des im Blut zirkulierenden LDL-Cholesterins und entziehen damit diesem schützenden Umbauprozess das benötigte Baumaterial. Was also bisher als einer der größten Risikofaktoren für schwere Herz-Kreislauf-Erkrankungen galt, gehört offenbar zu einer genialen Schutzstrategie des Körpers, um genau diese Erkrankungen zu vermeiden.

ATHEROSKLEROSE. Aber die Sache hat einen Haken. Nämlich wenn sich das hormonelle Trommelfeuer des Stresses nicht nur über Monate oder wenige Jahre, sondern über

Jahrzehnte hinzieht. Dann wird der Stress toxisch. Das Problem dabei ist, dass die Gefäßwand-Remodellierung keinen Plan C kennt. Nimmt die Stressepisode kein Ende, so läuft die Sache aus dem Ruder. Das sicherste Anzeichen dafür, ob so ein Fall vorliegt, lässt sich anhand des Ruhepulses feststellen. Normalerweise liegt dieser bei zwischen 60 und 80 Schlägen pro Minute. Ist der Puls dauerhaft – also Tag und Nacht – erhöht, fließt das Blut permanent zu schnell. Nehmen wir also an, der Ruhepuls liegt bei 90 Schlägen pro Minute. Und vielleicht steigt er im Laufe der Zeit sogar noch weiter an. Durch die beiden Gegenmaßnahmen, die vorbeugende Gefäßbett-Erweiterung und adaptive Gefäßwand-Remodellierung, sind kritische Passagen – zum Beispiel in der Gabelung der Hirnschlagadern, der Gabelung der Hauptschlagader des Herzens – bisher geschützt worden, und das Blut zirkuliert ohne Turbulenzen weiter. Bei dauerhaftem toxischem Stress aber können weder das Stress- noch das Herz-Kreislauf-System zur Ruhe kommen. Das permanent unter Hochdruck arbeitende Gehirn fordert ständig Energie. Auch in der Nacht erfolgt jetzt nicht mehr die schlaftypische Absenkung von Herzfrequenz und Blutdruck. Das Herz hämmert rund um die Uhr, teilweise mit mehr als 90 Schlägen pro Minute. Und in dem Maße, in dem der Energiehunger des Gehirns wächst, steigt auch die Fließgeschwindigkeit des Blutes weiter an.

Steigt also der Puls über 20 oder 30 Jahre hinweg immer weiter an, lassen sich die Turbulenzen im arteriellen Blutkreislauf an den gefährdeten Stellen (wie Gabelungen) nicht mehr beseitigen. Das Gefäßsystem versucht dem zwar entgegenzuwirken, indem es sich weiterhin plastisch verändert, um die Blutströmung wieder zu beruhigen. Aber mittlerweile ist der Zeitpunkt gekommen, an dem dieser Reparaturmechanismus an seine Grenzen stößt und überfordert ist. Und dann wird aus dem genialen Anpassungsverhalten der Blutgefäße tatsächlich eine pathologische Bedrohung: Die Auswölbungen im Gefäßhohlraum sind durch ständige Nachbesserungen so stark gewachsen, dass sie nun das Gefäß zu verschließen drohen.[90] Solche krankhaften Gefäßveränderungen nennen Ärzte Atherosklerose oder auch Arterienverkalkung. Die sogenannte Stenose (Verengung) ist ein dramatisches Alarmzeichen für einen drohenden Herzinfarkt oder Hirninfarkt. Ein Ereignis, dessen Entstehung sich über Jahrzehnte ankündigte, weil das überforderte Gehirn in seinen Bemühungen, ein Problem oder einen Konflikt zu lösen, in einen Zustand permanenter Erregung und hochtouriger Leistung geraten ist. Es ist ein Prozess, an dessen Anfang Unsicherheit stand und an dessen Ende nun eine lebensbedrohliche Herz- oder Hirngefäßerkrankung steht. Diese Unsicherheit – worin sie auch im Einzelfall bestehen mag – gilt es, aufzulösen. Denn das ist der beste Weg, um diesen dramatischen Prozess zu umgehen.

13. Stress ist ein Unsicherheits-Beseitigungs-Programm

Wann leiden besser ist, als behandelt zu werden • Stress ist nicht das Problem – Stress hilft bei der Lösung •»Breaking Bad« – wie das Gehirn unter Druck neue Strategien findet • Warum maximale Unsicherheit zu Depression und Herzinfarkt führt • Welche Studien erlauben kausale Rückschlüsse? • Verlängert Sport wirklich das Leben? • Verhaltenstherapie schützt vor einem zweiten Herzinfarkt

»Es gibt Leiden, von denen man die Menschen nicht heilen soll, weil sie der einzige Schutz gegen weit ernstere sind.« Diese Erkenntnis des französischen Autors Marcel Proust könnte auch in jedem Lehrbuch für die medizinische Ausbildung stehen. Sein Vater – Professor Adrian Proust – war Ende des 19. Jahrhunderts einer der einflussreichsten Ärzte in Paris. Deshalb wundert es nicht, dass sein Sohn derartige Einsichten in komplexe medizinische Ursache-Wirkungs-Beziehungen zeigte. Der Körper kennt eine ganze Reihe solcher Leiden, die sich unangenehm, zuweilen sogar schwer erträglich anfühlen, die aber bereits Teil der Genesung sind. Entzündung ist einer dieser Zustände. Unser Körper signalisiert uns mit Rötung, Schwellung, Überwärmung, Schmerz und Funktionseinschränkung des betroffenen Körperteils sehr deutlich, dass er gerade in den Krieg zieht. Er verlangt von uns Ruhe und Schonung, damit das Immunsystem, das nun auf Hochtouren läuft, den inneren, bakteriellen Feind

besiegen kann. Doch weil sich das so unangenehm anfühlt, weil es Zeit braucht und weil unsere Leistungsfähigkeit vermindert ist, würden wir nicht selten lieber die Entzündungsreaktionen einfach beseitigen. Wir halten das vielleicht sogar für eine gesundheitsfördernde Maßnahme, weil wir uns schnell besser und fitter fühlen. Aber in Wahrheit erleiden wir damit gerade im Kampf gegen die Infektion einen Rückschlag. Was dann eintritt, kennen Ärzte sehr genau von Patienten, die eine krankheitsbedingte Abschwächung ihrer Entzündungsreaktion aufweisen. Das sind zum Beispiel Krebspatienten, bei denen die Bildung ihrer weißen Blutkörperchen gestört ist. Die weißen Blutkörperchen sind nämlich die Abwehrzellen des Körpers und die Hauptakteure von Entzündungsreaktionen. Sie helfen die Bakterien abzutöten. Bei solchen immungeschwächten Patienten kann es viel länger dauern, bis die Krankheitskeime eingedämmt sind. Und das Risiko steigt, dass sie nicht endgültig besiegt werden und sich nun im Gewebe weiter ausbreiten, was schließlich zu Abszessen führen kann. Das aber kann passieren, wenn die Entzündungsreaktion defekt ist oder medikamentös gehemmt wird. Noch deutlicher wird das Gefahrenpotenzial bei einer Blutvergiftung. Bei einer Sepsis geraten Krankheitserreger in den Blutkreislauf und breiten sich unkontrolliert im Körper aus. Auch hier sind allgemeine Entzündungszeichen wie hohes Fieber und allgemeines Krankheitsgefühl typische Begleiterscheinungen. Würde ein Arzt in dieser Situation Medikamente verabreichen, die das Immunsystem außer Kraft setzten, würde das sehr schnell fiebersenkend wirken. Aber auf die Abwehr von Bakterien hätte diese Maßnahme eine verheerende Wirkung. Die Infektion würde jetzt endgültig außer Kontrolle geraten, und der Patient hätte kaum noch eine Überlebenschance. Und dennoch kann die Entzündungsreaktion selbst in extremen Fällen auch zu einer lebensbedrohlichen Krise führen. Nämlich dann, wenn der Kampf des Immunsystems gegen die Erreger selbst außer Kontrolle gerät und das Fieber steigt und steigt. Bei einer Körpertemperatur von mehr als 40° werden die körpereigenen Abwehrreaktionen selbst zur Lebensgefahr. Intervenieren oder nicht zu intervenieren kann hier ein schmaler Grat sein. Bei Säuglingen und Kleinkindern kann Fieber zerebrale Krampfanfälle verursachen; bei älteren Menschen kann ein hochfieberhafter Zustand das Herz-Kreislauf-System überlasten. In der Notfallmedizin ist so eine Situation ein Dilemma. Jetzt muss mit allen Mitteln versucht werden, die verursachenden Krankheitserreger zu eliminieren. Dazu würden hochwirksame Antibiotika gehören, die intravenös verabreicht werden. Oder der Chirurg muss – wenn möglich – die Krankheitserreger operativ entfernen. So und nur so hat der Patient dann noch eine Überlebenschance. Und dennoch behält Marcel Prousts tiefe Einsicht hier ihre Gültigkeit: Entzündung ist eines dieser Leiden, das man nicht kurieren sollte, weil es uns vor größeren Leiden schützt.

Diese Einsicht trifft interessanterweise ebenso auf Stress zu. Auch hier erleben wir eine körperliche Reaktion auf einen Angriff. Dieser Angriff ist in den meisten Fällen psychosozialer Natur, kann aber den menschlichen Organismus auf Dauer wie ein Krankheitserreger schädigen. Unsicherheit ruft nicht nur das Stresssystem auf den Plan und sorgt damit für stressige Gefühle und schlechte Stimmung. Unsicherheit kann wie eine bakterielle Infektion in unserem Körper außer Kontrolle geraten. Stress wiederum ist in diesem Fall die Antwort, um genau das zu verhindern. Stress ist das UNSICHERHEITS-BESEITIGUNGS-PROGRAMM des Gehirns. Diesen Gedanken nachzuvollziehen, ist enorm wichtig für unseren künftigen Umgang mit Stress. Denn genau wie Entzündung bei einer Infektion ist Stress bei Unsicherheit die Art und Weise, wie unser Organismus das Problem angehen und lösen will. Auch wenn es sich unangenehm anfühlen mag – Stress ist grundsätzlich etwas Gutes. Stress sagt mir, dass ich ein Problem erkannt habe, dass ich kämpfe, dass ich handle, dass ich lösungsorientiert bin, dass ich gewinnen kann.

Der Ansatz, all dem zu entgehen, Stress konsequent vermeiden zu wollen, entspricht hingegen einem Wunschdenken und sicherlich auch einem echten Ruhebedürfnis. Und es kann durchaus sinnvoll sein, diesem Bedürfnis Raum zu geben und in bestimmten Situationen Stressvermeidung zu betreiben. Aber es muss uns klar sein, dass sich die zugrunde liegende Unsicherheit so niemals lösen lassen wird. Unser Stresssystem kennt nur einen wirklich befriedigenden Weg: nämlich das anstehende Problem zu lösen und daraus zu lernen. Also Stress positiv zu erleben und die Episode abzuschließen. Die zweitbeste Lösung ist eine Veränderung unserer Zielerwartungen und Präferenzen auf der obersten Ebene der Entscheidungshierarchie in unserem Kopf. Der Konflikt bleibt bestehen, aber wir verändern den Umgang damit nachhaltig. Das wäre dann tolerierbarer Stress. Alles andere läuft zwangsläufig auf toxischen Stress hinaus. Es ist letztlich wie bei einem Infekt – nicht die Entzündung ist der Feind, den es zu bekämpfen gilt. Es sind die Bakterien. Genauso ist nicht Stress unser Gegner, sondern die Unsicherheit.

Eine der Hauptursachen, warum Stress sich für uns so unangenehm anfühlt, ist die schlechte Stimmung, die er verursacht, die Unruhe, die innere Anspannung, die er uns beschert. Und man ist vielleicht geneigt, sich zu fragen, was das eigentlich soll. Es klingt ja plausibel, dass Stress Energie kostet, dass wir uns nach einer stressigen Episode erschöpft fühlen. Wer hart arbeitet, muss mehr essen und wird schneller müde, das leuchtet jedem ein. Aber wozu die Unruhe und die schlechte Stimmung? Darauf würde man doch gern verzichten. Wie bereits erwähnt beruhen Emotionen auf dem Wechselspiel von viszerozeptiven Top-Down-Vorhersagen und viszerozeptiven Bottom-Up-Vorhersagefehlern (Abb. 6; Kap.7).[25-27] Wenn wir also negative Emotionen erleben, dann dreht sich der Motor unseres Handelns, um die Dinge in der Welt und im Körper zu verändern. Dies hält so lange an, bis unsere viszerozeptiven Zielerwartungen erfüllt und somit die negativen Emotionen verschwunden sind. Erst dann fühlen wir uns wieder richtig wohl. Und dennoch erliegen wir immer wieder der Versuchung, übereilt die negativen Symptome eines aktiven Stresssystems abzustellen. Indem wir sie dämpfen – mit Nikotin, Alkohol und Beruhigungsmitteln. All diese Substanzen haben gemein, dass sie die Symptome eines übererregten Stresssystems dämpfen. So lässt sich zumindest vorübergehend der schlechten Stimmung entgehen. Das macht diese Stoffe für stressgeplagte Menschen auch so verführerisch.

So wie wir mit diesem Problem oft umgehen, könnte man meinen, dass Unruhe und schlechte Stimmung nur so etwas wie unerwünschte Nebenwirkungen eines Lebenswandels unter dem Einfluss eines erregten Stresssystems sind. Aber genau das stimmt nicht. Die schlechten Gefühle sind weder ein kollaterales Phänomen noch ein Teil des Problems. Überraschenderweise sind sie wesentlicher Teil der Strategie und der Lösung. Denn erst über die ganze Kaskade der negativen Emotionen von einem mulmigen Gefühl in der Magengrube, über diffuse Ängste, schlechte Laune, Unruhe, innere Anspannung usw. bekommt unser Stresssystem sozusagen Zugriff auf unser Verhalten. In der beliebten amerikanischen TV-Serie »Breaking Bad« entschließt sich ein krebskranker Chemielehrer, der sich großspurig Heisenberg nennt, in die Produktion der chemischen Droge Crystal Meth einzusteigen, um seine Familie finanziell abzusichern. Sein Komplize ist ein ehemaliger Schüler namens Jesse, der in den Drogenhandel verstrickt ist. Die beiden benutzen ein altes Wohnmobil, um weitab von der nächsten Straße in der Wüste von New Mexico Drogen zu kochen. Bei einem dieser »Arbeitsausflüge« lässt der Komplize von Heisenberg versehentlich den Zündschlüssel im Schloss stecken. Als sie nach getaner Arbeit aufbrechen wollen, stellen sie fest, dass die Autobatterie leer ist. Beim Versuch, einen mitgeführten Stromgenerator in Gang zu setzen, setzt Jesse diesen versehentlich in Brand und macht ihn damit unbrauchbar. Jetzt befinden sich die beiden in einer ernsten Notlage: kein Handyempfang, meilenweit entfernt von der nächsten Straße, in einer der heißesten und trockensten Regionen Amerikas. Und das letzte Wasser hat Jesse dazu verwendet, den Generator zu löschen. Heisenberg, der kühle Denker, wägt jetzt die Strategien ab: Auf Hilfe zu warten, scheint aussichtslos, weil niemand weiß, wo sie sind. Losmarschieren ohne Wasser ist auch keine Lösung. Heisenberg malt Jesse aus, wie ihre Körper unter der

Dehydrierung zusammenbrechen werden, bevor sie die rettende Straße erreicht haben. Beide Strategien sind gleichermaßen schlecht. Zum ersten Mal in der Serie bemerken die Zuschauer, dass Heisenberg nicht weiß, wie es weitergeht. Doch sein auf lösungsorientiertes Denken trainiertes Gehirn gibt nicht so schnell auf. Es scheint fast so, als könnte man ihm beim Denken zuschauen. Und tatsächlich ist es genau das, was in unserem Gehirn bei starkem Stress passiert. Wenn alle verfügbaren Strategien gleich schlecht sind und demnach als mögliche Lösungen praktisch ausscheiden, beginnt das Gehirn, das ganz große Rad zu drehen. Es fängt dann an, auch die unwahrscheinlichsten und abwegigsten Möglichkeiten zu prüfen, weil in seltenen Fällen auch verrückte Strategien Erfolg haben können: Der hochverschuldete Geschäftsmann, der sein Heil im Glücksspiel sucht, obwohl er weiß, dass die Chancen, einen hohen Geldbetrag zu gewinnen, verschwindend gering sind, ist ein – zugegeben etwas plakatives – Beispiel für eine derartige »verrückte« Lösungsstrategie.

Heisenberg hingegen erwägt alle Strategien, die die in der Wüste Gestrandeten zur Verfügung haben. Als Chemielehrer weiß er natürlich, dass sich durch Elektrolyse aus chemischer Energie elektrische gewinnen lässt. Aber hat er alles dabei, was er dafür braucht? Werden so erzeugter Strom und Spannung reichen, um eine Autobatterie aufzuladen? Fieberhaft prüft er alle Materialien, und tatsächlich gelingt es ihm – erst gedanklich, dann auch in der praktischen Umsetzung –, mit den gegebenen Möglichkeiten ein chemisches Prozedere der Stromerzeugung in Gang zu setzen und sich und seinen Komplizen so aus der Notlage zu befreien.

Das Beispiel zeigt, dass es möglich ist, nicht nur die beste aus den Strategien meines Repertoires zu finden, sondern vielleicht sogar eine andere Strategie für mich selbst zu schaffen. Das bedarf in diesem Fall gewisser Grundkenntnisse, einer großen gedanklichen Anstrengung, Kreativität und Improvisationstalent. Das alles kann aber ein Gehirn nur dann leisten, wenn es unter Spannung steht, mit Energie geflutet wird und ständig signalisiert, dass die Lage ernst ist und es dringend einer Lösung bedarf. Dafür ist Stress da. Deswegen ist er in manchen Situationen nicht nur gut für uns, sondern sogar überlebenswichtig.

Was aber, wenn das alles nichts nützt? Wenn alles Nachdenken keine neue belastbare Strategie hervorbringt? Dann wird die Zahl der Strategien, die es zu prüfen gilt, immer weiter steigen. Und sie werden immer abwegiger. Oder die Überlegungen führen – wie bei jemandem, der sich im Wald verirrt hat und im Kreis läuft – immer wieder zum selben Ausgangspunkt zurück, und aus konstruktivem Nachdenken wird destruktives Grübeln. So eine innere Notlage ist kennzeichnend für das, was wir klinisch auch als Depression bezeichnen. Dabei kann das Ausmaß der Unsicherheit in so einem Zustand unerträgliche Dimensionen annehmen: weil unser Gehirn gewissermaßen von seiner wichtigsten Lösungsstrategie abgeschnitten wird: dem prädiktiven Suchen – der Fähigkeit, unter Abwägung aller Ressourcen, sich für die Handlung zu entscheiden, die sich in naheliegender Zukunft mit hoher Wahrscheinlichkeit als tragfähig erweisen wird. Wenn wir nicht mehr prädiktiv – also vorausschauend – entscheiden können, befindet sich unser Gehirn im Zustand eines Blindekuhspielers, der niemanden mehr zu fassen bekommt, weil alle Mitspieler ohne sein Wissen bereits den Raum verlassen haben und der verzweifelt und erfolglos in alle Richtungen unterwegs ist und doch immer nur auf Leere stößt. Jeder Mensch, der schon einmal unter einer Depression gelitten hat, weiß, wie verheerend sich dieses Gefühl der Ausweglosigkeit und Verzweiflung auswirken kann. Bei einer Infektion besteht der Worst Case darin, dass die Vermehrung der Krankheitserreger unkontrollierbar wird. Bei toxischem Stress tritt der schlimmste anzunehmende Fall dann ein, wenn die Unsicherheit maximal ist und es in der Folge zu einer typischen Depression kommt.

Toxischer Stress kann also einerseits unser Gehirn in den Zustand einer dauerhaften Depression stürzen, andererseits aber langfristig auch dazu führen, dass unser Gefäßsystem einem sehr starken Anpassungsdruck ausgesetzt wird, der es irgendwann überfordert. Eine gravierende Folgeerkrankung ist der Herzinfarkt. Über die Zusammenhänge haben wir im vorigen Kapitel schon einiges erfahren.

In der Therapie von Patienten, die bereits einen Herzinfarkt erlitten haben, stellen sich aus diesem Zusammenhang heraus neue, wichtige Fragen. Inwieweit kann das Erlernen neuer Verhaltensstrategien das Risiko eines Zweitinfarkts senken? Lässt sich toxischer Stress tatsächlich teilweise oder ganz auflösen?

In zwei schwedischen Studien mit insgesamt 600 Patienten wollten Forscher genau auf diese Fragen belastbare Antworten finden.[91, 92] Es handelte sich bei beiden Forschungsprojekten um sogenannte »randomisiert-kontrollierte Studien« (RCT, engl.: randomized controlled trials). Das heißt, es wurden in diesem Fall zwei Gruppen von Patienten gebildet, von denen jeder seinen ersten Herzinfarkt gerade überlebt hatte. Die beiden Gruppen sollten grundverschieden behandelt werden. Wer zu welcher Gruppe gehörte, wurde per Los entschieden. Zum Ergebnis kommen wir sofort, zuvor aber noch ein wichtiger Gedanke. In der Wissenschaft nennt man diese Vorgehensweise mit Losentscheid eine Randomisierung – also Zufallsentscheidung. Denn eine von den Studienleitern vorgenommene Gruppeneinteilung hätte womöglich das Ergebnis manipuliert oder verzerrt.

Eine randomisiert-kontrollierte Studie stellt heute die beste und belastbarste klinische Forschungsstrategie dar. Das Vorgehen bei einer randomisiert-kontrollierten Studie entspricht genau dem Handlungsrückschluss, den wir beim bayesianischen Gehirn schon kennengelernt haben. Indem der Wissenschaftler die Welt systematisch verändert (z. B. durch spezielle Behandlung einer Patientengruppe), kann er diese Welt besser kennenlernen (nämlich die Wirksamkeit der Behandlung). Damit können Forscher bei einer eindeutigen Fragestellung durch gezieltes Eingreifen in die (uns verborgene) Realität eine gut gestützte Aussage und zudem Evidenz erhalten, was die Ursache und was die Wirkung ist. Wissenschaftler sprechen bei randomisiert-kontrollierten Studien auch vom Goldstandard. Das ist auch wichtig zu wissen, wenn unterschiedliche Studienergebnisse miteinander verglichen werden. Nicht selten entstehen Widersprüche, weil empirische Forschungen mit einem weniger strengen Studiendesign zu abweichenden oder sogar irrelevanten Ergebnissen führen können. Bei den allermeisten medizinisch-klinischen Studien handelt es sich um Beobachtungsstudien (siehe Kap. 23, Tabelle 6), etwas abfällig auch »Storchenstudien« genannt. Der Begriff geht auf ein scherzhaftes Beispiel für unzulässige Schlussfolgerungen zurück:

Man beobachtete, dass in ländlichen Gegenden Schwedens viele Störche lebten und dass dort auch im Lauf der Jahre viele Kinder geboren wurden. Im Gegensatz dazu traf man in Berlin selten Störche an, und es wurden dort auch weniger Kinder geboren. Hier bestand also ein statistischer Zusammenhang zwischen dem Auftreten von Störchen und der Geburtenrate. Über Ursache und Wirkung kann man aus diesen Beobachtungen nichts erschließen. Es wäre ein klarer Fehlschluss, anzunehmen, die Störche seien die Ursache dafür, dass mehr Kinder geboren würden.

Ernster zu nehmen ist jedoch, dass man in der Presse, aber auch in der medizinischen Fachliteratur gar nicht selten auf einen derartigen Fehlschluss stößt. Ein Beispiel: Beobachtungsstudien zeigen immer wieder: »Wer sich viel körperlich bewegt, lebt länger.«[93, 94] Die Daten stimmen. Die Schlussfolgerung jedoch, dass körperliche Bewegung die Ursache für ein längeres Leben und dass deshalb Sport empfehlenswert sei, ist hier allerdings unzulässig! Denn es könnte sein, dass ein dritter Faktor entscheidend ist: die Gesundheit. So kann sich der Gesunde einerseits noch viel bewegen und andererseits lebt er auch lange. Der Kranke hingegen legt sich ins Bett und stirbt auch bald an seiner Krankheit. Die einzige ausreichend große randomisiert-kontrollierte Studie, die zu dieser Fragestellung heute vorliegt, konnte den vermuteten »gesunden« Effekt von körperlicher Bewegung auf die Lebensdauer nicht bestätigen.[95]

Selbst wenn irgendwann randomisiert-kontrollierte Studien lebensverlängernde Effekte von Sport doch noch aufdecken sollten, bleibt die heutige Schlussfolgerung aus den Beobachtungsstudien ein unerlaubter Fehlschluss. Nichtsdestotrotz können Beobachtungs-(Storchen-)Studien in der Forschung nützlich sein, um neue Anstöße zu geben. Sie liefern aber keinesfalls belastbare Evidenz, wenn es um die Aufklärung von Ursachen geht. Der größte Nachteil von randomisiert-kontrollierten Studien mit hohen Fallzahlen besteht darin, dass sie enorm aufwendig und teuer sind. Deswegen werden sie nur relativ selten realisiert. In diesem Buch basieren allerdings alle kausalen Schlussfolgerungen auf randomisiert-kontrollierten Studien nach dem Goldstandard.

So wie die schwedische randomisiert-kontrollierte Studie mit den Herzinfarktpatienten. In einer Gruppe erhielten also die Patienten die traditionelle Behandlung (Reduktion der klassischen Risikofaktoren durch Raucherentwöhnung, Blutdruck-, Blutzucker- und Cholesterinsenkung). Die andere Gruppe erhielt neben der traditionellen Behandlung eine kognitive Verhaltenstherapie mit dem Schwerpunkt der Reduktion von Unsicherheit und Stress mit 20 zweistündigen Sitzungen während eines Jahres. In den von Psychologen geleiteten Sitzungen ging es unter anderem um Emotionsregulation, Achtsamkeit, soziales Kompetenztraining. Das Langzeitergebnis der Studie war mehr als eindeutig: Während in der Gruppe A (traditionelle Therapie) viele Patienten einen Zweit- und Drittinfarkt erlitten und auch daran starben, blieben deutlich mehr Patienten der Gruppe B (Erlernen neuer Verhaltens- und Problemlösungsstrategien) von weiteren Infarkten verschont.

14. Wer habituiert hat, kann Stress besser tolerieren

Was wir vom Seehasen über Gewöhnung lernen können • Das letzte Opfer: Unsere Zielerwartungen • Stresshabituation läuft unbewusst ab • Kann man sich an alles gewöhnen – auch an Stress? • Die harte Deadline • Habituation reduziert subjektive Unsicherheit • Ein niedriges Herz-Kreislauf-Risiko

Manchmal sind es die unscheinbarsten Tiere, die in der Wissenschaft die erstaunlichsten Karrieren machen. Die Fruchtfliege wurde in der Genforschung zum Star. Bei den Neurowissenschaftlern hat es der Seehase, eine primitive Meeresschnecke, zu einiger Berühmtheit gebracht – weil sein Nervensystem so einfach strukturiert ist, dass es sich sehr gut untersuchen lässt. Der amerikanische Hirnforscher und Nobelpreisträger Eric Kandel führte mit Seehasen ein klassisches Experiment durch.[96] Dazu hat er die druckempfindlichen Sinneszellen am Wasserausstoßrohr des Tieres mit einem Stäbchen gereizt. Reflexartig zog der Seehase seine Kiemen zusammen. Spannend dabei ist, wie sich diese Schutzreaktion bei stetiger Wiederholung des Reizes verändert. Der Reflex wird zwar weiterhin aktiviert, allerdings in deutlich abgeschwächter Form. Es scheint so, als hätte das Tier sich an den Reiz gewöhnt – oder besser gesagt, seine Reaktion angepasst. Diese Anpassung wird Habituation genannt. Habituation beschreibt also eine gelernte Verhaltensanpassung, die den individuellen Umgang mit sich wiederholenden Reizen dahingehend verändert, dass die Reaktion sich allmählich abschwächt und womöglich am Ende ganz unterbleibt.

Habituation kennen auch wir Menschen. Wer bei einem Städteurlaub ein Hotelzimmer an einer lauten Straße gebucht hat, der verbringt vielleicht ein paar unruhige Nächte, hat sich aber nach einiger Zeit an den Lärm gewöhnt und schläft durch. Es gibt unzählige weitere Beispiele dafür, wie wir uns im Alltag an Dinge gewöhnen oder habituieren. Aber eine Form der Gewöhnung ist etwas Besonderes: die Stresshabituation. Sie tritt ein, wenn unser Stresssystem wiederholt einem gleichen Stressor ausgesetzt ist. Das Prinzip ist ähnlich wie beim Seehasen, wenngleich unser Organismus und unser soziales Umfeld in seiner Vielfalt potenzieller Stressoren ungleich größer und komplexer sind. In Bezug auf die Habituation stellt sich grundsätzlich die Frage, ob die typische wiederholungsbedingte Abschwächung durch hemmende Mechanismen oder durch ausgefeiltere (zentrale) Prozesse erfolgt. Wir haben ja bereits erfahren, dass unser Gehirn sozusagen bayesianisch strukturiert ist, also auf dem Prinzip von Vorhersagefehlern und Wahrnehmungs- und Handlungsrückschlüssen operiert. Tatsächlich gibt es experimentelle Belege, die die Ansicht stützen, dass auch die Habituation alle Merkmale des Bayesianismus aufweist.[97, 98] Im Folgenden werden wir erfahren, wie sich die Stresshabituation vor dem Hintergrund des bayesianischen Gehirns besser verstehen lässt.

Grundsätzlich gibt es bei dauerhaftem Stress zwei Möglichkeiten, damit umzugehen. Zum einen die Situation auszuhalten und dabei permanent zu versuchen, das ursächliche Problem zu lösen. Das müssen diejenigen machen, die nicht habituieren können, wenn sie unter Dauerstress geraten. Oder sich an die neue Belastung anzupassen und den Stress besser zu tolerieren. Genau das beschreibt die Fähigkeit von Menschen, die unter Stress habituiert haben. Probleme können zu dauerhaften Stressoren werden, wenn es uns nicht (oder nicht mehr) gelingt, unsere Erwartungen über aktuelle Zustände und erreichbare Zustände der Welt angemessen zu aktualisieren. Als letzten Ausweg können wir die Unsicherheit verringern, indem wir die Erwartungen über unsere Zielzustände infrage stellen. Diese Option kann als letzte Option betrachtet werden, da sie die Revision unserer erstrangigen Vorlieben oder Ziele (die normalerweise mit allen Mitteln festgehalten werden) umfasst. Entscheidend dabei ist: Die Stresshabituation ist ein unbewusst ablaufender Prozess. Es spricht viel dafür, dass bei einem Menschen, der unter Dauerstress habituiert hat, genau diese Revision der Zielerwartungen geschieht. Da er den Konflikt nicht lösen kann, sich aber auf Dauer vergeblich daran aufreiben würde, bleibt ihm zuletzt, seine Zielerwartungen zu verändern. Genauer: die Zahl der möglichen akzeptablen Zielzustände zu vergrößern. In der Regel bedeutet dies, dass man sich mit weniger attraktiven Zuständen zufriedengibt und stattdessen vielleicht höhere, ambitioniertere Zielzustände noch erlaubt, aber nicht mehr mit allen Mittel verfolgt. Und so entkommt man der Stressfalle.

Ein weites potenzielles Stressfeld ist die Arbeitswelt. Hier geht es immer wieder um Fragen des Aushaltens oder Anpassens. Nehmen wir eine Situation, die wahrscheinlich jeder Arbeitnehmer so oder so ähnlich schon erlebt hat. Der Chef ruft seine Mitarbeiter zu sich und verkündet, es tue ihm sehr leid, aber ein bedeutender Kunde habe für die Erledigung eines wichtigen Auftrags eine sehr kurze Frist gesetzt. Er bitte um Verständnis, aber die Arbeit müsse rechtzeitig erledigt werden, auch wenn dies Mehrarbeit und Überstunden bedeuten würde. Die Mitarbeiter hätten für diese Dringlichkeit sicher Verständnis. Und dann lässt er noch durchblicken, dass der Erfolg der Firma ja auch eng mit den persönlichen Interessen der Mitarbeiter verknüpft sei. Nachdem der Chef sich verabschiedet hat – nicht ohne allen Beteiligten viel Erfolg zu wünschen –, schauen sich die Mitarbeiter die Aufgabe genauer an und überschlagen, was es für sie bedeutet, einen Auftrag, für den sie normalerweise 21 Tage benötigen, in nur 14 Tagen zu erledigen. René ist ein zuverlässiger Mitarbeiter. Und während er noch die Situation analysiert, fährt sein Stresssystem hoch. Er ist nicht der Einzige, bei dem Adrenalin und Cortisol den Blutkreislauf fluten. Sein Gehirn schaltet vom Wirtschaftlichkeitsmodus in den Hochtourenmodus um. Er weiß nicht, wie er das überhaupt schaffen soll. Seine Zielerwartung lautet: »Ich will fristgerecht abgeben!« Das bedeutet, innerhalb von 14 Tagen. In einem Zweierteam mit Niels bräuchte er hochgerechnet mindestens 19 Tage, in einem Zweierteam mit Jan 21 Tage, und alleine bräuchte er auf jeden Fall 23 Tage. Aber das reicht alles nicht, um den vorgegebenen Termin zu erfüllen. Egal, welche Strategie er wählt, sein Risiko ist hoch, dass er sein Teilprojekt nicht rechtzeitig abgeben kann. Wenn man das in Zahlen ausdrücken wollte, dann beträgt sein Risiko, die Deadline zu verpassen, im Team mit Niels etwa 70 Prozent, im Team mit Jan 80 Prozent, und im Alleingang 90 Prozent. Alle drei Strategien haben nicht nur ein sehr hohes Risiko, sondern die zweitbeste Strategie unterscheidet sich kaum von der besten – allenfalls durch einen sehr kleinen Faktor (Faktor = 1,1). Folglich ist René maximal unsicher und weiß nicht, was er als Nächstes tun soll. Seine Unsicherheit führt dazu, dass sein Gehirn ein Notprogramm in Gang setzt, das nach Lösungen sucht. Das Stresssystem verbessert die Energieversorgung des Gehirns, um den erhöhten zerebralen Energiebedarf zu decken. René hat sich dann mit Niels in einem Team zusammengetan. Sie haben ihr Letztes gegeben, nachts kaum geschlafen. Sie gaben ihre Arbeit erst nach 17 Tagen ab. Zu spät! Aber durch eine unvorhergesehene Verzögerung aufseiten des Kunden kam der Geschäftsabschluss im letzten Moment doch noch zustande.

Doch damit ist die Sache für René keineswegs erledigt. Er ahnt, dass in Zukunft ähnliche Situationen entstehen werden. Ganz offenkundig plant sein Vorgesetzter, die Produktivität und Belastung seiner Mitarbeiter zu erhöhen. Das hängt vielleicht damit zusammen, dass erst vor Kurzem eine Unternehmensberatung die Firma auf Herz und Nieren geprüft hat. Eigentlich wollte René innerhalb der kommenden zwei Jahre die nächste Karrierestufe erklimmen. Aber in den unsicheren, stressvollen Tagen bis zur Terminabgabe ist in seinem Gehirn etwas passiert. In seinem vmPFC, dem Areal seines Gehirns, in dem seine Zielerwartungen repräsentiert sind, hat es unter dem Einfluss des stark erhöhten Stresshormons Cortisol ein Update geben. Ein Zielerwartungs-Update. Wie schon gesagt, sind unsere persönlichen Zielerwartungen uns heilig. Sie werden nicht leichtfertig geopfert. Aber sehr starker Stress kann genau dieses bewirken. Und zwar UNBEWUSST! Und diese Aktualisierung unserer Ziele kann als Grundlage der Stresshabituation verstanden werden. René hat habituiert (siehe Abb. 15).

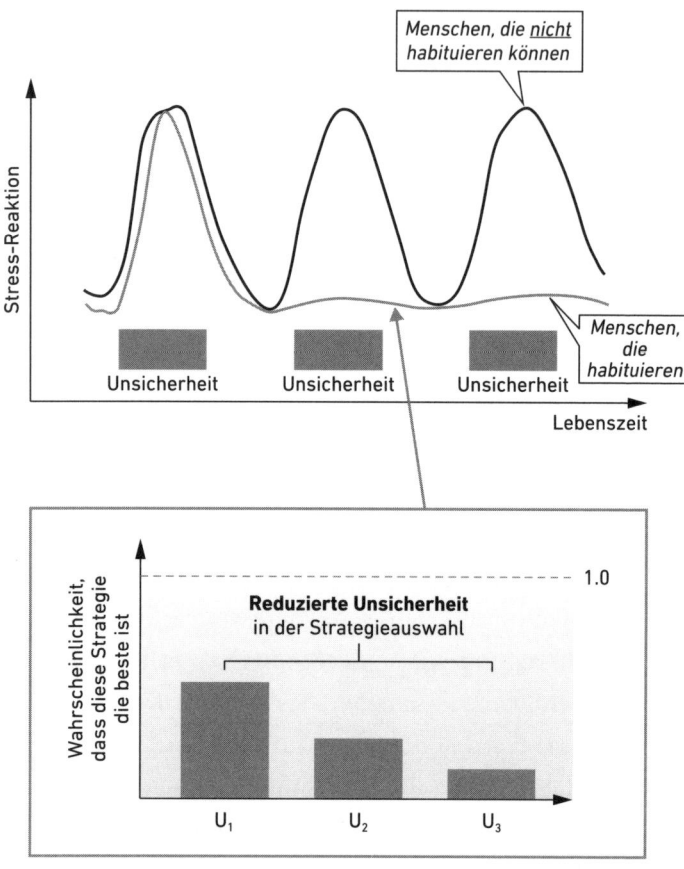

Abb. 15: Genetisch bedingte Muster der Stressreaktion. Menschen, die habituieren können, zeigen eine wiederholungsinduzierte Abschwächung ihrer Stressreaktionen, wenn sie chronisch in einer bestimmten belastenden Situation leben. Mit der Zeit zeigen sie abgeschwächte Stressreaktionen (neuroendokrin, kardiovaskulär, neuroenergetisch oder emotional). Im Gegensatz dazu zeigen Menschen, die nicht habituieren können, keine solche Anpassung ihrer Stressreaktion. Sie weisen immer wieder volle Stressreaktionen auf, wenn sie dauerhaft in einer bestimmten belastenden Lebenssituation leben. Bei wiederholten gleichartigen experimentellen Stressbelastungen (Trier-Social-Stress-Test) zeigt sich, dass die Teilnehmer entweder in ihrer Cortisolantwort habituiert oder nicht habituiert haben. Unteres Balkendiagramm: Nach der Habituation fällt es den Betroffenen leichter, die beste Strategie auszuwählen (Erklärung siehe Text).

Einige Wochen später kommt der Chef erneut mit einem ähnlich knappen Termin. Abgabe der Arbeit diesmal wieder in 14 Tagen. Bei René ist aber inzwischen etwas passiert. Er ist nicht mehr sein altes ICH. Durch nicht so eng gesteckte Zielerwartungen – jetzt erscheinen René selbst 21 Tage als durchaus akzeptabel! – ergibt sich für ihn ein neues Risikoprofil bei der Einschätzung seiner möglichen Optionen: Das geschätzte Risiko für das Verpassen seines neu definierten Ziels (21 Tage – also mehr Zeit) beträgt für das Team mit Niels 10 Prozent, für das Team mit Jan 20 Prozent, und für den Alleingang 30 Prozent. In dieser neuen Risikokonstellation fällt es René deutlich einfacher, sich für die Arbeit zusammen mit Niels zu entscheiden:

- Denn einerseits ist das Risiko dafür, das neue Ziel zu verpassen, recht gering (nur noch 10 Prozent bei der besten Strategie),
- und andererseits lässt sich diese Strategie als Favorit identifizieren, weil sie sich besser von den anderen beiden Strategien abgrenzen lässt; das Risiko der zweitbesten Strategie (20 Prozent) ist immerhin doppelt so hoch wie das der besten Strategie (10 Prozent); das Risiko der dritten (30 Prozent) sogar dreifach so hoch.

Nach der Stresshabituation hat René also deutlich weniger Unsicherheit und weniger Stress (Abb. 15, unteres Balkendiagramm). Seine Stresshormone steigen folglich in einem solchen Wiederholungsfall kaum noch an, obwohl der Chef massiven Druck ausübt. Renés Anpassungsmuster sieht damit im Prinzip genauso aus wie das eines Seehasen: Seine Reaktionen schwächen sich durch wiederholten Reiz ab.

Renés Chef ist darüber natürlich wenig erfreut. Als er also erneut eine stark verkürzte Deadline einfordert, werden René und Niels nicht rechtzeitig fertig. René legt seinem Chef dar, dass diese Vorgaben nicht zu schaffen seien. Bei allem Engagement seien seinen Möglichkeiten Grenzen gesetzt. Der Chef ist nun in der unangenehmen Situation, die Verzögerung seinem Kunden erklären zu müssen. Er weiß jetzt aber, dass er in Zukunft auf ein deutlich erhöhtes Engagement Renés nicht mehr zählen kann. Ganz sicher wird er ihn nicht befördern, sondern ihn anderweitig einsetzen, vielleicht mit untergeordneten Aufgaben. René hatte somit weniger Unsicherheit und Stress, aber wahrscheinlich sind diesem Umstand seine Aufstiegschancen zum Opfer gefallen …

Was aber heißt das nun konkret für Menschen, die sich in einer ähnlichen Lage wie René befinden? Es scheint so, als hätten wir die Wahl: Lassen wir uns vom Dauerstress antreiben oder habituieren wir? Aber ist das wirklich so? Können wir uns also zwischen Anpassung und ungebremstem Stress entscheiden? Die Antwort lautet: nur bedingt. Es gibt offenbar eine genetische Disposition, ob wir bei Stress leicht habituieren oder nicht.

Deutlich wurde dies bei dem klassischen Habituationsexperiment, bei dem freiwillige Probanden über einen Zeitraum von mehreren Tagen wieder und wieder der gleichen belastenden Prüfungssituation ausgesetzt wurden.[99] Wie bei dem Gedankenexperiment mit dem Chef und seinen Mitarbeitern reagierte der eine Teil der Testteilnehmer auch noch am fünften Tag so gestresst wie am ersten, während der andere Teil habituiert hat und einen deutlich abgeschwächten Cortisolanstieg zeigte. Wie viel Prozent der Menschheit genetisch bedingt leicht habituieren, lässt sich nicht genau sagen. Das klassische Habituationsexperiment zeigte allerdings, dass zwei Drittel der Probanden unter wiederholtem Stress habituieren, während ein Drittel unverändert heftig auf sich wiederholende Stressoren reagiert. Hirnphysiologisch ist dieses Phänomen jedenfalls gut untersucht. Bei Habituation wird neu gelernt, wie stark das Stresssystem auf wiederkehrende gleichartige Stressoren reagiert. Dies geschieht unter dem Einfluss von exzessiv hohem Cortisol und dem gleichzeitigen Einfluss von körpereigenen Cannabinoiden.[100-102] Die körpereigenen Cannabinoide sind mit den Wirkstoffen der Hanfpflanze eng verwandt. Wer habituiert hat, lernt so eine Situation als tolerierbar einzustufen. Folglich ist es unnötig, das Stressnotprogramm in Gang zu setzen. Vom Cannabis ist ja die stressauflösende Wirkung ebenfalls bekannt und bei den Nutzern auch erwünscht. Während die Droge Cannabis aber wie eine Keule wirkt und unser Stresssystem für die Dauer der Wirkung komplett dämpft, wirken körpereigene Cannabinoide sehr viel feiner und selektiver. Das ist vor allem deshalb wichtig zu wissen, weil es uns hilft, das Habituieren als Phänomen richtig zu verstehen. Denn eine cannabinoid-induzierte Habituation ist immer spezifisch und entsteht nur in Bezug auf einen ganz bestimmten Reiz oder eine bestimmte Situation. Wenn also der Chef regelmäßig zusätzliche Arbeit von seinen Mitarbeitern verlangt, dann findet bei einer Habituation eine Anpassung der Zielerwartung nur in Bezug auf diese spezifische Situation statt und betrifft nur die Wiederholung dieser speziellen Situation. Wenn jetzt derselbe Mitarbeiter zum Beispiel bei einer privaten Bergwanderung in eine kritische Lage gerät, bezieht er sich auf seine schon lebenslang festgelegten Zielerwartungen (die unversehrte Heimkehr), und sein Stresspegel wird genauso hoch ausschlagen wie bei jedem anderen, der sich unvorbereitet in einer derartigen Notlage befindet. Daraus folgt die Erkenntnis, dass ein Mensch, der in einer bestimmten Stresskonstellation habituiert hat, nicht automatisch diese Reaktion auch in anderen Stresssituationen zeigt. Habituation ist kein Prinzip, das sich automatisch auf alle Lebenslagen überträgt.

Aber warum gibt es überhaupt so unterschiedliche Strategien, mit Dauerstress umzugehen? Warum habituieren wir nicht alle? Dafür und dagegen gäbe es durchaus gute Argumente:

Menschen, die stark auf Stresssituationen ansprechen, haben ein hohes Risiko für Atherosklerose und kardiovaskuläre Sterblichkeit. Umgekehrt zeigen Menschen, die schwach auf Stresssituationen ansprechen, eine geringere kardiovaskuläre Mortalität, selbst wenn sie in einer unwirtlichen Umgebung leben. Wer habituiert hat, läuft offensichtlich ein geringeres Risiko, zerebrovaskuläre und kardiovaskuläre Ereignisse zu erleiden[103-106] (vgl. Kap. 12, »Der Gebirgsfluss«). Die Habituation erweist sich zwar als ein wirksamer Schutzfaktor gegen toxischen Stress, aber sie geht auch mit einer ganzen Reihe von Nachteilen einher. Und diese können sich in einer schleichenden Art und Weise auf das Leben auswirken, ohne dass man es selbst gleich merkt.

15. Wer habituiert hat, zeigt eingeschränktes Hochfahren, Umlernen und Handeln

Der Traum vom Leben im Haus am See • Wer seltener hochfährt, spart Gehirnenergie • Ataraxie oder die Kunst der Seelenruhe • Wenn Stress tötet: Karoshi • Umlernen durch Cortisol • Habituation oder die Macht der Endocannabinoide • Bergwandern oder Bergsteigen – eine Frage der Zielerwartungen

Hier bin ich gebor'n und laufe durch die Straßen.
Kenn die Gesichter, jedes Haus und jeden Laden.
… Und die Welt hinter mir wird langsam klein
… Doch die Welt vor mir ist für mich gemacht, hmm …
Und am Ende der Straße steht ein Haus am See.
Orangenbaumblätter liegen auf dem Weg.
Ich hab 20 Kinder, meine Frau ist schön.
Hmm, alle kommen vorbei; ich brauch nie rauszugehen.

2008 landete Peter Fox mit diesem entspannten Songtext einen der großen Hits des Jahres. In seinem Lied vom Haus am See feiert er einen Lebensstil-Mix aus Coolness, Heimatverbundenheit, Erfolg ohne Stress und ländlicher Familienidylle. Es ist das traumhafte Bild eines Lebens, in dem alles gelungen zu sein scheint. Man hat seinen Platz gefunden, ist umgeben von den geliebten Menschen. Das Haus am See ist ein Rückzugsort vor der Welt, den man zwar jederzeit verlassen könnte – aber wozu? In dieser Fantasie existieren keine finanziellen Sorgen – sonst könnte man sich diesen Lebensstil ja gar nicht leisten. Fragt man sich, wo so ein Hausbesitzer mit Seegrundstück einzuordnen wäre – also bei den Menschen, die nach Habituation tolerierbaren Stress haben oder bei denen mit toxischem Stress –, würde die Antwort lauten: weder noch. Der von Peter Fox oder, genauer, von seinem Ich-Erzähler vorgestellte Held ist offenbar jemand, der nur selten Stress erlebt, und wenn überhaupt, dann wird er ihn positiv lösen können, um schnell wieder in seinen Gelassenheitsmodus zurückzukehren. Also: guter Stress. Vielleicht hat er manchmal eine Meinungsverschiedenheit mit einem Nachbarn oder der Tochter. Man tauscht dann Argumente aus, braust kurz auf und versöhnt sich am Abend mit einem Kompromiss oder einer Lösung, die beiden nützt. So eine Art Stress kann man sich bei Haus-am-See-Menschen gut vorstellen. Aber den Wie-schaffe-ich-bloß-diesen-Tag-mit-all-seinen-Sorgen-und-Stress, den viele von uns nur zu gut kennen? Wohl kaum. Womöglich ist dieses gelungene Bild eines gelassenen, sorgenfreien Lebens, das Fox hier zeichnet, einer der Gründe gewesen, warum dieser sonst eher ungewöhnliche Song überraschenderweise ein Riesenhit wurde. Weil er einen Sehnsuchtsnerv getroffen hat. Weil viele Menschen davon träumen, so entspannt, sorgenfrei und sicher ein relaxtes Leben am See zu führen.

In unseren Erfahrungen kommt so ein Lebensentwurf, wie ihn Peter Fox in seinem Songtext ausfantasiert, wohl eher selten vor. Und selbst wenn die Grundvoraussetzungen stimmen, heißt das noch nicht, dass man seine Erfolge auch so entspannt genießen kann. Nehmen wir ein weiteres Beispiel aus der Welt der Musik. Dieses Mal ein reales: Als sich die Beatles 1970 endgültig trennen, haben die vier

Liverpooler Jungs mehr erreicht, als sie sich erträumen konnten. Sie sind erfolgreicher als Elvis Presley, haben die Popmusik für Jahrzehnte geprägt, sind künstlerisch anerkannt und haben finanziell ausgesorgt. John Lennon und Ringo Starr sind zu diesem Zeitpunkt 30, Paul McCartney ist 28, George Harrison 27 Jahre alt. Sie haben ihr Leben noch vor sich – wie man so schön sagt. Aber was damit anfangen, wenn man so früh alle Ziele bereits erreicht hat?

Jetzt könnte man annehmen, dass alle vier Topkandidaten für ein Haus-am-See-Leben wären. Versucht haben sie es auch. Aber zumindest drei von ihnen kam immer wieder der eigene Ehrgeiz in die Quere – neue, hochgesteckte Prioren: John Lennon wollte besser sein als die Beatles. Paul McCartney wollte beweisen, dass er es auch allein zum Superstar schaffen konnte. Und George Harrison wollte endlich heraustreten aus dem Schatten von Paul und John. Nur Ringo Starr hat das alles offenbar wenig interessiert. Auch er hat Platten veröffentlicht – allerdings ohne allzu große Ambitionen. Auf Tour geht er bis heute am liebsten mit seinen besten Freunden. Und nach einigen Irrungen und Wirrungen der Nach-Beatles-Ära (in denen auch Drogen eine Rolle spielten) heiratete er 1981 das Bond-Girl Barbara Bach und führt seitdem mit ihr ein Leben im Haus am See, in dem er schon lange vegan und drogenabstinent lebt. Nur dass er mehrere solcher Häuser hat, wo Orangenbaumblätter auf den Wegen liegen – eines in Monte Carlo, eines in Los Angeles und sein ländliches Anwesen in Surrey, England.

Aber in der Idee von einem guten Leben, in dem überwiegend nur guter Stress Platz hat, steckt weit mehr als nur eine idyllische Vorstellung von einem entspannten Dasein in einer schönen Villa, finanziell ausgesorgt zu haben und geliebt zu werden. Das ist sozusagen die Wunschtraumversion, allerdings mit einem harten Wahrheitskern. Tatsächlich ist ein Leben mit gutem Stress auch ohne Reichtum und Haus am See möglich. Die dazu nötigen Voraussetzungen werden in dem Song von Peter Fox selbst sehr konkret thematisiert. Dass aus Herausforderungen oder Konflikten guter Stress wird, hängt mit diesen Faktoren zusammen:

1. Die Welt, in der ich lebe und arbeite, ist mir vertraut, und es gibt wenig Unsicherheit. Konflikte sind für mich lösbar, Aufgaben sind mit meinen Fähigkeiten zu bewältigen.
2. Ich verfüge über ein tragfähiges soziales Netzwerk aus Familie, Freunden oder auch Kollegen. Ich werde wertgeschätzt, meine Arbeit genießt Anerkennung.
3. Ich bin nicht bedroht von existenziellen Nöten und Sorgen. Ich verfüge über genügende finanzielle Mittel, habe eine sorgenfreie Wohnsituation. Mir und meiner Familie geht es gesundheitlich gut.

Wenn also diese Bedingungen erfüllt werden, sind die alltäglichen Herausforderungen sowohl im privaten als auch im beruflichen Bereich erfüllbar. Entstehen dabei Konflikte oder größere Herausforderungen, so können wir auf unsere soziale Kompetenz bauen und die Probleme meistern. Dabei hilft das Stresssystem, das bei episodischer Unsicherheit hochfährt, uns mehr Energie und kognitive Kapazität verschafft, um das Problem zu lösen, und dann wieder herunterfährt und sich zur Ruhe begibt, wenn die Arbeit geschafft ist. So fühlt sich dann guter Stress an: durchaus anstrengend, aber im Ergebnis hochbefriedigend.

In der griechischen Antike prägte die philosophische Denkschule der Epikureer den Begriff der Ataraxie. Übersetzt bedeutet das Wort Unerschütterlichkeit oder Seelenruhe. Ataraxie wurde als idealer Grundzustand angesehen. Wenn es gelänge, sein Leben nach diesem Ideal auszurichten, könne man mit Problemen und großen Herausforderungen, ja sogar mit Schicksalsschlägen besser umgehen, so die Idee. Deshalb galt es, alles zu vermeiden, was die Ataraxie beeinträchtigen könnte. Dazu zählten zum Beispiel dunkle Geheimnisse, jegliche Art von Betrug, Vertrauensbruch oder Verrat geliebten Menschen gegenüber. Das soziale Netz intakt zu halten, nicht ohne Not Unsicherheiten in das eigene Leben zu lassen, sich selbst und den eigenen Prinzipien treu zu bleiben, waren Eckpfeiler der Ataraxie. Ganz ähnlich ließe sich ein Leben mit gutem Stress umschreiben.

GUTES LEBEN. Ein Mensch, der ein gutes Leben führt, hat offenbar ein gutes internes Modell von der Welt. Das heißt, er befindet sich in einer Lebenssituation, die er sehr gut kennt und dementsprechend sicher einschätzen kann. Und in der er über ein Maximum an Kontrolle und Einfluss verfügt. Auf Störfaktoren von außen, die ein Potenzial an Unsicherheit mit sich bringen, ist er gefasst und bereit, sich damit aktiv auseinanderzusetzen. Ihm gelingt es immer wieder solche episodischen Unsicherheiten aufzulösen und zu meistern. Genau dieses optimierte Modell von der Welt erlaubt ihm, ein gutes Leben zu führen, denn es hilft ihm, Vorhersagen zu treffen, die sich meist bestätigen. Ausschläge des Stresssystems kommen bei diesem Typ nur hin und wieder vor. Einige Überraschungen sind eben

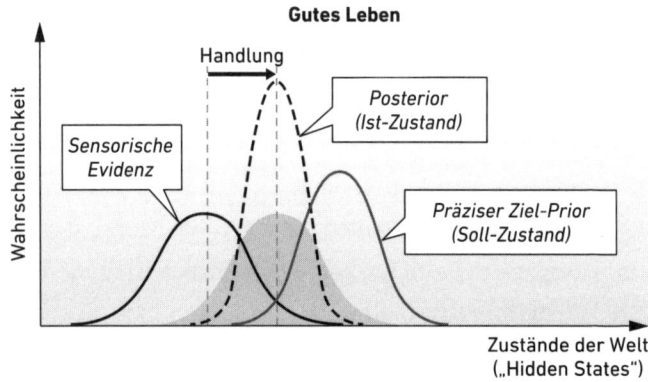

Gutes Leben

Handlung

Posterior (Ist-Zustand)

Sensorische Evidenz

Präziser Ziel-Prior (Soll-Zustand)

Wahrscheinlichkeit

Zustände der Welt („Hidden States")

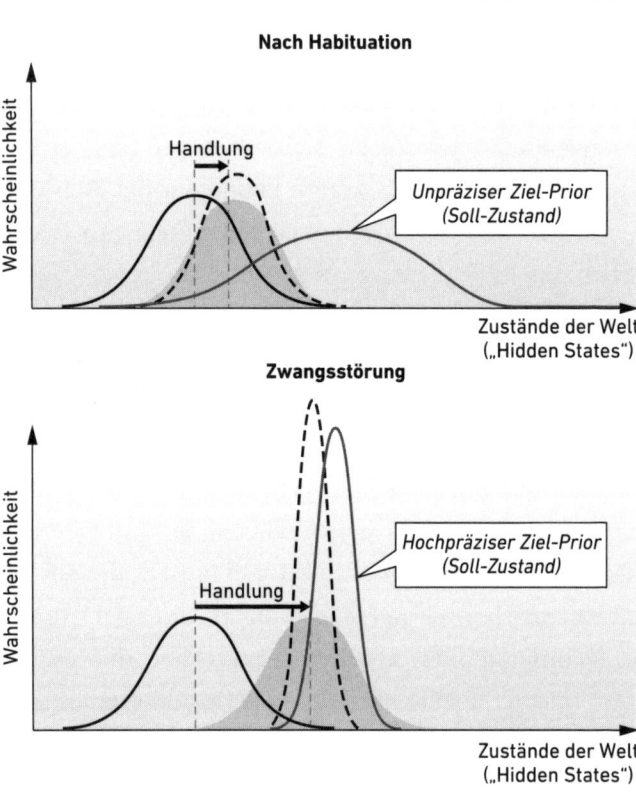

Nach Habituation

Handlung

Unpräziser Ziel-Prior (Soll-Zustand)

Wahrscheinlichkeit

Zustände der Welt („Hidden States")

Zwangsstörung

Hochpräziser Ziel-Prior (Soll-Zustand)

Handlung

Wahrscheinlichkeit

Zustände der Welt („Hidden States")

Abb. 16: Ein Durchlauf eines Wahrnehmungs-Handlungs-Zyklus beim guten Leben, nach Habituation und bei Zwangsstörungen. Oberes Diagramm – Gutes Leben: Beim Durchlauf eines Wahrnehmungs-Handlungs-Zyklus wird zuerst ein

Wahrnehmungs-Update gemacht. Dazu versucht das Gehirn den Ziel-Vorhersagefehler und den sensorischen Vorhersagefehler zu minimieren. Das Ergebnis ist ein
neuer Posterior (Ist-Wert, gestrichelt), der zwischen dem Ziel-Prior (Soll-Zustand,
grau) und der sensorischen Evidenz (schwarz) liegt. Der Posterior kodiert das, was
wir als aktuellen Zustand der Welt wahrnehmen. Nun erfolgt im Wahrnehmungs-
Handlungs-Zyklus die Handlung. Dabei versucht das Gehirn speziell den sensorischen Vorhersagefehler zu minimieren, indem es durch eine aktive Veränderung
der Welt die aktuellen Sinneseindrücke seinen vorhergesagten Sinneseindrücken
angleicht. Der Abstand zwischen sensorischer Evidenz und Posterior erzeugt dabei den Handlungsantrieb, oder anders gesagt: Der sensorische Vorhersagefehler
ist der Motor unseres Handelns (vgl. dazu Abb. 7 in Kap. 7). Handlung verändert
auf diese Weise die sensorische Evidenz. Entsprechend bewegt sich die schwarze
Glockenkurve, bis sie eine Position erreicht (grau gefüllte Glockenkurve), die genau
auf Höhe des Posteriors liegt. Ein Mensch, der ein gutes Leben führt, macht also
einerseits Updates davon, wie er die Welt wahrnimmt, und andererseits wirkt er
durch sein Handeln aktiv auf die Welt ein. Mittleres Diagramm – Nach Habituation:
Die Habituation steckt den Ziel-Prior weniger eng (grau), d.h. sie macht den Ziel-
Prior unpräzise. Hier gilt eine einfache Regel: Der Posterior (das Update) neigt sich
immer zu der Seite, wo die präzisere (steilere) Glockenkurve liegt – entweder zum
Ziel-Prior oder zur Evidenz. Im Falle der Habituation neigt sich der Posterior (gestrichelt) zur sensorischen Evidenz (schwarz). Folglich wird der Abstand zwischen
sensorischer Evidenz und Posterior sehr klein. Damit verringert sich gleichzeitig der sensorische Vorhersagefehler – der Motor unseres Handelns. Nach Habituation haben Menschen also einen verminderten Handlungsantrieb. Unteres Diagramm – Zwangsstörungen: Zwangsstörungen liegt ein hochpräziser Ziel-Prior
zugrunde; d.h. die Ziele sind extrem eng gesteckt. Gemäß der oben genannten
Regel neigt sich der Posterior (gestrichelt) also zur präziseren, steileren Glockenkurve des Ziel-Priors (grau). Dementsprechend wird der sensorische Vorhersagefehler groß – was zwangsgestörte Menschen ständig zu Handlungen (putzen, auf-
räumen, prüfen etc.) antreibt.

im Leben unvermeidbar – selbst wenn man soziale Unterstützung und finanzielle Ressourcen hat oder selbst dann,
wenn man liebt und geliebt wird. Und wenn einmal über-
raschende Evidenz auftaucht, die deutlich entfernt vom
Ziel-Prior liegt, dann wird das Unsicherheits-Beseitigungs-
Programm im Gehirn aktiviert, es werden die Vorstellungen
und Erwartungen aktualisiert und der zugrunde liegende

Konflikt wird schnell und kreativ durch entsprechendes Handeln gelöst. Der Mensch mit dem guten Leben hat bei Überraschungen einen guten Handlungsantrieb (Abb. 16, oben). Die Aktivierung von Amygdala und Stresssystem bewirkt bei dem sonst so entspannten Hausbesitzer eine gewisse Aggression, er tritt den Schwierigkeiten beherzt entgegen, ohne zu zaudern – und kann so die Unsicherheit und den Stress in der Regel rasch wieder auflösen. Die so erlebten Stressepisoden werden als gut oder positiv empfunden. Das stärkt das Selbstwertgefühl. Kurze Episoden mit gutem Stress wechseln dann mit längeren Ruhephasen ab. Das wirkt sich auch deutlich auf den Energiestoffwechsel im Gehirn aus. Das Leben im Haus am See fühlt sich eben auch deshalb meist gut an, weil sich das Gehirn recht oft in seinem Lieblingszustand befindet – im Ökonomiemodus. Manchmal auftretender guter Stress bedeutet leicht erhöhter durchschnittlicher Gehirnenergieverbrauch (Abb. 17, oben; siehe Abb. 17).

Aber kehren wir in eine Welt zurück, in der schwierigere Lebensumstände vorherrschen. In eine Lebenswelt, in der Unsicherheit regiert. Eine Unsicherheit, die aus Konflikten resultiert, die den Job, die Partnerschaft, Kinder und Familie, die finanzielle Situation und den gesellschaftlichen Status betreffen. Wir haben in diesem Zusammenhang schon mehrfach den immensen Einfluss von Dauerstress auf das Gehirn und das Leben der betroffenen Menschen dargelegt und festgestellt, dass nach einer gewissen Zeit das Gehirn entweder habituiert hat oder nicht. Jetzt soll es darum gehen, sich genauer anzuschauen, wie unterschiedlich sich diese Reaktionsmöglichkeiten auf den Handlungsantrieb von Menschen auswirken.

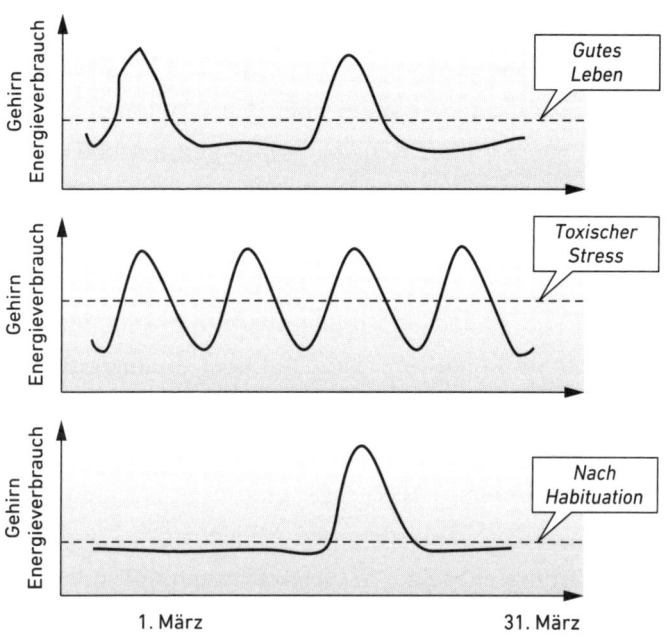

Abb. 17: Gehirnenergieverbrauch beim guten Leben, bei toxischem Stress und nach Habituation. Gutes Leben: Kurze Episoden mit gutem Stress wechseln mit längeren Ruhepausen ab. In den Episoden mit gutem Stress steigt der Gehirnenergieverbrauch kurzzeitig an. In den Intervallen befindet sich das Gehirn im Ökonomiemodus und verbraucht deutlich weniger Energie als in der Stressepisode. Der durchschnittliche Gehirnenergieverbrauch (gestrichelte Linie) ist beim guten Leben nur leicht erhöht. Toxischer Stress: Der Gehirnenergieverbrauch ist immer wieder oder sogar dauerhaft stark erhöht. Ruhephasen im Ökonomiemodus gibt es nur wenige oder gar keine. Der durchschnittliche Gehirnenergieverbrauch (gestrichelte Linie) ist stark erhöht. Nach Habituation: In bestimmten Lebenssituationen fallen aufgrund der Habituation die Stressreaktionen aus. Es verbleiben wenige andere Lebenssituationen, in denen die Fähigkeit, eine Stressreaktion auszubilden, noch erhalten ist. Nach der Habituation ist der durchschnittliche Gehirnenergieverbrauch (gestrichelte Linie) erniedrigt und befindet sich fast im Niveau des Ökonomiemodus.

TOXISCHER STRESS – AUSBLEIBENDE HABITUA-TION. Viele Menschen können gar nicht habituieren. Das sind Menschen, die Stress über einen längeren Zeitraum auf hohem Niveau aushalten und unter der Einwirkung von Dauerstress in Zustände geraten, die sich langfristig als toxisch erweisen. In japanischen Unternehmen hat dieses Phänomen zu einer Arbeitshaltung geführt, die toxischen Stress epidemieartig zu einer Erkrankung mit Todesfolge ausarten ließ. Der japanische Begriff Karoshi umschreibt eine tödliche Erschöpfung durch extreme »freiwillige« Steigerung der Arbeitszeiten (als Ausdruck besonderen Engagements und Fleißes) – zum Teil über einen Zeitraum von Monaten oder Jahren. In der Vergangenheit wurde dieser Hang zur Selbstausbeutung von vielen Unternehmen durchaus unterstützt, ja sogar gefördert. Nach einer Klagewelle von Familien, die einen Angehörigen durch Karoshi verloren hatten, setzte in vielen Firmen ein Umdenken ein. Doch dann stellte sich heraus, dass es gar nicht so einfach ist, eine neue Kultur der regulierten Arbeitszeiten bei den Mitarbeitern durchzusetzen, weil deren Zielerwartungen offenbar stark vom Ideal, immer mehr zu leisten, geprägt sind. Einige Unternehmen versuchen nun Mitarbeiter zum Einhalten von Regelarbeitszeiten zu zwingen, indem Computer heruntergefahren werden. Eine andere Firma schickt eine Drohne in die Büros, um mit optischen und akustischen Signalen penetrant daran zu erinnern, dass Feierabend ist.

Das Beispiel verdeutlicht, wie schwer es für Menschen ist, die gar nicht habituieren können, aus der Stressspirale auszusteigen. Sie befinden sich in einem dynamischen Prozess, bei dem das Stresssystem in immer kürzeren Intervallen hochfährt. Das sieht im Diagramm wie eine steil verlaufende Sinuskurve aus (Abb. 17, Mitte). Das Gehirn eines Menschen, der nicht habituieren kann, ist mit Noradrenalin regelmäßig oder permanent geflutet, was zu übersteigerter Wachheit und Schlaflosigkeit führt. Das ebenfalls erhöhte Cortisol versetzt das Gehirn in gesteigerte Umlernbereitschaft. Ein derart strukturiertes Gehirn sucht permanent nach Updates, um für die akute Stressursache eine Lösung zu finden.

Der übergeordnete Ziel-Prior markiert den Zustand, der durch eine Lösung erreicht werden soll (Soll-Zustand). Charakteristisch für einen Menschen, der nicht habituieren kann, ist, dass seine eng gesteckten übergeordneten Ziel-Prioren feststehen wie ein Fels und bis auf Weiteres nicht verändert werden. Also zum Beispiel ein bestimmtes Projekt um jeden Preis zu einem festgesetzten Zeitpunkt fertigzustellen, auch wenn die äußeren Umstände dagegensprechen, und es nur dann zu schaffen ist, wenn noch mehr Zeit und Energie eingebracht wird. Der Weg dorthin ist aber ungewiss – daher der Stress.

Es gibt aber noch zahlreiche untergeordnete Prioren im Gehirn, das heißt, unsere alten Vorstellungen vom aktuellen Zustand der Welt. Unter Stress werden sie in sich ständig wiederholenden Zyklen durch Posterioren – das heißt aktualisierte Vorstellungen – ersetzt. Beim toxischen Stress ist dieser Kreislauf von Frustration geprägt. Denn um diese vergeblichen Zyklen zu stoppen, fehlen die entscheidenden Informationen. Die versucht sich das Gehirn aus neuer Evidenz zu verschaffen. Im Idealfall führen die Updates gleich zur Lösung. Damit wäre der Fall erledigt, und das Stresssystem könnte runterfahren. Aber solange der Stress anhält, bleibt unsere Wandlungsfähigkeit bestehen, unsere Bereitschaft umzulernen, das heißt, unsere alten Erwartungen durch neue zu ersetzen. Und die neuen Erwartungen sollten einen irgendwann zum gewünschten Ziel bringen. Das ist eigentlich eine ganz wunderbare Fähigkeit: Denn sie versetzt uns in die Lage, ein Problem neu zu betrachten, neue Informationen zu beschaffen und eine Lösung zu finden, wo vorher keine zu erkennen war. Und das ist auch der Grund, warum wir unter Stress so gut umlernen. Weil wir es müssen, wenn wir das Ziel erreichen wollen. Weil es anders nicht geht. Man könnte vereinfacht sagen:

> Der Stressor zwingt uns dazu, unsere Erwartungen von der Welt zu revidieren, und das Stresssystem bringt das Gehirn dazu, uns dabei zu helfen, indem es seine Umlernbereitschaft erhöht.

Und jetzt wird auch sehr deutlich, dass für einen so kostspieligen Vorgang, für eine derart gesteigerte Informationsverarbeitung der Ökonomiemodus nicht ausreichen kann. Für die Problemanalyse, das Umdenken und Umlernen – oder um es mit einem anderen Begriff zu sagen: für das »bayesianische Updating« – benötigt das Gehirn schlicht mehr Energie. Sehr viel mehr Energie. Bayesianisch ausgedrückt könnte man fragen: Wie viel Energie kostet es, um aus den zahlreichen Prioren neue Posterioren zu machen? Diese Kosten nennen die Hirnforscher Komplexitätskosten. Komplexitätskosten sind identisch mit den metabolischen Kosten des Gehirns; sie werden in Joule oder Kalorien angegeben. Beim gutem Leben sind die durchschnittlichen Komplexitätskosten auf lange Zeit gerechnet nur leicht erhöht, denn das Gehirn muss den Ökomodus nur ab und zu verlassen. Bei toxischem Stress hingegen sind die Komplexitätskosten immens erhöht. Und unser Stresssystem agiert dabei, indem es einen zweifachen Ansatz verfolgt: Erstens bringt es das auf Ökonomie gepolte Gehirn in den (vom Gehirn ungeliebten, weil anstrengenden) Hochtourenmodus und verursacht damit enorme Komplexitäts- bzw. Energiekosten. Und zweitens versorgt es das Gehirn mit zusätzlicher Energie aus dem Körper, um die hohen Komplexitätskosten zu decken. Und jetzt zeigt dieses eigentlich wunderbare System des Umlernens unter Stress seine dunkle und gefährliche Seite. Nämlich dann, wenn alles Umlernen nichts hilft …

… weil die nötigen Informationen fehlen oder außerhalb unserer Reichweite liegen;
… weil wir nicht genügend Einfluss oder Kontrolle haben, um das Problem zu lösen;
… weil es zu viele Optionen gibt und die eine richtige Lösung nicht zu erkennen ist.

Wer nicht habituieren kann und in toxischen Stress gerät, ist permanent auf der Suche nach der Lösung – oft ohne sie zu finden. Dabei sind diese Menschen ständig wach, überdreht, finden nachts keinen Schlaf, ihre Gedanken kreisen, sie grübeln, sorgen sich, sie versuchen es immer wieder aufs Neue – doch ihre Handlungen laufen dann ins Leere. Wenn das Gehirn einer Person, die nicht habituieren kann, sich so festfährt, braucht die Person therapeutische Hilfe.

Es ist offensichtlich, dass wir Menschen nicht dafür ausgelegt sind, ständig die immensen Komplexitätskosten des Gehirns tragen zu müssen. Stress ist eine Fähigkeit, die in Episoden effektiv und sinnvoll ist. Wer im Stress aber als Dauerzustand lebt, muss ernst zu nehmende Konsequenzen tragen – nämlich gesundheitliche Risiken, wie sie für Stressfolgeerkrankungen typisch sind: Herz-Kreislauf-Erkrankungen (Kap. 12). Aber auch ein erhöhtes Depressionsrisiko, das enorm ansteigen kann, wenn sich ein Scheitern anbahnt. Kognitive Leistungseinbußen drohen als weitere Gefahr. Und das Burnout-Syndrom umschreibt, welche Krankheiten zudem noch zu befürchten sind.

HABITUATION. Der Gegenentwurf dazu sind Menschen, die infolge von erheblichem Stress habituiert haben: Sie mögen nicht so überlastet erscheinen, nicht so überwach, nicht so stark auf Umlernen programmiert und nicht so sehr von Aktivitäts- und Veränderungsdrang getrieben – aber genau das schützt sie vor toxischem Stress und seinen gravierenden gesundheitlichen Folgen. Nach einer Habituation sieht der übergeordnete Ziel-Prior ganz anders aus (Abb. 16, Mitte). Es wird deutlich, dass diese Glockenkurve wesentlich flacher verläuft. Es ist eher die Silhouette eines flachen und breiten Hügels (unpräzise, nicht so eng gesteckte Zielerwartungen) als die eines spitz und steil nach oben strebenden Berggipfels (präzise, eng gesteckte Zielerwartungen). Diejenigen, die ungenaue, nicht so eng gesteckte Zielerwartungen haben, tolerieren mehrere mögliche Zustände und sind nicht so auf das Erreichen ihres Ziels fixiert. Man gibt sich auch mit weniger zufrieden.

Das war nicht immer so. Menschen werden nicht mit einer Habituation geboren. Die Habituation ist ein Prozess, der dann eintreten kann, wenn ein Mensch über längere Zeit chronischem Stress oder akut extrem starkem Stress (Trauma) ausgesetzt ist. Die Entscheidung zu habituieren trifft man nicht. Sie fällt unbewusst, und sie fällt im Gehirn. Das

Stresshormon Cortisol und die Endocannabinoide spielen dabei eine entscheidende Rolle. Unter ihrer Regie werden die Ziel-Prior-Erwartungen im präfrontalen Cortex verstellt. Oder man könnte auch sagen: Die Zielerwartungen werden entschärft. Offenbar vermindert die Habituation die Präzision der Zielerwartungen. Es sieht so aus, als ob Menschen nach einer Habituation ihre Ziele nicht mehr so eng stecken. Ihre Ziele erscheinen nicht mehr so genau festgelegt. Wie in dem Beispiel aus der Arbeitswelt deutlich wurde, lassen sie sich nicht von Termindruck oder anderen Ambitionen so stark antreiben wie Menschen, die nicht habituieren können. Oder anschaulich formuliert: Zu habituieren bedeutet, den Dingen mehr Zeit und Raum zu lassen.

Wird der psychosoziale Druck zu stark, so ist Habituation eine gute Strategie, diesen Druck zu entschärfen. Und das funktioniert wunderbar, indem Ziel-Prioren unpräziser werden und die Ziel-Prior-Glockenkurve sich verbreitert. Die Sache hat jedoch einen Haken: Abb. 16 zeigt, dass eine solche Verbreiterung der Ziel-Prior-Glockenkurve den Handlungsantrieb einschränkt. Das Problem besteht also darin, dass sich die Anzahl möglicher Zustände, die man im Leben tatsächlich einnimmt, erhöht. Ganz einfach ausgedrückt: Der Perfektionist kennt nur einen Zustand, in dem er sich aufhält. Wer hingegen geringere Ansprüche hat, wird feststellen, dass es eine ganze Reihe verschiedener Zustände geben kann, in denen es sich leben lässt. Bildlich gesprochen könnte man die Situation mit einem Bergwanderer und einem Höhenbergsteiger vergleichen. Der Höhenbergsteiger will die Achttausender erklimmen – am besten ohne zusätzlichen Sauerstoff. Es muss also ein Achttausender sein, andere Aufenthaltsorte hält er in seinen

Ferien für inakzeptabel. Er muss einen ungeheuren Aufwand betreiben, um sein Ziel zu erreichen. Geld, Zeit, Material, körperliche Fitness – alles muss top sein. Auch der Bergwanderer liebt die Höhenluft. Aber er begnügt sich mit mittleren Gebirgen, ist auf Wanderwegen unterwegs, genießt den Ausblick, die gute Bergluft und spürt nicht den Drang, Rekorde zu brechen. Damit hat der Bergwanderer deutlich mehr für ihn akzeptable Zustände, in denen er seine Ferien verbringen kann. Während der Höhenbergsteiger vielleicht sogar berühmt wird oder zumindest auf große Anerkennung hoffen kann, bleibt der Wanderer bescheiden. Ihm genügt sein Status. Und so ist es meist auch in vielen verschiedenen Lebensbereichen. Menschen, die nicht habituieren können, werden oft lange Zeit von unrealistischen Ambitionen getrieben, die ihnen toxischen Stress verursachen. Menschen, die infolge von überwältigendem Stress habituiert haben, geben sich auch mit einem niedrigeren sozialen Rang zufrieden oder anderen widrigen Lebensbedingungen wie Armut (Abb. 18). Daher kann man oft beobachten, dass Menschen nach einer Habituation selbst ungünstigste Lebensbedingungen ohne Beanstandung tolerieren (siehe Abb. 18).

Die Habituation schützt vor toxischem Stress, indem sie Komplexitätskosten spart. Gerät ein habituierter Mensch nämlich einmal in eine Lage, die er selbst akzeptabel findet, die aber ein nichthabituierter Mensch für nicht akzeptabel halten würde, wird der Habituierte nicht gestresst reagieren, Noradrenalin macht ihn nicht hellwach, Cortisol befördert nicht sein Umlernen, und für Updates besteht wenig Notwendigkeit. Nach Habituation ist der übergeordnete Ziel-Prior verändert worden (nicht mehr so eng

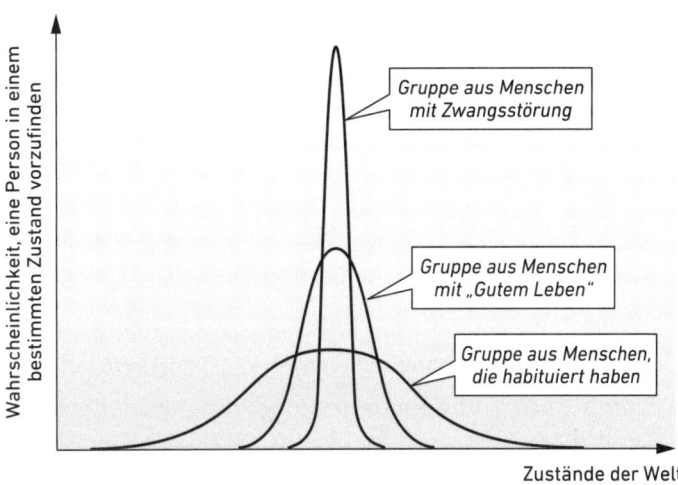

Abb. 18: Wahrscheinlichkeiten, eine Person einer Gruppe in einem bestimmten Zustand anzutreffen. Menschen mit einem guten Leben existieren in relativ eng definierten Lebensbedingungen, d. h. sie nehmen nur eine kleine Anzahl von möglichen Zuständen ein. Menschen, die habituiert haben, findet man unter weiter gesteckten Lebensbedingungen, d. h. sie besetzen eine große Anzahl von möglichen Zuständen in der Welt. Menschen mit Zwangsstörungen findet man hingegen nur unter extrem eng definierten Lebensbedingungen, d. h. sie nehmen nur eine minimale Anzahl von möglichen Zuständen ein.

gesteckt). Aber die zahlreichen untergeordneten Prioren, also die Erwartungen von den aktuellen Zuständen dieser Welt, bleiben nach Habituation unverändert. Im Prior-Posterior-Zyklus des habituierten Menschen sind also Prioren und Posterioren fast immer gleich. Derartig geringe Prior-Posterior-Veränderungen kosten kaum Energie. Ein großer Unterschied zwischen Prior und Posterior hingegen würde kosten; denn Prioren in Posterioren umzuwandeln, sind Komplexitätskosten. Wir fassen zusammen: Habituation senkt die Komplexitätskosten und verringert damit auf lange Sicht gerechnet den durchschnittlichen Energieverbrauch des Gehirns (Abb. 17, unten).

ZWANG. Schauen wir uns abschließend noch eine weitere Kurvendarstellung an (Abb. 16, unten). Hier sehen wir, dass der übergeordnete Ziel-Prior extrem steil ansteigt – also für sehr, sehr hohe Ansprüche steht. So etwas gibt es bei bestimmten Menschen – allerdings dann in einer krankhaften Ausprägung. Was wir hier sehen, ist das Profil einer Zwangsstörung. Es gibt zum Beispiel einen Reinlichkeitszwang, bei dem die Betroffenen Stunden über Stunden jeden Tag mit den immer gleichen Putzroutinen zubringen, obwohl ihre Wohnungen nach objektiven Maßstäben bereits höchsten hygienischen Sauberkeitsansprüchen genügen. Oder einem Ordnungszwang, bei dem eine perfekte Ordnung eingehalten wird, indem Dinge wie Bücher, Kleidung oder Nahrungsmittel nach genauen Regeln präzise angeordnet werden. Selbstredend nehmen Menschen mit Zwangsstörungen nur eine sehr kleine Anzahl von Zuständen ein (Abb. 18). Wer einen Ordnungszwang hat, befindet sich in der Regel in einem perfekt aufgeräumten Zimmer (weil er selbst es aufgeräumt hat). Die hochpräzisen Zielerwartungen führen bei diesen Menschen zu einem enormen Handlungsantrieb (Abb. 16, unten), der allerdings oft ins Leere läuft und einen hohen Leidensdruck erzeugt.

Es gibt aber noch einen anderen besonderen menschlichen Zustand, in dem unsere Zielerwartungen extrem eng gesteckt sind, diesmal in Bezug auf eine andere Person. Auch dieser Zustand bringt sehr viel Unruhe ins Leben: das Frühstadium intensiver romantischer Liebe …

16. Dick durch Habituation

Die Amphetamin-Story: Von der Abnehmpille über den Wachmacher in Kriegszeiten bis zur modernen Designerdroge • Warum machen Betablocker dick? • Gehirnenergie, Stress und Körpergewicht sind untrennbar miteinander verknüpft • Probleme bei gezügeltem Essen • Wer wird unter Stress dick – wer nicht? Eine Studie mit Londoner Studenten

1887 wurde das erste Mal der Wirkstoff Amphetamin synthetisch hergestellt. Im Zweiten Weltkrieg nahmen deutsche Soldaten das neue Aufputschmittel massenhaft als Wachmacher ein. Später machte der Stoff eine große Karriere als Basis für verschiedene Designerdrogen wie Speed oder dem zurzeit weitverbreiteten Chrystal Meth. In gewisser Weise könnte man Amphetamine auch als Stressdroge bezeichnen. Denn unter dem Einfluss von Amphetamin wird das Gehirn mit Noradrenalin regelrecht überschwemmt. Das macht überwach und energiegeladen, aber eben auch gestresst. Unter dem Einfluss von Amphetamin an Schlaf nur zu denken, ist nahezu ausgeschlossen. Man könnte sagen, dass Amphetamine künstlich einen Zustand im Gehirn erzeugen (Abb. 19), der mit toxischem Stress vergleichbar ist (Abb. 11). In den 1950er-Jahren erreichten Gebrauch und Missbrauch von Amphetaminen weltweit enorme Ausmaße, die Zahl der Konsumenten stieg auf mehrere Millionen. In den 1980er-Jahren wurde in Deutschland die Substanz wegen ernster Nebenwirkungen wie Suchtgefahr unter das Betäubungsmittelgesetz gestellt. Handel, Besitz und Herstellung ohne Genehmigung wurden somit strafbar. Doch davor hat die Superdroge noch eine weitere Karriere gemacht: Bis Ende der 1930er-Jahre fand Amphetamin große Verbreitung als sehr wirksame Abnehmpille (siehe Abb. 19).

Aber wenn es Pillen gibt, deren Anwendung eine Gewichtsabnahme zur Folge hat, sind natürlich auch Medikamente denkbar, die das Gegenteil bewirken. Man kann sich allerdings vorstellen, dass Dickmachpillen kein Verkaufsschlager sind, und tatsächlich ist Gewichtszunahme bei Medikamenten eine extrem unerwünschte Nebenwirkung. Dennoch kommt sie nicht selten vor – nämlich zum Beispiel bei den millionenfach verordneten Betablockern oder, genauer bezeichnet, Betarezeptorblockern. Betablocker hemmen nämlich auch die unten beschriebenen β-Rezeptoren (Abb. 19), die im Gehirn Noradrenalin binden und für die wachmachende Wirkung von Noradrenalin verantwortlich sind. Bekannt sind Betablocker vor allem als Blutdrucksenker oder als Mittel zur Migräneprophylaxe. Aber ihrer eigentlichen Wirkweise nach sind diese Medikamente Stresshemmer. Weil sie die Wirksamkeit von Noradrenalin blockieren, reduzieren sie künstlich die Effekte unserer Stressantwort sowohl im Gehirn als auch im Körper. Das vom Stress abgeschirmte Gehirn braucht so also weniger Energie, dementsprechend muss weniger Blut zirkulieren. Daher also die Wirkung als Blutdrucksenker. In der Hirnhaut weiten sich unter Stress die Blutgefäße (ebenfalls um die Blutversorgung des Gehirns zu steigern), was zu heftigsten Migränekopfschmerzen führen kann. Indem die Betablocker das menschliche Gehirn dauerhaft in den

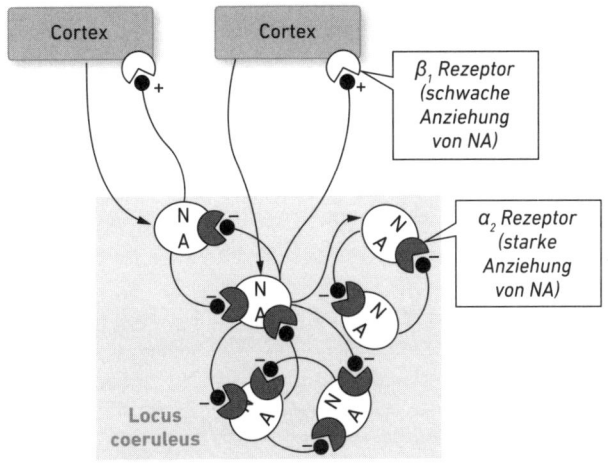

● Amphetamin-Wirkung

Niedrigdosierte Amphetamine (ADHS-Therapie)

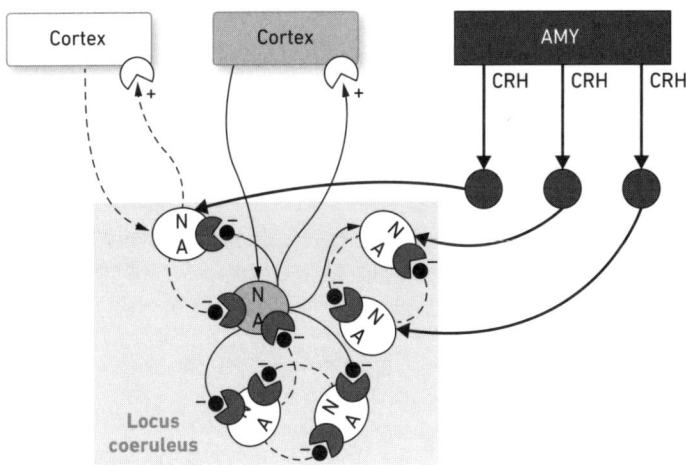

● Amphetamin-Wirkung

Abb. 19: Hochdosierte Amphetamine (Speed) versus niedrigdosierte Amphetamine (ADHS-Therapie). Amphetamine sind Drogen bzw. Medikamente, deren Hauptwirkung darin besteht, verstärkt Noradrenalin (NA) an den Nervenzellendigungen freizusetzen. Amphetamine haben auch noch andere Wirkungen, die in diesem Zusammenhang aber eine untergeordnete Rolle spielen. Wie schon in Kapitel 9, Abb. 11 beschrieben, bindet NA vor allem an zwei Rezeptoren:

- α_2-Rezeptoren: Sie ziehen NA-Moleküle stark an, d.h. sie werden schon bei niedrigen NA-Konzentrationen aktiviert. Diese Rezeptoren sind vor allem auf den LC-Neuronen lokalisiert und wirken sich dort hemmend auf die Nervenzellaktivität aus.
- β_1-Rezeptoren: Sie ziehen NA-Moleküle nur schwach an, d.h. sie werden erst bei hohen NA-Konzentrationen aktiviert. Diese Rezeptoren sind vor allem in Cortex-Arealen lokalisiert, wo sie sich verstärkend auf die Nervenzellaktivität im Cortex auswirken.

Hochdosierte Amphetamine (Speed, Crystal Meth): Werden Amphetamine hochdosiert als Drogen eingenommen (Speed, Crystal Meth), können sie im Cortex extrem viel NA freisetzen, was ausreicht, um dort die schwach anziehenden β_1-Rezeptoren zu aktivieren. Auf diese Weise erhöht hochdosiertes Amphetamin als Speed die Aktivität zahlreicher Cortex-Areale. Das kortikale Aktivitätsmuster unter hochdosierten Amphetaminen ist vergleichbar mit dem unter Stress (Kap. 9, siehe Abb. 11). [Anmerkung: Wenn auf der hierarchisch höheren Ebene zahlreiche Cortex-Areale bereits durch Amphetamine aktiviert sind, spielt es keine Rolle mehr, ob auf der hierarchisch niedrigeren Ebene die LC-Neuronen aus- oder angeschaltet sind.] Niedrigdosierte Amphetamine (ADHS-Therapie): Amphetamine werden auch zur Therapie der Aufmerksamkeitsdefizit-/Hyperaktivitätsstörung (ADHS) eingesetzt. Das Symptom Überwachheit und die Aufmerksamkeitsdefizite bei dieser Störung sind genau die gleichen wie sie unter Stress auftreten. Die ADHS kann daher als ein Symptom bei toxischem Stress angesehen werden. Gibt man bei der ADHS niedrigdosiert Amphetamine (Ritalin ist der Handelsname), so dockt NA ausschließlich an die α_2-Rezeptoren im LC (wegen ihrer starken Anziehungskraft auf NA), aber nicht an die β_1-Rezeptoren im Cortex (wegen ihrer schwachen Anziehungskraft auf NA). Unter dem Einfluss von Amphetaminen werden also im LC die hemmenden α_2-Rezeptoren aktiviert, sodass die stimulierende Wirkung der Amygdala wieder aufgehoben wird. Auf diese Weise gibt es wieder ein stärkstes LC-Neuron, das nur ein einziges Cortex-Areal unterstützt. Damit stellt die niedrigdosierte Amphetamintherapie eine fokussierte Aufmerksamkeit wieder her.

Ökomodus umschalten, bleiben die Hirngefäße selbst in eigentlich stressigen Lebenssituationen entspannt. So weit, so positiv. Doch Betablocker sorgen eben auch dafür, dass das Stresssystem insgesamt weniger reaktionsfähig ist, und – je nach Dosierung – kann sogar eine Art medikamenteninduzierte generalisierte Habituation durch Betablocker eintreten. Als typische Betablocker-Nebenwirkungen wären zu nennen: Antriebslosigkeit, Müdigkeit, Libidoverlust und eben auch Gewichtszunahme.

- *Zwar lässt sich die Wachheit künstlich durch Medikamente manipulieren, aber das hat immer und ohne Einschränkung gravierende Auswirkungen auf das Körpergewicht. Denn der gemeinsame Faktor, der Wachheit und Körpergewicht untrennbar aneinanderkoppelt, ist der Energieverbrauch des Gehirns.*

Im vorigen Kapitel haben wir über die Komplexitätskosten des Gehirns gesprochen und wie eng Stress und zerebraler Energieverbrauch miteinander verwoben sind. Um diesen Zusammenhang zu verdeutlichen, werfen wir nun einen Blick in das Gehirn im Zustand konzentrierter Aufmerksamkeit und vergleichen seinen Zustand mit einem Gehirn unter Stress. Der Locus Coeruleus (LC; vgl. Kap. 9) bezeichnet das Hirnareal, in dem das Stresshormon Noradrenalin in sehr hoher Konzentration gebildet wird. Von hier bestehen direkte Verbindungen zu allen Bereichen der Hirnrinde, allen Cortex-Arealen. Hier entfaltet das freigesetzte Noradrenalin seine aufputschende Wirkung. Doch wenn das Gehirn konzentriert arbeitet, wäre ein Fluten des gesamten Cortex mit Noradrenalin kontraproduktiv. Denn im Zustand der Fokussierung ist klar, dass im LC nur bestimmte Verbindungen zu den gerade benötigten Bereichen des Cortex aktiv sein müssen, denn das Gehirn bewegt sich auf bekanntem und sicherem Terrain. Der erfahrene Chirurg, der eine schwierige, ihm aber durchaus vertraute Operation durchführt, befindet sich in genau so einem Zustand. Eine großflächige Ausschüttung des Stresshormons Noradrenalin würde bei ihm nur Hirnareale aktivieren, die er jetzt gerade nicht gebrauchen kann. Im LC des Chirurgen sieht es also derzeit so aus, dass die Rezeptoren, die Noradrenalin sehr stark anziehen, ihren starken hemmenden Einfluss gelten machen und so diejenigen Cortex-Areale abschalten, die gerade nicht benötigt werden. So kann sich der Chirurg voll und ganz auf eine Sache konzentrieren: nämlich die Operation (Kap. 9, Abb. 11, oben).

Im gestressten Gehirn hingegen werden weite Teile des Cortex mit dem Stresshormon Noradrenalin geflutet und in den Zustand erhöhter Wachheit versetzt. Und wenn das eintritt, ist das Gehirn nicht nur in erhöhtem Wachheitszustand, sondern eben auch im Zustand seines höchsten Energieverbrauchs (Kap. 9, Abb. 11, unten).[49, 107] Stark gesteigerte Noradrenalinkonzentrationen im Gehirn erhöhen den Verbrauch von Glukose im Gehirn dramatisch.[108] Und nicht nur das: Da die Verfügbarkeit von Glukose im Körper begrenzt ist, verändert sich die Energieverteilung im menschlichen Organismus ebenso dramatisch. In dem Maße, in dem unter Stress die Noradrenalinkonzentrationen und der Glukoseverbrauch des Gehirns zunehmen, wird die Energiezufuhr für den Körper gedrosselt.[109] Das lässt sich sehr schön am Brötchen-Verzehr-Modell veranschaulichen. Im guten Leben – also unter dem Einfluss von positivem Stress – ist die Energieverteilung ausgewogen. Körper und Gehirn beanspruchen Glukose in etwa gleichen Teilen (Abb. 20, links). Bei toxischem Stress – also dauerhaft erhöhtem Noradrenalin – verschiebt sich dieses Verhältnis drastisch. Nun fordert das Gehirn drei Viertel des Zuckerkraftstoffs und lässt dem Körper nur das übrige Viertel. Diese einfache, aber unumgängliche Energieverteilungsarithmetik erklärt, warum dauergestresste Menschen dünn bleiben oder sogar dünner werden, obwohl sie nicht weniger essen (Abb. 20, Mitte). Nach Habituation kehrt sich die Situation um. Weil im Gehirn dieser Menschen im zeitlichen Mittel unterdurchschnittliche Noradrenalinmengen zum Einsatz kommen, fordert das Gehirn lediglich ein Viertel von jedem Brötchen und verweist drei Viertel des Brötchens an den Körper (Abb. 20, rechts). Weil also das Gehirn nach Habituation in einer Art Super-Energiesparmodus arbeitet, kommt es zu einem Energieüberschuss im Körper (Einzelheiten siehe Abb. 20). Der gesunde Organismus aber kann überschüssige Glukose nicht einfach loswerden oder ausscheiden. Die Folge davon ist, dass der Mensch langfristig infolge der Habituation an Gewicht zunimmt (siehe Abb. 20). Dies geschieht in erster Linie durch Zunahme des Unterhautfettgewebes.

Jetzt könnte man natürlich auf die naheliegende Lösung kommen und Folgendes annehmen: Da das Gehirn weniger Energie braucht und der Körper zu viel bekommt, drosselt man einfach die Zufuhr. Genauso funktionieren ja kalorien- oder kohlenhydratreduzierende Diäten. Zu diesem Thema gibt es eine einzige aussagekräftige groß angelegte randomisiert-kontrollierte Studie, und die zeigt: Derartige Abnehmversuche verlängern das Leben um keinen einzigen Tag.[110] Denn eine künstliche Nahrungsbeschränkung (Diät oder gezügeltes Essverhalten) hat einen gewaltigen Haken: In einer solchen Situation würden habituierte Menschen, die die benötigte Energie nicht in ausreichendem Maße zu sich nehmen, zwei ernsthafte Probleme bekommen: Ers-

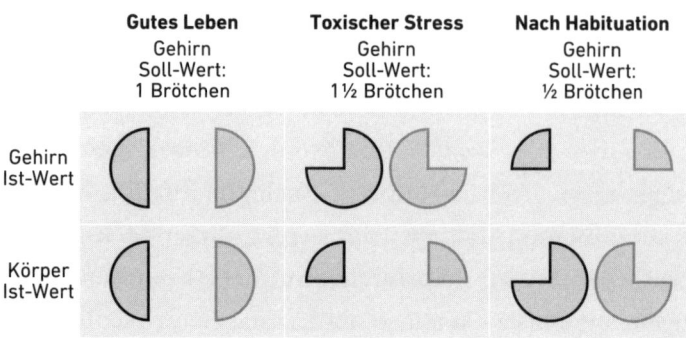

Gutes Leben	Toxischer Stress	Nach Habituation
Gehirn Soll-Wert: 1 Brötchen	Gehirn Soll-Wert: 1½ Brötchen	Gehirn Soll-Wert: ½ Brötchen

Gehirn Ist-Wert

Körper Ist-Wert

Abb. 20: Glukoseverteilung zwischen Gehirn und Körper beim guten Leben, unter toxischem Stress und nach Habituation. Gezeigt wird, wie zum Frühstück gegessene Brötchen über einen Zeitraum von vier Stunden (z. B. den Zeitraum vom Frühstück bis zum Mittagessen) den Energiebedarf des Gehirns decken sollen (Soll-Werte) und wie sich nach der Nahrungsaufnahme die Energie tatsächlich auf das Gehirn und den Körper verteilt (Ist-Werte). Gutes Leben: Kurze Episoden mit gutem Stress wechseln mit längeren Ruhephasen ab. Beim guten Leben braucht das Gehirn für den Vier-Stunden-Zeitraum nach einem Frühstück 1 ganzes Brötchen (Soll-Wert). Bei dem Menschen mit gutem Leben gelangt bedarfsgerecht 1 Brötchen ins Gehirn und 1 Brötchen in den Körper (Einzelheiten siehe Abb. 13). Toxischer Stress: Lang andauernde oder wiederkehrende Stressphasen herrschen vor. Das Gehirn hat infolge des überaktivierten Stresssystems, das zu dauerhafter Überwachheit führt, einen erhöhten durchschnittlichen Glukosebedarf von 1½ Brötchen (Soll-Wert). Beim Menschen mit toxischen Stress gelangen bedarfsgerecht 1½ Brötchen ins Gehirn und ½ Brötchen in den Körper (Einzelheiten siehe Abb. 13). Auf lange Sicht verliert der gestresste Mensch an Körpergewicht, vor allem durch Verlust des subkutanen Unterhautfettgewebes. Nach Habituation: Viele Stressepisoden bleiben aus, und sehr lange Ruhephasen herrschen vor. Durch ein unteraktiviertes Stresssystem sinkt der durchschnittliche Gehirnbedarf (da weniger häufig überwach), der ausreichen sollte, um mit einem Frühstück bis zum Mittagessen durchzuhalten, auf ½ Brötchen ab (Soll-Wert). Wenn ein habituierter Mensch also an einem Morgen zunächst 1 Brötchen frühstückt (schwarz gerahmt), gelangen wegen des unterforderten Brain-Pull nur ¼ Brötchen ins Gehirn und ¾ Brötchen in den Körper. Das reicht aber noch nicht aus, um den gesamten Bedarf des Gehirns für die vier Stunden zu decken, der zwar gering ist, aber immerhin noch ½ Brötchen beträgt. Also muss der habituierte Mensch noch ein zweites Brötchen (grau gerahmt) frühstücken, um sein Gehirn bedarfsgerecht zu versorgen. Wieder gelangen ¼ Brötchen ins Gehirn und ¾ Brötchen in den Körper. Jetzt hat das Gehirn tatsächlich ½ Brötchen bekommen (Ist-Wert) – sein Bedarf ist nun vollständig gedeckt. Allerdings hat der Körper des Habituierten insgesamt 1½ Brötchen aufgenommen. Die Folge: Auf lange Sicht wird der habituierte Mensch an Körpergewicht zunehmen, vor allem durch Akkumulation des subkutanen Unterhautfettgewebes.

tens, zerebrale Energieeinsparung geht mit neuroglukopenischen Zuständen und kognitiven Leistungseinbußen einher,[111-114] und zweitens verursacht eine zu hohe Belastung des zerebralen Energiestoffwechsels (angezeigt durch hohe Cortisolkonzentrationen)[115, 116] eine Verringerung der Knochenmasse.[117] Somit ist es für Habituierer unabdingbar, so viele Kalorien zu sich zu nehmen, bis der Gehirnbedarf vollständig gedeckt ist. Wer also versucht, sein Körpergewicht zu reduzieren, sollte sich darüber im Klaren sein, dass hier drei Phänomene untrennbar miteinander verbunden sind:[65, 66, 107, 118]

- Energiebedarf des Gehirns,
- Stresssystem und
- Körpergewicht.

2006 schien ein Medikament die Hoffnung all derer zu erfüllen, die einfach, unkompliziert und wirksam abnehmen wollten. Ein großes Pharmaunternehmen hatte in klinischen Tests entdeckt, dass der Wirkstoff Rimonabant, der eigentlich für die Nikotinentwöhnung entwickelt worden war, zur Gewichtsreduzierung führte. Es wurde als *der* Appetitzügler eingeführt, der Gewichtsprobleme für immer lösen sollte. Doch der Traum von der perfekten Abnehmpille währte nur zwei Jahre. 2008 wurde das Mittel wieder vom Markt genommen. Bei den Patienten, die Rimonabant eingenommen hatten, stieg das Depressions- und Suizidrisiko innerhalb kurzer Zeit dramatisch an.[119, 120] In Kapitel 14 haben wir bereits einiges über die Mechanismen der

Habituation erfahren. Damit eine Habituation überhaupt eintreten kann, müssen sowohl die Glucocorticoid-Rezeptoren (GR) als auch die Cannabinoid-Rezeptoren aktiviert werden. Nehmen wir an, jemand, dessen Gehirn sich auf die Stressabwehrstrategie der Habituation eingestellt hat, steht über einen längeren Zeitraum unter dem Einfluss von Cannabinoid-Rezeptor-Blockern. Was also wird passieren? Hirnphysiologisch betrachtet, wird die Habituation verhindert beziehungsweise aufgehoben, indem die Cannabinoid-Rezeptoren geblockt werden und das Noradrenalin, das bisher so erfolgreich ausgesperrt wurde, nun ungehindert im Gehirn schaltet und waltet. Der Energieverbrauch im Gehirn steigt dramatisch. Und deshalb geht auch das Körpergewicht runter – fast wie von selbst. Aber auch der Stresspegel steigt enorm. Wie gesagt: Die entfesselten Stresshormone Noradrenalin und Cortisol sorgen für einen dauerhaften Wach- und Reizzustand. Massive Schlafstörungen, Konzentrationsstörungen, Reizbarkeit und starke Stimmungsschwankungen bis hin zu schweren Depressionen sind die mittelfristigen Folgen. Daraus resultierend steigt die Gefahr eines Suizids stark an, weil dieser Zustand immer unerträglicher wird. Und genau das passierte unter der Einwirkung der Abnehmpille Rimonabant. Der Wirkstoff hatte sein Abnehmwunder vollbracht, in dem er tief in den Hirnstoffwechsel und das neuronale Habituationsgeschehen eingriff. Zu tief.

Was wir nun wissen, ist, dass es drei unterschiedliche Strategien gibt, mit Stress umzugehen. Wir können unsere Zielerwartungen weniger eng stecken und habituieren, was wie eine Art Schutzschild gegen Stress wirkt. Oder wir habituieren nicht und laufen Gefahr, in eine toxische

Stressspirale zu geraten. Am besten wäre es natürlich, man würde zu denen gehören, die die Strategie Leben im guten Stress anwenden, so wie im Haus-am-See-Beispiel. Doch die entscheidende Frage lautet, warum die einen habituieren und andere nicht. Und warum sind wir nicht alle Haus-am-See-Typen? Die Wahrheit ist: Wir haben es nicht oder nur bedingt selbst in der Hand, für welche Stressstrategie sich unser Gehirn entscheidet.

In einer Londoner Studie wurden Erstsemester-Studenten untersucht und über das erste Studienjahr wissenschaftlich begleitet. Ausgehend von der Annahme, dass Studium oder Einstieg ins Berufsleben stressig sein können und eine hohe Anpassungsleistung erfordern, wollten die Forscher herausfinden, wie Stress, Appetit und Körpergewichtsveränderungen zusammenhängen. Das Ergebnis war zunächst verblüffend: Etwa 40 Prozent der Studenten aßen mehr, etwa 40 Prozent aßen weniger; lediglich bei 20 Prozent änderte sich nichts. Entsprechend ihrem Essverhalten nahmen die einen an Körpergewicht zu, die anderen ab, und der Rest zeigte ein stabiles Gewicht.[121, 122] Die ersten klassischen Befunde wurden in nachfolgenden größeren Studien bestätigt, die ebenfalls zeigten, dass einige der gestressten Personen an Gewicht zunehmen, während andere abnehmen.[123–126] Jedenfalls waren die drei Gruppen von London-Studenten in ähnlicher Weise verteilt wie die Gruppen von Menschen, die zur Habituation neigen, die nicht zur Habituation neigen, und die mit dem gutem Stress.[99]

17. Veränderungen der Körperform während des Lebens

Vom Erwachsenwerden des Gehirns • Pruning: Wie in der Pubertät die Nervenverbindungen gekappt werden • Für das beste Modell gilt: »*So einfach wie möglich, aber nicht einfacher*« • *Bei Erwachsenen gibt es drei Phänotypen • Wer dauergestresst ist, hat ein geringeres Selbstwertgefühl • Anorexia nervosa: Wenn das Gehirn dem Körper zum lebensbedrohlichen Energiekonkurrenten wird*

Welches Rüstzeug benötigen wir, um das Leben meistern zu können? Was müssen wir bis dahin erlernen? Und wie müssen sich Körper und Gehirn entwickeln, um diese Reife zu erlangen? Diese Zeitspanne – von der Geburt bis zum Erwachsenwerden – dauert bei verschiedenen Säugetierarten erstaunlicherweise sehr unterschiedlich lange. Eine Maus ist nach vier Monaten erwachsen. Bei einem Hund sind es zwei Jahre, bei einem Schimpansen sieben, während ein Menschenkind ungefähr 18 bis 20 Jahre benötigt, um die Lebensreife zu erlangen. Auch die Fähigkeiten, mit denen Säugetiere zur Welt kommen, sind sehr unterschiedlich ausgeprägt. Während ein Menschenbaby etwa ein Jahr braucht, um den hochkomplizierten Gang auf zwei Beinen zu erlernen, ist ein Fohlen unmittelbar nach der Geburt in der Lage, auf seinen vier Beinen loszustolpern. Das liegt natürlich daran, dass Pferde als Fluchttiere sofort laufen können müssen, während das menschliche Neugeborene den größtmöglichen Schutz der Eltern genießt und getragen wird. Hinter diesen so unterschiedlichen Entwicklungszyklen stecken die Notwendigkeiten des Gehirnwachstums und der -entwicklung. Beim Fohlen ist der motorische Cortex – das Bewegungszentrum des Gehirns – bei der Geburt bereits voll ausgebildet, weil Laufen bei Pferden eine überlebenswichtige Fähigkeit darstellt. Das Gehirn eines Menschenbabys hingegen hat bei der Geburt eine lange und komplexe Phase des Wachstums vor sich. Vieles ist angelegt, aber nur sehr Weniges bereits ausgereift. Auch der motorische Cortex ist bei Neugeborenen vergleichsweise unterentwickelt. Laufen muss also erlernt werden. Und obwohl es bei Weitem nicht voll entwickelt ist, beansprucht das menschliche Gehirn bei der Geburt mit Abstand mehr Energie als alle anderen Organe: nämlich 50 Prozent der Gesamtenergie, die dem Säugling zur Verfügung steht. Das Gewichtsverhältnis Gehirn zu Körper ist beim Neugeborenen etwa 1:9. Das Gehirn macht also immerhin ein Zehntel des Gesamtgewichts aus. Das wird sich im Verlauf der folgenden achtzehn Jahre dramatisch ändern: Beim Erwachsenen liegt das Gewichtsverhältnis nur noch in der Größenordnung 1:60. Dann verbraucht die Denkzentrale immer noch stattliche 20 Prozent von der Gesamtenergie eines Erwachsenen.

Das führt zu der Überlegung, wie eng Gehirn- und Körperwachstum eigentlich miteinander verwoben sind. Oder anders gefragt: Verläuft unsere körperliche und mentale Erwachsenwerdung deshalb so, wie wir sie kennen, weil ein gleich schnelles und paralleles Wachstum von Körper und Gehirn gar nicht möglich ist? Stellen wir die notwendigen Prozesse, die dazu führen, dass aus einem Neugeborenen ein Erwachsener wird, als Verlaufskurven dar (Abb. 21), so wird auf den ersten Blick deutlich, dass wir unser Leben mit extremen Anfangswerten beginnen und diese Stränge (oder Verläufe) sich jeweils im Laufe der Jahre auf ein Gleichgewicht einpendeln. Da fällt zunächst die schwarze durchgezogene Kurve ins Auge, die oberhalb der Mitte auf der y-Achse einsetzt. Sie kennzeichnet die informationstheoretische Freie Energie. Wir haben sie bereits in Kapitel 4 kennengelernt. Informationstheoretische Freie Energie (FE_{info}) wird in Bit gemessen und bezeichnet das, was wir noch über die Welt lernen können. Und diese Freie Energie ist im Augenblick der Geburt bei einem Menschen maximal hoch. Das neugeborene Gehirn beginnt in dieser Stunde null aber sofort damit, sein noch zu lernendes Wissen, also die FE_{info}, zu reduzieren – indem es beobachtet, erinnert und lernt. Wie wir auch bereits gesehen haben, ist die FE_{info} direkt an die thermodynamische Freie Energie (FE_{thermo}) gekoppelt, die bekanntlich in Joule oder Kalorien gemessen wird. FE_{thermo} (die graue Kurve) beziffert die Komplexitätskosten des Gehirns, die es benötigt, um FE_{info} zu reduzieren. Einfacher ausgedrückt: Hier sehen wir die Energiekosten eines Gehirns, das gleichzeitig wachsen und lernen muss, also auf Hochtouren arbeitet. Was wir ebenfalls sehen, ist, dass die Komplexitätskosten in der Kindheit so hoch sind wie später im Leben niemals wieder. Der endgültige Ökonomiemodus des Gehirns als Normalzustand tritt also erst im Erwachsenenalter auf (siehe Abb. 21).

Die dritte Kurve (gestrichelt) startet am untersten Ende der y-Achse (Abb. 21). Sie kennzeichnet die Körpermasse (in Kilogramm). Hier fällt auf, dass sie im Kindesalter flacher verläuft und erst im jugendlichen Alter steil ansteigt.

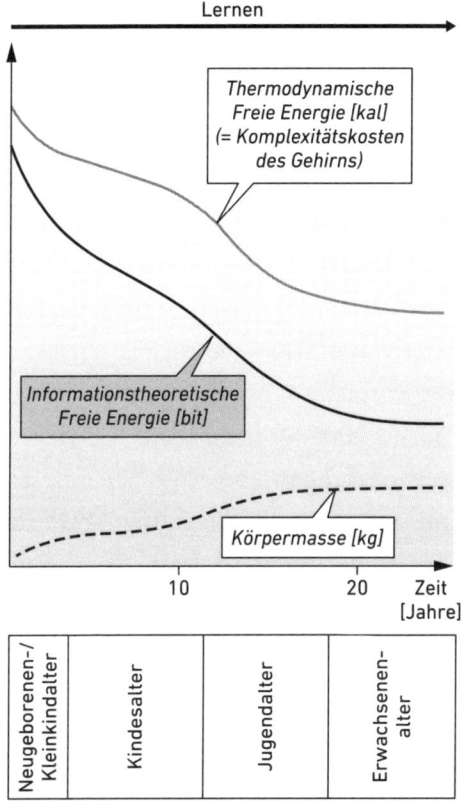

Abb. 21: Informationstheoretische Freie Energie, thermodynamische Freie Energie und Körpermasse während der Entwicklung vom Neugeborenen zum Erwachsenen. Die informationstheoretische Freie Energie erreicht erst mit dem Erwachsenwerden ein Gleichgewicht, genauer ein Minimum. Ebenso erreicht die thermodynamische Freie Energie (d. h. die Komplexitätskosten des Gehirns) mit dem Erwachsenwerden ein Gleichgewicht, ebenfalls ein Minimum. Demgegenüber strebt in der physiologischen Entwicklung die Körpermasse einem Maximum zu, das erst mit dem Zeitpunkt des Erwachsenwerdens erreicht wird. Mit Abschluss des physiologischen Reifeprozesses erreichen also alle drei Größen (schwarz, grau, gestrichelt) gleichzeitig ihren Gleichgewichtspunkt.

Führen wir uns doch einmal die Entwicklung eines Kindes vor Augen. Von der Geburt bis zum Kindesalter vergehen drei Jahre. In dieser Zeit vollbringt das Gehirn wahre

Wunder. Es lernt Sprechen und Verstehen, es lehrt die Beine das Gehen und erwirbt weitere motorische Fähigkeiten, es kann Gesichter erkennen, Stimmen voneinander unterscheiden. Es beginnt Empathie zu nutzen – also das Einfühlen in andere Menschen, das heißt, es liest die Gefühle anderer. Jede Leistung für sich ist schon unglaublich. Dass sich alle gemeinsam so rasant entwickeln, ist schlichtweg atemberaubend. Wir beginnen unser Leben also mit einer ganzen Reihe von Meisterleistungen.

Auch der Körper wächst in dieser Zeit – aber eher verhalten. Und bis zum 10. Lebensjahr ändert sich daran wenig. Die meisten Jungen und Mädchen sind bis dahin eher klein, dünn, mit wenig entwickelter Muskulatur. Das ändert sich erst in der Pubertät dramatisch. Aus den dünnen Mädchen werden im Handumdrehen junge Frauen, aus kleinen Jungen werden muskelbepackte Kerle. Dass das so ist, hängt maßgeblich mit der Entwicklungsphase des Gehirns zusammen. Denn im Alter von etwa zehn Jahren ist eine der großen Phasen der Gehirnentwicklung abgeschlossen. Bis dahin hat das Gehirn nicht nur seine volle Größe erreicht, es ist vor allem auch nach innen gewachsen. Die Zahl der Nervenverknüpfungen (Synapsen) im Gehirn ist auf dem absoluten Lebensmaximum. Ein Kind von zehn Jahren verfügt über ein wesentlich dichter vernetztes Gehirn als ein Erwachsener, weil es bis dahin wie ein Schwamm alles an Wissen und Erfahrung aufgesaugt hat, was es bekommen konnte – das allerdings nicht sehr selektiv. Ein derart »wild« verdrahtetes Gehirn ist zwar sehr faszinierend und auch sehr leistungsfähig, aber nicht gerade hocheffektiv. Und wie wir wissen, strebt unser Gehirn nach dem Zustand des Ökonomiemodus, in dem es gleichzeitig akkurat und energiesparend arbeitet. Der eine Aspekt von Effizienz definiert sich hier also nach einer höchstmöglichen Akkuratheit von Vorhersagen. Die vielen Verzweigungen des kindlichen Gehirns sind durchaus in der Lage, akkurate Vorhersagen zu treffen. Doch der Aufwand und die Komplexitätskosten sind zu hoch. Die Komplexitätskosten sind der andere Aspekt von Effektivität: das, was das Gehirn an Energie verbraucht. Ein genialer Trick unseres bayesianischen Gehirns besteht darin, mit einem möglichst sparsamen Modell von der Welt möglichst gute Vorhersagen zu erzielen. Und wann ist ein Modell sparsam? Wenn es nicht zu komplex ist. Das Vorhersagemodell unseres Gehirns sollte also so einfach wie irgend möglich sein!

Das Vorgehen, mit dem man Vorhersagemodelle vereinfacht, funktioniert übrigens auch in sehr viel größeren Zusammenhängen. Ein Beispiel: Basierend auf Daten der Weltgesundheitsorganisation (WHO), ist es möglich, Sterblichkeitsmodelle zu entwickeln, mit denen man die noch verbleibende Lebensdauer eines bestimmten Menschen vorhersagen kann. Unter diesen Modellen gibt es einfache und komplexere Varianten. Sie enthalten jeweils verschiedene Faktoren, die eine höhere oder niedrigere Lebenserwartung vorhersagen. Bei dem folgenden Modell sind die die Faktoren nach Relevanz geordnet, und zwar von »wichtig« bis »weniger wichtig«. Die Liste umfasst insgesamt x Faktoren, wir nennen einfachheitshalber hier aber nur die ersten zwölf (Tabelle 3):

Rang	Prädiktor
1.	Alter
2.	Geschlecht
3.	Psychosozialer Stress
4.	Einkommen
5.	Bildungsabschluss
6.	Qualität der medizinischen Versorgung
7.	Körperliche Arbeit
8.	Verkehr
9.	Arbeitsschutz
10.	Schutzimpfungen
11.	Gesundheitliche Aufklärung
12.	Vorsorge vor Naturkatastrophen

Tabelle 3: Die Akkuratheit und Komplexität eines Sterblichkeitsmodells. Dieses statistische Modell enthält 12 Faktoren, mit denen man die Lebenserwartung einer bestimmten Person vorhersagen kann. Die Prädiktoren (Einflussfaktoren) sind nach ihrer Einflussstärke geordnet. Am wichtigsten ist das aktuelle Lebensalter der Person. Die Kenntnis des individuellen Alters liefert die meiste Information darüber, wie hoch die Lebenserwartung der Person noch ist. Am zweitwichtigsten ist die Kenntnis ihres Geschlechts. Frauen leben deutlich länger. Das Zusatzwissen um das individuelle Geschlecht verbessert die Vorhersage. Kennt man drittens noch die psychosoziale Stressbelastung der Person (ermittelt mit standardisiertem Fragebogen), kann man die Lebenserwartung der Person noch genauer abschätzen. Ihr Einkommen und ihr Bildungsabschluss liefern weitere entscheidende Zusatzinformationen. Zwar leisten die Faktoren 6–12 (in Grau unterlegt) theoretisch noch einen Beitrag, aber praktisch verbessert ihre zusätzliche Kenntnis die Akkuratheit der Lebenserwartungsvorhersage kaum. Mit den fünf wichtigsten ersten Einflussfaktoren (»Big Five«; weiß unterlegt) kann man bereits ausreichend akkurate Vorhersagen zur Lebenserwartung treffen. Wenn man zusätzlich die Faktoren 6–12 mit einbezieht, steigt die Akkuratheit nicht wesentlich an, dafür aber die Komplexität des Vorhersagemodells. Hohe Komplexität erhöht die Rechen- und Auswertungskosten. Das beste statistische Vorhersagemodell ist das, was akkurate Vorhersagen liefert und dabei möglichst wenig komplex ist.

Wie erwähnt – diese Liste könnte man jetzt weiter und weiter führen. Und vielleicht wundert sich der eine oder andere, dass Lifestyle-besetzte Gesundheitsaspekte wie Sport und Bewegung, Body-Mass-Index und gesunde Ernährung hier nicht erwähnt werden. Diese Faktoren tauchen tatsächlich erst deutlich später auf, weil ihr Einfluss auf die statistische Lebenserwartung sehr viel geringer ist als vielfach angenommen. Überhaupt: Entscheidend für eine akkurate Vorhersage sind hier lediglich die »Big Five«. Allein mit den ersten fünf Faktoren lässt sich die Lebenserwartung eines bestimmten Menschen sehr exakt vorhersagen. Würde man mit einem erweiterten Modell die nächsten 7 oder 20 Faktoren zusätzlich berücksichtigen, wäre der Rechenaufwand (d. h. Komplexitätskosten) deutlich höher, aber das Ergebnis bliebe praktisch dasselbe.

Beim Treffen von Vorhersagen geht es für das Gehirn also um zwei wichtige Aspekte, die eng zusammenspielen: tunlichst wenig Energie aufzuwenden, um möglichst genaue Vorhersagen zu machen. Um Energie einzusparen, sollte das Vorhersagemodell des Gehirns vorzugsweise einfach oder schlicht sein. Anders gesagt: Man sollte seine Komplexität reduzieren. Komplexitätsreduktion! Und genau das ist der geniale Trick, den das Gehirn während der Pubertät anwendet. Ausgerechnet in dieser Phase, die von vielen Eltern gefürchtet wird, in der sie ihre eigenen Kinder oft als fremd und wenig berechenbar erleben, macht das Gehirn seinen entscheidenden Reifungsschritt. Und zwar, indem es einen großen Teil der in der Kindheit erworbenen Verbindungen kappt, um sich dadurch effektiver zu vernetzen. Im Englischen gibt es dafür einen sehr bildhaften Begriff: das Pruning – so nennt man das umsichtige Beschneiden eines Gartens. Tatsächlich wird die Synapsenzahl im Gehirn eines Jugendlichen dramatisch reduziert.[127] Das ist die Entwicklungsphase, in der nicht selten extreme Verhaltensweisen auftreten, die dann vom Umfeld und oft auch von den Betroffenen selbst als pubertärer Albtraum erlebt werden. Aber was zählt, ist das Ergebnis. Zwischen 18 und 20 ist dieser Abbauprozess abgeschlossen. Das jetzt effektiver verdrahtete und nun erwachsene Gehirn hat sich von allen weniger wichtigen Verbindungen getrennt und steuert nun den Höhepunkt seiner Effektivität an. Jetzt kann es mit seinem komplexitätsreduzierten Modell von der Welt akkurate Vorhersagen treffen und verbraucht dabei eine optimale Menge an Energie.

In der physiologischen Entwicklung des Menschen ist der Beginn dieser Pruning-Phase der Punkt, an dem die Körpermasse anfängt, schnell zu wachsen, ja, überhaupt erst richtig zunehmen kann. Denn Körper und Gehirn sind ja ständige Energiekonkurrenten.[45] Solange das kindliche Gehirn so extrem wachsen, sich verschalten und lernen musste, hat es selbst den Löwenanteil der verfügbaren Energie für sich beansprucht. Dem Körper hat das Gehirn in dieser Zeit kaum etwas übrig gelassen. Wenn jetzt das Hirn immer mehr heranreift, sinkt sein Energiebedarf drastisch, und der Weg für den Körper, massiv zuzulegen, wird frei.[128]

Gehirn und Körper befinden sich also von Geburt an in einem Spiel der Kräfte, das weit davon entfernt ist, frei zu sein. Im Gegenteil: Es unterliegt klaren und unumgänglichen Regeln. Im Mittelpunkt steht der Energiestoffwechsel. Körper und Gehirn konkurrieren um die verfügbare Energie. Doch das Gehirn sitzt in diesem Wettstreit am längeren Hebel und bestimmt, wie die Energieströme fließen.[128] Psychosozialer Stress ist ein mächtiger Faktor, der in diesem Energieverteilungskampf Einfluss nimmt, ja, sogar die Weichen stellt, wie unser künftiges Leben verläuft: wie erfolgreich wir werden, wie zufrieden wir sind, wie gesund wir bleiben, ob wir dick werden oder nicht – ja sogar, wann wir sterben. Unsere Fähigkeit, mit psychosozialem Stress umzugehen, hängt davon ab, wie gut unser Vorhersagemodell von der Welt angelegt ist. In Bezug auf die Stressbiografie von Menschen und deren Auswirkungen auf die Körperform kann man drei Phänotypen unterscheiden (von Mischtypen abgesehen):

Zum ersten Phänotyp gehören, wie wir erfahren haben, nur etwa 20 Prozent. Sie haben das Glück, den guten Stress zu leben. Diese Glücklichen leben oft in einem stabilen sozioökonomischen Umfeld und in einer günstigen emotionalen Familiensituation. Konflikte und Herausforderungen erscheinen lösbar. Es gibt keine existenziellen Sorgen und keinen psychosozialen toxischen Stress (z. B. Alkoholsucht oder schwere psychische Erkrankung eines nahestehenden Familienmitglieds). Sie erleben Herausforderung und Belohnung, ein Gefühl von Meisterschaft und haben ein gutes Selbstwertgefühl. Diese Menschen weisen einen schlanken Phänotyp auf, sind körperlich und geistig gesund und haben eine hohe Lebenserwartung.

Der zweite Phänotyp sind die Menschen, die infolge von psychosozialem Stress habituiert haben. Sie haben dem Stress seinen Stachel genommen, indem sie ihre Zielerwartungen nicht mehr so eng stecken und sich mit Situationen zufriedengeben, die ihren ursprünglichen Lebenszielen nicht genügt hätten. Habituation hat auch großen Einfluss auf die Energieverteilung im Körper. Die interne Energiekonkurrenzsituation verlagert sich zugunsten des Körpers, weil das stressentlastete Gehirn weniger Glukose beansprucht.[66] Das führt dazu, dass sich die Energiespeicher des Körpers öffnen und das Körpergewicht zunimmt. Nach einer Habituation wächst das subkutane Fettgewebe, der Körper wird überall runder und massiger – an den Armen, den Beinen, am Gesäß –, die Taille bleibt jedoch schmal. Denn bei Menschen, die habituiert haben, sind die Cortisolkonzentrationen niedrig; ohne Cortisol kann das viszerale Bauchfettgewebe gar nicht wachsen (siehe Kap. 11).[80] Das Stresssystem von habituierten Menschen fährt selten hoch. Eigentlich führen sie ein Leben, in dem das Gehirn meistens im Ökonomiemodus arbeitet. Sie sind dabei durchaus sehr leistungsfähig und konzentriert, verspüren aber wenig Neigung zu Veränderungen. Sie fühlen sich eher sicherer in ihren Entscheidungen. Ihr Selbstwertgefühl ist ebenso hoch wie ihre Zufriedenheit, selbst dann, wenn sie unter unwirtlichen Umständen leben müssen. Erhöhtes Körpergewicht kann hier aber durchaus Ausdruck von psychosozialen Belastungen in der Vergangenheit sein.

Stress kann eine Gewichtszunahme verursachen. Diese Hypothese wird eindrucksvoll bestätigt durch eine randomisiert-kontrollierte Studie an nichthumanen Primaten.[129] Doch warum hat man dazu Affen anstelle von Menschen untersucht? Um solch eine Hypothese methodisch korrekt zu testen, müsste man zunächst in einer ausgelosten Gruppe die Studienteilnehmer aktiv »stressen«, in der anderen Gruppe in Ruhe lassen und dann das Körpergewicht zwischen den Gruppen nach einigen Jahren vergleichen. Wenn die Gestressten dann mehr wiegen als die anderen, gilt die Hypothese als bestätigt. In Experimenten am Menschen erscheint dieses Vorgehen allerdings als unethisch. Also entschied man sich stattdessen, Indische Hutaffen möglichst natürlichen Stressbedingungen auszusetzen. Die Kolonie bestand aus 250 Tieren, die in einer sozialen, seminaturalistischen Umgebung geboren und aufgezogen wurden. Mutter-Kind-Paare wurden kurz nach der Geburt zufällig Kontroll- oder stressigen Aufzuchtbedingungen zugewiesen. Der Stress bestand darin, dass die Mütter Bedingungen ausgesetzt waren, die es manchmal leicht und manchmal schwierig für sie machten, an Nahrung zu kommen. Diese sogenannte »Ernährungsunsicherheit« der Mütter begann, als ihre gestillten Nachkommen drei bis fünf Monate alt waren, und dauerte über einen begrenzten Zeitraum von vier Monaten an. Danach wurden beide Gruppen gleich behandelt. Die stressige Aufzuchtart führte weder zu Nahrungsmangel noch zu verändertem Wachstum bei Mutter oder Kind. Als die Nachkommen in ihrem 4. Lebensjahr das Jugendalter erreicht hatten, bestimmten die Forscher deren Körpermasse. Das verblüffende Resultat: Die Jugendlichen mit dem Stress in der frühen Lebensphase wogen deutlich mehr als die anderen. Stress kann also dick machen.

Dass Gewichtszunahme auch beim Menschen Folge von ungünstigen Lebensbedingungen sein kann, verdeutlicht die größte und teuerste randomisiert-kontrollierte Studie in der Geschichte der Medizin. Schließlich ist doch noch ein ethisches Humanexperiment möglich, um den Einfluss von Stress auf das Körpergewicht zu testen. Indem man nämlich Personen, die ohnehin unter belastenden Umständen leben, per Los in zwei Gruppen einteilt, der einen Gruppe hilfreiche Entlastungen anbietet, der anderen Gruppe nicht, und dann prüft, ob diese Intervention die Körpermasse der

Entlasteten günstig beeinflusst. Genau diesen Ansatz verfolgten Forscher in der sogenannten Moving-to-Opportunity (MTO-)Studie. Es ging darum, herauszufinden, welche Auswirkungen eine Verbesserung von sozialen und ökonomischen Chancen auf das Leben unterprivilegierter Frauen tatsächlich hat. An der Untersuchung nahmen 4500 Frauen mit ihren Kindern teil. Sie stammten aus den amerikanischen Großstädten Baltimore, Boston, Chicago, Los Angeles und New York. Voraussetzung für ihre Teilnahme war, dass sie in Armutsvierteln lebten. Es ist bekannt, dass die Armutsviertel der USA nicht nur hohe Arbeitslosigkeit und Kriminalität aufweisen, sondern auch eine hohe Rate an Ernährungsunsicherheit, das heißt, viele Familien fragen sich jeden Tag, ob sie genug zu essen haben werden. Per Losverfahren wurde eine Gruppe dieser Frauen ausgewählt, die einen Gutschein für ein besseres Leben erhielten. Ihnen und ihren Kindern wurde ermöglicht, in eine bessere und wohlhabendere Gegend (d. h. mit niedrigen Armutsraten) umzuziehen, und sie erhielten über einen Zeitraum von 15 Jahren finanzielle Zuwendungen in Form von Mietzuschüssen. Die Familien der anderen Gruppe hatten weniger Glück. Sie mussten bleiben, wo sie waren, und nahmen als Kontrollgruppe an der Studie teil. Tatsächlich verbesserte sich das subjektive Wohlbefinden der Frauen, die wegziehen durften, deutlich.[130] Außerdem führte der Umzug in die bessere Nachbarschaft dazu, dass mehr Frauen sich sicher fühlten.[130] Es kam aber noch zu einem weiteren Effekt, mit dem viele Leser des renommiertesten aller Medizinfachjournale gar nicht gerechnet hatten. Bei den Frauen mit dem neuen Leben war die Rate derer mit mittel- oder schwergradiger Adipositas deutlich geringer als in der Kontrollgruppe.[131] Man hatte schon vorher gewusst, dass Adipositas eng mit Armut verknüpft ist und ein Kernmerkmal von hohem psychosozialen Stress sein kann. Die MTO-Studie aber belegte erstmals, dass das Leben in Armut eine Ursache von Adipositas ist – wenn nicht sogar das Leben in Unsicherheit – und dass die Verbesserung dieser Lebensumstände der Entwicklung von Adipositas entgegenwirkt.

In Deutschland haben Psychologen der Universität Leipzig eine repräsentative Auswahl von Menschen befragt: »Warum werden Menschen eigentlich dick?« Die Antwort der 3000 Befragten war nahezu einstimmig: »Weil sie zu viel essen!«[132] Man geht also gemeinhin davon aus, dass dicke Menschen zu viel und ungesund essen würden, und weil es ihnen so gut schmecke, könnten sie sich nicht zurückhalten. Obendrein scheint sich diese einfache Hypothese tagtäglich zu bestätigen. Jedes Mal, wenn man einen dicken Menschen viel und ungesund essen sieht, bestätigt und verfestigt ein bayesianisches Update diese Willensschwäche-Hypothese.

Für den Laien ist es offenbar schwierig zu erkennen, was durch randomisiert-kontrollierte Interventionen belegt ist: Unsicherheit und Stress verursachen Gewichtszunahme. Warum nur haben Laien diese Schwierigkeiten? Dafür gibt es drei Gründe.

1. Unsicherheit und Stress sind etwas Individuell-Subjektives. Beispielsweise zerbricht die eine Person an einer Trennung vom Lebenspartner, während die andere sich einige Zeit später in einer neuen, glücklichen Beziehung wiederfindet. Wie belastend eine schwierige Situation für den Einzelnen ist, ist von Laien kaum zu beurteilen.

2. Durch Unsicherheit und Stress wird nur ein Teil der Menschen dick (die, die habituieren), der andere Teil wird im Gegenteil dünn (die, die nicht habituieren können). Das heißt: Nicht jeder Gestresste wird dick, was eine kausale Zuordnung für den Laien erschwert.

3. Die verursachende Unsicherheit liegt in der Vergangenheit; sie hat oft schon vor Jahren zur Habituation und infolgedessen zur Gewichtszunahme geführt. In der Gegenwart – also nach der Habituation – wirken dicke Menschen eher ruhiger, weniger gestresst und fühlen sich sicherer. Diese zeitliche Dimension erschwert zusätzlich eine kausale Zuordnung.

Der Mann auf der Straße ist also mit seiner einfachen Willensschwäche-Hypothese ganz zufrieden und findet wenig Bestätigung für eine Stresshypothese. Wenn allerdings Ärzte für Psychosomatik, Psychiater oder Psychologen bei einem dicken Menschen die Anamnese erheben, werden sie meist schnell fündig, welche schweren Kindheitsbelastungen oder psychosozialen Stressfaktoren in der individuellen Biografie des Betroffenen vorliegen, die ein erhöhtes Risiko für Gewichtszunahme anzeigen.[126, 133–137] Es erfordert also psychologische Expertise und Fingerspitzengefühl, um den Zusammenhang zwischen Unsicherheit und Dicksein im Einzelfall aufzudecken.

Bleibt noch die dritte Gruppe: der Phänotyp derer, die bei Stress nicht habituieren können. Wer dazu gehört, fährt schnell hoch, fühlt sich seinen enggesteckten, präzisen Zielerwartungen selbst dann noch verpflichtet, wenn Stress und der damit verbundene Leidensdruck immer unerträglicher werden. Betroffene sind im Stresszustand überwach, unruhig, angespannt, zuweilen sogar hyperaktiv. Sie sind anfällig für Stimmungstiefs bis hin zur Depression. Sie fühlen sich im Inneren eher unsicher und hadern oft mit sich.[138] »Reicht das wirklich?« »Bin ich gut genug?« »Werde ich das wirklich schaffen?« Das sind für Menschen dieses Typs vertraute selbstzweiflerische Gedankengänge. Toxischer Stress belastet diesen Typ so sehr, dass außerdem das Risiko von schweren Herz-Kreislauf-Erkrankungen hoch ist (siehe auch Kap. 12, »Der Gebirgsfluss«). Auch zu diesem Phänotyp existiert eine richtungweisende Studie. Vorgelegt wurde sie von der Psychiaterin und Stressforscherin Elissa Epel von der University of California. Epel setzte Testpersonen mit verschiedenen Körperformen drei Mal hintereinander einer stressigen Prüfungssituation aus. Beim ersten Durchgang ist bei allen Teilnehmern der Stresspegel hoch. Doch durch die Wiederholung sinkt der Stress bei vielen Probanden ab. Übrig blieb aber eine Gruppe von Testkandidaten, die auch beim dritten Mal noch genauso hochfuhren wie bei Durchgang eins. Das waren die Teilnehmer mit vermehrtem viszeralen Bauchfett.[139] Es ist das typische Reaktionsmuster eines Menschen, der für toxischen Stress anfällig ist. Dieser Phänotyp nimmt am gesamten Körper ab, bekommt aber einen Bauch. Wer so veranlagt ist, kann sich Stress kaum entziehen. Er wird versuchen, ihn auszuhalten, seine hohen Ziele trotz der Belastungen weiterverfolgen. Menschen dieses Typs bräuchten Erfolge und Erfolgserlebnisse, um dieses fragile Selbstbild zu festigen. Scheitern ist hier jederzeit möglich und wird dann als Niederlage von existenzieller Wucht empfunden. Wer zu dieser Gruppe zählt, hat einen lang andauernd erhöhten Energieverbrauch im Gehirn. Dementsprechend wird er eher dünn am ganzen Körper. Allerdings bildet sich im Lauf der Jahre ein Bauch aus viszeralem Fett. Ein zusätzlicher Energiespeicher, den das hochtourige Gehirn anlegt, um etwaige Versorgungsengpässe zu vermeiden (das Phänomen wird in Kapitel 11 ausführlich beschrieben).

Es ist unschwer vorstellbar, dass ein derartiger Dauerzustand mit toxischem Stress zu extremen, zum Teil sogar dramatischen gesundheitlichen Folgen führen kann. Und Herzinfarkt und Schlaganfall sind nur zwei davon. Eine andere, nicht so häufig auftretende, ist die Anorexia nervosa. Seit Jahrzenten mehren sich die Belege, dass es sich bei der sogenannten Magersucht, die vor allem junge Frauen betreffen kann, ihrem Wesen nach um eine Stresserkrankung handelt. Man kann sogar sagen, dass Anorexie eine extreme und krankhafte Ausprägung des Toxischer-Stress-Typs ist. Toxischer Stress bestimmt die Vorgeschichte einer Anorexie – oft ausgelöst durch stressvolle Erlebnisse (Vernachlässigung, körperlicher, emotionaler oder sexueller Missbrauch) oder stressvolle Herausforderungen (z. B. Veränderung der sozialen Zugehörigkeit oder des sozialen Rangs).[140] Das Gehirn befindet sich im Anfangsstadium einer Anorexie in einem gestressten Dauerzustand. Der zerebrale Energieverbrauch ist enorm hoch, und der Körper wird dadurch zunehmend von der Energiezufuhr abgeschnitten. Dadurch schwindet das subkutane Unterhautfett – die Patientinnen werden extrem dünn. Aber auch bei diesen Patienten wächst das viszerale Bauchfett, was oft erst dann sichtbar wird, wenn die akute anorektische Phase vorüber ist.[141]

Ab einem bestimmten Punkt wird die energetische Situation so prekär, dass der Körper auf eine Art Notsparprogramm umschaltet, das eigentlich typisch für Menschen in einer Hungersnot ist (Abb. 22). Um die Energiezufuhr des

Gehirns auch weiterhin sicherzustellen, reduziert sich der Körper in dieser Lage auf die nötigsten Funktionen. Er kann sich zwar noch bewegen, aber er stellt sein Zellwachstum und die Zellerneuerung ein. Bei diesem Sparprogramm gelangen sogenannte FOXO-Faktoren in den Zellkern der Körperzellen, wo sie die Gene für Zellteilung und Zellwachstum einfach abschalten.[142] Trotz dieser Einsparungsmaßnahmen liegt hier ein prekärer Energiemangelzustand vor, der sich nicht allzu lange ohne schwerwiegende gesundheitliche Konsequenzen aufrechterhalten lässt. In diesem Stadium – dem Vollbild der Anorexie – nimmt das akute Sterberisiko dramatisch zu. Aber es ergibt sich noch ein anderer, überraschender Effekt: In dem Moment, in dem der Körper sein Energienotsparprogramm aktiviert, scheidet er als Energiekonkurrent praktisch aus. Jetzt ist das Gehirn konkurrenzlos und entspannt sich sofort. Zum ersten Mal seit vielleicht Monaten kommt das Stresssystem zur Ruhe, und die Stimmung wird gut. Cortisol ist eben typischerweise bei Anorexia nervosa nicht erhöht.[143] Ausgerechnet in der gefährlichsten Lage fühlt sich das Leben gut an. Es stellt sich ein Gefühl der Euphorie ein. Deshalb empfinden Betroffene diesen Zustand als wünschenswert und versuchen ihn so lange wie möglich aufrechtzuerhalten.

Aber ganz so einfach ist das natürlich nicht. Das gute Gefühl kann nicht darüber hinwegtäuschen, dass der Körper in Wahrheit in einer schweren Energiemangelkrise steckt. Die Anfälligkeit für sogenannte Triggerfaktoren – der Geruch eines leckeren Essens, ein Werbespot für Lebensmittel – kann in Bruchteilen von Sekunden zu Heißhunger führen (Abb. 22). In solchen Momenten kann es passieren, dass Anorexie-Patientinnen enorme Nahrungsmengen zu

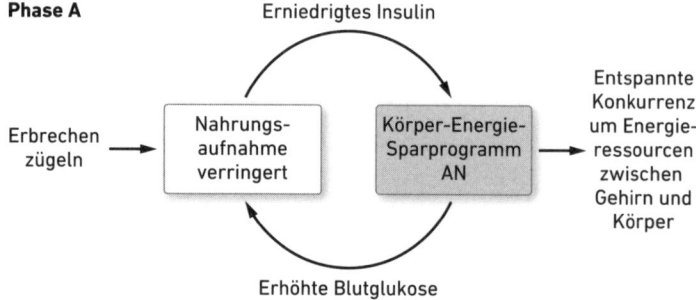

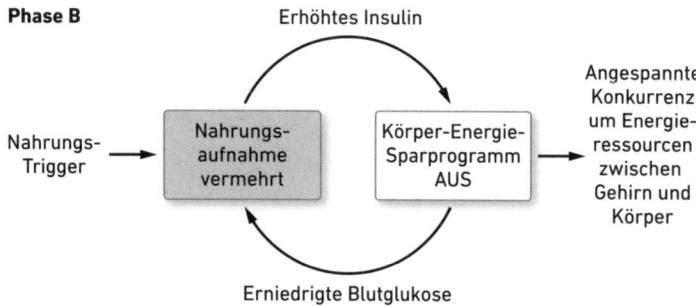

Abb. 22: Anorexia nervosa mit phasenhaftem Wechsel im Essverhalten. Die Nahrungsaufnahme bei Anorexia nervosa ist auf ein stark erniedrigtes Niveau abgesenkt. Phase A: Durch gezügeltes Essverhalten kann dieses stark erniedrigte Niveau noch weiter unterschritten werden. Dadurch sinken die Insulinkonzentrationen noch weiter ab, was wiederum bewirkt, dass ein Körper-Energiesparprogramm angeschaltet wird. Nicht in die Körperzellen aufgenommene Blutglukose gelangt ins Gehirn und hält so die Nahrungsaufnahme weiterhin auf einem extrem niedrigen Niveau. Das Körper-Energiesparprogramm führt dazu, dass das Gehirn kaum noch mit dem Körper um Energieressourcen konkurrieren muss. Dadurch wird der Brain-Pull entlastet, was bei den Betroffenen zu einer deutlich entspannten Stimmungslage führt. Die verbesserte Stimmung wird allerdings mit einer kritischen Energieversorgungslage im Körper erkauft. Phase B: Beliebige Nahrungstrigger können nach einer lang anhaltenden Phase von gezügeltem Essen eine teilweise massiv gesteigerte Nahrungsaufnahme in Gang setzen (Binge). Das dadurch ansteigende Insulin schaltet sofort das Körper-Energiesparprogramm wieder aus. Plötzlich wird der Körper wieder zum Konkurrenten für das Gehirn. Dazu muss es den Brain-Pull aktivieren, was allerdings wieder mit angespannter Stimmungslage einhergeht. Jetzt wiederholt sich Phase A: Erbrechen ermöglicht in

236

dieser angespannten Situation Erleichterung, die nach dem Absinken der Insulinkonzentrationen durch die erneute Aktivierung des Körper-Energiesparpro-
gramms wieder einsetzt.

sich nehmen (Binge-Phase). Aber noch während sie essen, schaltet der Körper sein Notsparprogramm schlagartig ab und öffnet die Speicher, um so viel Energie wie möglich aufzunehmen. Und in diesem Augenblick tritt der Körper wieder als »bedrohlicher« Energiekonkurrent auf. Das Gehirn gerät sofort in Energiepanik und fährt das Stresssystem hoch. Sofort ist die Stimmung wieder extrem schlecht. Reue und der unbändige Wunsch nach innerem Frieden führen dazu, dass die Patientin die Toilette aufsucht, sich den Finger in den Hals steckt und versucht, so viel wie möglich zu erbrechen (siehe Abb. 22).

Letztlich scheint es in unserem Leben eine noch viel größere Rolle zu spielen, wie wir mit Stress umgehen, als wir bisher angenommen haben. Ein gutes Leben mit gutem Stress zu führen, ist dabei ganz klar die beste Lösung. Habituation kommt dem nahe, ist aber nur die zweitbeste Lösung, weil sie ihren Preis hat: erhöhtes Körpergewicht und geringeres Reaktionsvermögen. Den problematischsten Part aber haben die Menschen, die ihren Stress als toxisch erleben und erleiden. Sie fühlen sich seltener wohl, sind unzufriedener, unsicherer und haben die geringste Lebenserwartung. Für sie wäre es eine naheliegende Strategie, den Stress mithilfe von Alkohol, Drogen, Antidepressiva oder Schlafmitteln zu dämpfen. Solche Beruhigungsmittel würden dann eine drittrangige Lösung darstellen. Die gute Nachricht aber ist: Es gibt durchaus Möglichkeiten, diese Lage zu verbessern. Denn wir können sogar noch toxischen Stress meistern – allerdings gilt es dabei zwei Grundvoraussetzungen zu erfüllen. 1. So schwer es fallen mag – auf alle chemischen Dämpfer wie Alkohol und Beruhigungsmittel zu verzichten. 2. Bereit zu sein für das Abenteuer der tief greifenden Lebensveränderungen ...

III. Teil

Die Gesellschaft

18. Was ist eigentlich das ICH?

Moralische Dilemmata • Die Matrix unserer Zielerwartungen • Viel Lärm um Nichts • Warum es wichtig ist zu wissen, dass ich ich bin und dass die Welt die Welt ist • Können wir aus unserem Verhalten Rückschlüsse auf unsere Zielerwartungen ziehen? • Was für verborgene Zustände schlummern in unserem inneren Kern? • Das interne Modell vom ICH

In seinem Roman *Große Erwartungen* stellt Charles Dickens den Waisenjungen Pip in den Mittelpunkt. Er wächst bei seiner Schwester und deren Ehemann im Marschland an der englischen Südostküste auf, und seine Erwartungen – oder sollen wir sagen: Zielerwartungen? – in Bezug auf seine persönliche Zukunft sind zunächst eher bescheiden. Sein Schwager ist Schmied und hofft, dass der Junge sich für das Handwerk interessiert und ihm nachfolgt. Doch dann erfährt Pip eines Tages, dass ein unbekannter Gönner ihm eine bedeutende Geldsumme ausgesetzt hat. Pip, der nun großartige Wunschträume hegt, sieht sich vor der Chance, diese auch zu verwirklichen.

Dickens spielt hier meisterhaft mit den Erwartungshaltungen oder eben auch Zielerwartungen, die wir in der Jugend entwickeln. Es ist dieses Lebensgefühl, dass einem die Welt offenstehen könnte, wären da nicht widrige Umstände. Und es ist die Lebensphase, in der wir manche Träume einfach weiterträumen, bevor wir sie unter den Erfahrungen des Erwachsenwerdens begraben müssen. Bei Dickens'

Romanfigur ist es der geheimnisvolle Wohltäter, der für Pip eine Tür aufstößt, wo eigentlich keine war, und damit die Spielkarten überraschenderweise mischt und neu verteilt.

Irgendwann, wenn aus Kindern Erwachsene werden, werden unsere Erwartungen eines guten Lebens immer deutlicher erkennbar. Und wir können uns glücklich schätzen, wenn wir diese auch erreichen. Und das kann durchaus auch aus eigener Kraft geschehen, ohne dass uns jemand eine größere Summe Geldes zur Verfügung stellt. Schauen wir uns so eine Lebensgeschichte einmal näher an:[144]

Anselm S. ist als Chemiker beruflich durchaus erfolgreich. Er, seine Frau und seine beiden fast erwachsenen Kinder leben seit bald 20 Jahren als glückliche Familie am Rande einer Kleinstadt. Seine Tochter möchte Jura studieren, der Sohn geht noch zur Schule. Anselm ist seit über 20 Jahren in derselben Firma tätig und schmiedet nun, mit Mitte fünfzig, manchmal bereits Pläne für seinen Ruhestand in zehn Jahren. In seiner Freizeit engagiert er sich sehr intensiv für eine ortsansässige Tierschutzorganisation, die er selbst ins Leben gerufen hat. Für dieses Engagement genießt er in der Stadt, aber auch darüber hinaus, hohes Ansehen. Anselm wird von Kollegen und Nachbarn mit einer Mischung aus Bewunderung und leichter Ironie gern auch »Mr. Tierschutz« genannt. Der Sohn bewundert seinen Vater und möchte deshalb später gerne Tierarzt werden.

Doch plötzlich droht Anselms Welt aus den Fugen zu geraten. Das Unternehmen, für das er arbeitet, wurde von einem multinationalen Konzern aufgekauft. Und seine Abteilung gehört zu denen, die betriebsbedingt geschlossen werden sollen. Die chemische Forschungsarbeit wird ins Ausland verlagert. Für Anselm ist diese Nachricht ein Keulenschlag. Er wird in weniger als zwei Monaten arbeitslos sein und kann aufgrund der betriebsbedingten Kündigung nicht einmal auf eine Abfindung hoffen – trotz seiner langjährigen Firmenzugehörigkeit. Anselm ist verzweifelt: Mit Mitte fünfzig erscheint es ihm fast aussichtslos, eine vergleichbar gut bezahlte Anstellung zu finden.

Nicht ganz zufällig trifft er abends in seiner Stammkneipe auf seinen alten Schulkameraden Benno. Normalerweise gehen sich die beiden aus dem Weg. Benno leitet das andere größere ortsansässige Unternehmen, eine Kosmetikfirma, die auch Tierversuche durchführt und damit zur Hauptzielscheibe von Anselms Protestaktionen wurde. Doch dieses Mal spricht Benno Anselm ohne Umschweife an und unterbreitet ihm ein Jobangebot: Chef der Forschungsabteilung zu werden, bei gleichen Bezügen und mit einem unbefristeten Vertrag. Allerdings müsste Anselm dafür auch die Leitung der Tierversuchsabteilung übernehmen und künftig verantworten.

Auch bei dieser Lebensgeschichte handelt es sich – wie bei Dickens – nicht um einen echten Fall, sondern um ein Stück Literatur. Wie bei Dickens will auch die Geschichte von Anselm ein ganz konkretes Problem beleuchten. Hier geht es nicht wie bei Pip um ein unverhofftes Höherstecken, sondern um die dramatische Gefährdung von Zielerwartungen. Anselms Story ist als ein klassisches moralisches Dilemma angelegt. Es basiert darauf, dass die beiden Eckpfeiler von Anselms Zielerwartungen, die bisher stabil waren, plötzlich ins Wanken geraten: ausreichende Ressourcen für die Bildung der Kinder und soziale und moralische Anerkennung als Tierschützer.

Anselms Fall zeigt uns, dass Zielerwartungen nicht nur

ein-, sondern auch zweidimensional sein können. In der Regel sind sie sogar mehrdimensional. Und dass es bei diesen verschiedenen Zielerwartungen einen optimalen Zustand gibt, der sich mit den Zielen deckt – oder eben nicht. Wie bei jedem Menschen sollen auch bei Anselm zunächst einmal die grundlegenden Zielerwartungen erfüllt sei: nicht zu hungern, dürsten oder frieren; ein Dach über dem Kopf zu haben; ausreichend zu schlafen. Damit wäre er aber anderen Menschen bestenfalls gleichgestellt. Zielerwartungen sind aber auch der Stoff, mit dem wir uns profilieren möchten, aus der Menge herausragen, etwas Besonderes sein. Praktisch heißt das, nicht einfach nur ein Auskommen zu haben, sondern berufliche Erfüllung zu finden. Dann kommt die Familie dazu und der Wunsch, für ihr Wohlergehen und Glück zu sorgen. Soziale Anerkennung wäre eine weitere Dimension – und die sichtbaren Zeichen des Erfolgs zu haben und zu halten (Haus, Auto etc.). Je komplexer, herausfordernder und höher gesteckt die Zielerwartungen sind, desto wackeliger ist das Gefüge und desto schwieriger ist es, den optimalen Zustand zu halten oder überhaupt zu erfüllen – zum Beispiel bei der Partnersuche. Die Zielerwartung, sich gegenseitig zu lieben und zu verstehen, gilt durchaus als ein gutes Fundament für eine lang anhaltende Paarbeziehung. Und schon dieses zu erfüllen, ist wahrlich nicht einfach. Es würde allerdings die Wahrscheinlichkeit, den richtigen Partner zu finden, enorm verringern, würde man dieser Zielerwartung weitere Dimensionen als unabdingbar zuordnen. In Shakespeares Stück »Viel Lärm um Nichts« gibt es dazu im zweiten Aufzug eine wunderbare Szene. Der eingefleischte Junggeselle Benedict wundert sich, dass sich um ihn herum alle möglichen Menschen verlieben, und sinniert darüber, wie wohl die Frau beschaffen sein müsste, die ihn von seinem Vorsatz abbringen könnte, niemals zu heiraten. Lesen wir doch einmal kurz in die Szene hinein.

Benedict: »Dieses Mädchen ist schön, das tut mir noch nichts; ein anderes hat Verstand, das tut mir auch nichts: und bis nicht alle Vorzüge sich in einem Mädchen vereinigen, soll kein Mädchen bei mir den Vorzug haben. Reich muss sie sein, das ist ausgemacht; verständig, oder ich mag sie nicht; tugendhaft, oder ich biete gar nicht auf sie; schön, oder ich sehe sie nicht an; sanft, oder sie soll mir nicht zu nahe kommen; edel, oder ich nehme sie nicht, und gäbe man mir noch einen Engel dazu; angenehm in ihrer Unterhaltung, vollkommen in der Musik; und wenn sie das alles ist, so mag ihr Haar die Farbe haben, wie es Gott gefällt.«

Diese hochdimensionalen Zielerwartungen formuliert der gute Benedict natürlich in der Annahme, dass sie unerfüllbar bleiben und er sich demnach nie dem Joch der Ehe beugen muss. Der Hintersinn in Shakespeares Komödie besteht darin, dass Benedict hier unfreiwillig (oder unbewusst) exakt die Vorzüge der schönen und klugen Beatrice beschreibt, mit der er sich unentwegt spitze Wortgefechte liefert, die er stets verliert. Und natürlich finden die beiden trotz der zahlreichen Dimensionen ihrer Zielerwartungen (auch Beatrice hat viele) am Ende wie im Märchen zueinander.

Doch im wahren Leben sind hoch- bzw. mehrdimensionale Zielerwartungen kompliziert, bergen ein großes Risiko des Scheiterns oder können überraschenderweise unvereinbar werden – wie bei Anselm (siehe Abb. 23).

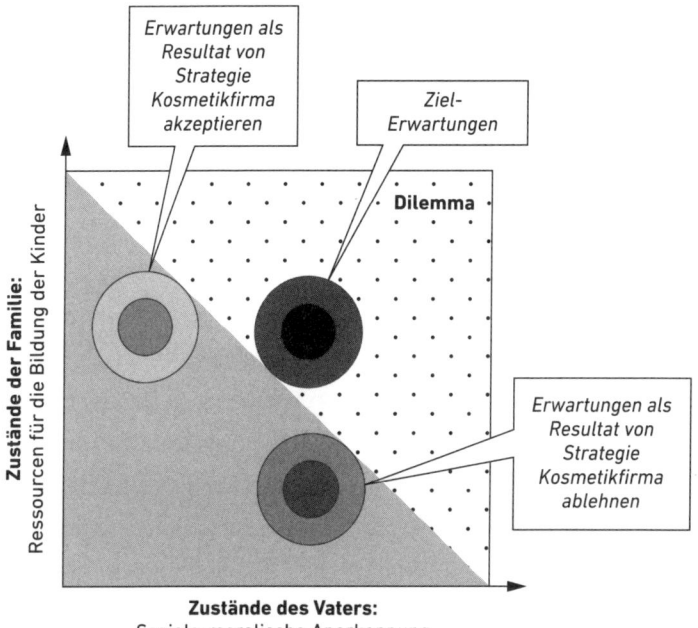

Abb. 23: Erwartungen von Zielzuständen und von Zuständen, die mit den beiden Strategien (akzeptieren/ablehnen) erreicht werden können. Die Wahrscheinlichkeit, mit der man den Zielzustand erreicht, ist kodiert (innerer Kreis = erwartete Wahrscheinlichkeit hoch; äußerer Kreis = mittel; Kreisumgebung = sehr gering). Die erwartete Wahrscheinlichkeit der Strategie »Akzeptieren« und der Strategie »Ablehnen« sind nach dem gleichen Prinzip kodiert; in absteigender Reihenfolge: innerer Kreis, äußerer Kreis, Kreisumgebung.

Wenn wir uns sein Dilemma in einer einfachen grafischen Darstellung verdeutlichen, sehen wir die Zielerwartungen in Bezug auf die Zustände der Familie und auf Anselms Zustände (Abb. 23). Außerdem sehen wir die Erwartungen, was Anselm mit seinen möglichen alternativen Strategien (Annehmen oder Ablehnen) als Resultat erreichen könnte. Bisher konnte er beide Zielerwartungen erfüllen: Wohlergehen der Familie und soziale Anerkennung als Tierschützer ließen sich wunderbar vereinigen. Doch die betriebsbedingte Kündigung stürzt ihn in ein unauflösbares Zielerwartungsdilemma. Aus einem »UND« wird ein »ENTWEDER-ODER«. Denn er kann jetzt nur noch eines von beiden Zielen erreichen: entweder den Job in der Kosmetikfirma annehmen und so das Wohlergehen der Familie sichern, oder ablehnen und so seinen Überzeugungen treu bleiben und seine soziale Anerkennung retten. Wie auch immer er sich entscheidet, es bleibt bestenfalls eine Art Schadensbegrenzung, aber es ist unmöglich, wieder an beide Zielerwartungen heranzukommen. Der optimale Wohlfühlzustand liegt nun außerhalb seiner Reichweite.

Das führt uns zu einer essenziellen Fragestellung und einer überraschend einfachen These. Welche Bedeutung unsere Zielerwartungen für ein gutes Leben haben, wurde intensiv beleuchtet. Aber welche Rolle spielen sie im Kontext unserer Persönlichkeitsentwicklung und Ich-Werdung? Und hier nun die einfache These: Was, wenn unsere Persönlichkeit oder unser ICH per definitionem die Menge unserer multiplen Zielerwartungen darstellt? Dabei drehen sich die multiplen Zielerwartungen um unterschiedliche Lebensbereiche. Eine einzelne Zielerwartung kann für sich genommen mehrdimensional sein, wie zum Beispiel die Dimensionen bei der Partnerwahl (schön, klug, reich ...). Wir haben erfahren, dass diese Zielerwartungen sich im Laufe des Lebens zusammenfügen und zur Matrix unserer Persönlichkeit werden. Diese Zielerwartungen können aus uns heraus entstehen, sind aber auch von außen beeinflussbar. Wenn sie sich zusammengefügt haben, sind sie schwer zu verändern, aber es ist nicht unmöglich. Es kommt sogar vielleicht häufiger vor, als wir annehmen. Denn jedes Mal, wenn wir eine Zielerwartung abändern, präzisieren, weniger eng stecken, verwerfen oder durch eine neue ersetzen, verändern wir auch das Gesamtbild unserer Persönlichkeit. Man könnte auch sagen, dass genau so Persönlichkeitsentwicklung und -wachstum entstehen. Dieses ICH der gesammelten, sich manchmal verändernden Zielerwartungen ist auch so etwas wie unser innerer Kompass, unser Leitstern zu dem Leben, das möglichst gut zu uns passt. Es ist die Basis unserer Entscheidungen.

Und noch etwas: Die vorgenannten Beispiele werden der wahren Vielgestaltigkeit all unserer Zielerwartungen nicht annähernd gerecht. Das Muster der Zielerwartungen eines Menschen ist hochdimensional-vielschichtig und in seiner Zusammensetzung ebenso individuell wie ein Fingerabdruck. Wir dürfen davon ausgehen, dass keine zwei Menschen auf Erden das gleiche Zielerwartungsmuster aufweisen. Wir haben außerdem erfahren, dass es in kritischen Situationen, die eine oder mehrere Zielerwartungen bedrohen, prinzipiell nur zwei Lösungen gibt: entweder eine zielführende Strategie zu finden oder die Zielerwartung zu verändern. Wobei wir immer zuerst eine zielführende Strategie suchen sollten und erst als letzten Ausweg unsere Zielerwartungen aufgeben. Letztlich wird es auch bei Anselm auf die Aufgabe einer Zielerwartung herauslaufen. Denn in einem echten Dilemma ist man gezwungen, mindestens eine Zielerwartung zu opfern.

Anselm könnte einen Familienrat einberufen und sein Dilemma ganz offen schildern und gemeinsam mit seiner Frau und den Kindern abwägen, was zu tun ist. Er würde seinen Kindern und seiner Frau deutlich machen müssen, dass eine Entscheidung gegen die Kosmetikfirma bedeuten könne, dass die Kinder ihre Studien selbst finanzieren

müssten. Alternativ könnte Anselm dem Familienrat aus-
einandersetzen, was drohen würde, wenn er trotz seiner
Vorbehalte den Kosmetik-Job annehmen sollte, der Familie
zuliebe. Seine Zielerwartung als Tierschützer aufzugeben,
würde Anselm ganz sicher sehr schwerfallen. Sein soziales
Ansehen und seine Reputation wären zerstört. Und das in
einer Kleinstadt. Die in diesem Fall schwer zu beantworten-
de Frage lautet, welches Opfer der Ziele hier besser zu ertragen wäre. Wie dem auch sei, kein Leser wird sich hier der
Frage entziehen können: »Welche meiner Zielerwartungen
würde ich in Anselms Lage aufgeben?«

Wenn also unser ICH tatsächlich die Menge unserer
multiplen Zielerwartungen ist, dann ergeben sich daraus
einige spannende und relevante Fragen: Können wir unsere
Zielerwartungen kennen? Können wir aus unserem Verhalten Rückschlüsse auf unsere Zielerwartungen ziehen? Was
weiß ich über die Welt, über meinen Körper, über mein
ICH?

Wir haben gesehen, dass das bayesianische Gehirn seine
Vorhersagen mithilfe eines internen Modells trifft. Ein Teil
dieses internen Modells repräsentiert die Welt außerhalb
von uns. Die Updates dieses ersten Modellteils beruhen auf
exterozeptiver Wahrnehmung, das heißt auf Sehen, Hören,
Tasten, Riechen, Schmecken, Schmerz- und Temperatur-
empfindung (Abb. 6).

Ein zweiter Teil dieses internen Modells repräsentiert unseren Körper. Die Updates dieses Modellteils basieren auf
propriozeptiver und viszerozeptiver Wahrnehmung, das
heißt auf unserem Positions- und Lagesinn und den Signalen aus dem Körperinneren (Abb. 6). Nehmen wir also
an, dass die Zielerwartungen in ihrer Gesamtheit unsere

Persönlichkeit ausmachen, dann bräuchte es noch einen dritten Teil für unser internes Modell, das dann unser ICH repräsentiert. Diesen dritten Teil benötigten wir, um uns selbst zu erkennen. Damit unterhielte unser Gehirn ein internes Gesamtmodell

- von der Welt,
- vom Körper und
- vom ICH.

Wir sind Kreaturen mit einer Erste-Person-Sicht auf die Welt, wir reagieren emotional auf das, was passiert, und wir sind in der Lage, uns selbst zu beobachten und über die eigenen mentalen Zustände (aber nicht die von anderen) zu berichten. Wir können uns an die Vergangenheit erinnern, die Gegenwart erleben und unsere mentalen Erlebnisse in die Zukunft projizieren. Wir entscheiden, was zu tun ist, und lernen manchmal aus unseren Fehlern. All diese Kernaspekte deuten darauf hin, dass wir ein ICH haben – das heißt Entitäten sind mit einer Erste-Person-Sicht, die reagieren, nach innen schauen und Erfahrungen machen, die Ereignisse erinnern und in die Zukunft projizieren und die Entscheidungen treffen. Aber die Natur dieses ICHs ist zutiefst rätselhaft und Gegenstand intensiver philosophischer und psychologischer Spekulationen. Der Philosoph Jakob Hohwy wies darauf hin, dass das hier aufgegriffene Konzept eines ICH-Modells sehr gut zum bayesianischen Gehirnkonzept passt.

Wir haben gesehen, wie in diesem Zusammenhang Wahrnehmungsrückschluss und Handlungsrückschluss untrennbar miteinander verflochten sind. Erinnern wir uns an Ian Waterman, den Mann, der durch einen Infekt einen großen Teil seiner Sinneswahrnehmungen einbüßte und nicht mehr laufen konnte, weil der Körper keine verlässlichen Wahrnehmungsrückschlüsse über seine Position im Raum treffen konnte. Als Folge davon war Ians Körper nicht mehr handlungs- bzw. bewegungsfähig. Waterman erlangte seine Gehfähigkeit erst durch ein aufwendiges Training zurück, in dem er die Aufgaben der ausgefallenen Körpersinne (Propriozeption) durch das Sehen kompensierte. Er initiierte und kontrollierte fortan buchstäblich jede seiner Bewegungen mit den Augen.

Betrachten wir nun also unser komplettes, dreiteiliges internes Modell, so stellen wir fest, dass unsere Vorstellungen vom ICH, dem Körper und der Welt sich in einem permanenten Austausch befinden. Nur so sind wir in der Lage, unseren Platz in der Welt zu finden, Wege zu erkennen, Ziele zu verfolgen, Entscheidungen zu treffen und uns den sich verändernden Bedingungen und Anforderungen anzupassen, um so weit wie möglich das Leben zu führen, das wir uns wünschen. Unsere wichtigsten Werkzeuge dabei sind der Wahrnehmungsrückschluss und der Handlungsrückschluss. Sie setzen wir jeden Tag, jede Stunde, jede Minute unseres Lebens ein. Jeder Sinneseindruck, den wir erfahren, hängt von den Ursachen in der Welt ab – und mögen sie uns noch so klein und unbedeutend erscheinen. Wie bei dem weitsichtigen Mann, der Nudeln kochen möchte und sich nicht mehr genau erinnert, wie lange diese im siedenden Wasser garen müssen. Er stellt fest, dass die Anleitung auf der Nudelpackung so klein gedruckt ist, dass er sie mit bloßem Auge nicht entziffern kann. Sein erster Wahrnehmungsrückschluss liefert ihm bei den schlechten Sichtverhältnissen nicht die gewünschte Information, also greift er zum Werkzeug des Handlungsrückschlusses: zu Lesebrille und Lichtschalter. Wir können also beim Wahrnehmungs-rückschluss berücksichtigen, dass gewisse Veränderungen in unseren Sinneseindrücken durch unsere eigene Handlung verursacht worden sind.

Dieser Punkt ist wichtig, denn wenn ein Mensch ein eigenständiger Akteur ist, dann kann er als verborgene Ursache (Hidden State) mit anderen verborgenen Ursachen (Hidden states) in der Welt zusammenwirken und wechsel-wirken. An dieser Stelle kommen wir also erneut auf das Phänomen der verborgenen Zustände (Hidden States). Wir wissen bereits, dass wir ständig von solchen verborgenen Zuständen umgeben sind, die ihrerseits verschiedene Dinge verursachen. Aber es gibt nicht nur außerhalb unseres Selbst verborgene Zustände, sondern auch in uns. Der Clou besteht nun darin, dass die Ursache unserer eigenen Handlung für uns auch ein verborgener Zustand (Hidden state) ist. Deshalb müssen wir in unserem internen Gesamt-modell ein Modell von unserem ICH einschließen, genauso wie wir ein Modell von den anderen Ursachen in der Welt einschließen.

Um besser zu verstehen, was für eine großartige Errun-genschaft so ein internes ICH-Modell ist, denken wir uns beispielsweise eine Weltklassetennisspielerin wie Ange-lique Kerber im Finale. Das Problem an dem sonnigen Tour-niertag in Wimbledon ist der Wind. Grundsätzlich weiß die Profispielerin aufgrund ihrer Erfahrung sehr genau, welche Flugbahn sie dem Tennisball geben kann. Sie ist sich also absolut klar darüber, was sie selbst verursachen kann – bei-spielsweise den Ball präzise in die Rückhandecke der Geg-nerin zu platzieren. An diesem Tag sind aber noch andere Ursachen am Werk, die die Flugbahn des Balls bestimmen:

der Wind. Beim Einspielen hat unsere Weltklassespielerin rasch mit ihrem internen zerebralen Gesamtmodell gelernt, welchen ursächlichen Anteil sie selbst und welchen ursächlichen der Wind an der Festlegung der Flugbahn hat. Indem sie Selbstverursachung und Fremdverursachung differenziert, kann sie den störenden Einfluss des Windes berücksichtigen und bei der Planung jedes Schlages einen Sicherheitsabstand zur Spielfeldgrenze einrechnen. Ihre Modellanteile von der Welt und vom ICH erlauben ihr sogar bei schwierigen Windverhältnissen, den Ball präzise im Spielfeld zu platzieren. Eine mittelmäßige Tennisspielerin hat hingegen nicht eine solch ausgeklügelte Differenzierung der beiden zerebralen Modellanteile ausgebildet. Folglich schlägt sie bei Wind den Ball öfter ins Aus – und ärgert sich dann über ihr Pech.

In den Neurowissenschaften wird bis heute darüber gerätselt, warum es beim Menschen und anderen höheren Tieren zum Sich-seiner-selbst-bewusst-Werden kommt. Warum macht es für Lebewesen überhaupt Sinn, sich seiner Individualität bewusst zu werden? Oder radikaler gefragt: Macht es Sinn? Bayesianisch betrachtet, lautet die Antwort: »JA.« Und das ohne jede Einschränkung. Denn das Bild, das unser Gehirn von der Welt und vom eigenen Körper entwickelt und ständig mit neuen Updates versieht, ist zugleich auch ein virtuoser Umgang mit einer endlosen Anzahl von verborgenen Zuständen. Wenn also sowohl der eigene Körper als auch die umgebende Welt sich uns als ständig verändernde Zustände darstellen, in denen der Mensch nur durch einen permanenten Informationsaustausch überhaupt handlungsfähig bleibt, ist es ein enormer Vorteil, unterscheiden zu können, welche dieser Hidden States der

Welt zuzuordnen sind, welche dem Körper und welche dem ICH.[145] Um also als Tennisspielerin meinen Aufschlag den herrschenden Windverhältnissen anpassen zu können, ist es unabdingbar, zu wissen, dass der Wind ein Hidden State der Welt ist, dem ich mithilfe meines Körpers entgegenwirken kann, indem ich den Ball etwas anders anschneide, um so – trotz der Widrigkeiten – meine Zielerwartung zu erreichen: nämlich den Return so zu platzieren, dass er für die Gegenspielerin unerreichbar ist. Erst das Bewusstsein, dass ich ICH bin und dass die Welt die Welt ist, ermöglicht es uns, die Grenzen zu erkennen und genau zu verstehen, wer was verursacht (das ICH oder die Welt). Nur so kann ein Individuum seinen Platz in der Welt optimal bestimmen und beeinflussen. Das Bestürzende daran ist, dass es aber niemals absolute Gewissheiten geben kann. Die Welt bleibt immer ein Ort mit zahllosen Unbekannten. Genau wie der Körper und das ICH. Es ist unmöglich, Hidden States gänzlich zu ergründen. In Bezug auf die Welt wissen wir das. In Bezug auf unser ICH ist es aber viel schwieriger, das zu akzeptieren. Genauso wie es uns schwerfällt zu akzeptieren, dass das, was wir als Realität erleben, nur unser Abbild von der Welt ist. Und man könnte die Sache noch auf die Spitze treiben: Auch das, was wir als unser ICH erleben, ist nicht real, sondern nur unsere Erwartung von unserem ICH, weil es auch in uns jede Menge verborgener Zustände gibt.[146]

Viele unserer Zielerwartungen sind uns ebenfalls verborgen. Wir folgen ihnen zwar, aber häufig ohne deren Entstehung, Zusammenhänge und Gesetzmäßigkeiten genau zu kennen. Und wie es der Philosoph Arthur Schopenhauer schon im 19. Jahrhundert passend ausdrückte: »Das Leben ist eine Entdeckungsreise, zu deren Beginn wir noch nicht wissen, was wir an uns entdecken werden. Erst im Laufe unseres Lebens erkennen wir, wie wir auf neue Situationen reagieren. Deshalb sind wir oft von uns selbst überrascht – im Positiven wie im Negativen.«[147] Genau hier setzt denn auch unser Wunsch nach Selbsterkenntnis an. Es ist also nicht nur so, dass wir in uns eine Erwartung von der Welt haben, die wir für Realität halten, obwohl das tatsächlich immer nur unser subjektives Abbild von der Realität sein kann. Wir tragen in uns ebenfalls eine Erwartung von unserem Selbst, die keineswegs zu hundert Prozent unserer inneren Realität entspricht, sondern ebenfalls nur ein Abbild unserer selbst ist. In diesem Sinne macht es praktisch keinen Unterschied, ob wir ein Modell vom eigenen ICH haben oder von anderen Ursachen in der Welt. Unsere Zielerwartungen zu erkennen und in einem Modell vom ICH abzubilden, ist wahrscheinlich einer der langwierigsten Prozesse im menschlichen Leben überhaupt: die Selbstreflexion und Selbsterkenntnis.

In der hier geschilderten Sichtweise ist das ICH nur ein Teil des internen Modells, das sich selbst darstellt. Der australische Philosoph und Neurowissenschaftler Jakob Hohwy hat diese Einsicht kürzlich so formuliert: »Ich bin ein Modell der Welt, die ich bewohne, welches definitionsgemäß kein Modell deiner Welt sein kann.« Selbst wenn also zwei Menschen den Eindruck haben, das Gleiche zu sehen oder zu empfinden, wird es nie so sein. Jeder von uns trägt sein eigenes Abbild der Welt genauso in sich wie sein eigenes Abbild seiner selbst. Das mag in der Tat ein ungewohnter und vielleicht sogar bestürzender Gedanke sein. Es ist aber auch der beste und vielleicht auch schönste Ausdruck für unsere Individualität, für unsere Einzigartigkeit als Person.

19. Empathie, Vertrauen und sozialer Zusammenhalt

Ist Nähe so wichtig wie Nahrung? • *Empathie: Fühlen, was andere fühlen* • *Wie kommt es zu unterlassener Hilfeleistung?* • *Der soziale Kitt – woraus besteht der eigentlich?* • *Das Ultimatum-Spiel* • *Wie funktioniert faires Teilen?* • *Warum reiche Menschen öfter Gesetze brechen als arme* • *Der empathische Babysitter* • *Die Erwartung eines freien Willens*

Warum werden bestimmte Individuen mit einem Gehirn geboren, das darauf ausgerichtet ist, anderen Individuen zu helfen? Was für tägliche Gewohnheiten oder Lebenserfahrungen verstärken Mitgefühl, aber auch Selbstsucht, Narzissmus und Psychopathie? Jüngste Studien weisen auf neurobiologische Grundlagen hin, wie das Gehirn Empathie verarbeitet. Ein besseres Verständnis dieser Prozesse könnte zu mehr sozialem Zusammenhalt und weniger antisozialem Schaden in der Gesellschaft führen.

EMPATHIE. Vor allem Säugetiere sind abhängig von anderen Artgenossen, um zu wachsen, sich zu entwickeln, sich zu ernähren, sich sicher zu fühlen und letztlich um zu überleben. Die Jungen werden hilflos geboren und sind auf ihre Mutter in Bezug auf Nahrung, Immunabwehr, Wärmeregulation angewiesen. Und sie benötigen ihren Schutz, um nicht zur Beute von Raubtieren zu werden. Wenn eine Mutter (oder Vater bei einigen Vogel- und wenigen Säugetierarten) nicht erkennt, dass ihre Jungen frieren, hungern oder in Gefahr sind, ist es wahrscheinlich, dass die Nachkommen sterben. Die Fähigkeit einer Mutter, angemessen auf die Bedürfnisse ihres Neugeborenen zu reagieren, macht den Unterschied aus, ob ein Neugeborenes überlebt und die Gene seiner Eltern weiterträgt oder stirbt und eine evolutionäre Sackgasse erreicht.[148]

Zur Bedeutung von Nähe für die Entwicklung von Affenbabys machte der amerikanische Psychologe Harry Harlow in den späten 1950er-Jahren ein Experiment, bei dem die Jungen von ihren Müttern getrennt wurden.[149] Stattdessen wurden den Affenkindern zwei künstliche Ersatzmütter angeboten – eine aus Stoff und eine aus Draht. An der harten und kantigen Drahtmutter war ein Babyfläschchen installiert. So wurde »sie« zur einzigen Milchquelle für die Babys. Dennoch verbrachten die Jungen zehnmal so viel Zeit mit der Stoffersatzmutter, obwohl diese keinerlei Nahrung spendete. Das Experiment zeigte, dass Säugetiernachkommen eine Berührung der Mutter ersehnen, die besser durch Stoff als durch Draht imitiert werden kann, und dass eine Primatenmutter ihren Neugeborenen weit mehr als nur Nahrungslieferantin ist. Aus Säugetieren, die mit angemessener Nahrung, Wärme und Schutz, aber mit vermindertem sozialem Kontakt aufgezogen wurden, entwickelten sich gestresste Erwachsenentiere mit beeinträchtigten Sozial- und Elternfähigkeiten. Und diese bekamen ihrerseits auch wieder gestresste Nachkommen.

Doch warum ist das so? Warum sind sozialer Kontakt, körperliche Nähe und eine starke emotionale Bindung ebenso wichtig wie Nahrung? Die Antwort findet sich in einer viele Millionen Jahre dauernden Entwicklungsgeschichte von

Säugetieren: Zunächst einmal bringt die Mitgliedschaft in einer sozialen Gruppe viele Vorteile, die mit der Fähigkeit der Gruppe zur Kooperation verknüpft sind. Und da geht es um weit mehr als nur um einfaches geselliges Beisammensein. Echter sozialer Zusammenhalt fördert das Überleben sowohl der Gruppe als auch jedes einzelnen Individuums. Im Zentrum dieses sozialen Zusammenhalts zwischen Säugetieren steht eine einzigartige Fähigkeit der Kommunikation. Es geht dabei um einen ganz besonderen Informationsaustausch. Er ist komplex und faszinierend. Sozialer Kitt kann nur dann entstehen, wenn zwischen den Individuen emotionale Zustände ausgetauscht werden. Und zwar so, dass ein Lebewesen auf die emotionalen Zustände eines anderen reagiert, als wären sie seine eigenen. Wenn sein Gegenüber zornig ist, hat das sozial gebundene Lebewesen eine Vorstellung, wie sich das anfühlt. Es kann beim anderen Freude erkennen (und teilen), ebenso wie Trauer und Schmerz (und mitfühlen oder trösten). Es kann im Gegenüber Angst und Gefahr sehen und die Notwendigkeit, dass Hilfe gefragt ist.

Das Ergebnis dieser Fähigkeit, Gefühle lesen und verstehen zu können, ist eine Bindung, durch die sozialer Zusammenhalt überhaupt erst entsteht und weiterwachsen kann.[150] Diese Form der Kommunikation von Emotionen zwischen Individuen nennt die Wissenschaft Empathie.[148] Auf diese Weise definiert, ist Empathie ein Oberbegriff, der eine große Bandbreite von sozialen Interaktionen umfasst, in denen eine emotionale Reaktion durch den emotionalen Zustand eines anderen ausgelöst wird. Darüber hinaus ist Empathie – gemäß dieser Definition – insofern neutral, als dass die Reaktion auf die Emotion eines anderen eine Handlung hervorrufen kann, aber nicht zwangsläufig muss. Eine entscheidende Erkenntnis aus dieser Beobachtung lautet, dass sich aus der Empathie demnach keine eindeutigen Verhaltensmuster ergeben, sondern lediglich Optionen. Ein empathisches Wesen ist in der Lage, sich in den anderen einzufühlen, ohne dass es auf eine vorbestimmte Art auf dieses Gefühl reagieren muss.

Ein Park mitten in Hamburg. Es ist nachmittags, als eine Frau spazieren geht. Weil sie an multipler Sklerose leidet – einer chronisch-entzündlichen Erkrankung des zentralen Nervensystems –, ist sie auf einen Stock angewiesen, und das Gehen fällt ihr sichtlich schwer. Plötzlich verliert sie das Gleichgewicht und stürzt. Zum Glück ist ihr nichts weiter zugestoßen, aber es gelingt ihr nicht, aus eigener Kraft wieder auf die Beine zu kommen. Passanten gehen vorbei, schauen, aber reagieren nicht. Eine alte Dame eilt zur Hilfe. Aber auch ihr fehlt die Kraft, der gestürzten Frau aufzuhelfen. Nun rufen beide um Hilfe. Doch niemand greift ein. Junge Männer mit Hunden machen einen Bogen um die beiden. Letztlich gelangt die Frau auf allen vieren zu einem Baum und kann sich dort hochziehen.

In derartigen Situationen können wir nur hoffen, dass ein Mensch einem anderen in Not geratenen Menschen hilft. Garantien dafür aber gibt es keine, obwohl jeder von uns ein Empathieprogramm in sich trägt. Untätigkeit kommt ebenso vor wie Hilfe. Und manchmal kann es sogar zu gezielter Grausamkeit kommen, die darauf abzielt, die Notlage eines Opfers zu verschärfen. Welche Strategien Menschen letztlich auswählen, wenn sie an den Emotionen eines Gegenübers Anteil nehmen, werden wir in diesem Kapitel noch genauer besprechen.

Empathie hat viele Ebenen, eben nicht nur die einer unmittelbaren Hilfe. Eine quasi-automatische Funktion zwischen Wahrnehmen und Handeln verbindet unser Verhalten mit dem Verhalten eines anderen. Diese Verbindung ist entscheidend für die emotionale Kommunikation zwischen zwei Individuen. Vielleicht hat das jeder schon einmal an sich selbst beobachtet: Wir nehmen die Körperhaltung einer Person an, mit der wir sprechen. Zum Beispiel, wenn mein Gegenüber die Arme gekreuzt hat, ertappe ich mich dabei, dass ich kurz danach ebenfalls meine Arme kreuze. Meist genügt es, die Handlungen einer anderen Person zu sehen, und schon erhöht sich die Wahrscheinlichkeit, dass der Zuschauer die gleichen Handlungen ausführt – selbst wenn die Personen einander fremd sind. Ähnlich verändern Menschen im Gespräch miteinander ihre grundlegenden Sprechfrequenzen, um einander besser zu entsprechen. Diese sozialen Anpassungen machen die Handlungen von zwei interagierenden Menschen einander ähnlicher und dienen als eine Art sozialer Kitt. An einer Person vorbeizugehen, die uns fröhlich anlächelt, macht es wahrscheinlich, dass wir selber ebenfalls lächeln. Wir selbst verstehen diesen Prozess nicht – er passiert einfach. Das heißt: Wir kontrollieren diese Verhaltensweisen nicht bewusst. Sie stecken in uns und werden in bestimmten Situationen aktiviert. Über derartiges Verhalten wundern wir uns vielleicht, wenn wir es an uns bemerken – es ist nicht gerade Ausdruck von Individualität. Aber tatsächlich folgen wir als Individuen hier einem größeren biologischen Konzept.

Wir haben erfahren, dass ein empathisches Lebewesen etwa anhand von Körpersprache oder der Handlung eines Gegenübers Rückschlüsse auf dessen derzeitige Gefühlslage ziehen kann. Handlungen zeigen aber nicht nur Emotionen an, sie beeinflussen auch die Emotionen. Wenn also mein Gegenüber durch ein aggressives Gebaren seine Wut ausdrückt, wird mich das emotional nicht unberührt lassen: Ich empfinde Angst und Anspannung. Die Wechselwirkung zwischen Emotion und Handlung ist also zweiseitig. Mit anderen Worten: Genauso wie unsere Emotionen zu Handlungen führen, werden unsere Handlungen von unserem Gegenüber als Ausdruck von Emotionen neu erfahren. Dieser Emotionsaustausch kann durch komplexe Faktoren initiiert werden: durch willkürliche Muskeln, die für Haltung, Gesichtsausdruck, Atmung und Blick wichtig sind; durch Prozesse unseres hochgefahrenen Stresssystems (Blasswerden, Schwitzen); oder unseres heruntergefahrenen Stresssystems (Erröten, Weinen). Und der Einfluss der Mimik auf die emotionale Erfahrung ist beim Menschen (im Vergleich zu anderen Säugetieren) besonders stark ausgeprägt.

Die Verbindungen zwischen Wahrnehmung und Handlung und zwischen Handlung und Emotion sind demnach keine Sequenz, die jeweils nur in eine Richtung abläuft. Sie bilden vielmehr eine Kaskade, die in beide Richtungen wirkt, wobei das Geschehen, dass eine Person die Handlungen eines anderen wahrnimmt, schließlich dazu führt, dass die erste Person die Stimmung der zweiten Person mitfühlt. Letztlich führt diese wechselwirkende Kaskade zu übereinstimmenden Emotionen der beteiligten Individuen. Bei diesem Prozess ist die Emotion, die eine Person erfährt und die bloßer Zuschauer ist, von stellvertretender Art. Sie wurde emotional vom Gegenüber »angesteckt«. Der Vorgang, in dem ein Individuum das Gefühl eines anderen erfasst, wird als Gefühlsansteckung bezeichnet und ist ein grundlegender Baustein für komplexere Formen der Empathie.

Dazu gehört auch die Suche nach dem richtigen Lebenspartner. Sie ist eine wichtige Aufgabe für Menschen, die in komplexen Umgebungen leben, wo soziale Interaktion und Kooperation erforderlich sind. Um ein gemeinsames Ziel zu erreichen, müssen Lebenspartner Informationen über die aktuellen Absichten, die Motivation und die Emotionen ihres Partners verstehen und kontinuierlich aktualisieren, das Verhalten des anderen antizipieren und ihr eigenes Verhalten entsprechend anpassen. Neueste neuropsychologische Experimente zeigen, dass, je mehr eine Person überzeugt ist, sie könne die Emotionen einer anderen Person verstehen, sie sich desto mehr von dieser Person angezogen fühlt. Diese emotionale Resonanz macht die Partner füreinander attraktiv.[151]

Anders funktioniert Empathie in bedrohlichen Lebenssituationen. Hier ist eine schnelle Gefühlsansteckung erforderlich, aber eben nicht ausreichend, um empathisch motiviertes Helfen hervorzurufen. Kehren wir noch einmal zur gestürzten Frau im Hamburger Park zurück. Ihre Hilfsbedürftigkeit ist offenkundig, und doch hat nur bei der älteren Dame die empathische Reaktion funktioniert, bei den anderen Passanten nicht. Aber warum? Empathisch hervorgerufenes Helfen ist leider störanfällig – vor allem durch Stress. Beim Menschen muss der persönliche Stress unterdrückt werden, damit sich aus Gefühlsansteckung helfendes Verhalten ergibt. Ansonsten unterlässt der gestresste Mensch – in selbstbezogener Art – seine Hilfeleistung. Typischerweise erfolgt eine derartig motivierte Unterlassung in Situationen, die stressaufgeladen sind. Wird jemand zum

Beispiel bedroht, so entsteht bei den Umstehenden eine Angst, die ihr Eingreifen verhindert. Die Aggression des Täters könnte sich gegen den Helfer wenden, was in vielen Fällen auch tatsächlich geschieht. Aber im Park, am helllichten Tag, wenn eine Frau offenkundig nur gestürzt ist? Wie viel Courage bräuchte es, um hier einzugreifen? Aber vielleicht liegt hier auch chronischer toxischer Stress vor, der die Verknüpfung zwischen Empathie und Hilfeleistung unterminiert. Somit ist bei den Hilfeverweigerern Stressempfinden ein möglicher Faktor – wenn auch nicht der einzige.

Eine andere Studie zeigt, dass es eine weitere wichtige Voraussetzung dafür gibt, ob eine Hilfeleistung erfolgt. Dabei geht es um die erwartete Rückmeldung vonseiten des Opfers. Empathisch angeregte Zeugen boten nur dann zuverlässig Hilfe für eine in Not geratene Person an, wenn sie eine Rückmeldung über das Ergebnis vom Opfer erwarteten. Nichtempathische Zeugen allerdings verweigerten stets ihre Hilfe, unabhängig davon, ob sie eine Rückmeldung vom Opfer erwarteten oder nicht.[152]

Die Fähigkeit, sich auf den anderen einzustellen – und nicht bloß auf sich selbst – führt zu empathischer Anteilnahme, also einer auf den anderen ausgerichteten emotionalen Reaktion, die durch das Leid der Person in Not ausgelöst wird und diesem entspricht. Die Übereinstimmung dieser Reaktion mit dem Leid des anderen aber schließt antisoziale Handlungen aus, sodass das Handeln von jemandem, der empathisch Anteil nimmt, immer prosozialer Natur ist.[148] Indem ein Helfer einem in Not geratenen Menschen hilft, löst er nicht nur die missliche Lage des Notleidenden, sondern auch seinen eigenen unangenehmen emotionalen Zustand auf – diese Auflösung ist dann für den

Helfer wie eine Belohnung. Auf diese Weise werden sowohl der Zustand des Helfers als auch der des Nutznießers verbessert. Dass der Helfer dabei selbst profitiert, mindert aber nicht den prosozialen Charakter seiner Handlung. Die Verbindung zwischen Empathie und Hilfeleistung ist gerade deshalb so effektiv, weil Empathie dem Menschen eine emotionale Gewinnbeteiligung am Wohlbefinden des anderen gibt.

Die beiden essenziellen Rollen für Empathie lassen sich demnach so zusammenfassen: Ihre erkenntnistheoretische Rolle besteht darin, Informationen über zukünftige Handlungen anderer Menschen und wichtige Umwelteigenschaften zu liefern. Ihre soziale Rolle soll als Ursprung der Motivation für kooperatives und prosoziales Verhalten sowie als Hilfe für eine effektive soziale Kommunikation dienen.[153]

TEILEN ODER: DIE GEGENPROBE FÜR SOZIALES VERHALTEN. Ein anderer wesentlicher Aspekt des sozialen Zusammenhalts ist die Bereitschaft zu teilen. Was aber macht das Teilen zu so einem wichtigen prosozialen Akt? Wie lässt sich das Wesen des Teilens besser verstehen? Dazu möchte ich ein einfaches spieltheoretisches Konzept vorstellen, in dem eine Person A mit einer Person B teilt. Wir betrachten die Situation ausschließlich aus der Erste-Person-Perspektive von A. In diesem Konzept schließt die Zielerwartung sowohl die Befriedigung von A als auch die Empathie von A (gegenüber B) mit ein. Und zwar als zweidimensionale Zielerwartung. Wir haben bereits gesehen, dass Zielerwartungen mehrdimensional sein können, etwa bei der Partnersuche (schön, klug, reich …). Also betrachten wir hier eine zweidimensionale Zielerwartung: Die erste Dimension betrifft die Befriedigung von A selbst; die zweite die Empathie von A, mit der er die Befriedigung von B nachempfindet (Abb. 24, Kreise mit schwarzem Zentrum). Abb. 24 zeigt, dass es eine optimale Strategie gibt, die der zweidimensionalen Zielerwartung am nächsten kommt. Und diese optimale Strategie heißt: 40 Prozent abgeben. Dabei berücksichtigt A nicht nur sich selbst, sondern auch B – und die Bedürfnisse von B erfasst er mithilfe von Empathie (siehe Abb. 24).

»Ich gebe dir etwas weniger als die Hälfte ab!« Das ist demnach die spieltheoretische Vorhersage der optimalen Strategie des Teilens – und das lässt sich tatsächlich experimentell bestätigen.

1982 entwickelte der Ökonom Werner Güth eine Versuchsanordnung, die die Forschung zum ökonomischen Entscheidungsverhalten von Menschen revolutionieren sollte. Güth nannte sein Experiment das Ultimatum-Spiel.[154] Dabei geht es darum, ob und wie Menschen teilen. Person A verfügt in diesem Experiment als Einsatz über einen Geldbetrag (z. B. 20 €), den sie aber mit Person B teilen soll. A entscheidet, wieviel sie selbst behält und wieviel sie bereit ist, an B abzugeben. Aber die Sache hat einen klitzekleinen Haken: B muss der Aufteilung zustimmen. Wenn B die Annahme des ihr zugedachten Anteils ablehnt, bekommen beide kein Geld. Güth stellte fest, dass die meisten Menschen ihrem Gegenüber etwa 40 Prozent anbieten. Und das entspricht dem Anteil von 40 Prozent, der in Abb. 24 als optimale Strategie aufgezeigt ist. Die empirischen Ergebnisse des Ultimatum-Spiels stimmen also mit der spieltheoretischen Herleitung überein, die auf zweidimensionalen Zielerwartungen basiert (wobei die eine Dimension der Empathie entspricht).

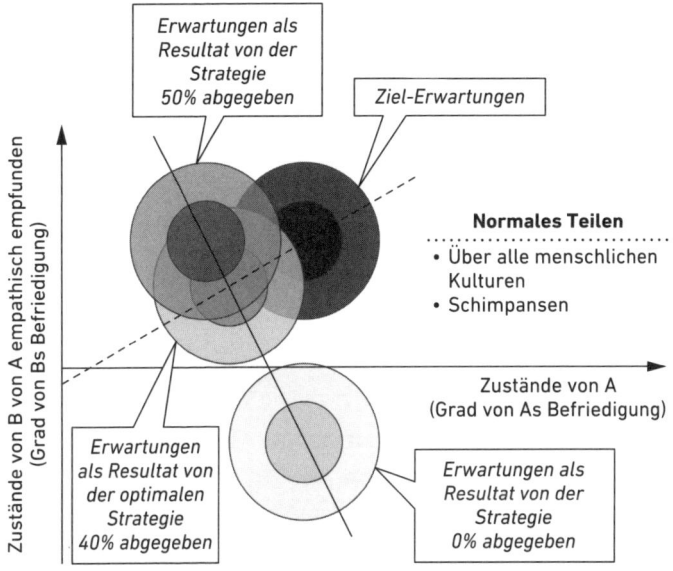

Abb. 24: **Erwartungen von Zielzuständen und von Zuständen, die mit drei Strategien des Teilens (50%, 40% oder 0% abgeben) erreicht werden können.** A hat einen Kuchen (oder einen Geldbetrag) und soll diesen mit B teilen. Die Kreise mit schwarzem Zentrum kennzeichnen die zweidimensionalen Zielerwartungen von A: Er will einerseits selbst befriedigt sein (Dimension x-Achse), andererseits zeigt ihm seine Empathie an, wie befriedigt B sein würde (Dimension y-Achse); sein Ziel ist schließlich auch, dass B zufriedengestellt wird. A erwägt zur Orientierung zunächst nur 2 extreme Strategien. Erstens gäbe er 50% ab (tiefdunkle Kreise), wäre er selbst nur mittelmäßig befriedigt, aber er hätte das Gefühl, dass B voll befriedigt wäre. Zweitens gäbe er 0% ab (hellgraue Kreise), wäre er selbst voll befriedigt, aber er hätte das Gefühl, dass B sehr unzufrieden wäre. Was ist nun die optimale Strategie? Die gesuchte dritte (optimale Strategie) lässt sich mit einfachen geometrischen Schritten ermitteln. Erster Schritt: Alle Strategiemöglichkeiten (zwischen 50% und 0% abgeben) liegen auf der durchgezogenen schwarzen Geraden. Zweiter Schritt: Die optimale Strategie ist diejenige, die den kleinsten Abstand zu den Zielerwartungen (schwarz) hat. Fällt man also vom Mittelpunkt der Zielerwartungen aus das Lot (gestrichelte Gerade) auf die durchgezogene Gerade, so erhält man einen Schnittpunkt. Der Schnittpunkt ist der Mittelpunkt der Erwartungen, die sich infolge der optimalen Strategie (mitteldunkel) ergeben. Diese Strategie lautet: 40% abgeben.

Bei der optimalen Strategie schlägt also Person A einen kleinen Vorteil für sich heraus (schließlich ist er es ja, der über das Geld verfügt). B gibt sich in der Regel mit 40 Prozent recht zufrieden (sie kann nicht über das Geld verfügen und ist auf die Fairness von A angewiesen, um überhaupt etwas zu bekommen). Beide empfinden sich bei dieser Lösung als Gewinner. Jeder erhält einen ansprechenden Geldbetrag, und die sozialen Erwartungen wurden erfüllt. Das heißt, sowohl A als auch B sind sehr dicht an ihren Zielerwartungen. Man hat diesen Versuch mittlerweile in unterschiedlichsten Kulturen auf der Welt wiederholt,[155] auch mit Primaten (da galt es Futter zu teilen).[156] Das Ergebnis war überall gleich: Etwa 40 Prozent werden abgegeben.

Doch was passiert, wenn die Testpersonen nicht zufällig, sondern gezielt nach bestimmten Kriterien ausgewählt werden? Spielt man das Ultimatum-Spiel mit Testpersonen, die arm sind – also mit solchen, die es gewöhnt sind, sich gegenseitig zu unterstützen –, verschiebt sich das Ergebnis tatsächlich in Richtung 50 Prozent abgeben.[157] In solchen Fällen spielt offenbar der soziale Fairnessgedanke eine größere Rolle als der kurzfristige Geldvorteil. Daraus lässt sich schließen, dass auf Kooperation angewiesene Menschen ein sehr feines Gespür für sozialen Zusammenhalt haben und diesen Wert in ihrem System weit oben ansiedeln. Lässt sich diese Schlussfolgerung auch auf andere Gruppen ausweiten? Das Ergebnis sieht im Ultimatum-Spiel genauso aus, wenn die Testpersonen depressive Menschen sind: 50 Prozent geben diese Personen ab.[158] In meiner Forschergruppe an der Universität zu Lübeck haben wir untersucht, was korpulente Menschen im Ultimatum-Spiel für Angebote machen. Auch ihre Angebote waren überdurchschnittlich fair: Auch sie gaben 50 Prozent ab.[159] Unsicherheit und Stress sind die Ursachen von beiden Symptomen: von Depression und Korpulenz. Wir haben in diesem Buch gesehen, dass Menschen, die nicht habituieren können, auf Dauer depressiv werden, hingegen werden Menschen durch Habituation dick. Offenbar führt ein Leben in Unsicherheit dazu, dass Menschen ihren sozialen Zielerwartungen einen höheren Stellenwert beimessen. Man kann also feststellen, dass für unsichere Menschen der soziale Zusammenhalt besonders wichtig ist, weil sie selbst auf Unterstützung angewiesen sind, und daher achten sie besonders strikt auf die Einhaltung fairen Teilens, um das Gefüge des sozialen Netzes nicht zu gefährden. Dieses Phänomen lässt sich auch grafisch sehr gut nachvollziehen: Abb. 25 gibt darüber Aufschluss. Wenn in dem Diagramm die zweidimensionalen Zielerwartungen verändert werden, sodass in der Dimension »Empathie gegenüber B« das Ziel höhergesteckt wird, ergibt sich eine neue optimale Strategie: 50 Prozent abzugeben. Eine Veränderung der sozialen Zielerwartungen bei armen, depressiven und korpulenten Menschen steht im Einklang mit der Beobachtung, dass diese Gruppen sich in stärkerem Maße prosozial verhalten.[157–159] Kurz gesagt: Arme, depressive und korpulente Menschen haben offenbar höhere Zielerwartungen, was das Wohlbefinden ihres Gegenübers angeht (siehe Abb. 25).

Spielt man hingegen das Ultimatum-Spiel mit reichen Menschen, so verändert sich das Ergebnis gravierend. Ihre Bereitschaft, fair zu teilen erwies sich als unterentwickelt. Als wollten sie die Reichen-Klischees bestätigen, machten reiche A-Personen ihrem Gegenüber beschämend niedrige oder sogar beleidigende Teilungsangebote. Ein Angebot von 25 Prozent war keine Seltenheit[157] (Abb. 26). Und je be-

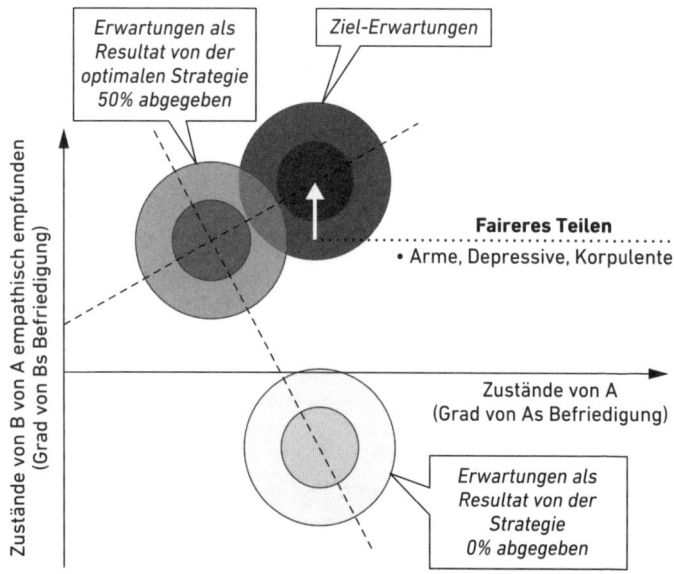

Abb. 25: Erwartungen von Zielzuständen, wenn arme, depressive oder korpulente Menschen teilen. Wenn die empathische Dimension der Zielerwartungen (schwarzer Kreis) höher angesetzt wird (Pfeil nach oben), verschiebt sich die optimale Strategie des Teilens in Richtung 50% abgeben. Für arme, depressive oder korpulente Menschen konnte diese spieltheoretisch hergeleitete fairere Strategie experimentell bestätigt werden.[157–159]

dürftiger die B-Testpersonen waren, desto weniger waren die reichen A bereit zu geben.[160] Was in vielen Fällen dazu führte, dass die Auszahlung des Geldes nicht zustande kam, weil B so empört war, dass es ihr wichtiger erschien, A zu bestrafen, als einen kleinen Anteil mitzunehmen. Sie verweigerte die Annahme. Den reichen Testpersonen mangelte es offenkundig an sozialer Kompetenz oder einfach an Interesse. Die wahrscheinlichste Ursache für dieses auffällige Defizit ist eine Art soziales Überlegenheitsempfinden: Reiche, sozial hochgestellte Menschen fühlen sich tendenziell weniger an soziales Normen-Verhalten gebunden.[161]

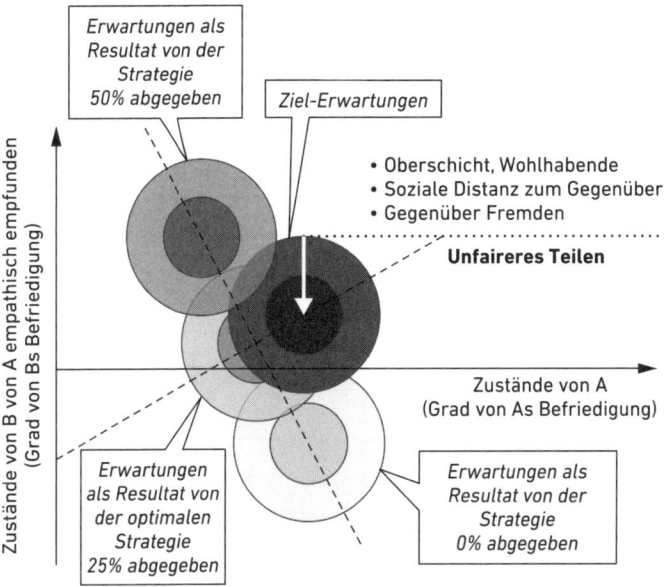

Abb. 26: Erwartungen von Zielzuständen, wenn reiche oder sozial hochgestellte Menschen teilen. Wenn die empathische Dimension der Zielerwartungen (schwarzer Kreis) niedriger angesetzt wird (Pfeil nach unten), verschiebt sich die optimale Strategie des Teilens in Richtung 25% abgeben. Für reiche oder sozial hochgestellte Menschen konnte diese spieltheoretisch hergeleitete unfairere Strategie experimentell bestätigt werden.[157, 160]

Offenbar haben sie es nicht nötig. Studien deuten darauf hin, dass Menschen, die viel Geld besitzen, Verordnungen und Gesetze nicht so ernst nehmen und sich leichter darüber hinwegsetzen. Außerdem sagen reiche Personen in Gerichtsverhandlungen häufiger die Unwahrheit als Menschen mit durchschnittlichem oder unterdurchschnittlichem Einkommen[161] (siehe Abb. 26).

VERTRAUEN. Letztlich bewegen wir uns alle ständig zwischen den unterschiedlichen Zielerwartungen, den eigenen und denen der Personen, mit denen wir auf der Basis von

Empathie interagieren. Wie komplex und mehrdimensional diese Interaktion ist, möchte ich am Beispiel des empathischen Babysitters veranschaulichen. Dabei geht es um eine eigentlich ganz einfache Situation. Ein Babysitter hat die Aufgabe, für ein paar Stunden auf ein schlafendes Kind aufzupassen, während die Eltern ausgehen. Die sozialen Erwartungen sind allen Beteiligten klar: Die Eltern vertrauen darauf, dass der Sitter seine Aufgabe ernst nimmt und aufmerksam über das schlafende Kind wacht und dabei jederzeit per Telefon erreichbar bleibt.[162] Der Babysitter möchte natürlich bezahlt werden, hofft aber auch auf Anerkennung der Eltern, dass sie das in ihn gesetzte Vertrauen honorieren. Denn er möchte gern öfter gebucht und womöglich sogar als besonders zuverlässig an andere Eltern mit kleinen Kindern weiterempfohlen werden. Allerdings kann so ein durchwachter Abend aber auch ziemlich lang und langweilig werden, und der Sitter überlegt, wie er sich die Zeit am besten vertreibt. Er könnte zum Beispiel auf dem Fernseher der Familie im Wohnzimmer seine Lieblingsserie, die gerade so unglaublich spannend ist, weiterschauen. Und um das schlafende Kind nicht zu stören, würde er einfach Kopfhörer aufsetzen. Oder er würde sich in den Sessel im Kinderzimmer setzen und bei gedämpftem Licht ein wenig lesen. Oder er würde über das Kind wachen, ohne irgendetwas anderes zu tun. Am liebsten würde sich der Sitter für Plan Fernsehen mit Kopfhörer entscheiden, weil das am ehesten verspricht, dass die Zeit wie im Fluge vergeht. Aber dann würde er womöglich nicht bemerken, wenn das Kind aufwacht oder die Eltern anrufen. Einem unempathischen Sitter wäre das vielleicht egal, und er hätte den Fernseher angeschaltet, sobald das Auto der

Eltern um die nächste Straßenecke gebogen wäre. Der empathische Babysitter aber verwirft den Plan Fernsehen mit Kopfhörer, weil dieser zwar verlockend erscheint, aber seinen Zielerwartungen, dass er nämlich von den Eltern soziale Anerkennung erhalten möchte, zuwiderläuft. Er möchte das in ihn gesetzte Vertrauen auf keinen Fall enttäuschen. Er empfindet die ihm übertragene Aufgabe als echte Verantwortung und setzt diese über den Impuls, einen möglichst unterhaltsamen Abend zu verbringen. Er wählt also die optimale Strategie und setzt sich mit einem Buch ins Kinderzimmer und lauscht den tiefen und ruhigen Atemzügen des Kindes, bis die Eltern wieder da sind (Abb. 27). Er nimmt sein Geld und die lobenden Worte entgegen und wird mit dem Gefühl, gute Arbeit geleistet zu haben, beschwingt nach Hause fahren (siehe Abb. 27).

Was aber, wenn er sich anders entschieden hätte? Dann hätte er womöglich wirklich den Anruf der Eltern verpasst, die sich nur erkundigen wollten, ob alles o. k. ist. Oder er wäre bei ihrer Heimkehr mit Kopfhörern beim Fernsehen erwischt worden, während das Kind von ihm unbemerkt weinte. In beiden Fällen wäre er seinen Job sicher gewesen. Und statt einer Empfehlung hätten die Eltern anderen Paaren womöglich abgeraten, ihn zu beschäftigen. Das Ergebnis hätte sich also desaströs auf all seine Babysitter-Zielerwartungen ausgewirkt – sowohl kurz- als auch langfristig. Doch selbst wenn er beim Fernsehen nicht erwischt worden wäre und den Anruf nicht verpasst hätte, würde sich der Babysitter wohl kaum beschwingt auf den Heimweg gemacht haben. Er würde sich vielmehr schäbig fühlen, wie ein Betrüger. Und tatsächlich wäre er das auch, und zwar in doppelter Hinsicht. Denn er hätte mit seinem

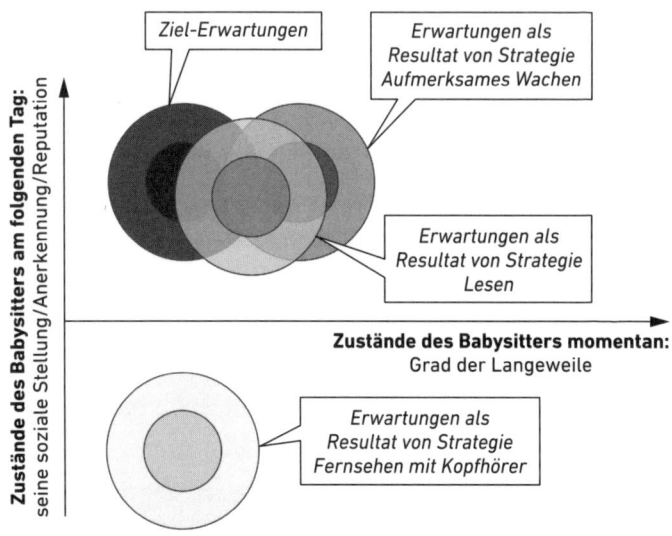

Abb. 27: Erwartungen von Zielzuständen und von Zuständen, die ein Babysitter mit drei Strategien erreichen kann. Der Babysitter hat folgende Zielerwartungen: Erstens, er will selbst nicht gelangweilt sein (Dimension x-Achse), und zweitens, er will danach sozial anerkannt sein und eine gute Reputation als Babysitter haben (Dimension y-Achse). Er erwägt drei Strategien: aufmerksames Wachen (er erwartet große Langeweile, hohe Anerkennung), lesen (er erwartet weniger Langeweile, recht hohe Anerkennung), Fernsehen mit Kopfhörer (er erwartet keine Langeweile, schlechte Reputation/Anerkennung). Er wählt schließlich die optimale Strategie (lesen; mitteldunkel), d.h. diejenige, die am nächsten an der Zielerwartung liegt (schwarzer Kreis). Anmerkung: Man könnte in diesem Diagramm auch noch den Zeithorizont erweitern, indem man eine dritte Dimension mit berücksichtigt und hinzufügt: z.B. Zustände des Babysitters in einem Jahr: soziale Stellung, Reputation (bester oder schlechtester Babysitter der Stadt). Je mehr Dimensionen in einem solchen Diagramm berücksichtig werden, desto mehr wird man der Komplexität gerecht, wie sie in sozialen Systemen zu finden ist.

verantwortungslosen Verhalten nicht nur seine Auftraggeber, sondern auch seine eigene Zielerwartung, ein guter Babysitter zu sein, korrumpiert.

Durch Empathie entsteht also sozialer Zusammenhalt. Das kann man in ähnlicher Weise verstehen wie das Konzept von Niklas Luhmann, bei dem ausgehend von »doppelter Kontingenz« eine »emergente Ordnung« entsteht. Luhmann (1927–1998) war einer der bekanntesten deutschen Soziologen. Er hat den Begriff der emergenten Ordnung 1984 in seinem Hauptwerk *Soziale Systeme* geprägt und ihre Entstehung im Rahmen der sogenannten Systemtheorie definiert. Gemäß der Luhmann'schen Systemtheorie entsteht die emergente Ordnung in sozialen Systemen selbstreferenziell (aus sich selbst heraus). Doppelte Kontingenz ist ebenfalls ein Fachbegriff in der Systemtheorie, der von dem US-amerikanischen Soziologen Talcott Parsons eingeführt und von Niklas Luhmann übernommen wurde. Doppelte Kontingenz heißt danach, dass Akteur A (oft Ego genannt) erwartet, dass Akteur B (Alter genannt; lateinisch der andere) kontingente Handlungsmöglichkeiten hat (also nicht notwendig auf eine einzige bestimmte Weise handelt) und dass gleichzeitig Alter erwartet, dass Ego kontingente Handlungsmöglichkeiten hat. Mit anderen Worten: Kontingent ist etwas, was möglich ist, aber nicht notwendig. Wenn die beiden sich treffen, ist die Situation doppelt kontingent, weil beide Beteiligten auch ganz unerwartete Dinge machen könnten. In dieser Ausgangssituation entstehen dann zwischen Menschen einer sich festigenden Gruppe stabile soziale Erwartungsstrukturen – als auf Dauer gestellte Erwartungen an das Verhalten der Beteiligten. Ego und Alter könnten jederzeit auch ganz anders handeln – aber die soziale Struktur legt ein bestimmtes Handeln nahe und erwartet dieses Handeln. Diese Erwartungen können stabilisiert werden, indem sie gesetzlich festgeschrieben werden (jeder weiß, dass das auch scharf geahndet wird, wenn jemand sich nicht daran hält). Auch Moral, sozialer Druck, Gewohnheit, Kultur usw. können stabilisierend wirken. Vor diesem Hintergrund wird die Frage, wie sozialer Zusammenhalt überhaupt entsteht, von den modernen soziologischen Theorien und den hier beschriebenen neurobiologischen Empathieansätzen in sehr verwandter Weise beantwortet.

MORALISCHE VERANTWORTUNG. Wenn wir hier von Moral sprechen, stellt sich natürlich die Frage nach der menschlichen Freiheit. Und ehe wir uns versehen, befinden wir uns mitten in einer der ältesten Debatten der abendländischen Philosophie. Unter freiem Willen versteht man ganz allgemein ausgedrückt die einzigartige Fähigkeit von Personen, Kontrolle in der für moralische Verantwortung notwendigen Weise über ihr Verhalten auszuüben.[163] Die meisten zeitgenössischen Philosophen (aber nicht alle) vertreten die Position, dass der Wille frei sei.[163] Man debattiert dabei heute vor allem über die Frage, ob sich der freie Wille mit dem sogenannten Determinismus verträgt oder nicht. Dabei versteht man unter Determinismus die metaphysische These, dass die Tatsachen der Vergangenheit in Verbindung mit den Naturgesetzen jede Wahrheit über die Zukunft beinhalten. Anders ausgedrückt: dass es in der Welt mit rechten Dingen zugeht, dass nicht einfach so etwas geschieht, also ohne Ursache.

In der gegenwärtigen Debatte wird der freie Wille also mehrheitlich bejaht, wobei die kompatibilistische Position (der freie Wille verträgt sich mit dem Determinismus) der libertarianischen Position gegenübersteht (verträgt sich nicht; Determinismus wird abgelehnt). Der Vollständigkeit halber sei hier noch die dritte Position erwähnt: die des harten Determinismus, die sich nicht mit dem freien Willen verträgt und diesen auch verneint. Manche Leser erinnern sich vielleicht noch daran, wie neurowissenschaftliche Vertreter dieser dritten Position 2004 in der deutschen Öffentlichkeit eine hitzige Debatte entfacht haben.[164] Mittlerweile ist die Position des harten Determinismus jedoch aus der Mode gekommen.[165]

Auch ich vertrete die Position, dass der Wille frei sei, wobei ich mich zur Begründung auf kompatibilistische Argumente berufe: Aus meiner Sicht beruht die menschliche Entscheidung auf fünf Annahmen:

1. Wir prüfen unsere möglichen alternativen Strategien.
2. Unter den möglichen Strategien können wir auswählen.
3. Aufgrund unserer Erfahrungen und Gefühle –
   einschließlich der Empathie – schätzen wir ab, wie hoch die Erfolgsaussicht jeder unserer Strategiemöglichkeiten ist, um unsere individuellen physischen, psychischen und sozialen Zielerwartungen zu erreichen.
4. Unsere sozialen Zielerwartungen schließen unsere moralischen Zielerwartungen ein.
5. Dann wählen wir die Erfolg versprechendste Strategie aus.

Dabei ist die Empathie ein zentrales Phänomen, das für das Verständnis unserer moralischen Verantwortungspraxis unverzichtbar ist. Wer sich in ein Gegenüber einfühlt, kann seine Anteilnahme am Gefühl des Gegenübers bei seiner Strategieauswahl mitberücksichtigen. Welche empathisch empfundenen Zustände dabei als angestrebt, akzeptabel oder nichtakzeptabel bewertet werden, definiert sich anhand der individuellen Zielerwartungen. Hierin zeigen die individuellen Zielerwartungen ihre moralische Dimension.

Um moralische Verantwortung richtig zu verstehen, lud der britische Philosoph Sir Peter Strawson (1919–2006) seine Leser dazu ein, die reaktive Haltung gegenüber einer anderen Person zu betrachten, wenn sie im Verhalten eines anderen eine Haltung des schlechten Willens erkennt.[165] Wenn ein Täter sein Opfer verletzt, erlebt die geschädigte Person typischerweise eine persönliche reaktive Haltung des Grolls. Werden wir hingegen nur Zeuge der Tat, so ist unsere natürliche reaktive Haltung moralische Empörung oder Missbilligung, die zu einem stellvertretenden Groll im Namen der geschädigten Person führt. Wenn man selbst der Täter ist, der über das Unrecht nachdenkt, das er einem anderen zugefügt hat, so ist die natürliche reaktive Haltung ein Schuldgefühl. In Strawsons Beispielen zeigt sich ein enger Zusammenhang zwischen den von ihm beschriebenen reaktiven Haltungen und den Bewertungen empathisch anteilnehmender Gefühle: So bewertet der Täter anhand seiner Zielerwartungen das empathisch gefühlte Leid seines Opfers als akzeptabel – und hört nicht auf, es zu verletzen. Die beobachtende Person bewertet anhand ihrer Zielerwartungen das empathisch erlebte Leiden des Opfers als inakzeptabel – und empört sich. Der sich nun reflektierende Täter bewertet rückwirkend aufgrund einer Veränderung seiner Zielerwartungen das empathisch gefühlte Leid des Opfers als nicht mehr akzeptabel – und empfindet Schuld und Reue.

Strawson zeigt uns also, dass die moralisch reaktiven Haltungen, die die Basis unserer moralischen Verantwortungspraxis sind, sowie die zwischenmenschlichen Beziehungen und Erwartungen, die diese Haltungen formen, tief im menschlichen Leben verwoben sind. Neuere psychologische Experimente unterstützen seine Position: Emotionale Reaktionen können die kognitiv-abstrakte Argumentation und Reflexion von Menschen außer Kraft setzen, wenn es darum geht, menschliches Verhalten moralisch zu bewerten.[166, 167] Neurobiologische Evidenzen stützen sogar die Sichtweise, dass unsere alltägliche Erfahrung von Empathie und Fairness ihre Wurzeln in einer Entwicklungsgeschichte hat, die vor mehr als 100 Millionen Jahren ihren Anfang nahm.[148, 156, 168] Wenn die eigene soziale Zielerwartung, welche empathisch erlebten Zustände ich erreichen will, die Essenz meiner moralischen Verantwortungspraktiken ausmacht, dann spielt es praktisch keine Rolle, ob ich in einer determinierten oder nichtdeterminierten Welt lebe. Außerdem kann eine soziale Gemeinschaft – basierend auf Empathie und Fairness – eine Reihe von Erwartungen für Freiheit und Verantwortung konstruieren, die auch in einer determinierten Welt erfüllbar sind. Diese Fokussierung auf unsere moralische Natur, die bereits der Philosoph David Hume in der Epoche der Aufklärung vorweggenommen hatte,[169] zerstreut meines Erachtens jede Vermutung, dass der Determinismus irgendwie eine Bedrohung für unsere Vorstellungen von Freiheit und moralischer Verantwortung darstellen könnte.

Vor dem Hintergrund dieser Argumente erscheinen die bayesianisch-neurobiologischen Mechanismen der menschlichen Entscheidung,[3] wie ich sie in diesem Buch zusammengefasst habe, als gut vereinbar mit der Erwartung eines freien Willens.

20. Manipulation meiner Zielerwartungen

Wo verläuft die Grenze zwischen Selbst- und Fremdbestimmtheit in meinem Leben? • Die menschliche Gesellschaft ist hierarchisch aufgebaut • Was ist Kommunikation? Der Austausch von Erwartungen • Wenn unsere Zielerwartungen unter Druck geraten • Habicht und Taube: Wer ist aggressiv, wer nachgiebig? • Das Wesen der Dunklen Triade: Machiavellismus, Narzissmus, Psychopathie • Der Ludus-Liebes-Stil: Wenn der Partner Spielchen spielt • Napoleon: Der große Manipulator

Wir sprechen in der heutigen Zeit sehr gerne von Authentizität. Wer das zum hohen persönlichen Gut erklärt, möchte gerne so echt sein wie möglich, also unverfälscht und frei von Einflüssen, die die Persönlichkeit untergraben. Authentizität verknüpfen wir demnach mit einem hohen Maß an persönlicher Unabhängigkeit. Man könnte hier auch den Begriff Selbstbestimmtheit oder Autonomie verwenden. Autonom zu sein heißt, seine eigenen Entscheidungen zu fällen, auf der Basis der persönlichen Zielerwartungen. Und wer würde sich das nicht wünschen? Aber, wenn so häufig und intensiv von Authentizität und Autonomie die Rede ist, liegt der Verdacht nahe, dass es sich um eine Art Sehnsuchtsort handelt und wir in Wahrheit das Gefühl haben, dass vieles in unserem Leben eben nicht oder nur eingeschränkt autonom abläuft.

Hier stellt sich die Frage, was eigentlich das Gegenteil

von Autonomie ist. Vielleicht würde manch einer antworten: Abhängigkeit. Das wäre auch nicht verkehrt, trifft aber nicht ganz den Kern. Genauer gesagt bezeichnet Abhängigkeit einen Zustand, der aus dem Begriff, den wir hier suchen, als Folge entstehen kann. Und dabei geht es um das Phänomen der Heteronomie. Ein Wort, das übersetzt Fremdbestimmtheit meint und erstaunlicherweise in öffentlichen Diskursen und einschlägigen Selbsthilferatgebern so gut wie nie vorkommt, obwohl es in unserem täglichen Leben eine herausragende Rolle spielt. Daraus resultieren spannende Fragen, die jeden Menschen betreffen:

- Wo in meinem Leben verläuft die Grenze zwischen Autonomie und Heteronomie?
- Wie autonom bin ich wirklich, und wie groß ist der Einfluss der Fremdbestimmtheit auf mein Leben und meine Entscheidungen?
- Kann ich die autonomen und heteronomen Anteile meiner Entscheidungen überhaupt klar erkennen und voneinander trennen?

Wir wissen, dass Unsicherheit und Stress immer dann entstehen, wenn unsere Zielerwartungen nicht mit den Erwartungen von dem, was wir erreichen können, übereinstimmen. Unsicherheit resultiert also, wenn Erwartungen unvereinbar sind. Aber unsere Zielerwartungen existieren nicht isoliert in einem quasi-luftleeren Raum. In der Kommunikation zwischen Menschen kommt es zum Austausch von Erwartungen (Prioren). Durch Kommunikation kann überhaupt erst eine Unvereinbarkeit von Erwartungen entstehen. Wenn eine dominante Person ihre eigenen Zielerwartungen einer untergebenen Person aufzwingt und damit deren Zielerwartungen verändert, kann sie dadurch bei der untergebenen Person Unsicherheit und Stress erzeugen (Abb. 28). Andererseits gibt es aber auch unvereinbare Zielerwartungen, die wir in uns tragen und nicht in der Lage sind aufzulösen. Aus solchen inneren Zielerwartungskonflikten entsteht häufig Leidensdruck, den erst ein Psychotherapeut auflösen kann (wir werden später im Buch zeigen, wie solche inneren Zielerwartungsdilemmata gelöst werden können; siehe Abb. 28).

Die Heteronomie tritt oft im Gewand der Dominanz auf. Besonders deutlich wird dies in der Arbeitswelt. Der Chef oder Vorgesetzte vertritt Zielerwartungen (Profit, Ökonomie, Produktivität der Mitarbeiter, Engagement, Bereitschaft zu Überstunden usw.) gegenüber dem Mitarbeiter, der wiederum persönliche Zielerwartungen hat (z. B. möglichst hoher Verdienst, geregelte Arbeitszeit, Eigenverantwortung). Hier lässt sich ein Interessenkonflikt durchaus lösen, allerdings nur, indem übergeordnete eigene Ziel-Prioren erzwungenermaßen an die Ziel-Prioren anderer angeglichen werden (Dominanz) wie in folgender Situation:

Ein Vorstellungsgespräch bei einem großen Unternehmen in Hamburg. Der Bewerber möchte sehr gerne genau für diese Firma arbeiten. Er macht beim Personalchef einen guten Eindruck und erfüllt alle Anforderungen. Auch die Bezahlung stimmt. Der Anstellung steht also nichts im Wege. Die persönlichen Zielerwartungen des Bewerbers erscheinen alle erfüllbar: geregelte Arbeitszeit, interessante Aufgabe, hohes Renommee, kurzer Weg zur Arbeit, da er mit seiner Familie auch in Hamburg wohnt. Dann aber stellt

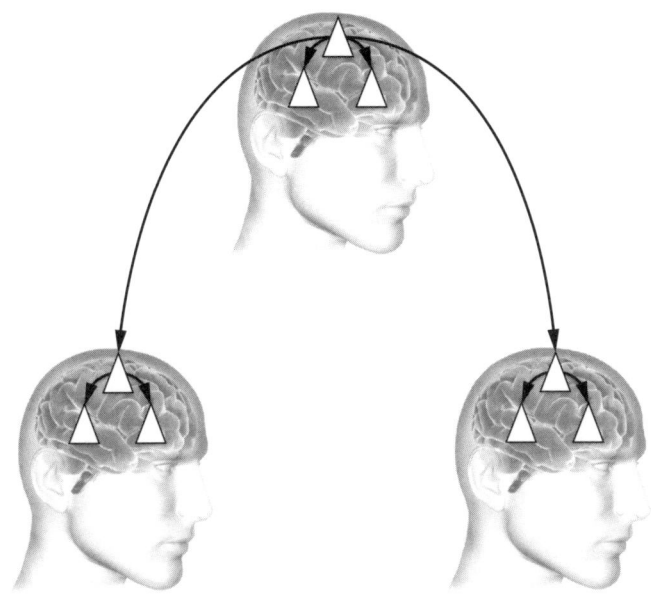

Abb. 28: Hierarchischer Aufbau des menschlichen Gehirns und der menschlichen Gesellschaft. Die Zielerwartungen sind auf der höchsten Ebene des Gehirns repräsentiert, weitere Erwartungen auf den tiefer gelegenen Ebenen. Zielerwartungen können zwischen Menschen kommuniziert werden. Ein dominanter Mensch kann seine eigenen Zielerwartungen an ihm unterstellte Menschen weitergeben.

sich heraus, dass die zu vergebende Arbeitsstelle in der Dependance in Kiel angesiedelt ist, etwa 95 Kilometer von Hamburg entfernt. Das würde eine Anfahrtszeit von täglich zweimal 70 Minuten bedeuten. Der Bewerber zögert. Er wollte eigentlich auf keinen Fall pendeln, weil er möglichst viel Zeit mit seinen beiden kleinen Kindern verbringen möchte. Andererseits wird es sonst nichts mit dem Traumjob. Er muss also verzichten oder eine seiner Zielerwartungen unterordnen. Wer hier der Dominante ist, wird noch offensichtlicher, als der Personalchef erwähnt, dass zum Job ein Dienstwagen gehört. Plötzlich erscheint dem Bewerber der lange Arbeitsweg nicht mehr so unwägbar. Neben dem damit verbundenen finanziellen Vorteil würde der Dienstwagen auch den immer wieder auftretenden Konflikt lösen, den seine Frau und er um das gemeinsame Privatauto austragen. Und jetzt ist er bereit, eine seine drei Zielerwartungen, die er vor dem Gespräch für unabdingbar gehalten hatte, tatsächlich zu opfern.

Ein derartiges Spannungsverhältnis zwischen Autonomie und Heteronomie kommt in unserem Leben ständig vor: in der Partnerschaft, unter Nachbarn oder in der Arbeitswelt. Manchmal findet diese Kommunikation auf Augenhöhe statt – also gleichberechtigt –, etwa bei zwei Menschen, die in einer intakten Partnerschaft leben. Anders verhält es sich in hierarchischen Systemen. Hier ist immer Dominanz im Spiel: Ranghöhere beeinflussen die Zielerwartungen der Rangniedrigen wie beim eben geschilderten Vorstellungsgespräch. Besonders deutlich wird dies natürlich beim Militär, wo Soldaten nicht nur lernen, den Befehlen ihrer Vorgesetzten Folge zu leisten, sondern beim sogenannten Gelöbnis einen Treueschwur ablegen. Bei der Bundeswehr lautet die Treueformel: »Ich schwöre, der Bundesrepublik Deutschland treu zu dienen und das Recht und die Freiheit des deutschen Volkes tapfer zu verteidigen, so wahr mir Gott helfe.« Im Bekenntnis zur tapferen Verteidigung schwingt mit, dass dies auch bedeuten könnte, bei der Erfüllung Leib und Leben einzusetzen. In den Fahneneiden anderer Armeen wird dieses Bekenntnis der Bereitschaft, das eigene Leben notfalls zu opfern, durchaus explizit den Soldaten abverlangt. Dieses würde dann im Ernstfall das Unterordnen der höchsten Zielerwartung eines Menschen bedeuten – nämlich selbst möglichst lange am Leben zu bleiben. Aber auch in der Arbeitswelt kommt es zu vielfältigen heteronomen Eingriffen. Ein besonders drastisches Beispiel sind sogenannte Firmen-Hymnen oder -Katechismen, wie sie in den USA und Japan häufig vorkommen – so auch bei der japanischen Ueda-Bank, bei der in einer Art Aufnahmezeremoniell neue Mitarbeiter die Zielerwartungen der Chefetage rezitieren müssen:[170]

Die Bank ist unser lebenslanger Arbeitsplatz, lasst ihn uns angenehm machen, indem wir uns jeden Morgen gegenseitig freundlich grüßen!
Aufrichtigkeit ist die Grundlage des Vertrauens.
Lasst uns mit unseren Kunden in einer ernsten und aufrichtigen Haltung umgehen.
Sei warmherzig und besorgt freundlich.
Lasst uns mit unserer ganzen Stärke arbeiten, indem wir mit Herz und Seele darin aufgehen.
Starke Eintracht ist die Quelle der Energie für unser Geschäft.
Verantwortung macht Rechte möglich. Lasst uns Verantwortung entwickeln.
Außerdem lasst uns schöpferisch denken und voranschreiten, indem wir jeden Tag zu einem neuen Tag machen. Habe einen edlen Charakter und zeige anständiges Verhalten. Lasst uns mit nicht endendem Stolz den Ueda-Bank-Traum erfüllen.

Ob der Stil nun plump manipulatorisch, offen aggressiv oder subtil ist – heteronome Strategien sind typisch für hierarchische Strukturen. Und diese gehören zur Menschheitsgeschichte ebenso wie die persönliche Entwicklung des Einzelnen. Sie sind also weder eine Erfindung des Feudalismus noch typisch für die moderne Arbeitswelt und auch keine typische Erscheinungsform des Kapitalismus. Soziale Hierarchien sind nicht nur beim Menschen typisch, sondern kommen auch bei Affenpopulationen vor. Hierarchische Strukturen bildeten und bilden sich in allen Kulturen zu allen Zeiten. Und obwohl es den Anschein hat, dass es innerhalb dieser Systeme Regeln gibt, die für alle Beteiligten gelten, täuscht dies. Denn einige Menschen verhalten sich in dem Spiel prosozial, andere antisozial (regelwidriges Verhalten). Aus dem Ultimatum-Spiel (reich versus arm) ergeben sich Hinweise, dass Menschen, die reich (und mächtig) sind, eher dazu neigen, sich nicht an Regeln, Gesetze und sozialen Konsens zu halten, als vergleichsweise arme Spieler.[161] Doch wie genau verhalten sich prosoziale und antisoziale Verhaltensstrategien zueinander?

Die Frage nach der Verteilung von prosozialem und antisozialem Verhalten innerhalb einer Art (Spezies) interessierte auch John Maynard Smith (1920–2004), einen theoretischen Biologen von der UNIVERSITY OF SUSSEX. Er wandte die Spieltheorie auf das Verhalten von Tieren an und begründete das Konzept der evolutionären stabilen Strategie. Demnach neigt natürliche Selektion dazu, ein stabiles Gleichgewicht zwischen verschiedenen Verhaltensmerkmalen und Strategien aufrechtzuerhalten.[171]

In Maynard Smiths theoretischem Ansatz repräsentiert der Archetypus des Habichts die antisoziale-aggressive Strategie von Lebewesen. Er ist angriffslustig, sucht Konflikte und kämpft für seine Ressourcen. Die Taube hingegen steht für die prosozial-friedliche Strategie. Sie kämpft nicht um Ressourcen, teilt mit anderen Tauben, meidet jeden Konflikt, und, falls sie angegriffen wird, zieht sie sich zurück, bevor sie verletzt wird. Das Ergebnis von Maynard Smiths spieltheoretischen Berechnungen zeigt, dass das Verhältnis zwischen Habichten und Tauben in einer Population – also zwischen Artgenossen, die sich antisozial und prosozial verhalten – je nach den gegebenen Bedingungen ungefähr bei 20 Prozent zu 80 Prozent liegt (Abb. 29). Auf diese Weise entsteht also zwischen antisozialem und prosozialem Verhalten ein stabiles Gleichgewicht, das sich in der Gesamtbetrachtung dem ethisch-moralischen Begriff von Gut und Böse zu entziehen scheint. Die mutige Kohlmeise, die auf eine andere Kohlmeise losgeht, wenn sie ein neues Territorium beansprucht oder ein existierendes Territorium verteidigt, verhält sich aggressiv wie ein Habicht. Die vorsichtige Maus, die bei Gefahr erstarrt, um sich Bedrohungen in ihrer Umgebung anzupassen, wäre eher dem Typus Taube zuzuordnen. Die Verhaltensforschung ist voll von Beobachtungen, die bestätigen, dass Habicht-Taube-Strategien innerhalb einer Spezies bei Vögeln und Säugetieren (wie Nagetieren, Primaten) vorkommen – also auch beim Menschen –, und zwar immer in einem ähnlichen Verhältnis, wie es sich aus den spieltheoretischen Berechnungen ergibt: Dieses liegt in der Größenordnung von 20 zu 80[172, 173] (siehe Abb. 29).

Das führt uns zum Phänomen des antisozialen Verhaltens von Menschen, mit dem sich die Psychologie in den vergangenen Jahren besonders intensiv beschäftigt hat. In unterschiedlichen Forschungen zum Thema kristallisierte sich ein Muster heraus, das Psychologen Dunkle Triade nennen.[174] Dabei handelt es sich um einen Dreiklang unterschiedlicher antisozialer Verhaltensmuster:

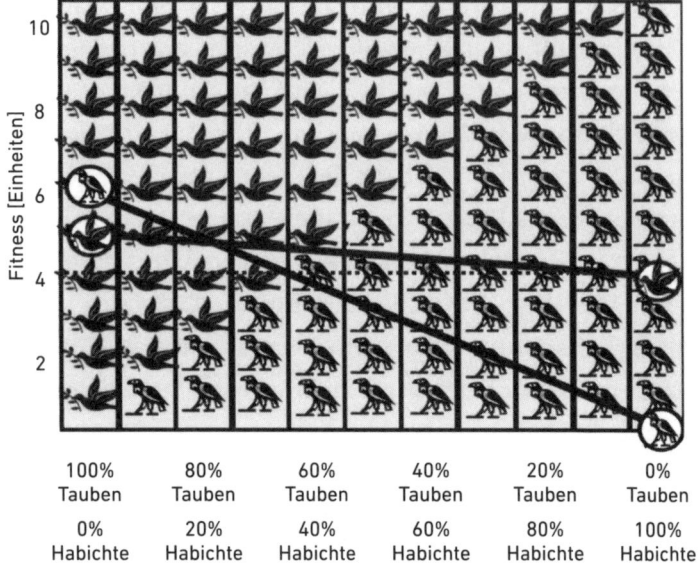

Abb. 29: Stabiles Gleichgewicht beim Habicht-Taube-Spiel. Das Diagramm zeigt die Fitness von Habichten und Tauben (y-Achse) in Abhängigkeit von der Verteilung von Habichten und Tauben in der Gesamtpopulation (x-Achse). Spielregeln: Habichte und Tauben konkurrieren miteinander um eine teilbare Ressource (Gewinn: G = 2 Pkt.). Bei einer aggressiven Auseinandersetzung zieht sich der Verlierer Verletzungen zu (Kosten: K = 10 Pkte.). Wenn ein Habicht auf eine Taube trifft, geht die ganze Ressource an ihn selbst (2 Pkte.). Wenn ein Habicht auf einen anderen Habicht trifft, gewinnt er in der Hälfte der Fälle, dann bekommt er die ganze Ressource (im zeitlichen Durchschnitt 1 Pkt. pro Begegnung); in der anderen Hälfte der Fälle verliert er, bekommt nichts und zieht sich stattdessen Verletzungen zu (im zeitlichen Durchschnitt −5 Pkte. pro Begegnung). Wenn eine Taube auf einen Habicht trifft, zieht sie sich kampflos zurück und erhält nichts (0 Pkt.). Wenn eine Taube auf eine Taube trifft, kooperieren beide sofort und teilen sich die Ressource (1 Pkt.). Die Wahrscheinlichkeit, auf einen Habicht oder eine Taube zu treffen, hängt von deren Verteilung in der gesamten Population ab. Wenn die Kosten beim Verlieren eines Kampfes größer sind als der Gewinn (was in der natürlichen Welt normalerweise der Fall ist), dann ergibt sich mathematisch ein stationärer Punkt, bei dem ein Mix aus beiden Verhaltensstrategien entsteht. Sind die Tauben in der Überzahl, haben Habichte eine höhere Fitness als die Tauben und vermehren sich stärker (im Diagramm links). Sind die Habichte in der Überzahl, haben Tauben eine höhere Fitness als die Habichte und vermehren sich stärker (im Diagramm rechts). Erst wenn in einer Population Habichte und Tauben die gleiche Fitness haben, ver-

mehren sie sich gleich stark, und es einsteht zwischen ihnen ein Gleichgewicht (im Diagramm der Schnittpunkt zwischen der Habicht- und der Taubengeraden). Dabei errechnet sich der Gleichgewichts-Anteil der Habichte mit:

$$\frac{G}{K} = \frac{2}{10}.$$

Es entsteht auf diese Weise eine stabile Population mit 20% Habichten und 80% Tauben.

- Machiavellismus:* Zwischenmenschliche Strategien, um die eigenen Ziele mittels Ausbeutung, Täuschung und Manipulation zu erreichen. »Die anderen sollen mir nützlich zu sein.«
- Narzissmus: Hauptziele sind, Aufmerksamkeit und Ruhm zu erlangen; extreme Eitelkeit; exzessiver Selbstfokus. »Die anderen sind dazu da, um mich zu bewundern.«
- Psychopathie: Gefühllosigkeit, Mangel an zwischenmenschlichen Emotionen, Unerbittlichkeit, gepaart mit antisozialem Verhalten. Diese Personen sehen Mitmenschen vor allem als Objekte.

Mittlerweile wurden diagnostische Tests entwickelt, mit deren Hilfe sich feststellen lässt, in welcher Ausprägung eine Persönlichkeit machiavellistische, narzisstische und/ oder psychopathische Züge trägt.[175] Ganz frei davon ist natürlich niemand. Reinformen kommen nur selten vor, aber

---

* Der Begriff Machiavellismus findet sich bei diversen Autoren, die sich mit ethischen, politischen und psychologischen Phänomenen befassen, auch wenn Machiavelli selbst den Machiavellismus gar nicht erfand und vielleicht nicht einmal ein Machiavellist in dem ihm oft zugeschriebenen Sinne war. Nederman C. Niccolò Machiavelli. In: Zalta EN, ed. The Stanford Encyclopedia of Philosophy; 2014.

Menschen, die in allen drei oder in Teilbereichen sehr hohe Punktzahlen erreichen, haben ein Problem damit, ihre Zielerwartungen auszuleben. Denn sie befinden sich ja in einer Welt, in der die meisten Menschen es vermeiden wollen, ausgenutzt, getäuscht oder gar als Objekt behandelt zu werden. Wie also bekommen die Mitglieder der Dunklen Triade, was sie wollen, ohne die Verdächtigungen oder Vergeltungsmaßnahmen anderer zu wecken? Die Antwort ist, extravertiert zu sein, offen zu sein, ein hohes Selbstwertgefühl und wenig Gewissenhaftigkeit und Angst zu zeigen, während sie sich egoistisch und kompetitiv verhalten.[176] Obwohl die Dunklen Triaden ein riskantes Spiel spielen, handelt es sich bei ihrem Verhalten offenbar um eine evolutionär stabile Strategie.

Man kann sich leicht vorstellen, dass sich ein derartiges Verhaltensmuster innerhalb hierarchischer Systeme leichter umsetzen lässt, wenn man sich in einer einflussreichen Position befindet. Wir wissen einerseits, dass antisoziales Verhalten typisch für Angehörige der Dunklen Triade ist, andererseits in stabilen Gesellschaften aber mit einem geschätzten Anteil von weniger als 20 Prozent deutlich unterrepräsentiert ist. Innerhalb von Führungseliten, wo es um die Besetzung von Machtpositionen geht, ändert sich allerdings der Prozentsatz. In Führungspositionen von Unternehmen oder Institutionen sind die Charaktermerkmale der Dunklen Triaden deutlich häufiger anzutreffen als im gesellschaftlichen Mittel.

Der Erfolg der Dunklen Triaden setzt grundsätzlich die Bereitschaft der anderen voraus, ihre eigenen Zielerwartungen gegebenenfalls zu opfern. Da dieses Verhalten hierarchietypisch ist, finden Dunkle Triaden hier gute bis ideale

Voraussetzungen. Dabei gehen diese Menschen oft skrupellos vor: Um zum Beispiel im Arbeitsumfeld ihre eigenen Interessen durchzusetzen, erzeugen sie Stress und Unsicherheit und verunsichern damit gezielt andere Menschen. Die Möglichkeiten dazu sind vielfältig: Mitarbeitern werden bestimmte Informationen vorenthalten, Herrschaftswissen führt zu Intransparenz, Mitarbeiter werden gegeneinander ausgespielt, falsche Versprechungen gemacht, die später nicht eingehalten werden. Es wird an das soziale Gewissen appelliert, um es auszunutzen. Oder es wird schlicht gelogen.

Ein derart typisches Verhalten verbirgt sich nicht selten hinter Nachrichten, wie sie immer wieder auf den Wirtschaftsseiten von Zeitungen nachzulesen sind: Ein Unternehmen befindet sich aufgrund der schwierigen Marktlage vorübergehend in einer wirtschaftlichen Notsituation. Das Management hat schon Gegenmaßnahmen eingeleitet, aber um die akut drohende Insolvenz abzuwenden, wird an das soziale Gewissen der Mitarbeiter appelliert. Um die Firma und damit alle Arbeitsplätze zu retten, sollen die Mitarbeiter freiwillig auf Lohn verzichten. In vielen Fällen leistet die Belegschaft dem Appell Folge, um dann ein oder zwei Jahre später zu erleben, dass das Unternehmen doch in Konkurs geht und sie nicht nur ihrer Arbeit verloren hat, sondern auch Gehaltsansprüche, die sie bereits erworben hatten, nun verloren sind, während das Management genug Zeit hatte, eigene finanzielle Ansprüche zu sichern. Ein besonders krasser Fall dieser Art ereignete sich 2001 in den USA: Dort geriet der Energieriese Enron in betrügerischen Konkurs, weil Manager die Geschäftsbilanzen massiv gefälscht hatten, um sich selbst zu bereichern. Im Strudel des

Firmenzusammenbruchs gingen nicht nur alle 22 000 Arbeitsplätze verloren, sondern auch Milliardenrücklagen aus der Betriebsrente, die den Angestellten von Enron eigentlich zustanden.

Die mächtigste Waffe der Dunklen Triaden ist die gezielte Verunsicherung – ihre Aktionen werden oft verdeckt ausgeführt. Eingangs dieses Kapitels wurde die Frage gestellt, ob wir sicher erkennen können, welche unserer Entscheidungen eigentlich autonom und welche fremdbestimmt sind. Man könnte das Problem mit dem berühmten Ausspruch umreißen: Die meisten Menschen glauben zu wollen, was sie eigentlich müssen. Es ist nämlich manchmal gar nicht so einfach zu erkennen, wann wir noch unsere eigenen Interessen vertreten oder die Interessen (oder Zielerwartungen) derer, denen wir uns heteronom unterworfen haben. In einer derart unklaren Gemengelage können Gewissheiten sehr schnell schwinden, um Verunsicherung Platz zu machen.

Wenden wir uns noch einmal einem Beispiel aus der Arbeitswelt zu, in diesem Fall aus den USA, wo die Rechte der Arbeitnehmer besonders dürftig sind. Ganz im Gegensatz zu Japan, wo zwar auch absoluter Gehorsam und grenzenlose Loyalität mit dem Unternehmen vorausgesetzt, dafür im Gegenzug aber auch Stabilität und Sicherheit offeriert werden: Eine Formulierung wie: »Die Bank ist unser lebenslanger Arbeitsplatz«, würde sich in den USA, im Land der »Hire-and-fire-Mentalität«, kaum in einer Firmenhymne finden. In den meisten Jobs in der US-Wirtschaft wird erwartet, dass im Zweifelsfall der Arbeitnehmer seine eigenen Zielerwartungen denen seines Chefs unterordnet oder opfert. Gehört in einem Umfeld der Schutzlosigkeit der Vorgesetzte zum Dunkle-Triaden-Typus, so gerät das Arbeitsverhältnis schnell in eine extreme Schieflage. US-Arbeitnehmer sind es gewöhnt, vieles mitzumachen. Je größer und intensiver die heteronomen Übergriffe werden, desto eher wird der Mitarbeiter zu einer endgültigen Haltung gezwungen: entweder totale Akzeptanz und eine extreme Unterordnung der eigenen Zielerwartungen oder Rebellion.

In den USA macht sich in letzter Zeit eine Bewegung bemerkbar, die als öffentliches Kündigen bezeichnet wird. Immer mehr Mitarbeiter, die sich ungerecht behandelt fühlen, schmeißen ihren Job nicht einfach nur hin, sondern stellen ihren Boss an den Pranger. Zum Beispiel, indem sie ihre Kündigungsschreiben in den sozialen Netzen veröffentlichen. Der folgende Kündigungsbrief stammt von einer amerikanischen Angestellten, der offenbar trotz Krankheit und eines schweren Schicksalsschlags von ihrem Chef so sehr zugesetzt wurde, dass sie ihr ironisches Kündigungsschreiben in Form eines Entschuldigungsbriefs ins Internet stellte:

Lieber X

Es tut mir leid, dass meine Stiefmutter so plötzlich an Krebs starb. Ich bedaure auch, dass ich kein Roboter bin und dass ihr Tod mich emotional so sehr belastet hat, dass ich nicht arbeiten konnte. Es tut mir auch leid, dass ich krank wurde und nicht zur Arbeit erschien, um niemanden anzustecken. Es ist auch unverzeihlich, dass ich in den vergangenen 7 Monaten 47,5 Stunden die Woche gearbeitet habe, ohne eine Überstunde vergütet bekommen zu haben (was mir von Rechts wegen eigentlich zustand).

Auch für ein paar Arzttermine, die sich nicht verschieben ließen, muss ich mich entschuldigen. Es ist offensichtlich, dass ich eine furchtbare Mitarbeiterin bin, und dafür entschuldige ich mich. Und obwohl ich weiß, dass du es hasst, wenn dir andere sagen, wie du deinen Job zu erledigen hast, muss ich dir nun mitteilen, dass du mich ersetzen solltest. Und zwar sofort.

Deine Y (siehe Abb. 30)

Dieser rebellische Akt der Befreiung aus einer Lage, in der die eigenen Zielerwartungen extrem unter Druck stehen, ist einerseits eine gesunde Exitstrategie. Andererseits macht er eine ungerechte Behandlung, einen Missstand öffentlich, der meist schweigend akzeptiert wird. Etwas Ähnliches geschieht auch in der #MeToo-Bewegung, die Fälle von sexueller Belästigung und Übergriffe auf Frauen am Arbeitsplatz und darüber hinaus an die Öffentlichkeit bringt. Daher ist so eine Form der öffentlichen Kündigung weit mehr als nur ein kleiner Racheakt. Sie ermöglicht einen öffentlichen Diskurs, ermutigt vielleicht andere, nicht mehr alles hinzunehmen, macht die unterdrückenden Machtstrukturen der Dunklen Triaden ein wenig transparenter und erzeugt beim zufälligen Leser ein Gefühl der Empörung.

Betrachtet man diese öffentliche Kündigung noch einmal aus der spieltheoretischen Perspektive des Habicht-Taube-Spiels, so zeigt sich, dass eine öffentliche Kündigung durchaus eine sehr effektive Gegenstrategie gegen die Dunkle Triade darstellen kann. Im Habicht-Taube-Spiel haben wir gesehen (Abb. 29), dass der Erfolg der Habichte eng mit den Kosten zusammenhängt, die beim Verlieren einer aggressi-

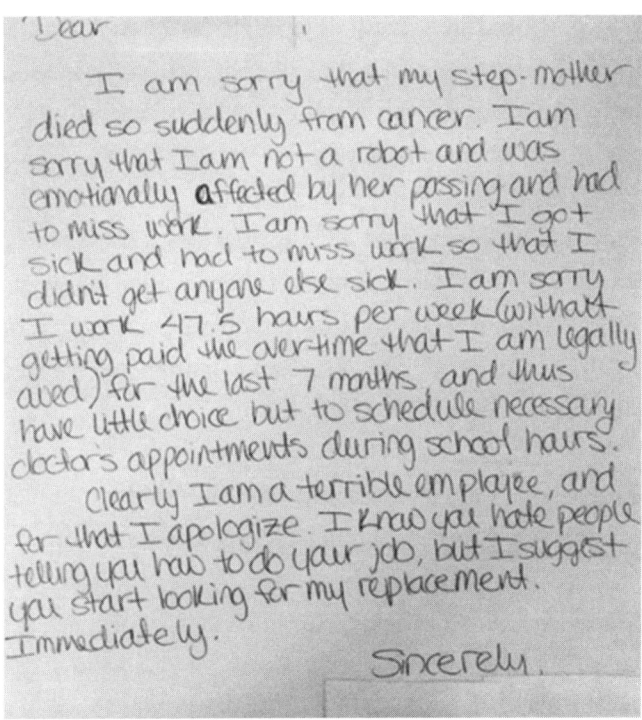

Abb. 30: Öffentliche Kündigung.

ven Auseinandersetzung entstehen. Je höher die Kosten (d. h. die Verletzungen der Habichte), desto schlechter wird ihre Fitness und desto kleiner wird ihr prozentualer Anteil in der Gesamtpopulation. Übertragen könnte das bedeuten: Gelingt es, die Kosten der Dunklen Triade zu steigern, etwa durch öffentliche Demaskierung, so geraten diese Antisozialen zahlenmäßig ins Hintertreffen. Ihre antisoziale Strategie bliebe zwar noch evolutionär stabil, aber auf einem neuen, niedrigeren Gleichgewichtsniveau. Der prozentuale Anteil der Dunklen Triaden in der Gesamtbevölkerung würde sich dann auf einem tieferen Level einpendeln.

Die Absenderin des Briefes hat nun zwar diesen einen

Job aufgegeben, sich damit aber auch vor einer fortgesetzten Verunsicherung durch ihren Boss geschützt. Man kann sich leicht vorstellen, mit welchen Gedanken sie künftig zu dieser Arbeit gegangen wäre:

»Was hat er dieses Mal an mir auszusetzen? Werde ich pünktlich nach Hause kommen, oder stehen heute wieder Überstunden an, für die ich nicht einmal bezahlt werde? Kann ich es mir noch einmal erlauben, zu Hause zu bleiben, weil ich mich krank fühle?«

Der Fall macht deutlich, was ein Mensch tun kann, um sich vor dieser Art von Verunsicherung zu schützen:
1. Zivilcourage haben und
2. ein besseres Verständnis dafür entwickeln, unter welchen Voraussetzungen die Dunklen Triaden erfolgreich sind.

Der Begriff Zivilcourage ist erstmals 1835 in Frankreich nachzuweisen als courage civil, Mut des Einzelnen zum eigenen Urteil, später als courage civique, staatsbürgerlicher Mut. Doch nur wer seine eigenen Zielerwartungen abgrenzen kann, wird auch den Mut und die Fähigkeit zum eigenen Urteil haben und kann die eigenen Zielerwartungen dann notfalls verteidigen, auch wenn dies bedeuten kann, den Job zu quittieren und das Feld zu räumen.

Bleibt die Frage nach dem Wissen um die Voraussetzungen des Erfolgs der Dunklen Triaden. Um diese besser zu verstehen, sollte man die Prinzipien und Methoden kennenlernen, mit denen Dunkle Triaden die Zielerwartungen anderer Menschen geschickt zu manipulieren verstehen. Außerdem ist es hilfreich, zu erkennen, wer besonders anfällig ist, einer Manipulation seiner Zielerwartungen zu erliegen. Eine selbstkritische Einschätzung wäre auch hier durchaus ein Zeichen von ICH-Stärke. Denn Risikogruppen sind besonders manipulationsgefährdet (z. B. für Werbung) und lassen sich von Dunkle-Triade-dominierten Systemen bevorzugt auswählen und fördern, sie erliegen eher psychosozialem Druck und sind empfänglicher für Heilsbotschaften.

MANIPULATION DURCH WERBUNG. Bei wirksamen Werbebotschaften geht es unter anderem darum, die Zielerwartungen eines Menschen zu verengen. Nehmen wir an, jemand plant, ein Auto zu kaufen. Er hat ein bestimmtes Budget zur Verfügung, ein paar grundlegende Vorstellungen, was das Fahrzeug bieten sollte, ist ansonsten aber nicht festgelegt. Eine erfolgreiche Werbekampagne hingegen könnte bewirken, dass ebendieser potenzielle Käufer meint, er bräuchte unbedingt ein bestimmtes – nämlich das beworbene – Auto. Ist die Zielerwartung erst derart eng gesteckt, wird er für Gegenargumente immer weniger zugänglich. Selbst wenn das Fahrzeug mehr kosten sollte als ein vergleichbares Produkt eines anderen Herstellers, wird er mit hoher Wahrscheinlichkeit das teurere Auto kaufen. Geschulte Werbepsychologen wissen natürlich längst, dass Manipulationen der Zielerwartungen, die zu deren Verengung führen, Konsumverhalten (Luxus, Entertainment) befördern.

MANIPULATION DURCH SYSTEMSELEKTION. Dunkle-Triade-orientierte Systeme (z. B. Firmen) suchen gezielt nach Menschen, die zulassen, dass ihre Zielerwartungen verschwimmen, unklarer und unpräziser werden. Kurz: nicht mehr so eng gesteckt sind. Dazu werden die üblichen Werkzeuge der Verunsicherung eingesetzt: Kurzverträge, Praktika als Einstellungsvoraussetzung, Begutachtungen und andere Mechanismen des modernen unternehmerischen Controllings. Meist beginnt die Selektion beim Einstellungsgespräch: Ein Bewerber möchte Vollzeit arbeiten (40-Stunden-Woche); mehr Arbeitsbelastung ist er nicht bereit zu akzeptieren. Während des Vorstellungsgesprächs wird dann folgende Frage gestellt: »Wären Sie unter Umständen bereit, in Ausnahmesituationen auch 70 Stunden pro Woche zu arbeiten?« Wer hier mit »Ja« antwortet, akzeptiert den Zustand der 70-Stunden-Woche. Denn was eine Ausnahmesituation ist, bleibt unklar und wird letztlich von der Firmenleitung bestimmt. Der Bewerber schließt mit seiner Antwort solche Zustände als akzeptabel in seine Zielerwartungen ein. Dadurch werden seine Zielerwartungen weniger eng gesteckt.

MANIPULATION DURCH PSYCHOSOZIALEN DRUCK. Zielerwartungen lassen sich auch bei bestehenden Arbeitsverhältnissen verbreitern. Psychosozialer Druck (schwierige Verhältnisse am Arbeitsmarkt, steigende Lebenshaltungskosten, damit verbundene Angst vor wirtschaftlichem und sozialem Abstieg usw.) kann bewirken, dass die Zielerwartungen weniger eng gesteckt werden. In Deutschland gehörten Mobilität (weiter Arbeitsweg) und Flexibilität (Kurzverträge) vor zwanzig Jahren noch zu den nichtakzeptablen Zuständen. Unter einem zunehmenden Druck auf dem Arbeitsmarkt wurden Mobilität und Flexibilität gesellschaftlich positiv konnotiert und in akzeptable Zustände umgewandelt. Das macht formal die Zielvorstellungen unpräziser oder weniger eng gesteckt. Auch die Bereitschaft, eigene Ideen an einen Vorgesetzten oder die Firma abzutreten, ohne dafür gesondert entlohnt zu werden, und den Chef toll zu finden, auch wenn dieser Anforderungen stellt, die den eigenen Interessen zuwiderlaufen, können zu unpräzisen Zielerwartungen gehören.

MANIPULATION DURCH DEN ZEITHORIZONT. Zielerwartungen von Menschen können auch weniger eng und damit unpräziser gemacht werden, indem der Belohnungszeithorizont verschoben wird. In diesem Zusammenhang hat unlängst der sogenannte Marshmellow-Test für einiges Aufsehen gesorgt. Zu Beginn einer Langzeitstudie wurden Kindern Marshmellows offeriert. Jedes Kind konnte entscheiden, entweder einen Marshmellow sofort zu essen oder auf die Rückkehr des Versuchsleiters zu warten und dann zur Belohnung zwei Marshmellows zu erhalten. Der Versuchsleiter kam ungefähr nach 15 Minuten zurück. Der Langzeitaspekt der Studie bestand darin, zu untersuchen, welche Kinder später die erfolgreicheren Heranwachsenden sein würden. Die vierjährigen Kinder, die in der Laborsituation die Belohnung länger aufgeschoben haben, entwickelten sich zu kognitiv und sozial kompetenteren Jugendlichen, die eine höhere schulische Leistung erreichten und besser mit Frustration und Stress zurechtkamen.[177] Die anderen Kinder hingegen wurden als Delay Discounter bezeichnet. Darunter versteht man Personen, die vom Wert einer Belohnung, die erst in der Zukunft zu erwarten ist, etwas abziehen (engl. discount): Sie bevorzugen kleinere sofortige Belohnungen gegenüber größeren verzögerten

Belohnungen. Ein hohes Delay-discounting wird nicht nur im Marshmellow-Test als negativ bewertet: »Der kann nicht warten, weil ihm die Selbstkontrolle fehlt.«

Aber ist die abfällige Beurteilung der Delay Discounter gerechtfertigt? Ist es wirklich immer klug oder ein Zeichen von Charakterschwäche, den Erhalt einer verdienten Belohnung aufzuschieben? Nicht unbedingt. Denn der erweiterte Belohnungszeithorizont birgt auch die Gefahr einer Manipulationsstrategie. Das Risiko ist, dass der Belohnende sich möglicherweise nicht an die Regel hält. Die Zielerwartungen der Beteiligten sind zunächst eng: Ich will den Marshmellow essen und das sofort (nur sofortige Belohnung wird akzeptiert). Erst als die Aussicht auf eine Verdoppelung der Belohnung zu einem späteren Zeitpunkt in Aussicht gestellt wird, kommt diese Option überhaupt in Betracht. Wird die Belohnung zu einem späteren Zeitpunkt in Aussicht gestellt, und man akzeptiert das, dann entspricht das einer unpräziseren, nicht mehr so engen Zielerwartung (Zustände mit sofortiger Belohnung und mit späterer Belohnung werden akzeptiert).

Der Marshmellow-Test funktioniert nämlich nur, solange die Wissenschaftler sich an die Regeln halten und den geduldigen Kindern tatsächlich den zweiten Marshmellow aushändigen. Dafür aber gibt es außerhalb des Labors keine Garantien. Die Belegschaften, die auf Lohn verzichtet haben, um ihr Unternehmen vor dem Konkurs zu bewahren und am Ende doch betrogen wurden, wissen, wovon hier die Rede ist. In sehr viel größerem Ausmaß haben institutionalisierte Religionen das Prinzip der aufgeschobenen Belohnung angewendet. Im Hier und Jetzt sollte ein verarmter Mensch auf sein Wohlbefinden verzichten, zukünftig würde ihm dafür höchstes Heil in Aussicht gestellt – allerdings erst in einem recht weit entfernten Zeithorizont, nämlich wenn er bereits gestorben wäre; oder anders gesagt: in einem »Leben« nach dem Tod. Eine solche Einführung eines sehr weiten Zeithorizonts als neue Zielerwartungsdimension führt also formal zu unpräzisen, nicht mehr so eng gesteckten Zielerwartungen zu Lebzeiten.

All diese raffinierten Strategien sind perfekt geeignet, um auf Kosten der prosozial denkenden und handelnden Menschen noch erfolgreicher, wohlhabender oder mächtiger zu werden. Und noch eins: Diese Taktiken haben eine lähmende Wirkung auf ihre Opfer, indem sie unpräzise, nicht mehr so eng gesteckte Zielerwartungen erzeugen. Und wie wir bereits bei der Habituation gesehen haben (Kap. 15), bewirken unpräzise Zielerwartungen bei den Betroffenen Lähmung und Passivität. Weil der Motor zum Handeln fehlt (Kap. 7). Außerdem fällt bei unpräzisen Zielerwartungen die Stressreaktion einfach aus, das Notprogramm des Gehirns bleibt passiv. Dann beschleunigt auch kein Noradrenalin die Informationsverarbeitung im Gehirn, ein Zustand erhöhter Wachsamkeit tritt damit gar nicht ein. Cortisol flutet nicht den ganzen Organismus, sodass keine Bereitschaft zum Umlernen oder zur Veränderung besteht. Die zentralen Abwehr- und Schutzmechanismen des Menschen sind begreiflicherweise außer Kraft gesetzt. Nachdem Menschen also ihre präzisen, eng gesteckten Zielerwartungen infolge manipulatorischer Taktiken aufgegeben haben, sind sie bereit, nicht wünschenswerte Zustände (Armut, Ausgrenzung, Demütigung, Verzicht, Überforderung etc.) zu erleiden und zu erdulden. Aber diejenigen, die angetanes Leid einfach ertragen, stützen und stabilisieren so (ohne dieses zu wollen) das verursachende antisoziale Kalkül.

Das sind die Prinzipien, mit denen Zielerwartungen manipuliert werden können. Die Dunklen Triaden sind aber nicht nur in ausgewiesenen Machtpositionen anzutreffen, sondern auch unter Kollegen, Lebenspartnern, Familienmitgliedern, Mitschülern oder Nachbarn – also überall in unserem täglichen Leben. Sie sind nicht selten die Quelle von seelischer und manchmal sogar körperlicher Gewalt.

Gerade in Liebesbeziehungen üben Dunkle Triaden psychische Gewalt auf ihren Partner aus.[178] Der beherrschende Einfluss geht von einem narzisstischen Täter aus, der seinen Partner lähmen will, indem er ihn in eine unbestimmte Lage, in Unsicherheit versetzt. Das erspart es ihm, sich in einer Paarbeziehung zu binden, die ihm Angst machen würde. Durch dieses Vorgehen hält er den anderen auf Abstand, innerhalb von Grenzen, die ihm nicht gefährlich erscheinen. Die unausgesprochene Botschaft lautet: »Ich liebe dich nicht!« Aber sie ist verdeckt, damit der andere nicht fortgeht, und sie wird auf indirekte Art vermittelt. Gleichzeitig muss der Partner am Denken gehindert werden, damit er sich des Vorgangs nicht bewusst wird. Der Partner gibt durch ständige Manipulation seine enge Zielerwartung auf, in der er ursprünglich nur eine liebevolle Beziehung akzeptiert hatte, und akzeptiert schließlich auch noch einen zermürbenden Zustand, in dem er ständig enttäuscht wird. Seine Zielerwartung wird somit unklar, verschwommen, unpräzise. Neuere Forschungsergebnisse zeigen, dass Personen, die eine hohe Punktzahl in der Dunklen Triade haben, einen sogenannten Ludus-Liebes-Stil (Spielchen spielen) und/oder einen Pragma-Liebes-Stil (verkopfte Liebe) verfolgen.[179] So kann das Spielen von Spielchen diesen Personen erlauben, andere in der emotionalen Distanz zu halten. Liebe mit dem Kopf und nicht mit dem Herzen mag ein Ausdruck der begrenzten Empathie sein, die für diese Individuen charakteristisch sind. Und die Gewalt dauert in der Regel so lange an, wie die Macht der Dunklen Triade akzeptiert wird.

Ob das Ausüben von psychischer oder physischer Gewalt überhaupt funktioniert, liegt aber nicht allein am Täter und am Opfer, sondern auch an einem Kreis von Unterstützern und Befürwortern. Lange haben sich Psychologen und Pädagogen über das um sich greifende Mobbing in Schulen den Kopf zerbrochen. Dabei tauchten zwei Fragen auf: Wie kommt es überhaupt zu Mobbing? Kann es so etwas wie ein Frühwarnsystem geben? Als Antwort wurde ein einfacher Fragebogen entwickelt, der jedem Schüler einer Klasse vorgelegt wird. Darin befinden sich viele relativ unspezifische Fragen, die dazu dienen, die eine entscheidende Frage zu flankieren: »Gibt es in deiner Klasse einen Schüler, den du am wenigsten leiden kannst?« Normalerweise stehen da dann verschiedene Namen. Tritt aber der Fall ein, dass ein Name signifikant häufig genannt wird, ist das Mobbingrisiko für diesen Schüler sehr hoch. Dann braucht es nur noch einen Täter, und der Rest der Klasse übernimmt die unterstützende Rolle des Systems.

Was gegen Mobbing helfen kann? Die Mechanismen der Unterdrückung aufzudecken und/oder die zivile Courage des Einzelnen: sich wehren, sich empören. Allerdings ist Mut allein nicht immer ausreichend. Es ist sogar besondere Umsicht geboten. Denn die Gefahr besteht darin, dass die versuchte Demaskierung einer Dunklen Triade dazu führen kann, dass die gemobbte Person selbst noch weiter an den Rand der sozialen Gruppe gedrängt wird. Dass jemand aus der Dunklen Triade eine Person, die er loswerden will, dazu bringt, sich zu widersetzen (und damit im Zweifel einen Fehler zu machen aus Sicht der anderen, die ja größtenteils ihre Ruhe haben wollen), ist eine etablierte Strategie im Rahmen von Mobbing. Nichtsdestoweniger gilt: Wer zugefügtes Leid bloß erträgt, der belastet nicht nur sich selbst, sondern unterstützt letztlich das soziale System, das es verursacht hat.

Die manipulatorische Kraft der durch die Dunkle Triade geprägten Zielerwartungen kann in Einzelfällen extreme, ja sogar historische Ausmaße annehmen. Angenommen, man könnte Napoleon Bonaparte einem Dunkle-Triade-Test unterziehen, so würde er wahrscheinlich eine sehr hohe Punktzahl aufweisen (ein junger Mann ohne Verbindungen, dem es gelingt, vom korsischen Unteroffizier innerhalb weniger Jahre zum selbst gekrönten Kaiser von Frankreich zu werden, muss über außerordentlich hohe manipulatorische Fähigkeiten verfügen). Legendär ist die bedingungslose Treue, die französische Soldaten für ihren Kaiser und obersten Feldherrn hegten. Selbst Napoleons desaströse Niederlage in Russland, bei der die Grande Armée nahezu vollständig aufgerieben wurde, konnte diesen Nimbus nicht erschüttern. Offenbar waren hunderttausende Soldaten bereit, ihre höchsten persönlichen Zielerwartungen – die Hoffnung auf Heimkehr und ein Weiterleben – den Zielerwartungen ihres Kaisers zu opfern. Man könnte an dieser Stelle einwenden, dass die bedingungslose und wirkmächtige Gefolgschaft der französischen Soldaten kaum mit dem Bild von Passivität zusammenpasst. Schließlich haben sie ja entschlossen weitergekämpft. Die Passivität in diesem extremen Fall ist das Ergebnis der kompletten Selbstaufgabe ihrer eigenen Zielerwartungen. Die Manipulation war so vollständig, dass eigene Zielerwartungen durch die fremde Zielerwartung (die Napoleons) völlig deformiert wurden. In so einem Fall erscheint der eigene Tod kein so großes Opfer mehr zu sein ...

21. Schattenseiten der Fremdverantwortung

Eltern haften für ihre Kinder: die Lektion der Verantwortung für andere • Eine antike römische Familie im 21. Jahrhundert • Fremdverantwortung reduziert kurzfristig Unsicherheit und Stress, aber lähmt die eigene Aktivität • Externalisierung – wenn Verantwortung abgewälzt wird • Abhängigkeit kann langfristig Stress erzeugen • Wer hat die Zunahme von Zivilisationskrankheiten wirklich zu verantworten?

Nachdem wir das Spannungsverhältnis von Selbstbestimmtheit (Autonomie) und Fremdbestimmtheit (Heteronomie) ausführlich beleuchtet haben, ergeben sich daraus zwangsläufig Fragen nach Verantwortung: Wer ist in einem derart komplexen und zum Teil verdeckten Beziehungsgeflecht wann wofür oder für wen verantwortlich? Welche Verantwortung tragen wir, weil wir tatsächlich verantwortlich sind? Gibt es Verantwortung, die uns gewissermaßen aufgebürdet wird (ohne dass wir es merken)? Was passiert, wenn uns jemand Verantwortung abnimmt? Und: Gibt es neben Selbst- und Fremdbestimmung auch Selbst- und Fremdverantwortung? Diese letzte Frage lässt sich eindeutig mit einem »Ja« beantworten. Tatsächlich zählt Fremdverantwortung für jeden von uns zu den frühesten und prägendsten Lebenserfahrungen.

Denn das Vorbild für Fremdverantwortung ist die hierarchische Beziehung zwischen Eltern und Kind. Eltern müssen nicht nur für ihre Kinder sorgen, sondern auch für die

Handlungen ihrer Kinder Verantwortung übernehmen. »Eltern haften für ihre Kinder«, heißt es ja auf unzähligen Baustellenschildern. Die elterliche Verantwortung rührt natürlich aus der nur bedingten Fähigkeit des Kindes, für sich selbst Verantwortung übernehmen zu können. Wie wir alle wissen, besteht das Ziel der elterlichen Fremdverantwortung darin, das Kind so lange zu ernähren, zu fördern und zu schützen, bis es in die Selbstverantwortung entlassen werden kann. Das setzt voraus, dass der Mensch sich als Subjekt erkennt und Verantwortung für sein Handeln und sein Leben übernimmt. Erwachsen oder selbstverantwortlich zu sein, erfordert auch die Fähigkeit, zu erkennen, was von mir verursacht wurde und was nicht. In Kapitel 18, »Was ist eigentlich das ICH?« haben wir gesehen, dass diese Funktion unser ICH-Modell erfüllen kann. Wenn ich Schaden erleide, muss ich unterscheiden können, ob dieser Schaden nur von mir selbst oder von jemand anderem verursacht wurde.

Dem Begriff Verantwortung haftet etwas Patriarchales an:[180] die Verantwortung des Vaters für die ihm Anvertrauten (Frauen, Diener, Kinder) bildete in früheren Zeiten in vielen Kulturen das Muster für diverse Lebensbereiche, ob religiöser (Gottvater), politischer (der Herrscher als Vater des Volkes) oder sozialer Natur (der Vater als Kopf einer Familie oder Firma). Das Wort Familie – das sich vom lateinischen famulus (Diener) ableitet – weist auf dieses patriarchale Prinzip hin. Die Familie umfasste die Gesamtheit der Diener, einschließlich der Ehefrau und der Kinder und darüber – als Herrscher – den Familienvater. Diese Weltsicht war in der antiken römischen Gesellschaft allgemein akzeptiert. Der pater familias, das Familienoberhaupt, war tatsächlich ein Herrscher mit weitreichenden Rechten. Er war zugleich oberster Richter und Vollstrecker der von ihm verhängten Strafen. Er hatte sogar bei bestimmten Vergehen das Recht, die Todesstrafe über seine eigenen Kinder zu verhängen. Mit unseren gesellschaftlichen Werten ist eine derartige Weltsicht unvereinbar. Würde eine antike römische Familie per Zeitstrahl in das Deutschland des 21. Jahrhunderts katapultiert, so wäre der Kulturschock ganz sicher groß. Der römische Familienvater würde unseren Grundgesetzartikel, alle Menschen – also auch die eigenen Kinder – als gleichwertige und freie Individuen anzuerkennen, höchst befremdlich finden. Sein mangelndes Verständnis beruhte darauf, dass es gesellschaftlich von der Antike über das Mittelalter, die Aufklärung bis hin zur Moderne und dem 21. Jahrhundert ein mehr als 2000 Jahre langer Weg war, auf dem in der abendländischen Kultur schließlich das Individuum aus traditionellen Verhältnissen von Macht und Versorgung herausgelöst wurde. Dadurch, dass die Freiheit und Gleichheit aller Menschen anerkannt und in Verträgen abgesichert werden konnte, entstand ein partnerschaftliches Verantwortungsbewusstsein. Zusammenfassend lässt sich feststellen, dass auf diesem Weg die Fremdverantwortung eingeschränkt und die Selbstverantwortung zum unantastbaren Menschenrecht erhoben wurde.

Wegbereiter waren Philosophen wie Immanuel Kant (1724–1804). Er verstand Selbstverantwortung als Pflicht gegenüber sich selbst. Bei der Selbstverantwortung geht es auch heute noch um die Gestaltung des eigenen Lebens, um die eigenständige Definition von Zielen und darum, mit welchen Strategien man diese Ziele verwirklichen will. Wir verstehen unter Selbstverantwortung, unsere eigenen Entscheidungen zu treffen und für uns selbst zu sorgen.[180]

Oder anders gesagt: Selbstverantwortung heißt, dass wir mündig sind. Die Philosophen der Aufklärung sprachen vom Ausstieg der Menschen aus ihrer selbstverschuldeten Unmündigkeit. Die Emanzipationsbewegungen, die um die Zeit der Französischen Revolution einsetzten, zielten darauf ab, all jenen Menschen Mündigkeit und Freiheit zuzugestehen, die früher als unmündig galten: nämlich Frauen, Arbeitern und Menschen anderer ethnischer oder religiöser Herkunft. Die Aufklärung forderte Freiheit und Gleichheit für alle Menschen. Der Grundgedanke war damals, dass alle Menschen aufgrund ihrer Persönlichkeit eine ihnen innewohnende Würde haben. Während die Würde des Menschen früher an seinen gesellschaftlichen Status gebunden war, wie uns das Wort Würdenträger noch anzeigt, gehen wir heute von der gleichen Würde aller Menschen aus. Damit ist die Voraussetzung für die Übernahme von Selbstverantwortung geschaffen.

Dennoch ist die Fremdverantwortung aus unserem sozialen Gefüge keineswegs verschwunden. Sie existiert weiter – auch jenseits von Kindheit und elterlicher Fürsorge. Tatsächlich ist es wie bei Selbst- und Fremdbestimmtheit auch bei Selbst- und Fremdverantwortung nicht ganz einfach, die Grenzen zu erkennen. Schwieriger noch: Fremdverantwortung kommt auch in maskierter Form daher und zeigt so ihre dunkle Seite. Die Dunkle Triade hat nämlich längst begriffen, dass Fremdverantwortung ebenfalls ein brauchbares Werkzeug sein kann, um andere Menschen zu kontrollieren. Denn es setzt ja bei unserer frühkindlichen Prägung an, bei einer als fürsorglich und vertraut empfundenen Fremdverantwortung, mit der Eltern ihren Kindern Sicherheit vermitteln. Schauen wir uns also das Geflecht von Selbst- und Fremdverantwortung in Bezug auf Stress und Unsicherheit genauer an, denn die Frage nach der Zuschreibung von der Verantwortung kann ein wesentlicher Unsicherheitsfaktor sein. Oder eben auch eine effektive Lösung, um Unsicherheit und Stress zu minimieren. Wir wissen, dass Stress und Unsicherheit mit Kontrollverlust einhergehen. Selbstverantwortung aber steht für Kontrolle, während die Übernahme oder Abwälzung von Verantwortung auf andere immer mit Kontrollverzicht einhergeht.

	Selbstver-antwortung	Fremdver-antwortung	Abgewälzte-Fremdver-antwortung	Geleugnete Fremdver-antwortung
Erfolg	Ich	Andere	Andere	Ich
Schaden	Ich	Andere	Ich	Ich
Unsicher-heit/Stress	+	–/++	++	++

Tabelle 4: Verantwortungszurechnung bei der Selbst- und Fremdverantwortung, der abgewälzten und geleugneten Fremdverantwortung. Unsicherheit und Stress entstehen in unterschiedlicher Ausprägung (+ mittel, ++ groß, – gering): (1) Bei der Selbstverantwortung entsteht mittelgradige Unsicherheit (+), sichere und unsichere Phasen wechseln ab. (2) Bei der Fremdverantwortung fühlt sich der Mensch kurzfristig sicherer (–), aber langfristig entsteht eine Abhängigkeit und damit eine größere Unsicherheit (++), weil er nicht ausreichend bayesianische Updates gemacht hat. (3) Bei der abgewälzten Fremdverantwortung ist die Unsicherheit groß (++), da man keine Kontrolle hat und trotzdem die Verantwortung trägt (für den Schaden). (4) Bei der geleugneten Fremdverantwortung ist die Unsicherheit ebenfalls groß (++), da man keine Kontrolle hat und trotzdem die Verantwortung trägt (für beides, Erfolg und Schaden).

Worin besteht die Bedeutung von Selbstverantwortung? Zur Verantwortung gehört immer auch die Sorge. Die Sorge um das Gelingen, das Wohlergehen, um mögliche Risiken und Bedrohungen. Wissenschaftler eines interdisziplinären Forschungsschwerpunkts zum Thema Dimensionen der Sorge definieren Sorge als gegenwärtigen Zukunftsbezug.[181] Sich sorgen heißt demnach, sich jetzt über etwas Gedanken zu machen, was noch in der Zukunft liegt oder liegen könnte. Bei der Frage, worum sich diese Sorge als gegenwärtiger Zukunftsbezug dreht, gibt das Forscherteam drei Möglichkeiten an:[181] Die Sorge kann sich auf sich selbst richten, auf andere oder auf die Umwelt. Sorge um sich kann Sorge um Arbeit, körperliche Integrität oder Lebensglück sein, um die richtige Studien- oder Partnerwahl – einfach alles, was einen selbst betrifft. Sorge um andere wird im Englischen gerne mit care bezeichnet. Hier geht es darum, dass man sich Sorgen um das Wohlergehen, die Integrität usw. von anderen macht. Dazu gehört die klassische Pflege, die elterliche Sorge um die Kinder, aber zum Beispiel auch, wenn jemand Geld für die Welthungerhilfe spendet. Die Sorge um die Umwelt schließlich betrifft die Sorge einmal um den Erhalt der Umwelt (Stichwort Nachhaltigkeit), aber auch einfach die sorgsame Pflege des eigenen Gartens. Was gilt als Umwelt, um die man sich sorgt? Und wie tut man das? Gehört Klima zur Umwelt – oder nur der eigene Balkon?

Sorgen sind immer dann sinnvoll, wenn sie in eine lösungsorientierte Strategie münden: Oft muss die optimale Strategie erst gefunden werden. Der Vorteil der Selbstverantwortung besteht darin, dass der Mensch selbst die Ursache des Handelns ist und optimal aus seinem eigenen Erfolg und Misserfolg lernen kann. Je mehr die Sorge wächst, desto mehr Bedeutung erlangen die Hauptplayer der Stressreaktion Noradrenalin und Cortisol. Sie ermöglichen schnellere Updates im Gehirn und erhöhen die Bereitschaft, alte Erwartungen über Bord zu werfen und umzulernen. Sorge ist somit die Grundlage dafür, dass wir uns entwickeln können und auf diese Weise informationstheoretische Freie Energie (oder anders ausgedrückt: Vorhersagefehler) minimieren – kurz gesagt, bessere Vorhersagen machen.[3] Der Optimierungsprozess, in dem wir lernen, in dieser Welt optimal zu navigieren, läuft am ungestörtesten ab, wenn wir selbstbestimmt und selbstverantwortlich handeln – ohne fremden Einfluss. Selbstverantwortlich das Leben zu lernen, ist, wie Tennis zu lernen ohne Wind (vgl. Kapitel 18, »Was ist eigentlich das ICH?«).

Sich zu sorgen ist allerdings kein besonders angenehmer und beliebter Zustand. Sorge geht mit dem bedrückenden Gefühl von Unruhe, Anspannung und Angst einher. Der wohl größte Bestseller der Ratgeberliteratur (von D. Carnegie) trägt nicht zufällig den Titel *Sorge dich nicht – lebe!* Sorge kann immer dann zu Stress werden, wenn es nicht gelingt, mit seinen eigenen Strategien die eigenen Zielerwartungen zu erreichen. Dann möchte man Sorge und Stress am liebsten einfach loswerden. Dann ist die Versuchung groß, Verantwortung abzutreten. Wenn doch nur jemand käme, der sie uns abnähme. Was aber, wenn genau dies eintritt?

Kann Fremdverantwortung zum süßen Gift einer trügerischen Sicherheit werden? Was soll eigentlich so verkehrt daran sein, eigene Verantwortung an einen anderen abzutreten? An den netten Kollegen, der ganz uneigennützig seine Hilfe anbietet? Oder an den Finanzberater, der uns die lästige Verwaltung unserer Ersparnisse abnimmt und sich um alles kümmert? Ein Gegenargument wurde bereits genannt: Wir geben Kontrolle ab. Dafür erhalten wir – zumindest kurzfristig – ein Gefühl von Erleichterung und verminderter Unsicherheit (Unsicherheit [–] in Tabelle 4; Spalte

Fremdverantwortung). Wir müssen nun keine schwierigen Entscheidungen mehr treffen, uns nicht mehr den Kopf zerbrechen und uns Sorgen machen. Das haben wir delegiert. Der verantwortliche Helfer verspricht eine erfolgreiche Strategie, mit der mein Wohlbefinden sichergestellt werden kann. Deshalb ist Fremdverantwortung so beliebt (ja, macht sogar süchtig). Dabei gilt: Je größer das Vertrauen in den Helfer, desto intensiver ist das Gefühl von Sicherheit. Doch der eigentliche Preis wird erst langfristig deutlich: die Abgabe von Selbstverantwortung erhöht auf Dauer die eigene Unsicherheit (Unsicherheit [++] in Tabelle 4; Spalte Fremdverantwortung). Es sei an dieser Stelle noch einmal betont, dass sich die hier verwendeten Begriffe von Sicherheit und Unsicherheit nicht auf objektive Risiken, sondern auf das subjektive Erleben beziehen. Verantwortung abzugeben, erhöht die eigene Unsicherheit, weil das die eigene Aktivität lähmt, die Welt zu explorieren und up to date zu bleiben. Und es reduziert die Autonomie, das heißt, es vergrößert die Abhängigkeit von anderen (Abb. 31).

Bei solchen Gelegenheiten bieten Dunkle Triaden gerne ungefragt Hilfe an (»Sorge dich nicht! – Ich werde das für dich erledigen!«). So gerät man in Abhängigkeit und lernt selbst kaum oder gar nicht, weil der Weg zu relevanten Updates über die Zustände der Welt abgeschnitten ist. Mit dieser Methode operieren zum Beispiel Sekten oder sektenähnliche Organisationen. Gegen Abgabe der eigenen Verantwortung werden Unterstützung, Befreiung von Sorgen und Entscheidungshilfe angeboten. Letztlich sind Sekten nur eine Spielart des in Kapitel 8 beschriebenen Dark-Room-Phänomens, bei dem ein Mensch sich in einer Art Blase befindet und den Kontakt zu den Veränderungen

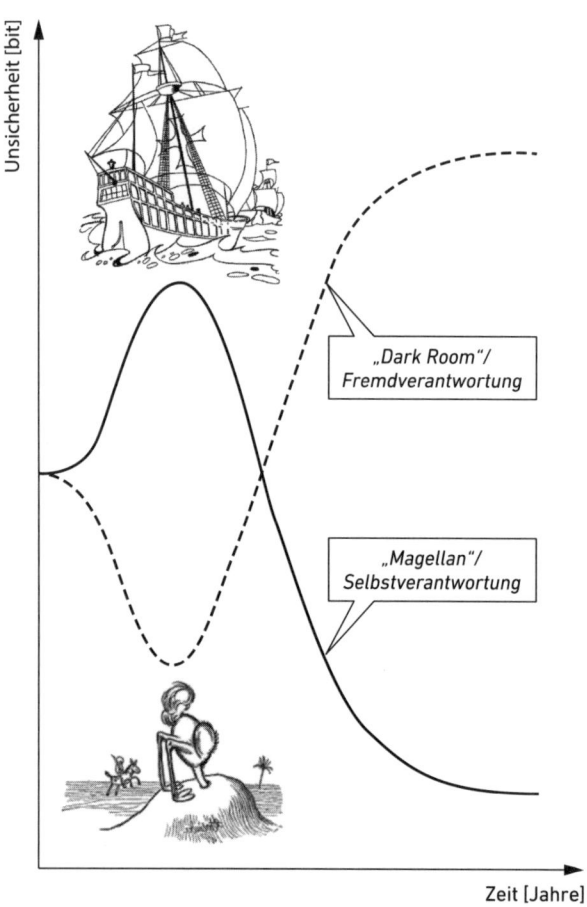

Abb. 31: Zeitlicher Verlauf der Unsicherheit bei explorativem Verhalten (Magellan) oder Rückzugsverhalten (Kopf in den Sand). Die Unsicherheit bezieht sich auf die Frage: »Welche meiner Strategiemöglichkeiten soll ich auswählen, um mein zukünftiges physisches, mentales und soziales Wohlbefinden sicherzustellen?« Durchgezogene Kurve: Exploratives Verhalten (wie im Falle Magellans) erhöht kurzfristig die Unsicherheit wegen bevorstehender unbekannter Risiken (weiße Flecken auf der Land- und Seekarte), führt aber bei Erfolg langfristig zu mehr Sicherheit (ausgearbeitete, detaillierte Karten). Analog sieht der Verlauf der Unsicherheit auch bei selbstverantwortlichem Handeln aus. Selbst die ganze Verantwortung zu tragen, ist zunächst riskant und verunsichert. Doch durch eigenen Versuch und eigenen Irrtum lernt der selbstverantwortliche Mensch optimal, zutreffende Vorhersagen zu machen, und er gewinnt dadurch langfristig mehr

Sicherheit. <u>Gestrichelte Kurve</u>: Im Gegensatz dazu führt Rückzugs- und Vermei-
dungsverhalten z. B. in einen Dark Room oder eine Kopf-in-den-Sand-Strategie
zunächst zu gefühlter Sicherheit. Aber auf Dauer bewirken lange Rückzugspau-
sen, in denen keine bayesianischen Updates erfolgen, eine wachsende Unsicherheit. Entsprechend sieht der Verlauf bei überlassener Fremdverantwortung aus:
Zunächst stellt sich ein Gefühl der Sicherheit ein, weil die Strategie des Sich-auf-
den-anderen-Verlassens erfolgreich zu sein scheint. Langfristig bleiben aber not-
wendige bayesianische Updates aus, sodass eine Abhängigkeit entsteht, gepaart
mit zunehmender Unsicherheit.

der ihn umgebenden Welt verliert. Menschen mit dem Per-
sönlichkeitsprofil der Dunklen Triade haben oft auch ein
sicheres Gespür für den perfekten Zeitpunkt, um Fremdverantwortung (zum eigenen Vorteil) anzubieten. Viele Pro-
minente haben das erlebt, als sie ausgerechnet von den Menschen betrogen wurden, denen sie besonders vertrauten.
Beispielhaft sei hier der Fall des 2016 verstorbenen kanadischen Sängers Leonard Cohen erwähnt. Cohen hatte sich
Ende der 1990er-Jahre entschlossen, sich für längere Zeit in
ein buddhistisches Kloster zurückzuziehen. Seine Geschäf-
te überantwortete er seiner langjährigen Managerin (und
zeitweiligen Lebensgefährtin) Kelley Lynch. Diese bis dahin
vertrauenswürdige Managerin schien nur auf eine derartige
Gelegenheit gewartet zu haben. Als Cohen aus seinem Dark
Room des Klosters in die Welt zurückkehrte, musste er feststellen, dass er betrogen worden war. 2004 verurteilte ein
Gericht Lynch wegen Veruntreuung und zur Zahlung von
9,4 Millionen Dollar an Cohen. Doch das Geld war weg und
Cohen ruiniert. Bis ins hohe Alter musste er auf Tourneen
gehen, um seinen Lebensunterhalt zu finanzieren.

An dieser Stelle möchte ich schließlich noch auf das
Dark-Room-Problem, wie es im Kapitel 8 formuliert wurde, zurückkommen. Der Ausgangspunkt war folgender:

Das Konzept des bayesianischen Gehirns geht davon aus, dass Lebewesen grundsätzlich bestrebt sind, Überraschungen zu vermeiden. Der Kritikpunkt an dem Konzept war, dass biologische Systeme Überraschungen nicht zu vermeiden scheinen. Wir suchen nicht einfach eine dunkle, unveränderliche Kammer und bleiben dort. Dieser Widerspruch wurde als Dark-Room-Problem bezeichnet.[30] Mein Lösungsvorschlag sieht nun folgendermaßen aus: Die zentrale Zielerwartung von Lebewesen besteht darin, langfristig Überraschungen zu vermeiden. Nicht kurzfristig. Das erklärt, warum eine Phase mit hohem Risiko eine Investition darstellen kann, die sich dadurch auszahlt, dass langfristig das durchschnittliche Maß an Überraschungen sinkt (erfolgreiche abenteuerliche Entdeckungsreisen). So erklärt sich, dass Lebewesen überhaupt explorieren. Das Aufsuchen eines Dark Rooms führt lediglich zu einer kurzfristigen Entlastung, ist aber kontraproduktiv, wenn es darum geht, Überraschungen langfristig zu minimieren. Vorausgesetzt man will nicht dauerhaft im Dark Room bleiben.

Wie abgewälzte Verantwortung Unsicherheit erhöht: Manchmal ist es gar nicht so einfach festzustellen, wer eigentlich verantwortlich ist und auf wen Verantwortung nur delegiert wird. Diesen Vorgang, Verantwortung und die damit einhergehenden Kosten und Schäden abzuwälzen, nennt man Externalisierung (Tabelle 4; zweite Spalte von rechts). Die Versuchung, Erfolge und Gewinne zu internalisieren, die Kosten, Schäden und Risiken aber zu externalisieren, ist groß. Immer wieder geraten Wirtschaftsunternehmen in die Schlagzeilen, indem sie Verantwortung für schädigendes Verhalten abwälzen (externalisieren): Kinderarbeit, Lohndumping, Giftmüllexporte, Umgehung von kostspieligen Umweltvorschriften (Abgasskandal) sind hier nur einige Stichworte. Aber das Phänomen der Externalisierung geht sehr viel tiefer und ist jedem von uns näher und vertrauter, als wir vielleicht vermuten. Mit Begriffen wie Risikogesellschaft oder persönlichem Gesundheitsmanagement wurde das menschliche Empfinden für Selbstverantwortung massiv attackiert und stellenweise korrumpiert. Besonders deutlich wird dies in den Veränderungen des Gesundheitswesens. So lag die Entscheidung über therapeutische Maßnahmen lange ausschließlich beim Arzt, während sie nun zunehmend auf den Patienten übergeht.[182] Mittlerweile ist es gängige Praxis, dass Patienten vor nahezu jeder invasiven medizinischen Behandlung sogenannte Beratungs- oder Aufklärungsbögen unterschreiben müssen. Darin werden diverse Operationsrisiken angesprochen, für die der Patient mit seiner Unterschrift dann die Verantwortung übernimmt. Das heißt, der Chirurg kann für einen entsprechenden Operationsfehler nicht mehr (oder nur schwer) haftbar gemacht werden. Im Klartext: Der so handelnde Chirurg beansprucht den Erfolg (und das damit verbundene Honorar) für sich, wälzt die Verantwortung für den Misserfolg aber auf den Patienten ab. Das Aufkommen einer Semantik der Selbstmedikation zu Beginn der 1980er-Jahre korreliert mit der Entwicklung, dass der Einzelne für weite Bereiche selbst die Medikationsentscheidung treffen darf und soll.[183]

Politisch wurden all diese Entwicklungen als neue Chancen für selbstbestimmtes Handeln beworben. Denn mit dieser Entwicklung geht zunächst offensichtlich ein Gewinn an Strategiemöglichkeiten einher. Patienten werden nicht länger bevormundet, sondern informiert und können auf dieser Grundlage selbst entscheiden, welche Strategiemöglichkeiten sie wählen. Analog erlangen Privatanleger die Möglichkeit, auf komplexe Finanzprodukte zuzugreifen, indem sie nach einem Beratungsgespräch verantwortlich Investitionsentscheidungen treffen.[184] Privatanlegern stehen nun Investitionsmöglichkeiten offen, die bislang institutionellen oder sehr vermögenden Kunden vorbehalten waren – denn komplexe Finanzprodukte erlauben ihnen, Investitionen auch bei geringem Volumen zu diversifizieren. Ein Zugewinn an Strategiemöglichkeiten kann auch darin gesehen werden, dass ein Einzelner durchaus Spielraum gewinnen mag, wenn er die Verantwortung für seine Alterssicherung oder seine Gesundheit zu weiten Teilen selbst übernimmt und im Zuge dessen von einem individuellen Risikoprofil profitiert, statt in einer allgemeinen Versicherung die Risiken von anderen Versicherten zu tragen.

Doch selbst wenn wir die positiven gegen die negativen Aspekte abwägen, kommen wir zu folgendem Ergebnis: Die Verantwortung von Ärzten, Finanzberatern, Experten oder Regulierungsbehörden treten zunehmend in den Hintergrund. Stattdessen wird der Einzelne stärker zur Verantwortung gezogen, auch dann, wenn er selbst die damit verbundenen Vorgänge nicht beeinflussen kann (z. B. OP-Risiko) oder es ihm an nötigem Fachwissen (z. B. Selbstmedikation, Geldanlageprodukte) fehlt.

Durch das Abwälzen der Verantwortung in der Risikogesellschaft steht der Einzelne immer öfter vor der Frage: »Welche der (von Experten) vorgeschlagenen alternativen Strategien (für deren mögliche negative Folgen diese allerdings die Verantwortung, soweit juristisch möglich, ablehnen) soll ich auswählen, um mein Wohlbefinden zu sichern?« Dies ist oft für den Einzelnen nicht sicher zu beantworten, was zwangsläufig bei ihm zu Unsicherheit und Stress führt.

In diesem Modell der abgewälzten Fremdverantwortung kann der Betroffene jederzeit in eine Lage geraten, in der er Schaden erleidet, für den er (moralisch und juristisch) zur Verantwortung gezogen werden kann, weil ihm unterstellt wird, er habe reflektiert gehandelt (sei also über die Risiken aufgeklärt worden und sich des schädigenden Einflusses bewusst gewesen). Das Gegenteil wäre ein Modell des Vertrauens, bei dem die betreffende Person die Verantwortung übernimmt, ein bestimmtes Szenario in Unkenntnis der Risiken gewollt zu haben. Denkbar wäre hier allerdings eine gerechtere und weitaus tragbarere Verteilung von Verantwortung. Die Soziologin Anna Henkel von der LEUPHANA-UNIVERSITÄT Lüneburg schlägt stattdessen ein Modell der Profession vor, in dem der Betroffene und ein Experte (Arzt, Apotheker, Anwalt, Finanzberater etc.) eine Entscheidung gemeinsam treffen und sie auch gemeinsam die Verantwortung dafür tragen.[185] So würde für die Betroffenen langfristig die Unsicherheit deutlich reduziert werden.

Gibt es auch geleugnete Fremdverantwortung? Dies ist die besonders krasse Form, Verantwortung abzuwälzen. Sie besteht darin, eine vorhandene Fremdverantwortung kategorisch zu leugnen und anderen, meist schwächeren Parteien, zuzuschreiben (z. B. für deren eigene Gesundheit, Bildung, berufliche Beschäftigung; Tabelle 4, rechte Spalte).

Welche gesellschaftlichen Kräfte in unserer Gesellschaft Unsicherheit, toxischen Stress oder Armut erzeugen, haben wir bereits in Kapitel 20, »Manipulation meiner Zielerwartungen« gesehen: Das Leben in Unsicherheit und toxischem Stress verursacht Herzinfarkte (schwedische randomisiert-kontrollierte Studien; Kap. 13).[91, 92] Ein Leben in Armut verursacht nicht nur Adipositas, sondern aus Diabetes (randomisiert-kontrolliertes Experiment mit dem Wohnungsumzug der US-Frauen; Kap. 17).[131] Die Verantwortung für diese von Stress, Unsicherheit und Armut hervorgerufenen epidemischen Erkrankungen liegt bei den bestimmenden arbeits- und gesundheitspolitischen Kräften, denen es zum Beispiel nicht gelingt, Arbeitnehmer vor einer Unternehmenskultur zu schützen, die massiv mit Verunsicherungsstrategien operiert. Stattdessen wird eine sogenannte selbstverantwortliche Änderung des Lebensstils als einzige Lösungsstrategie propagiert.

Ein besonders drastisches Beispiel für das Abwälzen von Verantwortung ist der gesundheitspolitische Umgang mit dem Rauchen. Rauchverhalten ist stressabhängig. So steigert Examensstress bei Studenten mit geringer sozialer Unterstützung den Zigarettenkonsum um 50 Prozent und Alkoholkonsum um 20 Prozent.[186] Nikotinabusus ist (wie auch Alkohol- und Cannabisabusus) eine der am häufigsten angewendeten Strategien, um die mit Stress verbundenen unangenehmen Gefühle (wie Anspannung, Unruhe) zu lindern. Statt aber die tiefer liegenden Ursachen von Unsicherheit und Stress bei der Wurzel zu packen (soziale Ungerechtigkeiten zu beseitigen; Maßnahmen zu ergreifen, die psychosozialen Stress reduzieren), setzt die staatliche Gesundheitspolitik nur bei der Selbstverantwortung der Betroffenen in puncto Rauchen an. Mit der Einführung von Schockbotschaften auf Zigarettenpackungen (Rauchen ist tödlich, schädigt andere Menschen usw.) wird die Verantwortung für gesundheitsschädigendes Verhalten (nicht nur für sich, sondern auch für Mitmenschen) auf den Einzelnen abgewälzt. Das ist im Prinzip nicht falsch, aber zu oberflächlich gedacht. Dass Rauchen lediglich eine Begleiterscheinung anhaltender Stresszustände ist und dass Stress tiefere psychosoziale Ursachen hat, wird dabei nämlich ausgeblendet. Anders formuliert: Einem Menschen, der an chronischem Stress leidet, das Rauchen zu verbieten, hieße lediglich, ihm eine stresslindernde Möglichkeit zu verwehren, ohne dass sein ursächliches Problem auch nur ansatzweise gelöst wäre. Vor diesem Hintergrund erscheint es besonderes zynisch, dass der mahnende Staat vom Verkauf der Zigaretten durch die Steuereinnahmen noch massiv profitiert.

So wird die gesellschaftliche Verantwortung für die sogenannten Zivilisationskrankheiten** auf den Einzelnen abgewälzt. Und die Effektivität des vermeintlichen Lösungsansatzes erweist sich obendrein als überschätzt: Denn ob man sich vermehrt mit guten Fetten (sog. Omega-3-Fettsäuren) ernährt oder intensiver Sport treibt, verlängert die Lebensdauer um keinen einzigen Tag. Das belegen bis heute alle relevanten randomisiert-kontrollierten Langzeitstudien zum Thema.[95, 187–190] Ebenso haben die vorhandenen großen randomisiert-kontrollierten Studien gezeigt, dass gesunde Ernährung das Auftreten von Fettleibigkeit nicht verhindern oder kalorien- und kohlenhydratreduzierende Ernährungsumstellungen die kardiovaskuläre Sterblichkeit nicht senken können.[110, 191, 192] Die Überschätzung der vermeintlichen Lösungsansätze beruht darauf, dass die Befürworter meist mithilfe von Beobachtungsstudien

---

** Sammelbegriff für Krankheiten, die durch zivilisatorische Faktoren beeinflusst oder ausgelöst werden: z. B. Übergewicht, Typ-2-Diabetes mellitus, Herz-Kreislauf-Erkrankungen. Viele Autoren vermuten als wichtigsten auslösenden Faktor ein unangemessenes Gesundheitsverhalten.

(sog. Storchenstudien) argumentieren, aber solch ein Vorgehen verbietet sich hier grundsätzlich aus methodischen Gründen (vgl. Kap. 13). Indessen lassen die wissenschaftlich zuverlässigen Befunde den folgenden Umkehrschluss zu: Diejenigen, die soziale Ungleichheit erzeugen, sind damit auch verantwortlich dafür, dass Menschen Herzinfarkte erleiden, Diabetes entwickeln oder dick werden.[91, 92, 131] Sozialmediziner weisen schon lange auf den engen Zusammenhang zwischen sozioökonomischem Status und Sterblichkeit hin, wobei der sozioökonomische Status eine Reihe von Ressourcen wie Geld, Wissen, Prestige, Macht und nützliche soziale Verbindungen verkörpert, die die Gesundheit schützen, unabhängig davon, welche einzelnen Mechanismen zu einem bestimmten Zeitpunkt relevant sind.[193] Sie argumentieren ferner, dass soziale Faktoren wie niedriger sozioökonomischer Status und fehlende soziale Unterstützung fundamentale Ursachen für verschiedene Krankheiten (Herzinfarkt, Schlaganfall, Depression, Typ-2-Diabetes mellitus etc.) und die damit verbundene erhöhte Sterblichkeit sind.[194] Aufgrund der wachsenden wissenschaftlichen Evidenz unterliegt also die Gesundheit des Einzelnen eher der Fremdverantwortung als der Selbstverantwortung.

Diese Einsichten zur Leugnung von eigentlicher Fremdverantwortung können eine enorme psychische Entlastung für die überforderten Menschen in der Risikogesellschaft bedeuten. Wer diese komplexen Zusammenhänge der Verantwortungszurechnung durchschaut und verinnerlicht und wer außerdem versteht, was schlimmstenfalls passieren kann, wenn uns jemand Verantwortung abnimmt (Abhängigkeit, Kontrollverlust), der macht einen wichtigen Schritt auf dem Weg zu weniger Unsicherheit und Stress.

22. Es braucht Information, um Unsicherheit zu reduzieren. Was behindert unseren Zugang zu Informationen?

Nirvana Cabal oder: Wie Kegelschnecken mit Insulin das Gehirn ihrer Beute lahmlegen • Wie Informationen selektiert oder blockiert werden • Eskapismus und Nachrichtenflucht • Das Ende der Netzneutralität – wird das Internet zur Mehrklassengesellschaft? • Des Kaisers neue Kleider und die Macht der Tabus • Leonardo da Vinci als Tabubrecher • Das gedämpfte Gehirn: Ist Alkohol noch gefährlicher als vermutet?

Als Biologen der UNIVERSITY OF UTAH in Salt Lake City das Gift der im Meer lebenden Kegelschnecke Conus geographus analysierten, kamen sie aus dem Staunen nicht heraus.[195] Die bis zu 16 Zentimeter langen Kegelschnecken sind unaufgeregte, aber höchst effiziente Jäger. Nähert sich ein potenzieller Beutefisch, geben sie eine giftige Substanz ins Wasser ab, die der Fisch über seine Kiemen aufnimmt. Das Beutetier scheint eine seltsame Agonie zu befallen. Es gibt atemberaubende Filmaufnahmen,[196] die zeigen, wie das Beutetier scheinbar teilnahmslos oder entrückt zulässt, dass das sich ausstülpende Riesenmaul der Schnecke es umfasst und in das Körperinnere zieht. Der Giftcocktail erhielt dann auch den bezeichnenden Namen Nirvana Cabal. Doch wie genau das Gift biochemisch funktioniert, war nicht klar, bis die Biologen aus Utah das Geheimnis lüfteten. Im Gegensatz zu den typischen Nervengiften (sie blockieren die Informationsübertragung von Nervenzellen), die Spinnen oder Schlangen verwenden, um ihre Opfer zu lähmen, setzen Kegelschnecken auf Fischinsulin und legen so gleich das gesamte Gehirn lahm. Es ist wichtiger Bestandteil des Nirvana Cabal. Und ist das Insulin erst in den Kreislauf des Fischs gelangt, gerät dieser in einen Zustand, der mit dem Zuckerschock eines Menschen mit Diabetes vergleichbar ist. Das Insulin bewirkt, dass die zirkulierende Blutglukose nahezu vollständig in die Körperspeicher eingelagert wird. Das Gehirn hingegen wird praktisch innerhalb von Sekunden von der Energieversorgung abgeschnitten. Der Fisch fällt in das sogenannte neuroglukopenische Koma, das auch bei Menschen mit Diabetes gefürchtet ist. Der springende Punkt bei dieser Form des Angriffs besteht darin, dass ein Gehirn ohne Energie keinerlei Informationen mehr verarbeiten kann. So hat die Schnecke alle Zeit der Welt, um sich den handlungsunfähigen Fisch ohne Gegenwehr einzuverleiben. Das Beispiel verdeutlicht auf dramatische Weise das physikalische Grundprinzip aus Kapitel 2, dass ohne Energie keine Information zu erhalten ist und dass dieses Prinzip uneingeschränkt auch für die Informationsverarbeitung von Nervensystemen gilt. Indem die Schnecke das Gehirn des Fischs von der Energieversorgung trennt, nimmt sie ihm die Möglichkeit, Informationen zu verarbeiten und auf die Gefahr zu reagieren.

Derartige Informationsblockaden entstehen auch im menschlichen Leben. Nicht unbedingt so drastisch und mit tödlichem Ausgang wie bei Fisch und Kegelschnecke. Aber auch wenn die Methoden subtiler sind, die Folgen weniger dramatisch, bleibt das Prinzip das gleiche. Claude Shannons zentrale Aussage war:»Es braucht Information, um

Unsicherheit zu reduzieren«; folglich kann Unsicherheit nicht reduziert werden, wenn der Informationsfluss gestört, behindert oder gar unterbunden wird. Und das hängt zum Teil auch mit der Beeinflussung oder Einschränkung von energetischen Ressourcen zusammen.

Schauen wir uns die vier großen Felder von Informationsblockaden einmal genauer an, mit denen unser Gehirn täglich konfrontiert wird (oder zumindest werden kann):

INFORMATIONSSELEKTION. Hierbei geht es um die Frage nach der Verfügbarkeit verlässlicher Informationen. Einer der Hauptkritikpunkte an der aktuellen Medienpolitik lautet: Manipulation durch Selektion. Es wird dabei unterstellt, dass TV-, Radio- oder Print-Journalisten gezielt nur die Informationen weitergeben, die einem geheimen Ziel dienen. Fakten, Ereignisse oder Meinungen, die nicht ins gewünschte Bild passen, würden unterdrückt. Was auf den ersten Blick wie eine Verschwörungstheorie aussieht, beinhaltet bei näherer Betrachtung durchaus relevante Kritikpunkte:

Tatsächlich stellen die Nachrichten in TV, Radio, Zeitungen (und Online-Portalen) nur einen Ausschnitt der gesamten möglichen Informationen dar. Redakteure haben diese zuvor gesichtet, bewertet und dementsprechend selektiert. Jetzt kann man natürlich fragen, wie kompetent diese Journalisten sind. Und man kann auch fragen, ob sie nur nach berufsethischen Kriterien vorgehen oder ob sie einer geheimen Agenda folgen. Tatsache ist, dass Journalisten zumeist für Medien arbeiten, die entweder von der öffentlichen Hand oder von Geschäftsleuten betrieben werden, also nicht wirklich unabhängig sind. Zu leugnen, dass in beiden Fällen für die Journalisten Abhängigkeiten bestehen, wäre naiv. Der US-amerikanische Ökonom und Medienanalyst Edward S. Herman und der weltberühmte Linguist Noam Chomsky haben diese »Filter« wie folgt beschrieben:[197]

Filter 1: Die Eigentümer und ihre (finanziellen) Interessen. Privat geführte Medienunternehmen sind letztlich profitorientierte Firmen, auch wenn von den Eigentümern die redaktionelle Unabhängigkeit gern betont wird. Diese Unabhängigkeit ist aber durchaus an den wirtschaftlichen Erfolg gekoppelt. Solange die redaktionelle Berichterstattung den finanziellen Interessen des Unternehmens nicht zuwiderläuft, ist die Unabhängigkeit der Redaktionen vergleichsweise leicht zu verteidigen. Ganz anders kann es aussehen, wenn die wirtschaftliche Lage angespannt ist und kritische Berichterstattungen sich als kaufhemmend erweisen.

Filter 2: Einnahmequellen – Werbung macht Inhalt. Je größer die finanzielle Abhängigkeit eines Medienunternehmens vom Anzeigengeschäft ist, desto größer ist die Gefahr, dass Anzeigenkunden massiv Einfluss auf Gestaltung und Inhalte nehmen. Das muss gar nicht durch direkte Beeinflussung geschehen. Als Beispiel seien hier die sogenannten Frauenzeitschriften angeführt. Die größten Werbekunden dieser Magazine kommen aus den Branchen Kosmetik, Ernährung und Mode. Um diese Werbegelder weiterhin zu erhalten, sehen sich die Redaktionen gezwungen, weite Teile ihrer Magazine an diesen Themenfeldern redaktionell auszurichten, auch wenn die dramatisch sinkenden Verkaufszahlen nahelegen, dass die alten redaktionellen Konzepte nicht mehr aufgehen. In den USA hat diese Entwicklung in den vergangenen Jahren zu extremen Schieflagen geführt. Viele US-Zeitschriften hatten die Abonnements ihren Lesern fast geschenkt, um möglichst hohe Auflagen ausweisen zu können. Denn je höher die Auflage, desto höher die Attraktivität für Anzeigenkunden. Der Haken dieses Geschäftsmodells zeigte sich, als das Anzeigengeschäft auf breiter Front einbrach und selbst Magazine mit 800 000 oder mehr Exemplaren verkaufter Auflage über Nacht eingestellt wurden, weil sie plötzlich tief in den roten Zahlen steckten.

Filter 3: Quellen – Wer wählt die Nachrichten aus?

Das Geheimnis der großen Ähnlichkeiten von Nachrichten besteht zunächst im größten journalistischen Informationsfilter: den Nachrichtenagenturen. Sie beliefern alle Nachrichtenredaktionen von Zeitungen, TV-Sendern und Radiostationen mit dem Rohstoff der Nachrichten. Aus diesem einheitlichen Angebot können Redakteure nun auswählen. Eigene Berichterstattungen (z. B. durch Korrespondenten) bilden die Ausnahme. Das hat in erster Linie Kostengründe. Hinzu kommt das verpönte, aber doch immer wieder angewandte Copy-and-Paste-Verfahren. Also das Kopieren von Inhalten, die im Internet frei verfügbar sind. Der Versuchung des Voneinander-Abschreibens erliegen nicht nur immer wieder klassische Redaktionen, sondern auch die Journalisten der Online-Nachrichtenportale, die unter einem besonderen Zeit- und Aktualitätsdruck stehen. Copy and Paste sind nicht nur berufsethisch unvertretbar, sie bergen auch das Risiko, ungeprüft nichtverlässliche Informationen zu verbreiten. Nicht selten werden diese ohne erkennbare Quelle lanciert, weil gerade im Internet der Absender und dessen Agenda oft nicht zu sehen ist.

Auf diese und andere Formen der gezielten Informations-
manipulationen werden wir im nächsten Kapitel noch näher eingehen. **Filter 4: Abweichung wird bestraft – öffentliche Kritik oder Geldentzug.** Kritischer Journalismus sieht sich
immer finanziellem Druck ausgesetzt. Unliebsame Berichterstattungen können mit Verlust von Anzeigengeldern oder
Streichung von Fördermitteln bestraft werden. Auch das
Votum der Käufer spielt hier eine nicht zu unterschätzen-
de Rolle. Ein Zeitschriftenverleger wird sich als Geschäftsmann fragen, was besser zu verkaufen ist: eine Publikation
mit kritischen und anspruchsvollen journalistischen Inhalten oder ein Magazin, das sich mit eskapistischem Klatsch
und Tratsch über Berühmtheiten begnügt.

Filter 5: Antiideologie. Bei diesem Filter geht es tatsächlich um eine ganz gezielte politische bzw. propagan-
distische Agenda. Besonders deutlich wird dies zum Beispiel bei dem international operierenden Rundfunksender
»Voice of America« (VOA), der weltweit Sendungen in 43
Sprachen verbreitet. Gegründet wurde VOA im Zweiten
Weltkrieg als Propagandasender der USA im Kampf gegen Nazideutschland. Während des Kalten Kriegs zielte
der Sender vor allem auf die Bevölkerung in der Sowjetunion und anderen sozialistischen Staaten ab, um mit kulturellen und politischen Inhalten den American Way of Life
zu propagieren. Aber auch in Deutschland gab und gibt
es Medienhäuser, die durchaus eine politische Agenda verfolgen. So ließ sich der Axel Springer Verlag noch in den
1990er-Jahren von angestellten Redakteuren in den Ar-
beitsverträgen folgenden Passus unterschreiben:

Der Redakteur ist zur Einhaltung der vom Verlag festgeleg-
ten Grundsätze, Aufgaben oder Zielsetzungen der Zeitschrift
verpflichtet. Dazu gehören insbesondere: das unbedingte
Eintreten für den freiheitlichen Rechtsstaat Deutschland als
Mitglied der westlichen Staatengemeinschaft und die För-
derung der Einigungsbemühungen der Völker Europas; das
Herbeiführen einer Aussöhnung zwischen Juden und Deut-
schen; hierzu gehört auch die Unterstützung der Lebensrech-
te des israelischen Volkes; die Ablehnung jeglicher Art poli-
tischen Totalitarismus; die Verteidigung der freien sozialen
Marktwirtschaft.

Das Problem all dieser verschiedenen Formen von Informationsselektion liegt in der Gefahr, dass wir als Empfänger in
eine Art Dark Room geführt werden. Je einseitiger die Selektion ist, desto größer ist das Risiko, in eine Art Informa-
tionsblase zu geraten, in der die eingehenden Nachrichten
zunehmend an Informationswert verlieren und nicht mehr
dazu taugen, dass wir unser internes Modell von der Welt
angemessen aktualisieren können. Die resultierende Verunsicherung kann ihrerseits zu Eskapismus führen, einem
Phänomen, das man auch als Nachrichtenflucht bezeichnen
könnte. Aus Angst und Unsicherheit meiden Menschen das
Weltgeschehen und flüchten sich in überschaubare Welten (Klatschmagazine, Sportberichterstattung, Liebesfilme
usw.). Das vermittelt zumindest kurzfristig ein Gefühl von
Sicherheit (so wie Eltern ihre Kinder vor beunruhigenden
Nachrichten schützen). Langfristig aber wächst dadurch
unsere Unsicherheit immer mehr, weil durch fehlende
Updates eine realistische Einschätzung von Risiken und Bedrohungen immer schwieriger wird.

DER PREIS VON INFORMATION. Gibt es ein Recht auf Informationszugang? Im deutschen Bildungssystem wird seit Jahrzehnten über das Thema der Chancengleichheit gestritten, um immer wieder festzustellen, dass sie nicht existiert. Bildungschancen sind bei uns eng an das Einkommen der Eltern gekoppelt, aber auch an den Bildungsabschluss der Eltern und an deren soziale Beziehungen. Alle Bemühungen, das zu ändern, haben bisher wenig gefruchtet. In diesem Zusammenhang wird häufig auf Pierre Bourdieus Kapitaltheorie Bezug genommen, wonach es ökonomisches, aber auch kulturelles und soziales Kapital gibt.[198] Wenn jemand aus einer Familie mit hohem kulturellem Kapital kommt (also viele Bücher und Gemälde hat und die Fähigkeit, diese auch zu lesen und zu nutzen), dann hat die Person jedenfalls einen zeitlichen Vorsprung gegenüber jemandem, der das zu Hause nicht hat. Diese Betrachtungen sind auch häufig in der Ungleichheitsforschung verwendet worden. Die Bestürzung, die bei uns durch derartig ungleiche Chancen hervorgerufen wird, wäre Bildungspolitikern in den USA nur schwer zu vermitteln. Dort gilt es als Selbstverständlichkeit, dass sich die Qualität der Bildung am Einkommen orientiert. Während öffentliche Schulen oft nur ein Mindestmaß an Bildungschancen bieten können, investieren Eltern für die Bildung ihrer Kinder hohe Beträge in Privatschulen und -universitäten. Wer sich das nicht leisten kann, muss sich entweder verschulden oder auf hohe Bildungsziele verzichten. Eine sehr kleine Chance besteht allerdings darin, ein Stipendium mit entsprechender Förderung zu bekommen.

Dass Information eine Ware ist, mit der sich viel Geld verdienen lässt, wird auch an anderen Beispielen deutlich: Wer zum Beispiel ein Haus in Kalifornien sucht, kann auf eine kostenpflichtige Datenbank zugreifen, die ihm eine umfassende Analyse der Haushalte in der Nachbarschaft eines interessanten Objekts ausgibt, einschließlich ethnischer Zugehörigkeit, Einkommen, Religion der Haushaltsmitglieder und ob irgendwelche Verurteilungen und Konkurse vorliegen. Informationen, die durchaus dazu taugen, Unsicherheit bei der Wohnungssuche zu reduzieren – wenn man es sich leisten kann. Und das ist nur ein kleines Beispiel.

Sehr viel größer und weiter reichend sind in diesem Zusammenhang die derzeit heftig diskutierten Bestrebungen, die Netzneutralität einzuschränken oder ganz aufzuheben. Bisher gilt, dass im Internet alle Informationen (abhängig von den technischen Voraussetzungen) gleichermaßen zugänglich sein müssen. Niemand darf bevorzugt oder benachteiligt werden. Das möchten nun einige Netzwerkbetreiber gern ändern. Sie wollen für zahlungskräftige Kunden Highspeed-Zugänge schaffen. Diese Kunden hätten dann eine Art VIP-Status im Internet und würden bevorzugt an gewünschte Seiten und die darin befindlichen Informationen gelangen. Umgekehrt könnten sich so auch Firmen schnellere Verbindungen als die Konkurrenz erkaufen. Noch ist in dieser Angelegenheit keine endgültige Entscheidung gefallen. Aber sicher ist: Wird die Netzneutralität aufgehoben, kommt es zwangsläufig zu einem Mehrklassensystem in der Informationsgesellschaft. Wer keine oder nur sehr beschränkte finanzielle Mittel hat, wird sich auf der untersten Stufe wiederfinden. Er wäre dann zwar nicht abgeschnitten von den Informationen, die das Netz bietet, aber der Zugriff würde womöglich enorm verlangsamt und erschwert werden.

TABUS ALS INFORMATIONSBLOCKADE. Es ist ein Trick, den Viren gerne verwenden, um das Immunsystem des Wirts zu täuschen. Sie legen sich einen biochemischen Schutzmantel zu, um sich vor den Abwehrzellen zu verbergen. Mit diesem Schutzmantel nimmt der Virus das Aussehen einer Wirtszelle an. Diese tarnende Außenhülle verbirgt so die relevanten Informationen über den Virus und erklärt ihn gewissermaßen als tabu für das Immunsystem.

Tabus sind zu allen Zeiten und in allen Kulturen immer ein Mittel gewesen, etwas für unantastbar oder unveränderbar zu erklären. Schon die kritische Betrachtung eines Tabuthemas konnte sehr gefährlich werden. Tabus haben meist religiöse oder kulturelle bzw. gesellschaftliche Hintergründe. Schaut man aber genau hin, so wird man feststellen, dass es in Wahrheit nicht selten darum geht, Informationen zu verbergen, die einem Status quo der Macht gefährlich werden können. Die Menschheitsgeschichte ist voller Beispiele für die machtorientierte Tabuisierung von Erkenntnis und von Menschen, die sich davon nicht abhalten ließen, ihrem Wissensdurst nachzugeben. Als einer der prominentesten Tabubrecher gilt Leonardo da Vinci (1452–1519). Da Vinci schuf unter anderem meisterhafte anatomische Zeichnungen. Dazu sezierte er verbotenerweise Leichen. Das galt in den Augen der katholischen Kirche als Schändung des von Gott erschaffenen menschlichen Körpers, worauf die Todesstrafe stand. Die Sorge der Kirchenideologen bestand aber wohl eher in der Entzauberung des menschlichen Leibs durch die Wissenschaft und dem damit einhergehenden drohenden Verlust der Deutungshoheit über Leib und Seele des Menschen. Da Vinci gelang es jedoch immer wieder, sich der Strafverfolgung zu entziehen. Nicht zuletzt wohl auch deshalb, weil er seine Zeichnungen zu Lebzeiten nicht veröffentlichte, sondern nur im Geheimen studierte. Ihm nach folgte unter anderen der Astronom Galileo Galilei (1564–1641). Er suchte mit seinen astronomischen Beobachtungen das 100 Jahre zuvor aufgestellte kopernikanische Weltbild zu bestätigen. Aber Galileis eigentlicher Tabubruch bestand darin, öffentlich für diese neue Sichtweise einzutreten, dass nämlich nicht die Erde, sondern die Sonne das Zentrum unseres planetaren Systems darstellt. Damit stellte er das religiöse Weltbild der Kirche infrage, die den Menschen und die Erde als Gottes vornehmste Schöpfungen in den Mittelpunkt gerückt hatte. Galileo musste öffentlich widerrufen. Tatsächlich sollten sich die Befürchtungen der Kirche als berechtigt erweisen.

Trotz aller Drohungen und Verbote ließen sich die religiösen Tabus des Mittelalters im Zuge der Aufklärung nicht länger aufrechterhalten, was denn auch zu gravierenden Machteinbußen der Kirche führte.

Auch wenn viele Tabus ihre Macht und Bedeutung im Laufe der Zeit verloren haben – andere sind noch immer sehr wirksam und lebendig. Der US-amerikanische Philosoph und Kognitionswissenschaftler Daniel C. Dennett warnt uns davor, dass Unwahrheiten und Mythen, die zu Alltagsweisheiten geworden sind, unter Umständen sehr lange überleben können, einfach weil ihre Aufdeckung durch ein Tabu belegt ist und daher als ängstigend oder peinlich empfunden wird.[199] So kann eine unhaltbare gemeinsame Mutmaßung über Jahre oder Jahrhunderte hinweg überdauern, weil jeder annimmt, es wird schon irgendwie jemand sehr gute Gründe dafür haben, sie aufrechtzuerhalten, und niemand es wagt, sie infrage zu stellen. Der enge

Zusammenhang zwischen Tabu und Täuschung ist anschaulich im Märchen »Des Kaisers neue Kleider« dargestellt. Hans Christian Andersen erzählt darin von zwei Betrügern, die dem Kaiser schönste Kleider versprechen, von denen sie behaupten, sie seien unsichtbar für denjenigen, der nicht für sein Amt tauge oder der unverzeihlich dumm sei – während sie tatsächlich gar keine Kleidung machen und jeden glauben lassen, dass die Kleidung für sie unsichtbar sei. Als der Kaiser seine neuen »Kleider« seinen Untertanen vorführt, wagen sie nicht zu sagen, dass sie keine Kleidung an ihm sehen, aus Angst, dass sie als dumm angesehen werden. Schließlich schreit ein Kind: »Aber er hat ja gar nichts an!« Der kanadische Soziologe Erving Goffman (1922–1982) bemerkt dazu: »Wie zahllose Volksmärchen zeigen, ist das Geheimnis, das hinter dem Mysterium steht, oft die Tatsache, dass es kein Mysterium gibt; das wirkliche Problem besteht darin, das Publikum daran zu hindern, dies ebenfalls zu bemerken.«[200]

Wenn wir den traditionellen Schutzmantel von Tabus unangetastet lassen, dann sollten wir auch wissen, warum wir so handeln, denn es könnte sein, dass uns unser Wegschauen (Vogel-Strauß-Politik) langfristig teuer zu stehen kommt.[199] Das Belegen mit Tabus gehört zum klassischen Strategienrepertoire von Dunklen Triaden, um Menschen gezielt zu verunsichern und so besser kontrollierbar zu machen. Denn durch Tabus verhindern die Dunklen Triaden, dass Menschen mithilfe von Informationen ihre Unsicherheit reduzieren. Was den Umgang mit Tabus besonders problematisch macht, ist ihre Eigenschaft, dass sie in der historischen Rückschau gut zu erkennen und zu benennen sind. Sind sie aber noch aktiv und gesellschaftlich verankert, so ist es gar nicht so einfach, sie als Tabu wahrzunehmen und ihren Wahrheitsgehalt kritisch zu hinterfragen.

INFORMATIONSBLOCKADE DURCH ZENTRAL DÄMPFENDE SUBSTANZEN. Alkohol zu trinken oder Drogen einzunehmen, wird durchaus als Betäubung verstanden. Umgangssprachliche Redewendungen, wie »stoned sein«, »sich die Lichter auszuschießen«, machen deutlich, dass Selbstbetäubung ein gewollter und erwünschter Effekt von Alkohol und anderen Drogen ist. Diese Sehnsucht nach Betäubung resultiert aus Gefühlen von Stress und Unsicherheit. Unzählige Filmszenen zeugen davon, wenn der Held nach einer schockierenden Nachricht oder einem aufwühlenden Erlebnis erst einmal einen Drink braucht, am besten hochprozentig. So wird das bekannte Bild von der stressreduzierenden Entspannungsdroge Alkohol kulturell weiter gefestigt. Wenn sich Menschen unsicher fühlen, machen sie häufig Gebrauch von der stresslindernden Wirkung chemischer Substanzen. Dahinter steckt der Wunsch, die mit Stress und Unsicherheit einhergehenden Gefühle zu unterbinden. Dass Alkoholkonsum mit sozialen Niederlagen eng verknüpft ist, lässt sich auch im Tierexperiment belegen:

In einen Käfig mit einer dominanten, sehr aggressiven Maus wird eine subdominante Maus gesetzt. Die Dominante attackiert die Subdominante mehrfach. Bei der unterlegenen Maus steigt Cortisol stark an. Beiden Mäusen wird nach der Auseinandersetzung Alkohol angeboten. Die siegreiche Maus beachtet die hochprozentige Offerte kaum. Die unterlegene Maus hingegen trinkt während des Monats nach der stressvollen Begegnung beträchtliche Alkoholmengen.[201]

Tatsächlich passiert eben auch genau das im menschlichen Gehirn, wenn es unter dem Einfluss von Drogen steht. Es kommt lediglich zu einer Betäubung der emotionalen Signale von Stress und Unsicherheit, aber nicht zur Bekämpfung oder Bewältigung der Ursachen, aus denen diese Gefühle resultieren. Im Gegenteil: Indem diese Substanzen die Informationsverarbeitung im Gehirn einschränken, behindern sie den Schlüsselprozess im Gehirn, nämlich die Reduzierung von Unsicherheit durch Informationsverarbeitung. Die unangenehme Unruhe, die uns bei Stress befällt, hat das Ziel, uns zu aktivieren, um die Situation zu bearbeiten. Wenn wir dieses Gefühl betäuben, berauben wir uns selbst der Chance, das Problem, das uns bedrängt, aktiv zu lösen.

Zentral dämpfende Substanzen sabotieren die Informationsverarbeitung unseres Gehirns, indem sie in verschiedenen Bereichen des Gehirns die chemische Übertragung zwischen Nervenzellen hemmen und damit die Informationsübertragung (bit/sec) verlangsamen oder blockieren. Eine derartige Substanz kann direkt die synaptische Übertragung zwischen Nervenzellen unterbinden oder zuerst das Stresssystem hemmen und so indirekt eine schnelle synaptische Übertragung in vielen Teilen des Gehirns verhindern. Insgesamt dämpfen all diese Stoffe unser allgemeines Erregungsniveau und unsere Wachheit. Dazu gehören vor allem: Alkohol, Antidepressiva, Barbiturate (Schlafmittel), Benzodiazepine (Angstlöser), Cannabis, Opioide (z. B. Morphium, Heroin), niedrigdosiertes Methylphenidat (Handelsname u. a. Ritalin).

Eine besondere Bedeutung kommt in diesem Zusammenhang dem Alkohol zu. Alkohol ist im Gegensatz zu anderen »Betäubungsmitteln« gesellschaftlich positiv konnotiert und leicht verfügbar. Zwar trägt die Spirituosenbranche nach eigenen Angaben die Verantwortung für die Darstellung und Bewerbung von Spirituosen in Form der Selbstregulierung. Psychiater und Internisten sehen die Sache allerdings deutlich kritischer: Alkohol ist die am meisten verwendete Freizeitdroge und eine der am häufigsten missbrauchten Drogen der Welt. Alkohol schädigt das Gehirn und jedes andere Organ im menschlichen Organismus. Alkoholkonsum ist durch ZNS-Intoxikationssymptome, gestörte kognitive Leistungsfähigkeit, schlechte motorische Koordination und Verhaltensänderungen gekennzeichnet. Diese Symptome und Folgeerscheinungen werden aber im Allgemeinen mit regelmäßigem oder exzessivem Alkoholkonsum in Verbindung gebracht. Aktuelle Studien kommen allerdings zu weit alarmierenderen Ergebnissen.[202] Anders als geglaubt zeigt diese neue Evidenz, dass im Vergleich zur Abstinenz auch moderater Alkoholkonsum (das berühmte Glas Rotwein am Abend) mit einem erhöhten Risiko für Hirnschäden wie der Schrumpfung des Gedächtniszentrums (des sog. Hippocampus) einhergeht. Menschen mit moderatem Alkoholkonsum müssen eine steilere kognitive Abnahme der lexikalischen Sprachkompetenz im Alter befürchten. In dem Sprachkompetenztest ging es darum, innerhalb eines vorgegebenen Zeitraums eine möglichst große Vielfalt von bestimmten Begriffen zu nennen. Menschen, die keinerlei Alkohol tranken, gelang dies deutlich besser als den Studienteilnehmern, die moderat Alkohol konsumierten. Am schlechtesten schnitten Menschen ab, die regelmäßig viel Alkohol tranken. Um keine Missverständnisse aufkommen zu lassen: Während des Tests waren alle Kandidaten nüchtern.

Alkohol hat obendrein neuentdeckte und verblüffende Effekte auf den Energiestoffwechsel im Gehirn. Wenn eine Person Alkohol (genauer: Ethanol) konsumiert, beginnt die Leber schnell, diesen in Acetat umzuwandeln, welches dann im Blut zirkuliert und als alternative Energiequelle (zu Glukose) für das Gehirn dienen kann. Alkoholkonsum verringert tatsächlich die Glukoseverwertung im Gehirn und erhöht stattdessen die zerebrale Acetataufnahme. Jeder weiß, dass Ethanol Kalorien hat, aber dass Nervenzellen aus Ethanol direkt Energie gewinnen und verbrauchen, ist neu.[203] Wir haben ja bereits gesehen, dass sich das egoistische Gehirn ständig mit dem Körper in einer Konkurrenzsituation um Energieressourcen (genauer: um Glukose) befindet. Sprudelt also die Energiequelle Alkohol, so ist der Gehirnenergiebedarf bereits teilweise gedeckt, sodass das Gehirn zur vollständigen Deckung nicht mehr so stark mit dem Körper um Glukose konkurrieren muss. Grundsätzlich konkurriert das Gehirn mit dem Körper, indem es sein Stresssystem (d. h. den Brain Pull) aktiviert. Deshalb kann das alkoholversorgte Gehirn eines gestressten Menschen sich leisten, das Stresssystem wieder herunterzufahren. Und wie wir bereits erfahren haben: Das Herunterfahren des Stresssystems hat einen enorm lindernden Effekt auf die unangenehmen Gefühle wie Anspannung, Unruhe und Angst. Alkohol wird so nicht nur zum Betäubungsmittel, sondern zugleich auch zu einem alternativen Energielieferanten fürs Gehirn. In dieser Doppelfunktion nimmt Alkohol eine Sonderstellung unter den zentral dämpfenden Substanzen ein.

In Aldous Huxleys visionärem Roman *Schöne neue Welt* aus dem Jahr 1932 nehmen die Bürger eines utopischen Staats die Droge »Soma«. Soma ist ein Halluzinogen, das jedem ermöglicht, glückselig und vollkommen zufrieden zu sein, während er oder sie die ihm zugewiesenen Aufgaben der jeweiligen Kaste erfüllt. Soma ist also der perfekte Glücklichmacher, weil es den Mitgliedern dieser Gesellschaft das Bedürfnis zum kritischen Denken und Hinterfragen ihrer Weltordnung nimmt.

23. Lügner, Scharlatane & Gaslighter

Die Zuverlässigkeit von Information • Das Taxi-Problem • Non liquet – eine Zeugenaussage ohne Informationsgehalt • Die Zuverlässigkeit des Lügners • Die fantastischen Welten des Scharlatans • Die Irreführungsmanöver des Gaslighters • Evidenzbasierte Medizin • Einschätzbarkeit von Informationsquellen

Unser Gehirn kann sich gegen die Aufnahme von Informationen kaum wehren. Wir werden zufällig Ohrenzeugen eines Gesprächs, das wir nicht hätten mitbekommen sollen. Aber es ist schon zu spät. Weil wir eben nicht weghören können, erhalten wir eine Information, die nicht für unsere Ohren bestimmt war. Das Gehirn macht mithilfe der Information ein Update unserer Erwartungen. Fernsehbilder, die im Hintergrund flackern, ziehen unseren Sehsinn magisch an. Wir gucken hin, auch wenn wir das gar nicht möchten, weil zum Beispiel ein Werbespot läuft, den wir eigentlich als nervtötend empfinden. Dessen Information nehmen wir trotzdem auf. Und vielleicht sind wir sogar so genervt, dass wir uns in diesem Moment schwören, das beworbene Produkt nun erst recht nicht zu kaufen. Aber die eigentliche Botschaft haben wir da bereits längst verinnerlicht. Wir kennen das Produkt und seinen Markennamen. Die Information hat in unserem Gehirn zu einem Update unserer Zielerwartung geführt, obwohl das unerwünscht ist und uns nur aufgedrängt wurde. Es gibt also unerwünschte Informationen. Genauso wie es Informationen gibt, die wir als falsch klassifizieren würden. Zwei einfache Beispiele:

Ein Tierpfleger in einem Zoo sagt mir, dass die Fütterung der Seelöwen um 16 Uhr stattfindet. Aber als ich zur angegebenen Zeit dorthin gehe, merke ich, dass die Fütterung bereits um 15 Uhr stattgefunden hat. Ich konfrontiere den Tierpfleger und sage ihm:»Die Information, die Sie mir gegeben haben, war falsch.«

Am Informationsstand einer Ausstellung bekomme ich zufällig ein Faltblatt in Dänisch. In einem solchen Fall stelle ich fest:»Ich kann diesem Blatt keine Informationen entnehmen, weil ich diese Sprache nicht verstehe.«

Wir verstehen natürlich, was hier mit falscher Information gemeint ist. Der wissenschaftliche Zugang der Informationstheorie eröffnet aber eine völlig andere Perspektive. Die falsche Information über die Fütterungszeit wäre im Sinne der Informationstheorie nämlich weder richtig noch falsch. Im Sinne von Shannons Informationskonzept wurde in dieser Situation nur eine gewisse Informationsmenge übertragen, wobei die Begriffe richtig oder falsch (d. h. die semantischen Aspekte der Kommunikation) völlig irrelevant sind.[4] Selbst eine unverständliche Information existiert im informationstheoretischen Sinn dieses Begriffs nicht. In einem Text steckt immer eine gewisse Menge an Information, völlig unabhängig von der Verständlichkeit des Textes.

Die theoretische Neurowissenschaft verwendet den Informationsbegriff ganz im Sinne Claude Shannons.[204] In enger Verbindung zur Information steht ein weiterer Begriff der internationalen Hirnforschung: neuronal computation (von engl. computation – Berechnung, Informationsverarbeitung). Aber was bedeutet Computation in diesem Zusammenhang genau? Einfach gesagt, jede Transformation von Information kann als Computation angesehen werden, während die Übertragung von Information von einer Quelle zu einem Empfänger Kommunikation ist.[21]

Wir sehen also, dass sich der Informationsbegriff der Alltagssprache grundlegend von dem in Shannons Informationstheorie unterscheidet. Ein allwissender Erzähler – wie der in Goethes Roman *Die Wahlverwandtschaften*, der unbegrenzten Zugang zu allen Informationen der erzählten Welt hat und so richtig oder falsch klar trennen kann – existiert in unserem Leben nicht. Das bayesianische Gehirn arbeitet stattdessen ausschließlich mit verborgenen Zuständen – mit Hidden States. Ob sich eine Vermutung als zutreffend erweist oder nicht, ist nicht direkt erkennbar. Und es braucht zusätzliche Anstrengungen, um eine eingehende Information auf ihre Zuverlässigkeit zu überprüfen. Wenn wir also grundsätzlich nicht wissen können, ob eine Information richtig oder falsch ist, dann hilft es, sich dem Problem bayesianisch zu nähern – nämlich durch wiederholte Updates. Eine der klassischen Situationen, in denen es darauf ankommt, Informationen auf ihre Glaubwürdigkeit zu überprüfen und zu gewichten, ist das Gerichtsverfahren. Wenn kein Geständnis des Angeklagten vorliegt, ist der Richter auf Zeugenaussagen und Indizien angewiesen. Um eine der Kernfragen zu beantworten – nämlich wie zuverlässig ein Zeuge ist –, greifen Gerichte häufig auf Gutachten zurück. Wie das in der Praxis aussieht, wollen wir am sogenannten Taxi-Problem besprechen:

Ein Zeuge sieht nachts ein Verbrechen, bei dem die Täter mit einem gestohlenen Taxi fliehen. Aus der Zulassungsstatistik weiß der Richter, dass 85 Prozent der Taxis in der Stadt blau und die anderen 15 Prozent grün sind. Der Zeuge sagt aus, dass das Tatfahrzeug blau gewesen sei. Daraufhin beauftragt der Richter einen Gutachter, der den Zeugen auf seine Fähigkeit untersuchen soll, inwieweit dieser grüne und blaue Taxis unter nächtlichen Sichtbedingungen unterscheiden kann. Das gutachterliche Ergebnis: Der Zeuge hat zu 80 Prozent die Lackfarbe korrekt benannt; zu 20 Prozent lag er daneben. Wie groß ist die Wahrscheinlichkeit, dass ein blaues Taxi in das Verbrechen verwickelt war?

Der Richter stellt in dieser Situation folgende Berechnung an: 85 Prozent aller Taxis in der Stadt sind laut Zulassungsstatistik blau, sodass die Priorwahrscheinlichkeit, dass es sich beim Tatfahrzeug um ein blaues Taxi handelt, auch 85 Prozent beträgt. Von allen in der Stadt zugelassenen blauen Taxis identifizierte der Zeuge – so lautete das Gutachten – in 80 Prozent der Fälle die Wagenfarbe korrekt. Kombiniert man das Vorwissen aus der Zulassungsstatistik mit dem Ergebnis des Gutachtens, ergibt sich nach erfolgter Zeugenaussage eine Posteriorwahrscheinlichkeit von 0,96, dass das Fluchttaxi blau lackiert war (genaue Berechnung siehe Abb. 32). Das bayesianische Update des Richters besagt in diesem Fall, dass das Tatfahrzeug »mit hoher Wahrscheinlichkeit« (so lautet die offizielle juristische Formulierung bei einem Wert von 0,96)[205] blau war (Abb. 33; vierter Balken von rechts).

Was aber, wenn dieser 80 %-Augenzeuge ein grünes Taxi gesehen und dies auch so zu Protokoll gegeben hätte? Laut

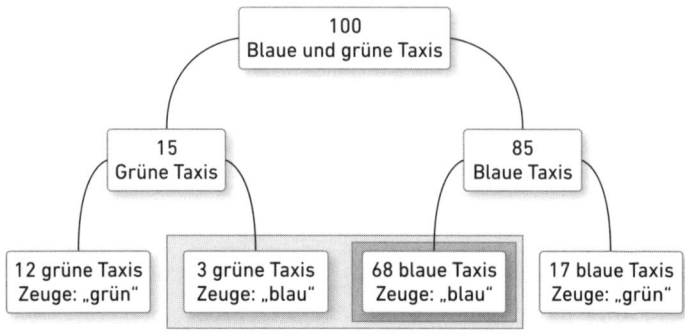

Abb. 32: Taxi-Problem: Verteilung der Fälle mit korrekter und inkorrekter Zeugen-identifikation. In diesem Beispiel rechnen wir der Einfachheit halber mit 100 Taxis. Bekannt ist, dass in der Stadt 85% der Taxis blau und 15% grün sind. Bekannt ist ferner, dass die Zuverlässigkeit des Zeugen 80% beträgt, d. h. er zu 80% korrekt aussagt. Folglich identifiziert der Zeuge mit seiner Aussage »Das Taxi war blau« 68 Taxis korrekt [dunkelgrauer Kasten]. Insgesamt gibt er in 68+3 = 71 Fällen an: »Das Taxi war blau« [hellgrauer Kasten]. Also beträgt die Wahrscheinlichkeit, dass ein blaues Taxi wirklich bei der Tat beteiligt war, 68/71 = 0,96. Bayesianische Zusammenfassung: Lag die Priorwahrscheinlichkeit vor der Zeugenaussage bei 0,85, so beträgt die Posteriorwahrscheinlichkeit (d. h. die Updatewahrscheinlichkeit) nach der Zeugenaussage 0,96. (Dieses Ergebnis wird in Abb. 33 weiterverwendet; vierter Balken vorn rechts.)

Gutachten wäre seine Trefferquote beim nächtlichen Sehtest ja die gleiche gewesen: In 80 Prozent ist die Aussage des Augenzeugen: »Es war ein grünes Taxi«, verlässlich. Da aber nur 15 Prozent der Taxis in der Stadt grün sind, berechnet der Richter bei seinem Update einen weiteren neuen Posterior: Die Wahrscheinlichkeit, dass ein blaues Taxi das Tatfahrzeug war, liegt nach der Aussage »grün« nur noch bei 0,59 (Abb. 33; dritter Balken rechts).

Wir können an dieser Stelle ein paar interessante Berechnungen und Beobachtungen anstellen, wenn wir zum Beispiel annehmen, der Zeuge habe beim nächtlichen Sehtest eine Zuverlässigkeit von 95 Prozent gezeigt. Dann würde

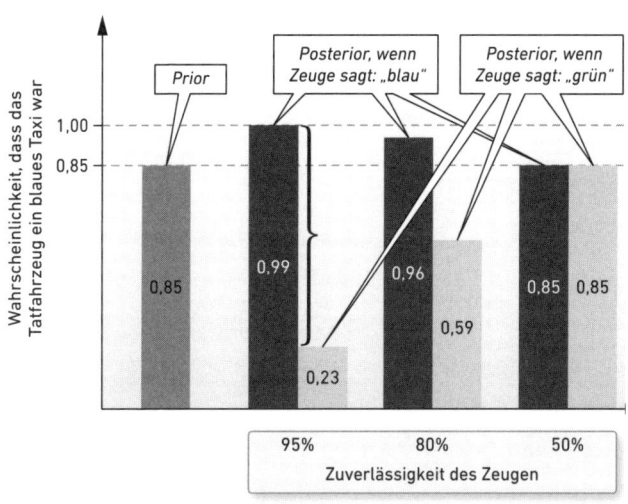

Abb. 33: Taxi-Problem: Verschiedene Posteriorverteilungen in Abhängigkeit von der Zuverlässigkeit des Zeugen. Die Wahrscheinlichkeit, dass das Tatfahrzeug ein blaues Taxi war (y-Achse), betrug vor der Zeugenaussage 0,85. Das ist für den Richter die Priorwahrscheinlichkeit (linker Balken), dass ein blaues Taxi beteiligt war. Drei Zeugen machen nun unabhängig voneinander ihre Aussagen, wobei der Richter die Aussagen der anderen Zeugen jeweils nicht weiter berücksichtigt. Der erste Zeuge hat eine Zuverlässigkeit von 95%, der zweite eine von 80% und der dritte eine von 50%. Die folgenden Berechnungen folgen prinzipiell dem gleichen Verfahren, wie wir es schon in Abb. 32 kennengelernt haben. 95%-Zeuge: Nachdem dieser Zeuge »blau« ausgesagt hat, aktualisiert der Richter seine Priorwahrscheinlichkeit, und es ergibt sich eine Posterior-Wahrscheinlichkeit, dass ein blaues Taxi beteiligt war, von 0,99 (dunkelgrauer Balken). Hätte der 95%-Zeuge hingegen »grün« ausgesagt, so wäre die Posterior-Wahrscheinlichkeit, dass ein blaues Taxi beteiligt war, nur 0,23 gewesen (hellgrauer Balken). Nach Aussage des 95%-Zeugen hätte der Richter also zwei Updates (Posterioren) machen können (dunkelgrau-hellgraues Balkenpaar), je nachdem, ob der Zeuge »blau« oder »grün« ausgesagt hat. Je größer die Zuverlässigkeit des Zeugen, desto größer wird der Abstand zwischen diesen beiden Posterioren (geschweifte Klammer). 80%-Zeuge: Die Zuverlässigkeit des Zeugen von 80% bewirkt bei der Aussage »blau« einen Posterior von 0,96. (Diesen Wert hatten wir schon in Abb. 32 ausgerechnet.) Beim 80%-Zeugen ist der Abstand zwischen dem dunkelgrauen und dem hellgrauen Posterior deutlich geringer als bei dem noch verlässlicheren 95%-Zeugen. Das liegt an der geringeren Zuverlässigkeit von 80%. 50%-Zeuge: Mit einer Zuverlässigkeit von 50% identifiziert dieser Zeuge in der einen Hälfte der Fälle die Taxi-

343

farbe korrekt und in der anderen Hälfte der Fälle inkorrekt. Die beiden Posterioren (dunkelgrau/hellgrau) unterscheiden sich bei diesem Zeugen weder untereinander, noch unterscheiden sie sich vom Prior. Die Aussage dieses unzuverlässigen Zeugen enthielt keine Information.

die Posteriorwahrscheinlichkeit bei der Aussage »Das Taxi war blau« 0,99 betragen, was juristisch bedeutet: »mit sehr hoher Wahrscheinlichkeit«[205] (Abb. 33; zweiter Balken links). Wenn unser Zeuge allerdings im Gutachten nur eine Zuverlässigkeit von 50 Prozent vorgewiesen hätte, würde sich nach der Aussage »blau« der Posterior mit 85 Prozent nicht vom Prior 85 Prozent unterscheiden (Abb. 33; zweiter Balken rechts). Seine Zeugenaussage hätte in diesem Fall den Richter kein Stück weitergebracht, also keine Information enthalten. Damit wäre die Beweiskraft dieses Zeugen juristisch als »non liquet« einzuordnen – was bedeutet: »Es ist nicht klar.« Die Zeugenaussage liefert keine Information.

Die Beispiele verdeutlichen, wie aufwendig, aber notwendig es sein kann, präzise Evidenz zu erlangen. Für den Richter allein wäre die Zeugenaussage nicht auf ihren Wahrheitsgehalt zu überprüfen gewesen. Erst das Gutachten erlaubte dem Richter die Präzision der Evidenz einzuschätzen und damit einen belastbaren Posterior zu kalkulieren. Aus bayesianischer Sicht ermittelt der Gutachter durch systematisches Testen die sogenannte Likelihood der Zeugenaussage. Likelihoods haben wir bereits beim Notarzt und seiner Komadiagnostik kennengelernt. So wie die Likelihood beim Notarzt anzeigt, wie gut der Blutzuckermesswert zur Diagnose passt, so zeigt die Likelihood beim Zeugen an, wie gut seine Aussage zu den Tatsachen passt. Ein Gutachten ermittelt also die Likelihoods, und aus diesem Ergebnis ergibt sich die Beweiskraft einer Zeugenaussage.

Und es kann durchaus noch komplizierter werden, die Präzision der Evidenz (d. h. die Zuverlässigkeit der Informationsquelle) einzuschätzen, als dies beim Taxi-Problem der Fall ist. Denn hier ging es nur darum, die Sehfähigkeit des Zeugen bei schlechten Lichtverhältnissen zu überprüfen. Es gab aber keinen Grund zur Annahme, dass der Zeuge gelogen haben könnte. Und damit wären wir bei potenziellen Täuschungsmanövern. Da wir normalerweise keinen Gutachter bemühen können und prinzipiell geneigt sind, anderen Menschen ein gewisses Grundvertrauen entgegenzubringen, setzen Täuschungsstrategien in erster Linie an unserer Gutgläubigkeit an. Das allerdings mit durchaus unterschiedlichen Strategien, wie wir sehen werden:

STRATEGIE 1: DER LÜGNER. In gewisser Weise könnte man das Lügen als das einfachste unter den Täuschungsmanövern bezeichnen. Warum? Weil der Lügner das Konzept von Wahrheit und Unwahrheit durchaus kennt und anerkennt. Mit sehr hoher Wahrscheinlichkeit sagt der Lügner,»Ich war es nicht!«, wenn er die Tat begangen hat. Aber die Sache kann auch komplizierter sein. Denn es ist auch gut möglich, dass der Lügner überwiegend wahrheitsgemäß Auskunft gibt und nur im entscheidenden Augenblick lügt. Bei geschickten Lügnern ist dies eine beliebte Strategie. Denn wer sich fast immer (vor allem wenn es leicht überprüfbar ist) als zuverlässig erwiesen hat (hoher Wert für die Likelihood), dem wird man mit hoher Wahrscheinlichkeit auch eine Lüge abkaufen, ohne sie zu überprüfen. Diesen Vertrauensvorschuss nutzt der versierte Lügner gezielt aus, um im kritischen Moment die Wahrheit zu umgehen – nämlich dann, wenn es ihm zu einem Vorteil verhilft. Geheimdienste bilden ihre Agenten professionell im Lügen aus. Eine der Grundregeln dabei besteht darin, so wenig wie möglich zu lügen. Falls ein Agent zum Beispiel im wahren Leben zwei Brüder hat, sollte er auch in seiner Doppelrolle zwei Brüder haben. Denn je weniger er lügen muss, desto glaubwürdiger kann er die eine Lüge aufrechterhalten, nämlich dass er nicht der ist, für den er sich ausgibt. Die Lügenstrategie birgt allerdings hohe Risiken. Lügner laufen immer Gefahr, überführt und enttarnt zu werden. Und da sie in einem Umfeld operieren, in dem die anderen von höherer Glaubwürdigkeit sind, sind sie existenziell darauf angewiesen, dass ihre Vertrauenswürdigkeit nicht erschüttert wird.

STRATEGIE 2: DER SCHARLATAN. Während der Lügner bestimmte Tatsachen anerkennt, aber die wahren Ursachen verleugnet, behauptet der Scharlatan umgekehrt etwas, was gar nicht stattgefunden hat. Dazu entwirft der Scharlatan typischerweise eine gänzlich neue und fantastische Welt mit eigenen Regeln und Gesetzen, zu denen nur er Zugang hat. Die Weltgeschichte ist voller Scharlatanerien: die Quacksalber des Mittelalters mit ihren Wundertinkturen oder die Spiritisten des 19. Jahrhunderts, die Kontakt mit verstorbenen Angehörigen aufnahmen, seien hier nur beispielhaft angeführt. Letztlich geht es auch hier um Wahrscheinlichkeiten. Wenn also jemand behauptet, er habe kürzlich mit meinem Großvater gesprochen, ist dies durchaus wahrscheinlich (sofern der Großvater noch am Leben ist). Und es wäre im Zweifelsfall auch überprüfbar – wir könnten den Großvater einfach fragen, ob das Gespräch tatsächlich stattgefunden hat. Da ist sie wieder, die Präzision von Evidenz. Ganz anders sieht die Sache aus, wenn jemand behaupten würde, er habe mit meinem toten Großvater gesprochen. Der gesunde Menschenverstand sagt uns natürlich, dass dies höchst unwahrscheinlich ist. Aber der Spiritist baut auf sein System von Geisterbeschwörungen und seine angeblichen Fähigkeiten als Medium und stellt die Menschen vor eine Wahl: zu glauben oder nicht zu glauben. Denn überprüfbar sind seine Behauptungen nicht. Der Skeptiker würde sagen, dass hier ein Fall von Scharlatanerie vorliegt. Der Gläubige aber, dessen sehnlichster Wunsch vielleicht darin besteht, zum geliebten, aber verstorbenen Großvater noch einmal Kontakt aufzunehmen, wankt, wird schwach und glaubt, was er glauben möchte. Genau darauf zielt Scharlatanerie immer ab. Es geht darum, den Menschen dazu zu verleiten, auf sein natürlichstes Bestreben zu verzichten: Evidenz zu erlangen.

Ein starkes Indiz für Scharlatanerie liefert darüber hinaus eine Frage, die jeder Kriminalkommissar im Fall eines Mordes als Erstes stellen würde: Wer profitiert vom Verbrechen? Scharlatanerie ist aufwendig und wird ausschließlich betrieben, um sich einen Vorteil zu verschaffen: sei es um Geld, Macht, Einfluss oder Anerkennung zu gewinnen. Scharlatane sind also Personen, die vortäuschen, ein bestimmtes Wissen oder bestimmte Fähigkeiten zu besitzen; sie berufen sich dabei typischerweise auf unzugängliche Faktoren. Das sollte uns eigentlich nicht irritieren, denn Menschen sind – wie wir gesehen haben – Weltmeister im Umgang mit Hidden States. Schließlich befassen wir uns im Leben ausschließlich mit Hidden States. Trotzdem behauptet der Scharlatan, unsere Wahrnehmungs- und Handlungsrückschlüsse seien nicht ausreichend für die benötigte Erkenntnis – nur er, der Scharlatan, sei zu der Erkenntnis und einer bestimmten Handlung befähigt. Scharlatane berufen sich dabei gerne auf exklusives Wissen, das nur Eingeweihten zugänglich ist. Als Eingeweihte nutzen sie das vermeintliche Wissensgefälle, um ihr Opfer gezielt zu verunsichern, abhängig und damit kontrollierbar zu machen.

STRATEGIE 3: DER GASLIGHTER. In dem Hollywood-Drama »Das Haus der Lady Alquist«, Originaltitel »Gaslight«, aus dem Jahr 1944 ereignet sich eine Geschichte, die in der Psychologie als eine eigene Täuschungsstrategie Eingang gefunden hat: das Gaslighting. Die Filmstory geht in etwa so: Die junge Paula heiratet den mittellosen Pianisten Gregory. Der schlägt vor, nach London in das leerstehende Haus von Paulas Tante zu ziehen. Die Tante, Lady Alquist, war in diesem Haus ermordet worden, als der Täter ihre berühmten Juwelen rauben wollte. Doch der Schmuck war zu gut versteckt und befindet sich wohl noch immer im Haus. Schnell wird deutlich, dass Gregory Paula nur unter einem Vorwand geheiratet und ins Haus gelockt hat. Er ist der Mörder von Lady Alquist. Es geschehen mysteriöse Dinge: Paula kann eine Brosche nicht wiederfinden, ein Bild verschwindet von der Wand, und das Gaslicht flackert manchmal geheimnisvoll. Als Paula ihren Mann darauf anspricht, behauptet dieser, sie sei überspannt und würde sich das alles nur einbilden. Die respektlose Hausangestellte Nancy hat er auf seine Seite gezogen. Auch sie behauptet Paula gegenüber, das Flackern des Gaslichts nicht zu bemerken. Gregory schickt seine Frau immer öfter auf ihr Zimmer, damit sie sich ausruhen könne. In Wahrheit geht es ihm darum, das Haus ungestört nach den Juwelen durchsuchen zu können. Systematisch treibt Gregory so seine Frau an den Rand eines Nervenzusammenbruchs, indem er immer wieder ihre Wahrnehmungen bestreitet. Schließlich – nicht zuletzt weil Nancy Gregorys Version der Wahrheit bestätigt – zweifelt Paula an ihrer eigenen Wahrnehmung (d. h. an ihren Sinneseindrücken) und an ihrem Gedächtnis und hält sich selbst für verrückt.

Gaslighting könnte man als eine Mischform von Lügen und Scharlatanerie bezeichnen: Es wird zum einen etwas geleugnet, was tatsächlich stattgefunden hat. Das Licht der alten Gaslampen flackert, weil Gregory auf dem Dachboden nach den Juwelen sucht; wenn er dort nämlich das Licht andreht, verringert sich die Gaszufuhr zu den anderen Lampen. Gregory lügt, wenn er seiner Frau sagt: »Die Gaslampen flackern nicht«, und die Gaslampen tatsächlich flackern. Es wird zum anderen etwas behauptet, was nicht stattgefunden hat: Ein Bild verschwindet von der Wohnzimmerwand, und Gregory behauptet, Paula habe es weggenommen, doch sie kann sich an den Vorfall nicht mehr erinnern. Gregory führt seine Frau irre, wenn er sagt: »Du hast das Bild abgenommen«, obwohl Paula das Bild gar nicht abgenommen hat.

Gaslighting ist aus psychiatrischer Sicht eine der niederträchtigsten und effektivsten Formen emotionalen Missbrauchs. Im Jahr 2015 änderte die britische Regierung das Gesetz zu schweren Straftaten, um Gaslighting aufzunehmen, das jetzt als eine Kontrollmethode mit den Mitteln des Zwangs definiert wird.[205] Beim Gaslighting wird die Taktik der Lüge mit der Taktik der Irreführung (Irreführung folgt der gleichen Logik wie die Scharlatanerie) kombiniert. Einerseits werden Dinge geleugnet, die stattgefunden haben; andererseits werden Dinge behauptet, die nicht stattgefunden haben. Das führt zur gezielten Verunsicherung, Verwirrung und Stress beim Opfer. Dunkle Triaden benutzen häufig die Taktiken des Gaslighting. Sie übertreten nicht nur konsequent soziale Erwartungen, brechen Gesetze und beuten andere aus, sondern sind auch typischerweise überzeugende Lügner, manchmal charmante, die konsequent ihr Fehlverhalten bestreiten. So bezweifeln einige Menschen, die Opfer von Dunklen Triaden wurden, ihre eigenen Wahrnehmungen und Erinnerungen. Beispielsweise können einige körperlich missbrauchende Ehepartner ihre Partnerin in die Irre führen, indem sie leugnen, gewalttätig gewesen zu sein. Das ultimative Ziel eines Missbrauchers ist es, das Opfer dazu zu bringen, seine eigenen Entscheidungen zu hinterfragen und die eigene geistige Gesundheit infrage zu stellen, um sie vom Missbrauchstäter abhängiger zu machen. Eine Taktik, die das Selbstwertgefühl des Opfers weiter ruiniert, besteht darin, dass der Täter es ignoriert, sich dann um das Opfer kümmert, um es erneut zu ignorieren, sodass das Opfer seinen persönlichen Maßstab für das, was Zuneigung ausmacht, senkt und sich selbst als der Zuneigung unwürdig einschätzt.

Gaslighting kann überall stattfinden: zwischen Familienmitgliedern, unter Geschäftsleuten, im Verhältnis von Vorgesetzten zu Mitarbeitern oder unter Kollegen. Der deutsche Soziologe Georg Simmel hat Ende des 19. Jahrhunderts das Konzept der Dreiheit eingeführt, das sich jeweils mit Gruppen aus drei Personen befasst (Simmel:»Soziales beginnt bei drei«). Das Beispiel mit Nancy im Film von 1944 macht recht gut deutlich, dass bestimmte Rahmenbedingungen bestehen müssen, damit so etwas wie Gaslighting überhaupt zugelassen wird.[178] Beispielhaft untersuchen wir im Folgenden typische Gaslighting-Verhaltensmuster, die ein pathologisches Mutter-Tochter-Verhältnis prägen können.

Auch hier gilt wieder, dass die Rahmenbedingungen erfüllt sein müssen, dass beispielsweise der Vater oder ein Geschwister mitspielt. Wie gesagt – dies ist nur ein Beispiel. Im Wesentlichen geht es darum, dass hier die Wahrnehmung der Tochter von der Mutter ständig bestritten und infrage gestellt wird (Tabelle 5).

Es wird etwas geleugnet, was tatsächlich stattgefunden hat	Es wird etwas behauptet, was *nicht* stattgefunden hat
Die Mutter leugnet, bestimmte Dinge gesagt zu haben.	Die Mutter legt der Tochter Worte in den Mund.
Die Mutter bestreitet, irgendwann einmal Aufmerksamkeiten oder Wertschätzung von ihrer Tochter bekommen zu haben.	Die Mutter behauptet, dass die Tochter etwas getan habe, an das sie – die Tochter – sich nicht mehr erinnern kann.
Ein tatsächlich von der Mutter provozierter Streit sei angeblich die Schuld der Tochter.	Die Mutter beschuldigt die Tochter, sich zu gehemmt oder zu erotisch zu geben.
Wenn die Tochter das mütterliche Verhalten erwähnt, wird dies geleugnet und die Verantwortung auf die Tochter abgewälzt, bis die Tochter sich schließlich bei der Mutter entschuldigt.	Die Mutter erzählt ihr, dass andere Menschen sie – die Tochter – als selbstsüchtig und anmaßend erleben würden.
	Die Mutter sagt, die Tochter sei auf bestimmten Gebieten untalentiert.

Tabelle 5: Gaslighting-Verhaltensmuster bei einem pathologischen Mutter-Tochter-Verhältnis.

Wie können wir uns gegen Lügen, Scharlatanerie und Gaslighting schützen? Letztlich geht es in allen Fällen um die Frage der Präzision der Evidenz. Man muss die Zuverlässigkeit der Quellen einschätzen können und wollen. Dazu sind wir durchaus in der Lage, aber die Aufgabe zu lösen, gehört zu unseren schwierigsten und anspruchsvollsten. Es geht dabei zum einen darum, den eigenen Sinneseindrücken zu vertrauen und anhand dieser ein Update von der Präzision der Evidenz zu erreichen. Mit anderen Worten: Es reicht nicht, anhand der Information aus der Quelle zu lernen, wir müssen zusätzlich die Präzision der Evidenz, die die Quelle liefert, mitlernen. Wir erinnern uns, wie aufwendig und langwierig die Arbeit des Gutachters war, um die Präzision der Evidenz bei der Zeugenaussage festzustellen. Es erfordert zunächst ein Bewusstsein für die Notwendigkeit, diese Anstrengung überhaupt zu unternehmen, und wenn wir argwöhnen, die Zuverlässigkeit der Quelle sei nicht ausreichend, darüber hinaus zu prüfen, welche Möglichkeiten wir haben (oder haben könnten), um überhaupt an präzise Evidenz zu gelangen. Paula hat dies durchaus versucht, als sie Nancy darum bat, ihre Sinneseindrücke zu bestätigen. Was sie aber nicht ahnte, war, dass Nancy Teil des Komplotts war. Eine unabhängige Meinung hätte Paula helfen können, aber die stand ihr nicht zur Verfügung. Beziehungsweise sie war bereits so sehr in die Manipulation des Gaslighters verstrickt, dass sie einen ernsthaften Versuch gar nicht mehr unternommen hat.

Dass es aber durchaus gelingen kann, die Präzision der Evidenz zu ermitteln, zeigt beispielsweise die Entwicklung der evidenzbasierten Medizin. Die Quacksalber des Mittelalters haben wir ja bereits erwähnt. Tatsächlich ist die lange Historie der Medizin voll solcher vermeintlich wirksamen Therapien, die angewendet wurden, ohne dass sie je wissenschaftlich überprüft worden wären. Tatsächlich bestand die Medizin bis weit ins 20. Jahrhundert aus einem Konglomerat irgendwie bewährter Therapien, vorgefasster Meinungen von Koryphäen und fragwürdiger Expertisen. Natürlich war nicht alles falsch, aber die Beweiskraft der Erkenntnisse war in der Regel eher dünn. Obwohl die philosophisch-erkenntnistheoretischen Ursprünge der evidenzbasierten Medizin bis in die Mitte des 19. Jahrhunderts und früher zurückreichen, wurde sie erst seit Ende der 1970er-Jahre konsequent angewandt. Einer der Pioniere der evidenzbasierten Medizin war der kanadisch-amerikanische Arzt David L. Sackett. Er betonte, dass die Praxis der evidenzbasierten Medizin die individuelle klinische Expertise mit den besten verfügbaren externen klinischen Nachweisen aus systematischer Forschung kombiniert. Unter individueller klinischer Expertise versteht er die Kompetenz und das Urteilsvermögen, die einzelne Ärzte durch ihre klinische Erfahrung und klinische Praxis erwerben. Eine erhöhte Expertise spiegelt sich in vielerlei Hinsicht wider, insbesondere jedoch in einer effektiveren und effizienteren Diagnose und in einem sorgfältigeren und mitfühlenden Umgang mit den individuellen Problemen, Rechten und Vorlieben der einzelnen Patienten, um letztlich klinische Entscheidungen über ihre Behandlung treffen zu können. Unter bester klinischer Evidenz versteht Sackett klinisch relevante Forschung, oft aus den Grundlagenwissenschaften der Medizin, insbesondere aber aus patientenzentrierter klinischer Forschung zur Präzision diagnostischer Tests (einschließlich der klinischen Untersuchung), der Aussagekraft prognostischer Marker und der Wirksamkeit und Sicherheit von therapeutischen, rehabilitativen und präventiven Therapien. Externe klinische Befunde machen bereits heute anerkannte diagnostische Tests und Behandlungen ungültig und ersetzen sie durch neue, die leistungsfähiger, genauer, wirksamer und sicherer sind. Gute Ärzte nutzen sowohl individuelle klinische Expertise als auch die besten verfügbaren externen Beweise, und das jeweilige allein reicht nicht aus.[206]

Level	Art der Evidenz
I	Mindestens eine hochwertige randomisiert-kontrollierte Studie
II.1	Beobachtungsstudie oder Fallkontrollstudie
II.2	Zeitreihenanalysen oder dramatische Ergebnisse aus unkontrollierten Studien
III.	Expertenmeinungen

Tabelle 6: Unterschiedliche Evidenzlevel bei der evidenzbasierten Medizin.[207]

Wenn ein Arzt zu einer klinischen Frage (z. B. Erhöht Stress die Sterblichkeit?) eine hochwertige randomisiert-kontrollierte Studie findet (in diesem Fall die beiden schwedischen Studien[91, 92] aus Kapitel 13), dann macht er ein Update seiner bisherigen Erwartungen. Wenn die Studie das Evidenzlevel I hat, kann der Arzt sie als präzise Datenquelle einstufen. In diesem Fall gibt der Arzt während des Updateprozesses seinen Prior auf und ersetzt ihn durch den Posterior, der sich deutlich vom Prior unterscheidet (es steigt die Wahrscheinlichkeit, dass Stress die Sterblichkeit erhöht). Spricht der Arzt stattdessen bloß mit einem Experten, was dem Evidenzlevel III entspricht, so fällt wegen der geringeren Präzision der Datenquelle der Unterschied zwischen Prior und Posterior geringer aus.

Jetzt haben wir im alltäglichen Leben (abgesehen von medizinischen Fragen) meist keine randomisiert-kontrollierten Studien zur Hand, um Evidenz zu erlangen. Es gilt also, eigene, praktikable Strategien zu entwickeln. Hilfreich ist hier, sich zunächst einmal mit der Frage auseinanderzusetzen, in welchem Verhältnis unser Vertrauen und die Informationsquelle zueinander stehen. Letztlich sehen wir uns alle immer wieder ähnlichen Fragestellungen gegenüber wie der Richter beim Taxi-Problem. Er verschaffte sich mehr Klarheit, indem er einen Sachverständigen beauftragte, der eine aufwendige Untersuchung vorgenommen hat. Dabei wurde nachts getestet, wie gut der Zeuge unter diesen Sichtverhältnissen blaue und grüne Taxis unterscheiden kann. Wir hingegen müssen lange Erfahrungen sammeln, bis wir die Zuverlässigkeit eines Zeugen, das heißt eines Mitmenschen, einschätzen können. Dieser Vertrauenserwerb, dass der Mitmensch zuverlässig ist, kann langfristig und aufwendig sein, ist aber bekanntermaßen schnell zu erschüttern. (»Wer einmal lügt, dem glaubt man nicht …«) Je besser ein Mensch einschätzen kann, ob präzise Evidenz der Informationsquelle vorliegt oder nicht (verlässlich oder gelogen), desto besser kann er die Information aus der Quelle einordnen, und diese Einordnung beeinflusst die Qualität seines Updates, das heißt seine Fähigkeit, gute Vorhersagen zu machen (vgl. Abb. 33). Unsere Einschätzung, ob und inwieweit wir einem anderen Menschen vertrauen können, erfolgt nicht wie bei unserem konstruierten Beispiel mit Richter und Gutachter mithilfe angewandter statistischer Formeln, sondern durch menschliche Erfahrung und Intuition. Ohne dass wir sie bemerken, läuft dazu bei uns allerdings die Bayesian-Brain-Statistik im Hintergrund ab. Der Austausch präziser Evidenzen – sowohl in der kognitiven als auch in der emotionalen Kommunikation – ist die Voraussetzung dafür, dass zwischen Menschen ein stabiles Vertrauensverhältnis überhaupt entstehen kann.

Das Gleiche können wir auch für die Mediennutzung gelten lassen. Auch hier kommt es entscheidend darauf an, die Quelle zu kennen und einschätzen zu können. Wir haben uns bereits im vorigen Kapitel mit der Frage befasst, wie unabhängig (oder abhängig) Medien wie Zeitungen, TV- oder Radiosender sind. Klar wurde, dass es hier keine Unabhängigkeit geben kann, aber zumindest weisen diese Quellen eine gewisse Kontinuität auf, die sie für uns einschätzbarer machen. Wenn wir wissen, dass eine Zeitung eher konservativ und regierungsnah eingestellt ist, können wir das bei unserem Update berücksichtigen. Aus dieser Einschätzbarkeit entsteht auch eine gewisse Verlässlichkeit der Quelle, die uns allerdings nicht von der Aufgabe entbindet, sie kritisch zu hinterfragen. Wir könnten zum Beispiel noch zwei weitere davon möglichst unabhängige Quellen befragen, um aus der Zusammenschau zu einer Gesamteinschätzung der Lage zu erhalten. Das ist natürlich mühsam, aber es könnte sich lohnen.

In diesem Zusammenhang sollten wir uns abschließend den sogenannten sozialen Medien wie Twitter, Facebook oder Instagram zuwenden. Hier gibt es im Prinzip zwei Arten von Quellen: Personen, die wir persönlich kennen und denen wir grundsätzlich (aufgrund unserer Erfahrungen) vertrauen – und Personen, die wir nicht persönlich kennen. Gerade diese letztgenannten Quellen werfen ein großes Problem auf: Wie vertrauenswürdig sind die Informationen, die sie verbreiten? Wer steckt womöglich dahinter? Sind diese Personen real, oder handelt es sich um sogenannte Social Bots? Social Bots treten in den sozialen Medien wie echte Menschen auf, sind aber geschickt programmierte virtuelle Accounts, mit denen gezielt die öffentliche Meinung beeinflusst werden soll. Geheimdienste, Konzerne, politische Initiativen bedienen sich immer häufiger dieser Methode – zum Beispiel mit dem Ziel, Wahlen zu beeinflussen. Unter bayesianischen Gesichtspunkten sind diese Quellen als Informationsgeber nicht nur wenig hilfreich, sie fallen auch total aus. Da wir die Person (die Quelle) nicht kennen und ihre Evidenz nicht überprüfen können, ist jede Information, die sie verbreitet, wertlos. So einen Zeugen aus den sozialen Netzwerken würde jedes Prozessgutachten als »non liquet« einstufen, und kein Richter würde seine Aussage als relevant berücksichtigen.

24. Entrümpeln und entsorgen

Was heißt eigentlich entsorgen? • *Die Input- und Output-Frage oder: Warum wir im Schlaf leicht auskühlen, ohne es zu bemerken* • *Im Schlaf sollte das Gehirn nicht gestört werden* • *In der Nacht zu lernen, heißt, auch Überflüssiges über Bord zu werfen* • *Warum wir nicht nur im Traum, sondern auch im Wachzustand Fantasten sind* • *Der leichtgläubige Kapitän und seine beiden Kollegen* • *Warum es sinnvoll sein kann, fragwürdiges Wissen zu entrümpeln* • *Gute Vorhersagemodelle: akkurat, aber nicht zu komplex*

Schlägt man im Duden den Begriff »entsorgen« nach, erhalten wir folgende Auskunft: »Von Müll, Abfallstoffen befreien, Müll beseitigen; häufiger Gebrauch in der Amtssprache; erstmalig 1973 im Rechtschreibduden aufgeführt.« Es handelt sich also um ein vergleichsweise neues Kunstwort, das als Euphemismus bezeichnet werden darf. Offenkundig sollte der Umgang mit Müll positiv neutral umschrieben werden. Tatsächlich steckt in dieser Wortschöpfung aber auch eine interessante psychologische Botschaft. Denn Ballast loszuwerden, kann eine entlastende und befreiende Wirkung haben. Der Müll oder Ballast kann zur bedrückenden Sorge werden, die man dadurch loswird, indem man sich ihrer entledigt.

Und damit sind wir wieder bei Stress und Unsicherheit. Wir haben in Kapitel 10, »Der Stoff des Lernens«, gesehen, dass bei Unsicherheit und Stress das Hormon Cortisol erhöht ist, das verhindert, dass wir im Tiefschlaf Strategien im Gedächtnis abspeichern können.[55] Denn unsere Strategien waren schließlich unbrauchbar, sonst hätten sie nicht zu Unsicherheit und Stress geführt. In diesem Kapitel wollen wir uns jetzt mit dem erfreulicheren Fall befassen, dass es uns bereits gelungen ist, Unsicherheit und Stress zu einem großen Teil aufzulösen. Die an sich schon gut funktionierenden Strategien wurden bereits bei niedrigem Cortisol im Tiefschlaf abgespeichert. Bildhaft gesprochen wäre die Bewältigung dieser Arbeit die Pflicht im Umgang mit Stress gewesen. Und jetzt kommt die Kür. Nun geht es noch darum, diese erfolgreichen Strategien zu verfeinern, genauer: was an ihnen überflüssig ist, noch loszuwerden.

Jetzt können wir das Entsorgungs- oder Entrümpelungsprinzip auch auf unser Gehirn anwenden. Das stetige Sammeln von Eindrücken, die damit verbundenen Updates, führen zu einer Anhäufung von Gelerntem, bei dem es nicht einfach ist zu entscheiden, was relevant ist und was nicht. Und da jeden Tag Neues hinzukommt, aktiviert unser Gehirn täglich sein aufwendiges Entsorgungsprogramm. Nämlich jedes Mal, wenn es in eine Traumphase eintritt.

»Ich sehe in einer Wüste drei Löwen, von denen einer lacht, fürchte mich aber nicht vor ihnen. Dann muss ich doch vor ihnen geflüchtet sein, denn ich will auf einen Baum klettern, finde aber meine Cousine, die Französischlehrerin ist, schon oben usw.«[208]

Aus derartig bizarrem Stoff sind unsere Träume gemacht. Und jeder von uns hat sich sicher schon gefragt, was das

Träumen überhaupt für eine Funktion hat. Mit den Deutungsmöglichkeiten der Inhalte und den darin möglicherweise enthaltenen Botschaften aus unserem Unterbewusstsein wollen wir uns hier aber nicht beschäftigen. In der Betrachtung der Arbeitsweise des bayesianischen Gehirns geht es uns vielmehr um die Frage der Funktionalität von Schlaf und Traum.

Und da stehen wir schon vor der ersten Überraschung: Während wir aufgrund unseres Erlebens dazu neigen, das Wachsein als bewussten Zustand und den Schlaf als unbewussten Zustand zu beschreiben, spricht die Schlafforschung sowohl beim Wachsein als auch beim Träumen von bewusstem Erleben. Denn sowohl tagsüber im Wachzustand als auch nachts, während wir träumen, bringt unser Gehirn unsere eigenen Vorstellungen bzw. Erwartungen von der Welt (Prioren) ins Bewusstsein. Doch während diese Vorstellungen im Wachzustand durch neue Sinneseindrücke wiederholt aktualisiert und so an die Gegebenheiten der Welt angepasst werden, arbeitet sich das träumende Gehirn an seinen eigenen Bildern ab, ohne Einflüsse von außen. Und genau das hat eine immens wichtige Funktion.

Der US-amerikanische Schlafforscher John A. Hobson von der Harvard Medical School erklärt erlebte und neuronale Ereignisse im Traumschlaf, indem er zunächst drei Zustände unterscheidet:[209]

- Aktivierung,
- Input-Output-Gating und
- Modulation.

Er verwendet den Ausdruck Aktivierung, um das Niveau des zerebralen Energieverbrauchs auszudrücken. Input-Output-Gating (von engl. gate = Tor) öffnet oder verschließt einerseits den Zugang zu sensorischen Informationen (Input) aus der Außenwelt und andererseits die Ausgabe motorischer Befehle vom Gehirn (Output) an die Muskulatur. Die Modulation des Gehirns wird hauptsächlich durch Hirnstammneuronen bestimmt, von denen ausgehend Nervenfortsätze in alle Gehirnbereiche geschickt werden. Zu den Botenstoffen, die an den Endigungen dieser aufsteigenden modulatorischen Nervenfortsätze freigesetzt werden, gehört unter anderem das wachmachende Noradrenalin aus dem Locus coeruleus (vgl. Kap. 9). Sowohl Wachsein als auch Träumen sind durch hohe Aktivierung (d. h. hohen Energieverbrauch) gekennzeichnet. Anhand von Input-Output-Gating und Modulation lassen sich die beiden Zustände des Wachseins und Träumens zuverlässig unterscheiden. Entscheidend ist, dass während des REM-Schlafs (Rapid Eye Movement) – also der Traumphasen – das Gehirn aktiviert wird, aber durch modulatorische Gatingmechanismen von seinen sensorischen Inputs abgeschnitten wird. In dieser Phase schottet sich das Gehirn von visuellen, akustischen und anderen sensorischen Außenreizen ab, um mit seinen Vorstellungen ungestört zu sein. Dies ist für sich genommen schon bemerkenswert, aber dieser Bewusstseinszustand ist noch viel spannender.

Eines der verblüffendsten und biologisch bedeutendsten Ergebnisse der Schlaf- und Traumforschung ist die Beziehung zwischen Thermoregulation und Schlaf. Nur Säugetiere und Vögel sind in der Lage, die Körpertemperatur zu regulieren und aufrechtzuhalten. Und nur Säugetiere und Vögel zeigen eine Gehirnaktivierung (hohen zerebralen Energieverbrauch) im Schlaf.[210] Außerdem weisen nur

Säugetiere und Vögel ein höheres Bewusstsein auf. Das hat evolutionär zu einem einzigartigen hirnphysiologischen Zustand während der Traumschlafphasen geführt: Denn die Hirnstammneuronen, die das gesamte Gehirn in Wachzuständen mit Noradrenalin und anderen Stoffen fluten, ruhen im REM-Schlaf.[211] Ohne diese Neuromodulatoren haben Tiere und wir Menschen keinen präzisen sensorischen Input und können insbesondere keine konstante und ausreichende Körpertemperatur aufrechterhalten. Das heißt: Während des REM-Schlafs nimmt unser Gehirn nicht nur keine visuellen Informationen auf, es verarbeitet auch keine Temperaturreize. Erst wenn wir aus dieser Traumphase wieder auftauchen, merken wir, dass wir ausgekühlt sind. Deshalb brauchen wir im Winter zum Schlafen warme Decken. Deshalb kann es auch lebensgefährlich sein, bei Kälte ungeschützt draußen zu übernachten. Das bedeutet, dass der REM-Schlaf der einzige Zustand der Säugetierexistenz ist, in dem die Thermoregulation ausgesetzt ist.[212] Welche evolutionären Konsequenzen hat dieser riskante physiologische Zustand?

Diese Frage beantworten Hobson und Friston sowohl kurz als auch ausführlich. Die kurze Antwort lautet: entsorgen. Die Fähigkeit des Gehirns, über Nacht sein Modell der Welt von Überflüssigem zu befreien und es so zu verschlanken und zu verfeinern,[213] ist das Risiko wert, während der Stunden des Schlafs verwundbarer zu sein als wache Tiere. Und es ist physiologisch die wirksamste Methode des Gehirns, die große Komplexität unseres Modells von der Welt zu meistern. Seit die Wissenschaften existieren, haben sich Forscher gefragt, warum wir überhaupt schlafen und warum der permanente Wachzustand nach einem gewissen Zeitraum tödlich ist. Lange gab es nur Spekulationen und keine Antworten. Doch dank der modernen Neurowissenschaften zeichnet es sich nun ab, dass der Traumschlaf ein notwendiger Prozess ist, damit das Gehirn durch Umstrukturierung und Umordnen die Komplexität seines aktuellen Modells verringern kann.[214] Wie dürfen wir uns das in der Praxis vorstellen? Erinnern wir uns an das kindliche Gehirn im Übergang zur Pubertät (Kap. 17). Während der Jahre der Kindheit befindet sich das juvenile Gehirn in einem außerordentlichen Lernmodus. Es nimmt nicht einfach nur neue Informationen auf, es saugt sie eher wie ein Schwamm auf. Ob das zu brauchbaren Updates oder zu überflüssigen Updates führt, ist zunächst egal. In dieser Phase entsteht eine enorme Komplexität, die aber nicht unbedingt ökonomisch ist. In der Pubertät strukturiert sich das Gehirn dann neu, trennt sich von Verbindungen, die für das spätere Leben nicht so relevant sind, und festigt die Verbindungen, die für akkurate Vorhersagen unentbehrlich sind. Dieser Prozess des Behaltens und Entsorgens ist nicht einfach eine Art von neuer »Software«, die auf unsere »Festplatte« im Kopf gespielt wird. Es ist vielmehr eine durchgreifende hirnphysiologische Umstrukturierung, bei der unzählige Nervenverbindungen im Gehirn gekappt werden und nur die effektiveren Verbindungen erhalten bleiben. So eine Remodellierung neuronaler Verbindungen ereignet sich aber nicht nur im großen Stil, während wir zu erwachsenen Menschen heranreifen. Unser Gehirn praktiziert das in deutlich überschaubarerem Umfang jede Nacht – während wir träumen (wenn wir denn schlafen können). Deswegen ist Traumschlaf unersetzlich. Jedes Mal, wenn wir uns schlafen legen, liegt ein Tag voller neuer Informationen und Lerninhalte hinter uns. Was dabei in unserem Gehirn an Updates entsteht, ist in der Regel hochkomplex. Zu komplex, um alles einfach abzuspeichern. Denn das würde die energetische Ökonomie des Hirns unnötig belasten. Also teilt sich das nächtliche Gehirn die Aufgabe in zwei Phasen auf:

Die Tiefschlafphase. In ihr befinden wir uns bei einer gesunden Schlafarchitektur in den ersten 90 Minuten nach dem Einschlafen. In dieser Phase ist der Schlaf besonders tief, traumlos, und wir sind nur sehr schwer aufzuwecken. In dieser Zeitspanne werden – bei niedrigem Cortisol – die gesammelten Informationen und Lerninhalte des vorangehenden Tages ins Langzeitgedächtnis der Hirnrinde übertragen (vgl. Kap. 10, »Der Stoff des Lernens«).

Die Traum- oder REM-Phase. In ihr erfolgt dann eine Umstrukturierung innerhalb der Hirnrinde. Dazu werden die Inhalte nach unentbehrlich und entbehrlich bewertet, Nur die unentbehrlichen Lerninhalte werden jetzt behalten, und der Rest wird entsorgt, damit unser Modell von der Welt schlank und energieeffizient wird.

Im Tiefschlaf sinkt der Energieverbrauch des Gehirns um etwa 40 Prozent.[64] In den Traumphasen erreicht der Energieverbrauch des Gehirns hingegen Werte, die es sonst nur im Wachzustand aufweist.[215] Wenn wir träumen, ruht es also nicht, sondern arbeitet auf hohen Touren. Diesen geistigen Arbeiter namens Gehirn dürfen wir uns durchaus als jemanden vorstellen, der hochkonzentriert eine wichtige Aufgabe bewältigt – so wie ein Pilot im Landeanflug oder ein Herzchirurg am OP-Tisch. Was würde passieren, wenn er dauernd abgelenkt wird – von Anrufen, visuellen Reizen, die nichts mit seiner Arbeit zu tun haben, Lärm usw.?

Es könnte seine Konzentration stören. Genauso ergeht es dem schlafenden Gehirn bei seiner Nachtarbeit. Es kann bei der Gedächtnisbildung und der anschließenden Neuordnung und Umorganisation seines komplexen Modells von der Welt keine neuen Außenreize gebrauchen. Sie würden massiv stören. Deshalb gibt es keine Alternative dazu, die sensorischen Inputs (und Antworten) abzuschalten. Deshalb hören, riechen, sehen wir nichts und spüren keine Temperaturänderungen, wenn wir im Tief- oder Traumschlaf sind. Das Input-Gate hat sich geschlossen. Aber auch das Output-Gate: Die neuronale Verbindung des motorischen Zentrums des Gehirns zur Muskulatur wird ebenfalls unterbunden. So wird verhindert, dass wir geträumte Bewegungen im Schlaf ausagieren. Zusammen genommen ist der Schlaf der einzige Bewusstseinszustand, in dem das Gehirn keinerlei Updates durch Sinneseindrücke von außen zulässt, weil es vollauf damit beschäftigt ist, die bereits gesammelten Informationen aufzuarbeiten und ein optimales Update zu erstellen.

Der Effekt dieser nächtlichen Arbeit ist in seiner Wirksamkeit kaum hoch genug einzuschätzen: Es gelingt dem Gehirn auf diese Weise, die Komplexität seines virtuellen Modells von der Welt zu minimieren. Das so verschlankte Modell von der Welt können wir daraufhin am folgenden Tag im Wachzustand weiterverwenden, um erfolgreich und energieeffizient im Leben zu navigieren.

Aus Sicht der Bewusstseinsforschung klären diese Beobachtungen grundlegende Fragen: Wie entstehen Wahrnehmungen? Dadurch dass unsere Vorstellungen und Erwartungen von der Welt ständig durch sensorische Inputs aktualisiert werden – das ist der Wahrnehmungsrückschluss. Solche Wahrnehmungen betreffen den Baum, den wir sehen, die Musik, die wir hören, die Rose, die wir riechen. Das gilt aber nur für den Wachzustand. Während des Träumens können Traumbilder, Traumgefühle usw. ohne jegliche Sinneseindrücke entstehen. Wir sehen im Traum Bilder (obwohl diese nur in unserem Kopf existieren) ganz so, als würden sie sich vor unserem physischen Auge abspielen. Wir können täuschend echt fühlen, wie wir aus einer großen Höhe fallen, obwohl wir ganz sicher im Bett liegen. Kurz gesagt: Wahrnehmungen sind buchstäblich fantastisch (von griech. phantastikos = fähig, mentale Bilder zu schaffen). Dass wir im Traum Fantasten sind, wird niemand, der je geträumt hat, bestreiten. Aber das Verblüffende ist, dass wir auch im wachen Zustand Fantasten sind.

Wie wir bereits in Kapitel 3 erfahren haben, navigieren wir anhand unserer Vorstellungen, unserer inneren Bilder oder auch Prioren durch unseren Tag. Der gravierende Unterschied zwischen Wach- und Traumzustand besteht in den Updates. Am Tage, wenn wir wach sind, kontrollieren die Außenreize und die damit verbundenen Informationen unsere inneren Bilder. Sie legen ihnen gewissermaßen die Zügel der wirklichen Welt an. In diesem Zustand wissen wir, dass wir nicht gerade fliegen oder fallen, weil unser waches Gehirn durch das Update unserer Körperwahrnehmung (Bewegungs-, Kraft- und Lagesinn) geerdet wird. Im Traum aber fehlen diese Updates, und die Bilder in unserem Kopf werden entfesselt. Sie unterliegen jetzt nicht mehr der Kontrolle durch Außenreiz-Updates. Deswegen glauben wir im Traum zu fliegen oder zu fallen. Und deswegen kann es sich auch so echt anfühlen.

Wieso kann sich das Gehirn leisten, im Schlaf Außenreize abzuschotten? Es muss ein enormer evolutionärer Druck vorhanden gewesen sein, der das Traumbewusstsein während des REM-Schlafs erhalten hat. Denn trotz des Risikos, im Schlaf gefressen oder überfallen zu werden, und trotz des Verzichts auf Wärmeregulation kann so mithilfe des Traumbewusstseins ein generatives Modell der Welt aktiv aufrechterhalten, geordnet und gepflegt werden. Für einzelne Lebewesen kann dieses riskante Schlafverhalten tödlich verlaufen. Doch speziell für die Spezies Mensch hat sich diese hirnphysiologische Entwicklung als der große evolutionäre Vorteil erwiesen. Man könnte sagen: Wir Menschen sind die geworden, die wir sind, weil wir so schlafen, wie wir schlafen.

Und noch etwas wird hier deutlich: Wer annimmt, dass viel zu wissen von Vorteil ist, könnte sich irren. Neben der Verfügbarkeit relevanten Wissens geht es beim Erfolg immer auch um den möglichst energiesparenden Umgang damit. Wenn man über die relevanten Vorhersagefaktoren verfügt, kann eine Wissensbeschränkung durchaus vorteilhafter sein als alles, was wir wissen (d. h. zu viele Faktoren), zu berücksichtigen. Ein Beispiel soll das verdeutlichen:

Zur Zeit der Hanse steht ein Kapitän vor der Entscheidung, welche Route er zum Hafen einschlagen soll. Er ist unter Zeitdruck und überlegt, ob er entweder die gefährliche, schnellere Nordroute oder die ungefährliche, langsamere Südroute wählen soll. Die knappe Zeit legt die Wahl der Nordroute nahe. Doch ist diese auch vertretbar? Als erfahrener Kapitän berücksichtigt er nun verschiedene Faktoren (sog. Prädiktoren), um das Risiko der Nordroute an diesem Tag einzuschätzen. Tide ist für ihn der wichtigste und stärkste Einflussfaktor. Die gezeitenbedingte Höhe des

Wasserstands spielt also bei seinen Abwägungen die entscheidende Rolle. Wie schnell die Windböen sind, fließt ebenfalls stark in seinen Entscheidungsprozess ein. Windgeschwindigkeit und -richtung sind ebenfalls wichtig, aber nicht so relevant wie die ersten beiden Faktoren. Schließlich berücksichtigt er als Fünftes auch noch die Lufttemperatur, aber die ist nicht mehr ganz so bedeutsam wie die vier vorherigen Faktoren. Aufgrund dieser fünf Faktoren müsste der erfahrene Seemann eigentlich eine vernünftige Entscheidung treffen. Wenn da nicht die Sache mit dem Klabautermann wäre.

Die Figur des Klabautermanns (von niederdeutsch klabastern = poltern, lärmend umhergehen) stammt aus der Zeit der Segelschifffahrt auf der Nord- und Ostsee. In der seemännischen Vorstellungswelt stellte der Klabautermann einen meist unsichtbaren Schiffsgeist dar, der den Kapitän bei Gefahren warnt. Dazu machte er sich an Bord durch Polter- und Schlaggeräusche bemerkbar. Dargestellt wurde er als Matrose – mit Hammer und Pfeife, manchmal auch mit Seemannskiste, mit roten Haaren und grünen Zähnen.

FALL 1: DER LEICHTGLÄUBIGE KAPITÄN. Aufgrund der zahlreichen Geschichten, die man sich so auf monatelangen Seereisen erzählt, ist dieser Kapitän überzeugt, dass der Klabautermann die besten und verlässlichsten Vorhersagen oder Warnungen gibt. Für ihn hat also das Klabautermann-Klopfen als Prädiktor einen sehr starken Einfluss auf die Wahl der Route. Da heute an Bord alles ruhig ist, geht der leichtgläubige Kapitän davon aus, dass der Klabautermann die Nordroute gutheißt. Sonst hätte er ja wohl mit einigem Rabatz gewarnt. Ohne den Tidenstand einer genaueren Prüfung zu unterziehen, befiehlt der Kapitän, nach Norden zu segeln. Inakkurate Vorhersagen enden nicht selten in einer Katastrophe. Es ist nicht unwahrscheinlich, dass das Schiff auf eine Untiefe aufläuft und sinkt. Der leichtgläubige Kapitän hat also aus bayesianischer Sicht ein Vorhersagemodell, das weder akkurat noch komplex ist – es ist, um es mit anderen Worten zu sagen: zu einfach. Sinkt das Schiff – so heißt es –, verlässt der Klabautermann das Schiff.

FALL 2: DER ZWEIFELNDE KAPITÄN. Er glaubt ebenfalls an die Warnungen des Klabautermanns. Aber er ist sich nicht so sicher wie der Kapitän im ersten Fall. Er weist dem Klabautermann in der Liste der Prädiktoren nur noch den 8. Rangplatz zu, mit der Stufe schwacher/fraglicher Prädiktoreinfluss (Tabelle 7). Er berücksichtigt also die Faktoren 1 bis 8, macht damit akkurate Vorhersagen (aber auch nicht bessere als mit nur fünf Faktoren; vergleiche Kap. 17). Allerdings hat sein Modell von der Welt mit acht Faktoren höhere Komplexitätskosten; damit ist es energetisch deutlich kostspieliger als das schlanke Modell mit fünf Faktoren. Fazit: Der zweifelnde Kapitän wird als erfahrener Seemann gute Entscheidungen treffen, auch unter Einbeziehung des Klabautermanns. Die Vorstellung eines Klabautermanns treibt allerdings die Energiekosten des Skippergehirns in die Höhe. Das kann in brenzligen Situation auf hoher See, in denen schnell eine Entscheidung getroffen werden muss, von Nachteil sein. Dieser zweifelnde Kapitän hat also aus bayesianischer Perspektive ein gutes, aber kein optimales Modell von der Welt.

Rang	Prädiktor	Stärke des Prädiktoreinflusses
1.	Tide	stark
2.	Windböen	stark
3.	Windgeschwindigkeit	mittel
4.	Windrichtung	mittel
5.	Lufttemperatur	schwach
6.	Niederschlag	schwach
7.	Mondphase	schwach
8.	Klabautermann-Klopfen	schwach/fraglich

Tabelle 7: Die Vorhersagefaktoren (Prädiktoren) des zweifelnden und des pragmatischen Kapitäns. Der zweifelnde Kapitän verwendet zur Entscheidung, welche Route das Schiff einschlagen soll, acht verschiedene Vorhersagefaktoren (weißer und grauer Bereich). Der pragmatische Kapitän hingegen beschränkt sich bei seinen Entscheidungen auf seine fünf stärksten Prädiktoren (weißer Bereich). Damit spart der pragmatische Kapitän Komplexitätskosten ein.

FALL 3: DER PRAGMATISCHE KAPITÄN. Zwar hält er es wie alle Männer an Bord für möglich, dass der Klabautermann ihn warnen kann, und er weist dem Klabautermann ebenfalls in der Liste der Prädiktoren den 8. Rangplatz zu mit der Stufe schwacher/fraglicher Prädiktoreinfluss (Tabelle 7). Aber er weiß aufgrund seiner Erfahrungen auch, dass es sich lohnt, sich nur auf die wichtigsten Faktoren zu konzentrieren. Alles andere hält der Pragmatiker für Zeit- und Energieverschwendung. Er beschränkt sich bei seiner Entscheidungsfindung also auf die Punkte 1 bis 5 (Tabelle 7, weißer Bereich), und das reicht tatsächlich vollkommen für eine akkurate Vorhersage. Er hat also von den drei Skippern das schlankste Modell von der Welt. Technisch nennt man so etwas auch Bayes optimal.[16] Er macht akkurate Vorhersagen (nicht schlechter als mit acht Faktoren), senkt aber gleichzeitig die Komplexitätskosten in seinem Gehirn.[21]

Die Kapitänsbeispiele verdeutlichen noch einmal, wie wichtig es ist, ständig zu überprüfen, wie erfolgreich und gehaltvoll unsere Erklärungen und insbesondere die Vorhersagen unserer Modelle von der Welt tatsächlich sind. Modelle mit Klabautermännern können da nicht gerade punkten. Der Klabautermann steht hier für den alten seemännischen Geisterglauben. Nur sollten wir das nicht einfach abtun. Letztlich ist der Klabautermann nichts anderes als ein schwierig zu überprüfendes (oder ein nicht für die Überprüfung nötig befundenes) Ding, welches uns auch in unserer heutigen Zeit überall begegnen kann: in Gestalt dessen, was uns Scharlatane, Lügner, Gaslighter, Dunkle Triaden oder Manipulatoren in den sozialen Medien weismachen wollen. Hier lohnt es sich auf jeden Fall, zu versuchen, nach alternativen Erklärungen Ausschau zu halten, die ebenfalls die infrage stehenden Phänomene erklären können. Auf Segelschiffen können Taue an Stellen des Schiffes schlagen, Holzplanken reiben aneinander, und das Holz »arbeitet«. Das kann eine Vielzahl von Geräuschen erklären, ohne dass wir zu neuen Entitäten wie Klabautermännern greifen müssen.

Eine wichtige Unterstützung könnte uns dazu die Wissenschaft bieten. Aber das ist leider nicht ganz so einfach. Der Philosoph Thomas Bartelborth von der Universität Leipzig weist als Wissenschaftstheoretiker darauf hin, dass wir in diesem Zusammenhang unser Bild von der Wissenschaft etwas zurechtrücken sollten: Erstens ist sie kein ganz so einheitliches Unternehmen, und zweites gibt es keine scharfe Trennungslinie zwischen wissenschaftlichem Wissen, Alltagswissen oder auch pseudowissenschaftlichen Hypothesen.[12] Wir haben es eher mit einem kontinuierlichen Übergang zwischen gut begründeten Aussagen und weniger gut begründeten Aussagen zu tun, bis hin zu Aussagen, für die wir mehr Gegengründe als Gründe haben. In der bayesianischen Statistik geht es nicht einfach darum, nur auf einen kategorischen Glauben (also ein unbedingtes Glauben an bestimmte Aussagen) bzw. auf ein einfaches Akzeptieren von Aussagen zu bauen, sondern auch darum, intuitiv deutliche Unterschiede in unserem Vertrauen in einzelne Erwartungen feststellen zu können. $2+2 = 4$ erscheint uns als eine gesicherte mathematische Aussage, und so würden wir diese auch klassifizieren. Dabei unterscheiden wir bei wissenschaftlichen Hypothesen, die die wir inzwischen als sicher akzeptieren, von ziemlich sicher bis hin zu eher spekulativ. Einfache Zusammenhänge aus der Physik (Gesetze des freien Falls) erscheinen uns besonders sicher. Medizinische Aussagen wie zum Beispiel, dass das Bauchfett unter dem Einfluss von Cortisol wächst, können wir als ziemlich sicher einstufen. Behauptungen über den genauen Umfang des Klimawandels sind gewiss zurückhaltender zu beurteilen als Theorien über die Bewegungen von Billardkugeln. Mit Theorien über das Higgs-Boson (Elementarteilchen, nach dem britischen Physiker Peter Higgs benannt) gehen wir noch einen Schritt weiter ins Hypothetische, und trotzdem würden viele Physiker vermutlich zustimmen, dass sie diese Theorien akzeptieren.[12] Hier gibt es also ein Spektrum von Aussagen, die wir akzeptieren, aber ebenso ein Spektrum im Bereich der Aussagen, die wir ablehnen. Während sich Astrologie und Homöopathie in bestimmten Kreisen großer Beliebtheit erfreuen, lehnen viele Menschen solche Ideen kategorisch ab. Ebenso werden die meisten von uns Klabautermann-Hypothesen als fraglich einstufen. Wir haben gesehen, dass es bei Faktoren mit fraglichem Einfluss (z. B. Klabautermann) sinnvoll sein kann, auf diese Faktoren aufgrund der hohen Komplexitätskosten bei der Entscheidungsfindung zu verzichten, wie im Fall des pragmatischen Kapitäns (3. Fall). Im Fall des leichtgläubigen Kapitäns sieht die Sache ernster aus (1. Fall). Bei ihm wäre zu erwarten, dass er große Unsicherheit und heftigen Stress mit enorm hohem Cortisol auch schon vor einer endgültigen Katastrophe erlebt hat, durch brenzlige und unklare Situationen, in die er immer wieder durch inakkurate Vorhersagen geraten ist. Es wäre ferner zu hoffen, dass das haushohe Cortisol bei ihm eine Wandlungsphase eingeleitet hätte, in der er schließlich den Klabautermann durch bessere Vorhersagefaktoren ersetzen konnte. Wenn Menschen wie der leichtgläubige Kapitän aber unter dem Einfluss von Dunklen Triaden stehen, kann es sein, dass die Triaden über ihre Zielerwartungsmanipulation eine lähmende Wirkung auf diesen Menschen ausüben, was dazu führt, dass sich der Mensch in scheinbarer Sicherheit wähnt und sein Cortisol gar nicht ansteigt (Kap. 20). Dann verhält sich der leichtgläubige Mensch nur noch passiv, und eine Wandlungsphase bleibt aus. Diesen Menschen könnte dann allenfalls externe Hilfe retten.

Wer aber nur mäßige Unsicherheit und geringen Stress erlebt, weil er eigentlich schon ein gutes Modell von der Welt hat, wie der zweifelnde Kapitän (2. Fall), der kann durch Entrümpelung und Entsorgung richtig zur Ruhe kommen. Ein Mensch wie der zweifelnde Kapitän könnte eine optimale Lösung finden, indem er sich fragt, ob es auch solche Faktoren wie Klabautermänner im eigenen Modell von der Welt gibt, deren Einfluss er selbst bei kritischer Betrachtung als fragwürdig einordnet. Ist dieses der Fall, dann stellt sich als Nächstes die Frage, ob er diese Faktoren trotz hoher Komplexitätskosten und der damit verbundenen hohen zerebralen Energiekosten weitertragen will oder ob er sie aus ökonomischen Gründen entrümpelt und entsorgt. Da Stress ein Zustand mit hohen zerebralen Energiekosten ist, könnte sich dieser Ansatz auf lange Sicht als wunderbar entlastend und lindernd erweisen.

Einige Beispiele, wie der Einzelne mit einem Übermaß an Komplexität umgehen kann:

Eine 25-jährige Arzthelferin vermeidet wegen eines unklaren Hautausschlags 20 verschiedene Nahrungsmittel (Milchzucker, Haushaltszucker, Gluten, Schokolade, Tomaten, Sellerie, Nüsse, Käse etc.). Ist ihr Vermeidungsansatz nicht zu komplex?

Ein 85jähriger Altenheimbewohner nimmt täglich 16 verschiedene Medikamente ein. Für jede seiner Diagnosen ein bis zwei Arzneien. Ist das pharmakologische Konzept seines Hausarztes nicht zu komplex?

Eine 38-jährige Kindergärtnerin klagt über Schmerzen oder Unwohlsein im Bauchraum. Sie geht regelmäßig zu zwei Ärzten, zu drei verschiedenen Heilerinnen, versorgt sich zusätzlich zu deren Ratschlägen noch eigenständig mit fünf diversen pflanzlichen Extrakten und Rezepturen aus der Apotheke. Ist ihr Behandlungskonzept nicht zu komplex?

Ein 39-jähriger Junggeselle konsultiert einen Beziehungscoach und kauft sich außerdem noch von vier unterschiedlichen Autoren einschlägige Ratgeberbücher, um mehr Erfolg bei den Frauen zu haben. Dank dieser Beratungen beherzigt der Partnerinnensuchende beim ersten Date 45 verschiedene Regeln. Ist seine Strategie nicht zu komplex?

Manchmal ist es jedoch für den Einzelnen gar nicht so leicht, bestimmte Vorstellungen einfach zu entrümpeln und zu entsorgen. Dann nämlich, wenn die sozialen Rahmenbedingungen das Entsorgen erschweren oder sogar unmöglich machen. So kann es sein, dass die Mitglieder einer Gruppe sich gegenseitig eine bestimmte klabautermannähnliche Vorstellung als wahr bezeugen. Wir haben bereits gesehen, dass Dunkle Triaden genauso zu Werk gehen – Niedertracht funktioniert am besten, wenn Dritte bestätigen, dass die Lüge stimmt. Will der Einzelne nun diese bestimmte eingeimpfte Vorstellung entsorgen, so bewirkt das einstimmige Zeugnis der Gruppe bei ihm wiederaufkommenden Zweifel. Einige soziale Systeme sanktionieren sogar solches Infragestellen von klabautermannähnlichen Vorstellungen oder den Versuch, aus der Gruppe auszutreten.

25. Der gute Engel der Gewissheit

Der Kreislauf aus Empathie, Vertrauen und gefühlter Sicherheit • Roberto Rossellini und der Geist der Gemeinschaft • Wie können wir selber Unsicherheit reduzieren? • Wie können Politik, Arbeitswelt, Wissenschaft und Medien unsere Unsicherheit reduzieren? • Pierre Bourdieu und das bayesianische Gehirn: Das Fehlen von kulturellem Kapital erzeugt Unsicherheit • Wie soziale Gleichheit subjektive Sicherheit schafft • Nur wer sich sicher fühlt, erreicht körperliches, mentales und soziales Wohlbefinden

Wann fühlen wir uns sicher? Das Wort sicher (von lat. securus oder sed cura = ohne Sorge) verweist auf einen Zustand, der frei von unvertretbaren Risiken ist. Wir fühlen uns offenbar sicher, wenn wir uns in einer gefahrenfreien Umgebung wähnen. Aber wie sieht die aus – etwa wie eine Festung mit vielen verschlossenen Türen und anderen Schutzvorkehrungen? Oder fühlen wir uns auch auf offener Straße sicher? Oder brauchen wir mehr Polizei, um uns sicher zu fühlen oder schärfere Gesetze? Was ist mit der Arbeitswelt? Sind wir sicher, ob wir unseren Arbeitsplatz behalten können? Ist es weniger riskant, auf dem Land zu leben, oder in der Stadt? Fragen über Fragen. Die Antworten können jedoch sehr unterschiedlich ausfallen. Sie sind stark abhängig von der persönlichen Befindlichkeit, aber auch von gesellschaftlichen Stimmungen und von störenden Einflüssen. Viele dieser Fragen lassen sich auch politisch instrumentalisieren, um Angst zu erzeugen. Was es wiederum für den Einzelnen noch schwieriger macht, eine befriedigende Antwort zu finden. Es ist offensichtlich, dass jeder Mensch ein Bedürfnis nach Sicherheit hat. Und damit verknüpft ist eine gefühlte Sicherheit. Der in diesem Buch verwendete Sicherheitsbegriff ist eindeutig auf das Subjekt ausgerichtet:»Welche meiner Strategiemöglichkeiten soll ich auswählen, um mein zukünftiges physisches, mentales und soziales Wohlbefinden sicherzustellen?« Entscheidend für diese Frage ist, wie sicher die Person in ihrer Antwort ist. Wem im Leben noch nichts Dramatisches widerfahren ist, der hat höchstwahrscheinlich ein stabileres Sicherheitsgefühl als jemand, der ständig unangenehme Überraschungen erlebt. Die gefühlte Sicherheit hat tatsächlich ein Eigenleben, eine eigene Dynamik, die durchaus eng mit dem Grad der Gefährdung – etwa in Bezug auf Straßenkriminalität – verknüpft sein kann, aber nicht zwingend sein muss. Gefühlte Sicherheit und statistisches Risiko können stark voneinander abweichen. Wenn wir aber das Phänomen der Unsicherheit besser verstehen wollen, spielt die gefühlte Sicherheit die entscheidende Rolle – unabhängig davon, wie eng sie mit der konkreten Gefährdungslage verknüpft ist. Das ist im Grund dasselbe Prinzip wie beim subjektiv wahrgenommenen Stress. Gefühlte Sicherheit ist ein wichtiger Indikator für das aktuelle Weltbild, das uns unser bayesianisches Gehirn liefert. Und dennoch: So subjektiv die gefühlte Sicherheit sein mag, sie entsteht keineswegs in einem Vakuum. Wenn also zum Beispiel ältere Menschen große Angst verspüren, Opfer eines Gewaltverbrechens zu werden – obwohl die Kriminalstatistik belegt, dass Senioren zu der Bevölkerungsgruppe gehören, die das niedrigste Gewaltrisiko trägt –, sagt das weniger über die vorliegende Gefahrenlage aus, verweist aber darauf, dass es offenbar andere, womöglich psychosoziale Störfelder gibt, die das Sicherheitsempfinden unterminieren.

Wir befinden uns im Schlusskapitel, und hier laufen alle Fäden des Buchs zusammen: Sicherheit, Empathie und Vertrauen stehen im Zentrum der Betrachtung, sie bilden einen engen Zirkel (Abb. 34): In diesem Zirkel ist gefühlte Sicherheit die Voraussetzung für Empathie; gegenseitige Empathie ist wiederum die Voraussetzung für Vertrauen; und Vertrauen in andere ist die Voraussetzung dafür, dass wir das Verhalten der anderen vorhersagen können, sodass wir uns sicher fühlen (Kap. 19). Dieser Kreislauf setzt sich weiter fort und bildet eine positive Rückkopplungsschleife. Wir haben gesehen, dass Tiere und Menschen, solange sie sich sicher fühlen, empathisch empfinden und bereit sind, anderen in Not zu helfen. Umgekehrt führen Stress und Unsicherheit dazu, dass die Wahrscheinlichkeit zunimmt, dass die Hilfeleistung ausbleibt. Wir haben außerdem gesehen, dass Empathie als sozialer Kitt zur Vertrauensbildung führt. Dagegen gibt es ohne Empathie kein Vertrauen. Und außerdem haben wir gesehen, dass Vertrauen die Voraussetzung für ein Sicherheitsgefühl der Menschen ist. Wer auf andere vertrauen kann, kann ihr Verhalten vorhersehen und ist damit vor Überraschungen und Unsicherheit geschützt. Diese Zirkelbeziehung aus Sicherheit, Empathie und Vertrauen ist selbstverstärkend, sodass sie spontan immer wieder in sozialen Systemen entsteht.[216] Man kann auch sagen: Gegenseitige Empathie und Vertrauen in andere sind die Basis dafür, dass wir uns miteinander sicher fühlen.

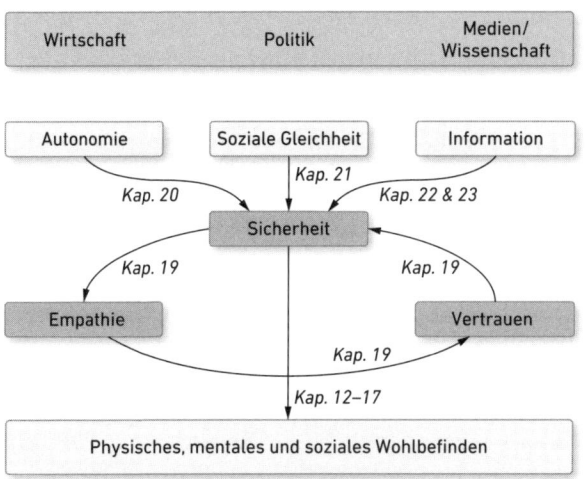

Abb. 34: Übersicht über die Ursachen und Wirkungen von subjektiver Sicherheit. Ursachen: Sicherheit, Empathie und Vertrauen stehen in einer zirkulären, sich wechselseitig verstärkenden Beziehung. Autonomie der Einzelnen und der Zugang zu verlässlicher Information erhöhen die subjektive Sicherheit. Ebenso erhöht soziale Gleichheit in der Gesellschaft die subjektive Sicherheit der Menschen. Die sozialen Makrosysteme wie Politik und Wirtschaft, Medien und Wissenschaft haben ihrerseits Einfluss auf die Autonomie der Menschen, die soziale Gleichheit in der Gesellschaft und die Verlässlichkeit der Informationsübermittlung. Wirkungen: Nur Menschen, die sich langfristig sicher fühlen, erleben physisches, mentales und soziales Wohlbefinden.

Als der italienische Regisseur Roberto Rossellini in den 1950er-Jahren neorealistische Filme über das Italien der Nachkriegszeit drehte, ging es ihm darum, die dramatischen gesellschaftlichen Umbrüche aufzuzeigen und welche Auswirkungen diese auf das Individuum haben können. Er fasste seine Sicht der Dinge folgendermaßen zusammen: »Die Menschen heutzutage wissen nur, wie man in Gesellschaft lebt, nicht in Gemeinschaft. Die Seele der Gesellschaft ist das Gesetz, die Seele der Gemeinschaft ist Liebe.« Rossellinis poetisch anmutende Beobachtung lässt sich auch heute noch wunderbar auf den Zirkel aus Sicherheit, Vertrauen und Empathie übertragen. Was er die Liebe der Gemeinschaft nennt, ist nichts anderes als der soziale Kitt, der aus Empathie und Vertrauen ein Gefühl von Sicherheit entstehen lässt. Das Leben in einer (anonymen) Gesellschaft hingegen ist auf Gesetze und deren notfalls gewaltsame Durchsetzung angewiesen. Kein Wunder also, dass Menschen, die in einer Gesellschaft das Leben als bedroht und dementsprechend unsicher empfinden, härtere Gesetze als Lösung anstreben, während sie als Teil einer Gemeinschaft womöglich eher bereit wären, auf mehr Empathie und Vertrauen als Lösung zu setzen. Die Sache hat aber einen Haken: Gemeinschaft wirkt nur nach innen, kann aber gerade deshalb zu Ausgrenzung und Hass nach außen führen; Gesetze erlauben, auch über religiöse oder ethnische Divergenzen hinweg geordnet zu leben – gerade das kann auch mehr Sicherheit geben. Nun müssen sich Gesellschaft und Gemeinschaft nicht zwangsläufig ausschließen. Eine Gesellschaft kann durchaus auch einen hohen Gemeinsinn aufweisen.

Obwohl also die Pflanze Sicherheit auf dem Boden von Empathie und Vertrauen gedeiht, ist sie dennoch empfindlich gegen Störeinflüsse von außen. Und diese Störeinflüsse können tatsächlich verheerende Folgen haben. Wenn Menschen sich nicht mehr sicher fühlen, führt das schnell dazu, dass sie sich auf der Grundlage von Empathie weniger gegenseitig helfen, womit das gegenseitige Vertrauen erschüttert wird, was wiederum weitere Unsicherheit schürt. Das stabile Gleichgewicht aus Empathie, Vertrauen und Sicherheit kann also durch Störfaktoren kollabieren, sodass am Ende ein Teufelskreis aus Empathielosigkeit, Misstrauen und Unsicherheit entsteht.

Positive Einflussfaktoren auf das Gefühl von Sicherheit der Menschen sind Autonomie, Information und soziale Gleichheit. Wir haben im Verlauf der Lektüre dieses Buchs erfahren, dass ein Zuwachs an Autonomie eine gute Voraussetzung ist, um langfristig Sicherheit zu erlangen (Kap. 20 und 21; Magellans Entdeckungsreisen). Wir haben außerdem gesehen, dass es Information braucht, um Unsicherheit zu reduzieren oder, anders ausgedrückt, dass zuverlässige Information notwendig dafür ist, dass Menschen sich sicher fühlen (Kap. 22, 23). Und außerdem unterstützt soziale Gleichheit das gegenseitige Vertrauen, was wiederum die gefühlte Sicherheit erhöht. Es gibt Daten, die zeigen, dass in Gesellschaften mit größerer sozialer Gleichheit (z. B. Schweden, Dänemark, Norwegen) 60 bis 70 Prozent der Menschen in der Bevölkerung davon ausgehen, dass die anderen Menschen um sie herum vertrauenswürdig sind.[217] In Gesellschaften allerdings wie in Portugal, Singapur, USA, wo deutlich weniger soziale Gleichheit besteht, ist der Prozentsatz von Menschen, die denken, dass die anderen Menschen vertrauenswürdig sind, mit 10 bis 35 Prozent deutlich niedriger.[217] Diese Daten stehen im Einklang damit, dass soziale Gleichheit eine Voraussetzung dafür ist, dass die Zirkelbeziehung zwischen Sicherheit, Empathie und Vertrauen aufrechterhalten bleibt.

In diesem Buch geht es letztlich darum, zu erfahren, wie wir Unsicherheit reduzieren können. Und damit greife ich das Thema auf, das bereits vor Jahrzehnten ein Hauptanliegen von Niklas Luhmann war.[162] Hier kommt er also – »Der gute Engel der Gewissheit« –, und er bringt uns wieder mehr Sicherheit. Es gilt dabei zwei Bereiche zu unterscheiden: den der Fremdverantwortung und den der Selbstverantwortung (Kap. 21). Auf die Fremdverantwortung kommen wir später zu sprechen. Wir können selbstverantwortlich die Zuverlässigkeit von Informationen einschätzen (Kap. 23). Selbstverantwortlich können wir auch für unsere Autonomie sorgen (Kap. 20). Autonomie ist per definitionem eigene Sache. Es geht dabei auch darum, das eigene ICH besser zu erkennen, das heißt um Selbsterkenntnis. Welche multiplen, hochdimensionalen Zielerwartungen habe ich genau?

Wir haben in Kapitel 20 erfahren, dass diese Zielerwartungen aber auch ein Einfallstor für Manipulationen sein können. Menschen, die zur Dunklen Triade gehören, verfügen über Strategien, die Zielerwartungen anderer Menschen zu ihren eigenen Gunsten zu manipulieren. Das ist die dunkle Seite der Einwirkung auf unsere Zielerwartungen von außen. Es gibt aber auch eine helle und positive Seite. Wer Unsicherheit und Stress erlebt, kann sich in dieser Frage therapeutische Hilfe suchen. Ein Psychotherapeut wirkt dabei wie ein Katalysator, der – bildhaft gesprochen – eine chemische Reaktion in Gang setzt, sich danach aber wieder zurückzieht, ohne selbst eine permanente Verbindung eingegangen zu sein. Therapeuten helfen Patienten beispielsweise, eine Zielerwartung, die zur Belastung geworden ist, aufzulösen: Ein junger Mann richtete alle wichtigen Lebensentscheidungen nach der Frage aus, ob sein Vater sie gutheißen würde. Diese Zielerwartung hatte bislang viele seiner Strategiemöglichkeiten, etwa bei der Wahl einer Partnerin oder seines Berufs etc., eingeschränkt, was bei dem jungen Mann zu Unsicherheit und Stress geführt hat. Als sich seine Lebensumstände plötzlich veränderten, wurde er depressiv, konnte nicht mehr schlafen und zeigte kognitive Leistungseinbußen. Da entschied er sich, eine Psychotherapeutin aufzusuchen. Im Rahmen der Therapie gelang es ihm, die eng gesteckten Zielerwartungen bezüglich seines Vaters aufzugeben. Diese Korrektur im Modell vom ICH hatte einen enorm lindernden Effekt. Der junge Mann blühte wieder auf und konnte sein Leben wieder beherzt anpacken. Derartige psychotherapeutische Interventionen haben aber nicht nur einen spürbaren, sondern auch einen messbaren Effekt: Studien belegen, dass mit verhaltensmedizinischem oder psychoanalytischem Ansatz bei Patienten der Cortisolausschlag in einem Standardstresstest deutlich reduziert werden konnte.[218–220]

Psychotherapie versteht sich als Hilfe zur Selbsthilfe, die unter anderem darin besteht, die eigene Autonomie zu stärken bzw. zurückzugewinnen. Und alle relevanten Forschungen, die zum Thema Unsicherheit vorliegen (und die auch in diesem Buch berücksichtigt wurden), machen deutlich, dass es zur Autonomie des Einzelnen keine Alternative gibt. Sich in der Welt sicherer zu fühlen, bedeutet unabdingbar, diese Welt und ihre Veränderungen zu lesen und besser zu verstehen. Es bedeutet, dass wir das noch zu lernende Wissen über die Welt – das Informationstheoretiker als Freie Energie bezeichnen – so weit es geht reduzieren sollten. Wir müssen akzeptieren, dass wir in einer Welt leben, die wir nicht direkt erleben können, sondern nur indirekt über unsere Erwartungen, die wiederum ständig von unseren Sinnen korrigiert werden müssen. Unsere Erwartung von der Realität kann die Realität nur hinreichend abbilden, wenn diese Erwartung ständig aktualisiert wird. Unser Gehirn braucht diesen steten Informationsfluss, damit wir uns sicher fühlen können. Und diese Informationen sollten zuverlässig und präzise sein. Die Zuverlässigkeit von Information schwindet mit jeder Verflachung, Irreführung oder gezielten Verfälschung (Kap. 23). Das wirkt sich nicht nur fatal auf unser Bild von der Realität aus – das produziert Unsicherheit. Die Folgen eines Lebens in Unsicherheit sind dramatisch: toxischer Stress mit all seinen Folge- und Begleiterkrankungen wie Anorexia nervosa, Depression, Drogenmissbrauch, schwere Herz-Kreislauf-Erkrankungen bis zum Risiko, vorzeitig zu sterben (Kap. 12, 13, 17). Wer auf Unsicherheit reagiert, indem er habituiert, kann die Situation zwar besser tolerieren, verändert aber auch nichts und wird schließlich dick (Kap. 14, 15, 16). Verlässliche Wahrnehmung und autonomes Handeln sind die Mittel, um uns davor zu schützen.

Unsicherheit zu reduzieren, ist eine Aufgabe, die uns niemand abnehmen kann. Und wer es dennoch behauptet (oder es uns anbietet, um uns zu entlasten), unterminiert damit unsere eigene Fähigkeit, Sicherheit zu gewinnen (Kap. 21). Diese Erkenntnis lässt sich auf alle Lebensbereiche anwenden: auf unser privates Leben ebenso wie die Berufswelt oder auch Politik und Gesellschaft. Man könnte sagen: Als Unsicherheitsreduzierer sind wir alle Ich-AGs. Aber heißt das, dass jeder allein und nur auf sich gestellt ist? Nein – nicht zwangsläufig. Ein Therapeut zum Beispiel kann uns durchaus dabei unterstützen, unsere Unsicherheit zu reduzieren. Aber nicht, indem er den Job für den Patienten übernimmt, sondern indem er ihm ermöglicht, selbst aktiv zu werden. Wenn wir aber unsere Autonomie aufgeben, sie einem anderen übertragen – ganz gleich, ob das ein Freund, ein Kollege, Vorgesetzter, ein Guru, Coach oder anderer »Heilsbringer« ist –, werden wir stückweise unseren Zugang zur Welt einbüßen. Vielleicht mag so eine Übertragung im ersten Moment als Erleichterung empfunden werden. Es ist aber ein Weg, der unweigerlich in Abhängigkeit und Unsicherheit führt. Beruhen nicht autoritäre Regime wie die Wilhelminische Epoche darauf, dass sie ihre Bürger zur Nichtautonomie erziehen? Ist die mit Fremdbestimmtheit einhergehende Unsicherheit nicht eine medizinische Rationale, die für Demokratie spricht?

Verlässliche Wahrnehmung und autonomes Handeln sind also Schlüssel, um die individuelle Unsicherheit reduzieren zu können. Aber unsere Möglichkeiten stehen immer auch in einem psychosozialen und gesellschaftspolitischen Kontext. Hier hängt die Qualität unserer Entscheidungen zumindest partiell davon ab, ob die Strukturen verlässliche Wahrnehmung und autonomes Handeln überhaupt zulassen oder besser noch befördern. Deshalb möchte ich dieses Buch über Unsicherheit mit einer kurzen Liste von Anregungen abschließen, die sich an Politik, Wirtschaft, Wissenschaft und die Medien richtet. Diese vier gesellschaftspolitischen Kräfte bilden neben Erziehung, Kunst und Religion den Rahmen, in dem sich Wahrnehmung und Handlung jedes Einzelnen vollzieht. Hier liegen viele Gefahren, mehr Unsicherheit zu schaffen. Hier liegen aber auch die großen Chancen, Menschen zu ermöglichen, selbstbestimmt ihre Unsicherheit zu reduzieren.

UNSICHERHEIT UND DIE ARBEITSWELT. Unsicherheit entsteht überall dort, wo befristete Verträge die Berufs- und Lebensplanung erschweren; mangelnde Transparenz es den Arbeitnehmern erschwert, Entscheidungen und Weisungen zu verstehen; strikte Regelungen und enge Kontrollen durch Vorgesetzte (Controlling) Eigeninitiative und eigenverantwortliches Handeln stark einschränken (Kontrollverlust); Entscheidungen und Prozesse nicht kritisch hinterfragt werden dürfen; die Kommunikation von oben nach unten unzureichend ist und die Zukunftsperspektiven des Unternehmens für die Mitarbeiter nicht klar erkennbar sind. Diese (und weitere mögliche) Faktoren erzeugen bei den Mitarbeitern zwangsläufig Unsicherheit, die sie nicht reduzieren können, weil das System dies nicht zulässt. Mitarbeiter haben so nur drei Möglichkeiten: erstens die Unsicherheit (mit allen negativen Folgen) auszuhalten; zweitens ihre eigenen Zielerwartungen an die Karriere im Unternehmen weniger eng zu stecken (innere Emigration); und drittens zu kündigen. Keine dieser Lösungen ist eine gute Lösung, weder für die betroffenen Mitarbeiter noch für das Unternehmen selbst.

UNSICHERHEIT UND DIE MEDIEN. Unsicherheit entsteht überall dort, wo Zensur und Selektion herrschen. Das gezielte Vorenthalten relevanter Informationen verhindert, dass sich Menschen ein vorhersagekräftiges Bild von der Welt machen können.

Wenn Eskapismus (Realitätsflucht) protegiert wird, entsteht ebenfalls Unsicherheit. Natürlich hat jeder das Recht, sich seine eigenen Informationen zu suchen. Problematisch kann es aber werden, wenn ganze Medienlandschaften unterhaltsame News relevanten Nachrichten vorziehen, weil sich diese besser vermarkten lassen. So wird zum einen der Zugang zu wichtigen Inhalten erschwert. Was aber noch schwerer wiegt: Es wird der Eindruck erweckt, dass Unwichtiges wichtig und Wichtiges unwichtig ist. Wer als

Mediennutzer diesem Eskapismus folgt, verpasst Chancen, eigene Unsicherheiten in Bezug auf das öffentliche Geschehen zu reduzieren. Auch wächst so die Gefahr, anfälliger für Manipulationen zu werden, weil wichtige Updates fehlen.

Wenn Nachricht und Meinung vermischt werden, entsteht ein weiteres Problem. Im klassischen Journalismus herrschte hier lange eine strikte Trennung, die aber in der Praxis längst aufgehoben wurde. Für Mediennutzer ist es immer schwerer erkennbar, wo nur eine vage Behauptung geäußert wird und wo überprüfbare Nachrichten verbreitet werden. Der Unterschied liegt hier in der Präzision der Evidenz, die nicht mehr gekennzeichnet wird. So laufen wir Gefahr, uns auf der Basis von wenig begründeten Meinungen Urteile zu bilden anstatt auf der Basis von zuverlässiger Evidenz. Was die eigene Unsicherheit wachsen lässt.

Unklare Quellen verunsichern zusätzlich. Die klassischen Medien wie Zeitungen, Radiostationen, renommierte Online-Portale oder TV-Sender haben den Vorteil, dass sie als Quelle erkennbar und einschätzbar sind. Der Nutzer weiß, wer der Absender ist, und kann sich darüber im Klaren sein, ob dieser Absender über die Verbreitung von Nachrichten hinaus weitere Ziele verfolgt. Einen Artikel einer regierungsnahen Zeitung können wir anders bewerten als den eines oppositionellen Blatts. In den sozialen Medien (Facebook, Twitter u. a.) ist das schon sehr viel problematischer. Hier erhalten wir durch Algorithmen gesteuerte Äußerungen (oft auch in Form von »Nachrichten«), die tendenziell unseren eigenen Meinungen entsprechen und deren Herkunft unklar ist. Nicht selten stammen diese nicht einmal von echten Menschen, sondern von Social Bots, maschinellen Fake-Accounts, die »Nachrichten« und andere Propaganda viral verbreiten, um die öffentliche Meinung gezielt zu manipulieren.

Die klassischen Medien sind in den vergangenen Jahren stark in die Kritik geraten. Ihnen wurde unter anderem Einflussnahme, Bestechlichkeit, Eigennutz und Regierungsgehorsam vorgeworfen. Das mag in Teilen unberechtigt sein, zeigt aber auf jeden Fall, dass Vertrauen verloren ging. Betrachten wir die Rolle der Medien aus dem Blickwinkel, wie jeder Unsicherheit reduzieren kann, kommt ihnen gerade in Zeiten der digitalen Informationsflut eine zentrale und unersetzbare Rolle zu. Für den Einzelnen ist es praktisch unmöglich geworden, die Zuverlässigkeit digitaler Informationen einzuschätzen. Genau das war und ist klassischerweise die Aufgabe von Journalisten und muss es auch in Zukunft sein: Denn jeder Einzelne – und auch die Gesellschaft als Ganzes – ist darauf angewiesen, verlässliche Informationen über die Welt zu erhalten. Aber wie? Der Traum, dass sich jeder diese Information in der freien Welt des Internets selbst beschafft, ist geplatzt – durch die gigantischen finanziellen und technischen Manipulationsressourcen von Konzernen, Regierungen und Geheimdiensten, die so die öffentliche Meinung in ihrem Sinne zu beeinflussen suchen. Hier kann uns nur verantwortungsvoller und ehrlicher Journalismus dabei helfen, in Zukunft die Informationen zu erhalten, die jeder von uns benötigt, um Unsicherheit zu reduzieren.

UNSICHERHEIT UND DIE WISSENSCHAFT. Unsicherheit entsteht überall dort, wo die Unabhängigkeit verloren geht (Kap. 20). Ob in der Medizin oder anderen Forschungs-bereichen – Wissenschaftler begeben sich in die Abhängig-keit von Auftraggebern, die meist, aber nicht immer aus dem privatwirtschaftlichen Sektor stammen. Die Studi-en und Erkenntnisse, die daraus entstehen, haben häufig einen wirtschaftlichen Hintergrund. Sie dienen zum Bei-spiel der Vermarktung von Nahrungsmitteln, Medizin- und Pharmazieprodukten, Kosmetika, Körperpflegemitteln etc. Eine unabhängige Nutzen- und Risikoabwägung ist so aber kaum möglich.

In Teilen der Forschung herrscht mittlerweile Intrans-parenz über die wissenschaftliche Qualität. In der öffent-lichen Verbreitung werden wenig aussagekräftige Studien und neue wissenschaftliche Erkenntnisse oft gleichgesetzt. In medizinischen Fragen ist es nicht unüblich, dass kom-merziell verwertbare Ergebnisse aus weniger aussagekräf-tigen Studien multipliziert und auf Kongressen und in den Medien gestreut werden, während die eine qualitativ hochwertige und hochrangig publizierte Studie, die das Gegenteil besagt, kaum Erwähnung findet. Das führt im-mer wieder zu Verzerrungen und Widersprüchen, die der Laie nicht auflösen kann. Die Absichten, die dahinterste-cken, sind oft nicht eindeutig zu benennen. Die häufigste Ursache von Missverständnissen und Fehlinterpretationen aber liegt beim Studiendesign. Es gibt drei Qualitätsstufen wissenschaftlicher Evidenz (Kap. 23): von der randomi-siert-kontrollierten Studie (höchste Evidenzklasse I) über Beobachtungsstudien, unkontrollierte Studien bis hin zu Expertenmeinungen (niedrigste Evidenzklasse III). Nur die Klasse-I-Studien erlauben es, auf Ursachen und Wirkungen rückzuschließen. Wie ich bereits erwähnt habe, basieren in diesem Buch deshalb alle kausalen Schlussfolgerungen ausschließlich auf Studien der höchsten Evidenzklasse, sind also randomisiert-kontrollierte Arbeiten von höchster Qualität und Aussagekraft.

Wissenschaftliche Forschung kostet eine Menge Geld. Vor diesem Hintergrund erklärt sich die Abhängigkeit vieler Forschungsprojekte von Geldgebern aus der Wirtschaft. Nicht alle Ergebnisse, die auf diese Weise veröffentlicht werden, sind als kritisch zu betrachten. Allerdings entsteht aus der Abhängigkeit ein massives Glaubwürdigkeitsproblem. Das ist ganz sicher auch eine Erklärung dafür, dass es so etwas wie Wissenschaftsverdrossenheit in Teilen der Bevölkerung gibt. Ebenso schwer aber wiegt, dass derjenige, der das Geld hat, auch die wissenschaftlichen Fragen stellt. Im Klartext: In einer privatwirtschaftlich finanzierten Forschung werden vor allem Projekte gefördert, die wirtschaftlichen, aber nicht unbedingt gesellschaftlichen oder humanitären Interessen dienen. Hier ist eine gefährliche Schieflage entstanden. Fairerweise müssen wir anmerken, dass die Wissenschaft dieses Problem nicht allein lösen kann. Hier muss die Politik bessere Rahmenbedingungen für mehr unabhängige Forschung schaffen. Lohnen würde sich das auf jeden Fall: Denn wissenschaftliche Erkenntnisse spielen bei der Reduzierung von Unsicherheit eine herausragende Rolle – wenn sie vertrauenswürdig und verlässlich sind.

UNSICHERHEIT UND DIE GESELLSCHAFT. Unsicherheit entsteht in der Gesellschaft überall dort, wo soziale Ungleichheit vorherrscht. Deshalb müssen wir uns abschließend die Frage stellen, in welcher Gesellschaft wir eigentlich leben wollen. In einer, die maßgeblich von Macht und Einfluss geprägt wird? Oder in einer, die eine Angleichung der sozialen Verhältnisse anstrebt? Wem das vielleicht zu politisch klingt, der kann sich möglicherweise mit dieser Formulierung anfreunden: nämlich einer Gesellschaft, in der jeder Einzelne seine Unsicherheit durch Wahrnehmen und Handeln selbst reduzieren kann. Wenn wir die Summe der wissenschaftlichen Erkenntnisse dieses Buchs zugrunde legen und einer Regierung – von wem auch immer geführt – eine Empfehlung für ihre Zielerwartung aussprechen sollten, dann würde sie genau so lauten:

Eine Gesellschaft zu schaffen, in der jeder Einzelne die Möglichkeit hat, seine Unsicherheit durch Wahrnehmen und Handeln autonom zu reduzieren.

Dazu müssen als Mindeststandard in solch einer Gesellschaft natürlich die Grundbefähigungen des Menschen sichergestellt sein: körperliche Integrität; kognitive Fähigkeiten; Fähigkeit zur Bindung an Personen; Fähigkeit zur sozialen Interaktion, sich mit anderen zu identifizieren und das Gefühl, die Achtung anderer zu haben (Freundschaft, Gerechtigkeitssinn, Schutz vor Diskriminierung); Fähigkeit, das eigene Leben und nicht das von jemand anderem zu leben; Fähigkeit, auf seinen sozialen Kontext (politisch) Einfluss zu nehmen (Bürgerrechte, Redefreiheit, Versammlungsfreiheit, Schutz vor staatlicher Willkür).[221]
    Wir haben bereits aufgelistet, welche Voraussetzungen dafür außerdem erforderlich sind: verantwortungsvolle Medien, die Zugang zu verlässlichen Informationen ermöglichen; eine unabhängige und glaubwürdige Forschung,

die sich in den Dienst gemeinnütziger Interessen stellt; und eine Arbeitswelt, die den Mitarbeitern Transparenz und Entfaltungsspielraum bietet. Es bedeutet aber auch eine fairere Verteilung von Ressourcen. Und damit sind wir wieder beim Thema der sozialen Gleichheit bzw. Ungleichheit. Das Wachsen sozialer Ungleichheit ist unumstritten eines der größten gesellschaftspolitischen Probleme unserer Zeit. Es ist ein Problem, das in gewisser Weise von den wirtschaftlichen und finanziellen Kräften verursacht wird und wohl nur politisch zu lösen wäre. Definitiv ist soziale Gleichheit keine Angelegenheit, die in unseren Händen liegt, die wir selbst erreichen können.

Pierre Bourdieu (1930–2002) gehört zu den einflussreichsten Soziologen des 20. Jahrhunderts. In seinem Ansatz zu sozialen Ungleichheiten differenzierte Bourdieu das ökonomische Kapital, das in Geld umwandelbar ist und in der Form des Eigentumsrechts in eine gesellschaftlich anerkannte feste Form gegossen wird; das kulturelle Kapital, das einerseits aus verinnerlichtem Wissen besteht und aus Kulturgütern, Bildern, Büchern, Instrumenten oder Maschinen und der Fähigkeit, mit diesen Dingen umzugehen, und das andererseits unter bestimmten Voraussetzungen in ökonomisches Kapital konvertierbar ist und in Form von »schulischen Titeln« in eine feste Form gebracht wird; das soziale Kapital, das heißt das Geflecht aus sozialen Beziehungen, das unter bestimmten Voraussetzungen ebenfalls in ökonomisches Kapital umwandelbar ist. Bourdieu konnte aufzeigen, dass soziale Ungleichheit nicht nur eine Frage von Geld und Eigentum ist, sondern eben auch von Bildung und Beziehungen.[198] Aber noch wichtiger ist seine Erkenntnis, dass soziale Ungleichheit durch unterschiedlichen Habitus reproduziert wird – das heißt durch die allgemeine Erscheinung einer Person, ihren Lebensstil, ihre Sprache, ihre Kleidung und ihren Geschmack.[222] Das Problematische an der gesellschaftspolitischen Situation vieler Industrieländer – zu denen auch Deutschland gehört – ist also, dass die Schere der Ungleichheit nicht nur in Bezug auf Geld und Eigentum, sondern auch bei der Bildung sehr weit auseinanderklafft.

Legt man Bourdieus Arbeiten zugrunde, so ergeben sich im Zusammenhang mit dem Konzept vom bayesianischen Gehirn besonders interessante Konsequenzen für den Einfluss von ökonomischem und kulturellem Kapital auf Macht und Unsicherheit in den sozialen Schichten. Es geht darum, dass Akkumulation von Kapital in der einen Schicht die Unsicherheit in den anderen Schichten vergrößert. Es geht also nicht nur um Macht, sondern um Sicherheit – die dann gleichzeitig Unsicherheit für die anderen bedeutet. (siehe Abb. 35)

Da wir als Einzelne soziale Gleichheit nicht selbst herstellen können, müssen wir im sozialen System an eine höhere Ebene appellieren. Deshalb an dieser Stelle der Appell an die Politik, den Willen zu größerer sozialer Gleichheit zu zeigen. Die soziale Ungleichheit wächst, weil manche Menschen – besonders Reiche und Dunkle Triaden – unfair teilen, sich antisozial verhalten und die Regeln verletzen (Kap. 19, 20). Aber politische Gegenmaßnahme können durchaus für mehr soziale Gleichheit sorgen. Sowohl die skandinavischen Länder als auch Japan haben das erreicht – jedes dieser Länder auf seine eigene Art. Weltweite Erhebungen zeigen, dass in einer Gesellschaft mit größerer sozialer Gleichheit Jugendliche bessere Lese- und Rechenfähigkeiten haben, weniger junge Menschen die Schule ab-

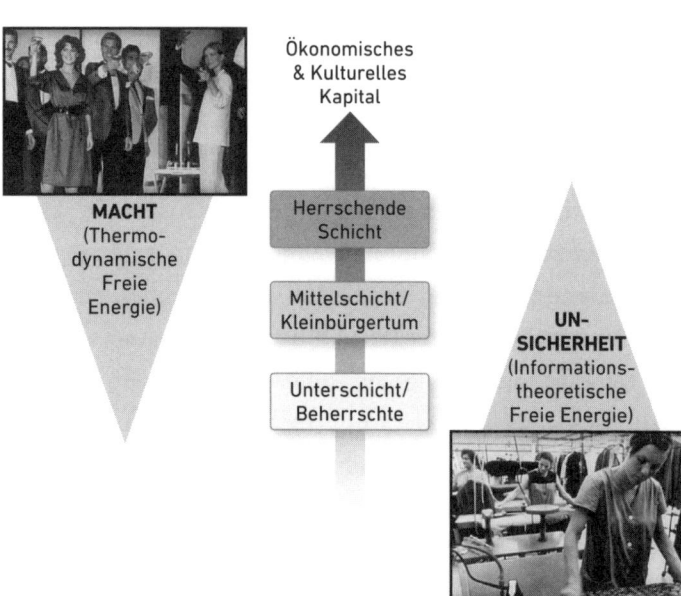

Abb. 35: Die Auswirkung von ökonomischem und kulturellem Kapital auf Macht und Unsicherheit in unterschiedlichen sozialen Schichten. Die Akkumulation von ökonomischem Kapital kann prinzipiell in Arbeit, d. h. in thermodynamische Freie Energie (FE_{thermo}), transformiert werden. Damit stellt ökonomisches Kapital die Grundlage für die Ausübung von Macht dar. Die Akkumulation von kulturellem Kapital ist der Erwerb von lernbarem Wissen über die Welt, oder anders gesagt, die Reduktion von informationstheoretischer Freier Energie (FE_{info}), und das bedeutet: Reduktion von Unsicherheit. Die Unsicherheit bezieht sich darauf, wie unsicher eine Person diese Frage beantwortet: Welche meiner Strategiemöglichkeiten soll ich auswählen, um mein zukünftiges physisches, mentales, und soziales Wohlbefinden sicherzustellen? Da in hierarchischen Gesellschaften ökonomisches Kapital ebenso ungleich verteilt ist wie kulturelles Kapital, ergeben sich ein Machtzuwachs für die herrschende Schicht und eine Zunahme von Unsicherheit in der beherrschten Schicht.

brechen und als ungelernte Arbeiter enden, es gibt weniger Teenage-Schwangerschaften, und die Geburtensterblichkeit ist niedriger, es gibt weniger kriminelle Gewalt, weniger Menschen in Gefängnissen, weniger Drogenabhängige, die Menschen leben dabei länger, weniger sind psychisch krank (z. B. depressiv), weniger sterben an Herz-Kreislauf-Erkrankungen und weniger Menschen sind dick.[217, 223–225] Doch der bemerkenswerteste Befund ist dieser: Menschen in Gesellschaften mit größerer sozialer Gleichheit pflegen einen vertrauensvolleren Umgang miteinander.[217]

Wir sehen also, dass soziale Ungleichheit und die damit verbundene Unsicherheit sich tief in der physisch-körperlichen, mentalen und sozialen Ebene des Menschseins widerspiegeln. Das MTO-Projekt mit den in Armut lebenden US-Frauen, denen es ermöglicht wurde, in bessere Wohnviertel umzuziehen, hat gezeigt, dass sozialpolitische Interventionen die körperlichen Symptome sozialer Ungleichheit lindern und das psychische Wohlbefinden der Menschen verbessern können.[130, 131] Wenn keine derartigen Gegenmaßnahmen ergriffen werden und stattdessen die soziale Ungleichheit in unserer Gesellschaft weiter zunimmt, ist es aufgrund der in diesem Buch aufgezeigten medizinischen Evidenzen absehbar, dass in 20 Jahren sowohl die Mehrheit der jungen als auch der älteren Menschen in Depression oder Passivität verfallen wird. Womit die vitalen Ressourcen unserer Gesellschaft als Ganzes versiegen würden. Wenn es hingegen gelingt, mithilfe sozialpolitischer Maßnahmen eine größere Gleichheit herzustellen, wird sich der Großteil der Menschen wohlfühlen können. Da Wohlbefinden die Voraussetzung für gegenseitige Empathie ist, überrascht es nicht, dass Menschen in Gesellschaften mit größerer sozialer Gleichheit sich gegenseitig mehr vertrauen. Darum sind gerechte Gesellschaften besser für alle. Denn sie etablieren und stabilisieren den Zirkel aus Empathie, Vertrauen und Sicherheit.

Box 1: Wie lässt sich die Reduktion von Unsicherheit in einfachen Fällen berechnen? Abb. 2 zeigt, dass die Unsicherheit, die richtige aus 8 Karten vorherzusagen, 3 Bit beträgt. Denn durch Potenzieren ergibt sich $2^3 = 8$; d. h. anhand von 3 Fragen mit jeweils 2 Antwortmöglichkeiten kann man eine von insgesamt 8 Möglichkeiten herausfinden. Die Unsicherheit, die richtige Augenzahl eines Würfels vor dem Wurf vorherzusagen (6 gleichwahrscheinliche Möglichkeiten), beträgt 2,58 Bit (denn $2^{2,58} = 6$). Das lässt sich nicht mehr so einfach mit Ja-Nein-Fragen darstellen. Dennoch können wir – da das Logarithmieren eine Umkehrung des Potenzierens ist – die Zahl der Bits anhand der simplen Formel

$$-log_2\left(\frac{1}{6}\right) = 2{,}58$$

mit dem Taschen- oder Online-Rechner ausrechnen. Wenn wir in dieser Formel die 6 durch eine beliebige Zahl n ersetzen, ist es nur noch ein kleiner Schritt, die Basisformel von Shannons Informationstheorie zu verstehen. Die Formel für die Reduktion von Unsicherheit (I) – gemessen in Bit – lautet für n gleichwahrscheinliche Möglichkeiten:

$$I = -log_2\left(\frac{1}{n}\right) \qquad \text{Gleichung (1)}$$

Dabei bezeichnet der Bruch

$$p = \frac{1}{n}$$

die Wahrscheinlichkeit p, mit der ein Ereignis bei n gleichwahrscheinlichen Möglichkeiten eintritt. Jetzt können wir abschließend leicht die Gegenprobe machen: Für das Beispiel der 8 Spielkarten können wir in Gleichung (1) n = 8 einsetzten. Als Ergebnis erhalten wir wiederum 3 Bit.

Box 2: Wie lässt sich Shannons allgemeine Unsicherheitsformel verstehen? Das grundlegende Problem der Kommunikation besteht darin, an einem Punkt (Empfänger) entweder genau oder ungefähr eine an einem anderen Punkt (Sender) ausgewählte Nachricht wiederzugeben.[4] Häufig haben die Nachrichten eine Bedeutung. Diesen semantischen Aspekt der Kommunikation schließt Shannon ausdrücklich bei den Betrachtungen zu seiner Informationstheorie aus.

Der Buchstabe ›e‹ kommt in deutschsprachigen Texten mit einer Wahrscheinlichkeit von p = 0,174 vor (Tabelle, 3. Spalte). Setzen wir diese Zahl in die Gleichung 1 ein (Box 1), dann können wir ausrechnen, dass, wenn der Buchstabe e auftaucht, unsere Unsicherheit um 2,52 Bit reduziert wird (4. Spalte).

Buch-stabe	Rang	Relative Häufig-keit	Über-raschung	Gewichtete Über-raschung	Erwartete (gemittelte) Über-raschung
i	p_i	$-log_2(p_i)$	$-p_i \; log_2(pi)$	$-\sum_1^{27} p_i log_2(p_i)$	
e	1	0,1740	2,52 Bit	0,438 Bit	
...	...				
r	5	0,0700	3,83 Bit	0,268 Bit	
...	...				4,06 Bit
m	14	0,0250	5.30 Bit	0,133 Bit	
...	...				
q	27	0,0002	12,30 Bit	0,002 Bit	

Für den Buchstaben q können wir ausrechnen, dass, wenn dieser als nächster auftaucht, wir unsere Unsicherheit um 12,3 Bit reduzieren können. Mit anderen Worten: Über das Auftauchen eines e sind wir deutlich weniger überrascht (2,52 Bit) als über den Buchstaben q (12,3 Bit). Das heißt, wir können die Zahl der Bits hier als ein Maß für unsere Überraschung nehmen. Dass jemand vom Blitz getroffen wird, ist extrem selten, man wäre deshalb über solch ein Ereignis extrem überrascht. Ein Regenschauer ist weit häufiger, und man wäre deutlich weniger überrascht. Die Überraschungsgrade im deutschen Alphabet liegen also zwischen 2,52 Bit und 12,3 Bit. Dazwischen liegt irgendwo der sogenannte Erwartungswert, ein gewichteter Mittelwert, bei dem die Häufigkeit der einzelnen Buchstaben berücksichtigt wird. Dieser Erwartungswert lässt sich leicht berechnen (siehe Tabelle, 5. und 6. Spalte): Er beträgt im deutschen Alphabet 4,06 Bit.

Wenn wir diese kleine Rechnung nachvollziehen können, ist es nur noch ein kleiner Schritt, um Shannons berühmte Formel zu verstehen. In der Tabelle steht in der rechten Spalte die Formel für die erwartete Überraschung für das Beispiel des Alphabets mit 27 Buchstaben. Allgemein ausgedrückt ist Shannons Unsicherheit (Entropie) die erwartete Überraschung. Dafür gilt die Formel:

$$H = - \sum_{i=1}^{n} p_i log_2(p_i) \qquad \text{Gleichung 2}$$

Sie ist das Kernstück der Informationstheorie. Dabei ist H die »Shannon Unsicherheit« und p_i die Wahrscheinlichkeit, mit der das i-te Zeichen auftritt. Insgesamt ist also Shannons Unsicherheit eine Art gemittelter (d. h. erwarteter) Überraschungsgrad (ausgedrückt in Bit). Es gilt also kurz der Merksatz: Unsicherheit ist erwartete Überraschung.

Dank

Bruce McEwen (Rockefeller University, New York) und Karl Friston (University College London) danke ich herzlich für die langjährige und intensive wissenschaftliche Kooperation, ohne die das hier vorgelegte Buch nicht zustande gekommen wäre.

Für ihre Kommentare und weiterführenden Fragen bei der Erstellung des Buchmanuskripts danke ich herzlich Sabine Wittnebel und Britta Kubera.

Besonders danke ich Anna Henkel (Leuphana-Universität Lüneburg), die mich in die Grundlagen der Soziologie eingeführt hat und deren konstruktive Ideen den Anschluss der medizinischen Hirn- und Stressforschung an die Soziologie erlaubt haben.

Meinem früheren Mentor Horst Lorenz Fehm danke ich für seine weitsichtigen und bereichernden Anmerkungen zu diesem Buch.

Außerdem danke ich für konstruktive Kritik Tobias Spiller (Zürich), mit dem ich seit unserer Zusammenarbeit auf der Sommerakademie 2014 der STUDIENSTIFTUNG DES DEUTSCHEN VOLKES zum Thema »Philosophie und Hirnforschung« in engem Gedankenaustausch geblieben bin.

Für die inspirierende Zusammenarbeit auf der Sommerakademie 2017 der STUDIENSTIFTUNG DES DEUTSCHEN VOLKES zum Thema »Das bayesianische Gehirn« danke ich meinem Mitdozenten Dirk Langemann von der TU Braunschweig und all den hochengagierten Stipendiaten.

Sebastian Junge danke ich vielmals für die interessante und wieder einmal äußerst fruchtbare Zusammenarbeit beim Verfassen dieses Buches.

Großer Dank gilt außerdem Marie-Sabine, meiner Frau, die meine Forschungsfragen mit anregenden neuen Perspektiven und kritischen Positionen begleitet hat.

Anmerkungen

1. Selye H. What is stress? Metabolism 1956;5:525–30.
2. Peters A, McEwen BS. Stress habituation, body shape and cardiovascular mortality. Neurosci Biobehav Rev 2015;56:139–50.
3. Peters A, McEwen BS, Friston KJ. Uncertainty and stress: Why it causes diseases and how it is mastered by the brain. Prog Neurobiol 2017;156:-164–88.
4. Shannon CE. A Mathematical Theory of Communication. The Bell System Technical Journal 1948;27:379/623–423/656.
5. Feynman RP. Feynman lectures on computation. Reading (Massachusetts): Addison-Wesley; 1996.
6. Szilárd L. Über die Entropieverminderung in einem thermodynamischen System bei Eingriffen intelligenter Wesen. Zeitschrift für Physik 1929;53.
7. Brillouin L. Maxwell's Demon Cannot Operate: Information and Entropy. I. Journal of Applied Physics 1951;22:334–7.
8. Landauer R. Irreversibility and heat generation in the computing process. IBM J Res Develop 1961;5:183–91.
9. Toyabe S, Sagawa T, Ueda M, Muneyuki E, Sano M. Experimental demonstration of information-to-energy conversation and validation of the generalized Jarzynski equalita. Nature Physics 2014;6:988–92.
10. Bérut A, Arakelyan A, Petrosyan A, Ciliberto S, Dillenschneider R, Lutz E. Experimental verification of Landauer's principle linking information and thermodynamics. Nature 2012;483:187–9.
11. Bayes T, Price GR. An Essay towards solving a Problem in the Doctrine of Chances. Philosophical Transactions of the Royal Society 1763;53.
12. Bartelborth T. Die erkenntnistheoretischen Grundlagen induktiven Schließens: Universität Leipzig; 2012.
13. Deleuze G. Proust und die Zeichen: Merve Verlag Berlin; 1993.
14. Friston KJ. The history of the future of the Bayesian brain. Neuroimage 2012;62:1230–3.
15. Deleuze G. Spinoza: practical philosophy. San Francisco: City Lights Books 1988.
16. Friston KJ. The free-energy principle: a unified brain theory? Nat Rev Neurosci 2010;11:127–38.
17. Hohwy J. The predictive mind. Oxford: Oxford University Press; 2013.

18. Clark A. Surfing uncertainty – Prediction, Action, and embodied mind. New York: Oxford University Press; 2016.

19. Hobson JA, Friston KJ. Consciousness, Dreams, and Inference. The Cartesian Theatre Revisited. Journal of Consciousness Studies 2013;21:6–32.

20. Proust M. Im Schatten junger Mädchenblüte. In: Keller L, ed. Auf der Suche nach der verlorenen Zeit. Frankfurt am Main: Suhrkamp Verlag; 2014:639.

21. Sengupta B, Stemmler MB, Friston KJ. Information and efficiency in the nervous system – synthesis. PLoS Comput Biol 2013;9:e1003157.

22. Friston KJ. A theory of cortical responses. Philos Trans R Soc Lond B Biol Sci 2005;360:815–36.

23. Buckley CL, Kim CS, McGregor S, Seth AK. The free energy principle for action and perception: A mathematical review. Journal of Mathematical Psychology 2017;81:55–79.

24. Friston KJ, Kilner J, Harrison L. A free energy principle for the brain. J Physiol Paris 2006;100:70–87.

25. Pezzulo G, Rigoli F, Friston KJ. Active Inference, homeostatic regulation and adaptive behavioural control. Prog Neurobiol 2015; 134:17–35.

26. Seth AK. Interoceptive inference, emotion, and the embodied self. Trends Cogn Sci 2013;17:565–73.

27. Barrett LF, Simmons WK. Interoceptive predictions in the brain. Nat Rev Neurosci 2015;16:419–29.

28. The Man Who Lost His Body. http://www.youtube.com/watch?v=Alyimx 8Ixw&t=28s.

29. Adams RA, Shipp S, Friston KJ. Predictions not commands: active inference in the motor system. Brain Struct Funct 2013;218:611–43.

30. Friston KJ, Thornton C, Clark A. Free-energy minimization and the darkroom problem. Front Psychol 2012;3:130.

31. Barrett LF. The theory of constructed emotion: an active inference account of interoception and categorization. Soc Cogn Affect Neurosci 2017;12:1–23.

32. Panagiotaropoulos TI, Deco G, Kapoor V, Logothetis NK. Neuronal discharges and gamma oscillations explicitly reflect visual consciousness in the lateral prefrontal cortex. Neuron 2012;74:924–35.

33. Shipp S, Adams RA, Friston KJ. Reflections on a granular architecture: predictive coding in the motor cortex. Trends Neurosci 2013;36:706–16.

34. Behrens TE, Woolrich MW, Walton ME, Rushworth MF. Learning the value of information in an uncertain world. Nat Neurosci 2007;10:1214–21.

35. Sarinopoulos I, Grupe DW, Mackiewicz KL, et al. Uncertainty during anticipation modulates neural responses to aversion in human insula and amygdala. Cereb Cortex 2010;20:929–40.

36. Karlsson MP, Tervo DG, Karpova AY. Network resets in medial prefrontal cortex mark the onset of behavioral uncertainty. Science 2012;338:135–9.
37. Liljeholm M, Wang S, Zhang J, O'Doherty JP. Neural correlates of the divergence of instrumental probability distributions. J Neurosci 2013;33:12519–27.
38. Paulus MP, Hozack N, Frank L, Brown GG. Error rate and outcome predictability affect neural activation in prefrontal cortex and anterior cingulate during decision-making. Neuroimage 2002;15:836–46.
39. Kullback S, Leibler RA. On information and sufficiency. Ann Math Stat 1951;22:79.
40. Swanson LW. Cerebral hemisphere regulation of motivated behavior. Brain Res 2000;886:113–64.
41. Aston-Jones G, Cohen JD. An integrative theory of locus coeruleus-norepinephrine function: adaptive gain and optimal performance. Annu Rev Neurosci 2005;28:403–50.
42. Berridge CW, Waterhouse BD. The locus coeruleus-noradrenergic system: modulation of behavioral state and state-dependent cognitive processes. Brain Res Brain Res Rev 2003;42:33–84.
43. Harris JJ, Jolivet R, Attwell D. Synaptic energy use and supply. Neuron 2012;75:762–77.
44. Levy WB, Baxter RA. Energy efficient neural codes. Neural Comput 1996;8:531–43.
45. Peters A, Schweiger U, Pellerin L, et al. The selfish brain: competition for energy resources. Neurosci Biobehav Rev 2004;28:143–80.
46. Krieger M. Über die Atrophie der menschlichen Organe bei Inanition. [On the atrophy of human organs in inanition]. Z Angew Anat Konstitutionsl 1921;7:87–134.
47. Peters A, Bosy-Westphal A, Kubera B, et al. Why doesn't the brain lose weight, when obese people diet? Obesity Facts 2011:DOI:10 1159/000 327676.
48. Reinmuth OM, Scheinberg P, Bourne B. Total Cerebral Blood Flow and Metabolism. Arch Neurol 1965;12:49–66.
49. Madsen PL, Hasselbalch SG, Hagemann LP, et al. Persistent resetting of the cerebral oxygen/glucose uptake ratio by brain activation: evidence obtained with the Kety-Schmidt technique. J Cereb Blood Flow Metab 1995;15:485–91.
50. Weizsäcker CF. Die Einheit der Natur. München: Carl Hanser Verlag; 1971.
51. Lyre H. Informationstheorie: eine philosophisch-naturwissenschaftliche Einführung. München: Wilhelm Fink Verlag; 2002.
52. Rapp C. Aristoteles – Das Problem der Substanz. In: Beckermann A, Perler D, eds. Klassiker der Philosophie heute. Stuttgart: Philipp Reclam jun.; 2004.

53. Peters A, Conrad M, Hubold C, Schweiger U, Fischer B, Fehm HL. The Principle of Homeostasis in the Hypothalamus-Pituitary-Adrenal System: New Insight from Positive Feedback. Am J Physiol Regul Integr Comp Physiol 2007;293:83–98.

54. McEwen BS. Protective and damaging effects of stress mediators. N Engl J Med 1998;338:171–9.

55. Peters A, Langemann D. LTP or LTD? Modeling the Influence of Stress on Synaptic Plasticity. eNeuro 2018:DOI:http://dx.doi.org/10 1523/ENEU-RO.0242–17.2018.

56. de Kloet ER, Vreugdenhil E, Oitzl MS, Joëls M. Brain corticosteroid receptor balance in health and disease. Endocr Rev 1998;19:269–301.

57. McEwen BS, Weiss JM, Schwartz LS. Selective retention of corticosterone by limbic structures in rat brain. Nature 1968;220:911–2.

58. Arriza JL, Simerly RB, Swanson LW, Evans RM. The neuronal mineralocorticoid receptor as a mediator of glucocorticoid response. Neuron 1988;1:887–900.

59. Pavlides C, Kimura A, Magariños AM, McEwen BS. Type I adrenal steroid receptors prolong hippocampal long-term potentiation. Neuroreport 1994;5:2673–7.

60. Fehm HL, Benkowitsch R, Kern W, Fehm-Wolfsdorf G, Pauschinger P, Born J. Influences of corticosteroids, dexamethasone and hydrocortisone on sleep in humans. Neuropsychobiology 1986;16:198–204.

61. Antonijevic I. HPA axis and sleep: identifying subtypes of major depression. Stress 2008;11:15–27.

62. McEwen BS, Morrison JH. The brain on stress: vulnerability and plasticity of the prefrontal cortex over the life course. Neuron 2013;79:16–29.

63. Peters A, Langemann D. Build-ups in the supply chain of the brain: on the neuroenergetic cause of obesity and type 2 diabetes mellitus. Front Neuroenergetics 2009;1:2:doi:10 3389/neuro.14 002.2009.

64. Boyle PJ, Scott JC, Krentz AJ, Nagy RJ, Comstock E, Hoffman C. Diminished brain glucose metabolism is a significant determinant for falling rates of systemic glucose utilization during sleep in normal humans. J Clin Invest 1994;93:529–35.

65. Hitze B, Hubold C, van Dyken R, et al. How the Selfish Brain Organizes its »Supply and Demand«. Front Neuroenergetics 2010;2: doi: 10 3389/fnene.2010.00 007

66. Kubera B, Hubold C, Zug S, et al. The brain's supply and demand in obesity. Front Neuroenergetics 2012;4:4, doi: 10 3389/fnene.2012.00 004.

67. Oltmanns KM, Melchert UH, Scholand-Engler HG, et al. Differential energetic response of brain vs. skeletal muscle upon glycemic variations in healthy humans. Am J Physiol Regul Integr Comp Physiol 2008;294:R12-R6.

68. Klement J, Hubold C, Cords H, et al. High-calorie glucose-rich food attenuates neuroglycopenic symptoms in patients with Addison's disease. J Clin Endocrinol Metab 2010;95:522–8.

69. Peters A. Selfish-Brain-Theorie. In: Biaselski K, Bischoff SC, Pilrich M, Weimann A, eds. Ernährungsmedizin – Nach dem Curriculum Ernährungsmedizin der Bundesärztekammer. Stuttgart, New York: Georg Thieme Verlag; 2018.

70. Peters A. Regulation der Nahrungsaufnahme. In: Biaselski K, Bischoff SC, Pilrich M, Weimann A, eds. Ernährungsmedizin – Nach dem Curriculum Ernährungsmedizin der Bundesärztekammer. Stuttgart, New York: Georg Thieme Verlag; 2018.

71. Ahrén B. Autonomic regulation of islet hormone secretion-implications for health and disease. Diabetologia 2000;43:393–410.

72. Billaudel B, Sutter BC. Immediate in-vivo effect of corticosterone on glucose-induced insulin secretion in the rat. J Endocrinol 1982;95:315–20.

73. Woods SC, Porte D Jr. Neural control of the endocrine pancreas. Physiol Rev 1974;54:596–619.

74. Chan O, Lawson M, Zhu W, Beverly JL, Sherwin RS. ATP-sensitive K(+) channels regulate the release of GABA in the ventromedial hypothalamus during hypoglycemia. Diabetes 2007;56:1120–6.

75. Tong Q, Ye C, McCrimmon RJ, et al. Synaptic glutamate release by ventromedial hypothalamic neurons is part of the neurocircuitry that prevents hypoglycemia. Cell Metab 2007;5:383–93.

76. Frühwald-Schultes B, Kern W, Born J, Fehm HL, Peters A. Comparison of the inhibitory effect of insulin and hypoglycemia on insulin secretion in humans. Metabolism 2000;49:950–3.

77. Hasselbalch SG, Knudsen GM, Videbaek C, et al. No effect of insulin on glucose blood-brain barrier transport and cerebral metabolism in humans. Diabetes 1999;48:1915–21.

78. Seaquist ER, Damberg GS, Tkac I, Gruetter R. The effect of insulin on in vivo cerebral glucose concentrations and rates of glucose transport/metabolism in humans. Diabetes 2001;50:2203–9.

79. Kubera B, Hubold C, Wischnath H, Zug S, Peters A. Rise of ketone bodies with psychosocial stress in normal weight men. Psychoneuroendocrinology 2014;45:43–8.

80. Kuo LE, Kitlinska JB, Tilan JU, et al. Neuropeptide Y acts directly in the periphery on fat tissue and mediates stress-induced obesity and metabolic syndrome. Nat Med 2007;13:803–11.

81. Jones A, Steeden JA, Pruessner JC, Deanfield JE, Taylor AM, Muthurangu V. Detailed assessment of the hemodynamic response to psychosocial stress using real-time MRI. J Magn ResonImaging 2011;33:448–54.

82. Hof B, van Doorne CW, Westerweel J, et al. Experimental observation of nonlinear traveling waves in turbulent pipe flow. Science 2004;305:1594–8.

83. Darbyshire AG, Mullin T. Transition to turbulence in constant-mass-flux pipe flow. Journal of Fluid Mechanics 1995;289:83–114.

84. Falsetti HL, Carroll RJ, Swope RD, Chen CJ. Turbulent blood flow in the ascending aorta of dogs. Cardiovasc Res 1983;17:427–36.

85. Hanai S, Yamaguchi T, Kikkawa S. Turbulence in the canine ascending aorta and the blood pressure. Biorheology 1991;28:107–16.

86. Kwak BR, Back M, Bochaton-Piallat ML, et al. Biomechanical factors in atherosclerosis: mechanisms and clinical implications. Eur Heart J 2014;35:3013–20d.

87. Malek AM, Alper SL, Izumo S. Hemodynamic shear stress and its role in atherosclerosis. JAMA 1999;282:2035–42.

88. Chatzizisis YS, Coskun AU, Jonas M, Edelman ER, Feldman CL, Stone PH. Role of endothelial shear stress in the natural history of coronary atherosclerosis and vascular remodeling: molecular, cellular, and vascular behavior. J Am Coll Cardiol 2007;49:2379–93.

89. Taylor F, Huffman MD, Macedo AF, et al. Statins for the primary prevention of cardiovascular disease. Cochrane Database Syst Rev 2013:CD004816.

90. Stone PH, Saito S, Takahashi S, et al. Prediction of progression of coronary artery disease and clinical outcomes using vascular profiling of endothelial shear stress and arterial plaque characteristics: the PREDICTION Study. Circulation 2012;126:172–81.

91. Orth-Gomér K, Schneiderman N, Wang HX, Walldin C, Blom M, Jernberg T. Stress reduction prolongs life in women with coronary disease: the Stockholm Women's Intervention Trial for Coronary Heart Disease (SWITCHD). Circ Cardiovasc Qual Outcomes 2009;2:25–32.

92. Gulliksson M, Burell G, Vessby B, Lundin L, Toss H, Svardsudd K. Randomized controlled trial of cognitive behavioral therapy vs standard treatment to prevent recurrent cardiovascular events in patients with coronary heart disease: Secondary Prevention in Uppsala Primary Health Care project (SUPRIM). Arch Intern Med 2011;171:134–40.

93. Sabia S, Dugravot A, Kivimaki M, Brunner E, Shipley MJ, Singh-Manoux A. Effect of intensity and type of physical activity on mortality: results from the Whitehall II cohort study. Am J Public Health 2012;102:698–704.

94. Lee DC, Sui X, Artero EG, et al. Long-term effects of changes in cardiorespiratory fitness and body mass index on all-cause and cardiovascular disease mortality in men: the Aerobics Center Longitudinal Study. Circulation 2011;124:2483–90.

95. O'Connor CM, Whellan DJ, Lee KL, et al. Efficacy and safety of exercise

training in patients with chronic heart failure: HF-ACTION randomized controlled trial. JAMA 2009;301:1439–50.

96. Carew TJ, Pinsker HM, Kandel ER. Long-term habituation of a defensive withdrawal reflex in aplysia. Science 1972;175:451–4.

97. Ramaswami M. Network plasticity in adaptive filtering and behavioral habituation. Neuron 2014;82:1216–29.

98. Wacongne C, Changeux JP, Dehaene S. A neuronal Modell of predictive coding accounting for the mismatch negativity. J Neurosci 2012;32:3665–78.

99. Kirschbaum C, Prussner JC, Stone AA, et al. Persistent high cortisol responses to repeated psychological stress in a subpopulation of healthy men. Psychosom Med 1995;57:468–74.

100. Hill MN, McLaughlin RJ, Pan B, et al. Recruitment of prefrontal cortical endocannabinoid signaling by glucocorticoids contributes to termination of the stress response. J Neurosci 2011;31:10 506–15.

101. Hill MN, McLaughlin RJ, Bingham B, et al. Endogenous cannabinoid signaling is essential for stress adaptation. Proc Natl Acad Sci U S A 2010;107:9406–11.

102. Patel S, Hillard CJ. Adaptations in endocannabinoid signaling in response to repeated homotypic stress: a novel mechanism for stress habituation. Eur J Neurosci 2008;27:2821–9.

103. Carroll D, Ginty AT, Der G, Hunt K, Benzeval M, Phillips AC. Increased blood pressure reactions to acute mental stress are associated with 16-year cardiovascular disease mortality. Psychophysiology 2012;49:1444–8.

104. Everson SA, Lynch JW, Chesney MA, et al. Interaction of workplace demands and cardiovascular reactivity in progression of carotid atherosclerosis: population based study. BMJ 1997;314:553–8.

105. Hamer M, O'Donnell K, Lahiri A, Steptoe A. Salivary cortisol responses to mental stress are associated with coronary artery calcification in healthy men and women. Eur Heart J 2010;31:424–9.

106. Seldenrijk A, Hamer M, Lahiri A, Penninx BW, Steptoe A. Psychological distress, cortisol stress response and subclinical coronary calcification. Psychoneuroendocrinology 2012;37:48–55.

107. Peters A, Kubera B, Hubold C, Langemann D. The corpulent phenotype – how the brain maximizes survival in stressful environments. Front Neurosci 2013;7:47.

108. Seifert TS, Brassard P, Jorgensen TB, et al. Cerebral non-oxidative carbohydrate consumption in humans driven by adrenaline. J Physiol 2009;587:285–93.

109. Racotta R, Ramirez-Altamirano L, Velasco-Delgado E. Metabolic effects of chronic infusions of epinephrine and norepinephrine in rats. Am J Physiol 1986;250:E518–22.

110. Look-Ahead-Research-Group. Cardiovascular Effects of Intensive Lifestyle Intervention in Type 2 Diabetes. N Engl J Med 2013;369:145–54.

111. Brunstrom JM, Davison CJ, Mitchell GL. Dietary restraint and cognitive performance in children. Appetite 2005;45:235–41.

112. Green MW, Rogers PJ, Elliman NA. Dietary restraint and addictive behaviors: the generalizability of Tiffany's cue reactivity model. Int J Eat Disord 2000;27:419–27.

113. Kemps E, Tiggemann M, Marshall K. Relationship between dieting to lose weight and the functioning of the central executive. Appetite 2005;45: 287–94.

114. Kemps E, Tiggemann M. Working memory performance and preoccupying thoughts in female dieters: evidence for a selective central executive impairment. Br J Clin Psychol 2005;44:357–66.

115. Tomiyama AJ, Mann T, Vinas D, Hunger JM, Dejager J, Taylor SE. Low calorie dieting increases cortisol. Psychosom Med 2010;72:357–64.

116. Langfort J, Pilis W, Zarzeczny R, Nazar K, Kaciuba-Uścilko H. Effect of low-carbohydrate-ketogenic diet on metabolic and hormonal responses to graded exercise in men. J Physiol Pharmacol 1996;47:361–71.

117. Villarreal DT, Fontana L, Weiss EP, et al. Bone mineral density response to caloric restriction-induced weight loss or exercise-induced weight loss: a randomized controlled trial. Arch Intern Med 2006;166:2502–10.

118. Jones A, McMillan MR, Jones RW, et al. Adiposity is associated with blunted cardiovascular, neuroendocrine and cognitive responses to acute mental stress. PLoS ONE 2012;7:e39 143.

119. Christensen R, Kristensen PK, Bartels EM, Bliddal H, Astrup A. Efficacy and safety of the weight-loss drug rimonabant: a meta-analysis of randomised trials. Lancet 2007;370:1706–13.

120. Despres JP, Golay A, Sjostrom L, Group RiO-LS. Effects of rimonabant on metabolic risk factors in overweight patients with dyslipidemia. N Engl J Med 2005;353:2121–34.

121. Oliver G, Wardle J. Perceived effects of stress on food choice. Physiol Behav 1999;66:511–5.

122. Serlachius A, Hamer M, Wardle J. Stress and weight change in university students in the United Kingdom. Physiol Behav 2007;92:548–53.

123. Kivimaki M, Head J, Ferrie JE, et al. Work stress, weight gain and weight loss: evidence for bidirectional effects of job strain on body mass index in the Whitehall II study. Int J Obes (Lond) 2006;30:982–7.

124. Lopez-Jimenez F, Wu CO, Tian X, et al. Weight change after myocardial infarction – The Enhancing Recovery in Coronary Heart Disease patients (ENRICHD) experience. Am Heart J 2008;155:478–84.

125. Kubera B, Leonhard C, Rößler A, Peters A. Stress-Related Changes in

Body Form: Results from the Whitehall II Study. Obesity (Silver Spring) 2017;25:1625–32.

126. Block JP, He Y, Zaslavsky AM, Ding L, Ayanian JZ. Psychosocial stress and change in weight among US adults. Am J Epidemiol 2009;170:181–92.

127. Paus T, Keshavan M, Giedd JN. Why do many psychiatric disorders emerge during adolescence? Nat Rev Neurosci 2008;9:947–57.

128. Kubera B, Bosy-Westphal A, Peters A, et al. Energy allocation between brain and body during ontogenetic development. Am J Hum Biol 2013;65:672–81.

129. Kaufman D, Banerji MA, Shorman I, et al. Early-Life Stress and the Development of Obesity and Insulin Resistance in Juvenile Bonnet Macaques. Diabetes 2007;56:1382–6.

130. Ludwig J, Duncan GJ, Gennetian LA, et al. Neighborhood effects on the long-term well-being of low-income adults. Science 2012;337:1505–10.

131. Ludwig J, Sanbonmatsu L, Gennetian L, et al. Neighborhoods, obesity, and diabetes – a randomized social experiment. N Engl J Med 2011;365:-1509–19.

132. Sikorski C, Luppa M, Brähler E, König HH, Riedel-Heller SG. Obese children, adults and senior citizens in the eyes of the general public: results of a representative study on stigma and causation of obesity. PLoS ONE 2012;7:e46924.

133. Pinhas-Hamiel O, Modan-Moses D, Herman-Raz M, Reichman B. Obesity in girls and penetrative sexual abuse in childhood. Acta Paediatr 2009;98:144–7.

134. Noll JG, Zeller MH, Trickett PK, Putnam FW. Obesity risk for female victims of childhood sexual abuse: a prospective study. Pediatrics 2007;120:e61-e7.

135. Thomas C, Hyppönen E, Power C. Obesity and type 2 diabetes risk in mid-adult life: the role of childhood adversity. Pediatrics 2008;121:e1240-e9.

136. Suglia SF, Duarte CS, Chambers EC, Boynton-Jarrett R. Cumulative social risk and obesity in early childhood. Pediatrics 2012;129:e1173–9.

137. Crowell JA. Cumulative adversity in early childhood is associated with increased BMI and behavioural problems. Evid Based Nurs 2015;18:48–9.

138. Pruessner JC, Baldwin MW, Dedovic K, et al. Self-esteem, locus of control, hippocampal volume, and cortisol regulation in young and old adulthood. Neuroimage 2005;28:815–26.

139. Epel ES, McEwen B, Seeman T, et al. Stress and body shape: stress-induced cortisol secretion is consistently greater among women with central fat. Psychosom Med 2000;62:623–32.

140. Treasure J, Claudino AM, Zucker N. Eating disorders. Lancet 2010;375:583–93.

141. El Ghoch M, Calugi S, Lamburghini S, Dalle Grave R. Anorexia nervosa and body fat distribution: a systematic review. Nutrients 2014;6:3895–912.

142. Matsuzaki H, Daitoku H, Hatta M, Tanaka K, Fukamizu A. Insulin-induced phosphorylation of FKHR (Foxo1) targets to proteasomal degradation. Proc Natl Acad Sci U S A 2003;100:11 285–90.

143. Het S, Vocks S, Wolf JM, Hammelstein P, Herpertz S, Wolf OT. Blunted neuroendocrine stress reactivity in young women with eating disorders. J Psychosom Res 2015;78:260–7.

144. Böhmig HE, Hoenecke C, Deeg H, et al. »Moralentwicklung und Moralerziehung nach Lawrence Kohlberg« als Thema in der Lehrerausbildung – Ein Arbeitspapier. Berlin 1995.

145. Blanke O, Metzinger T. Full-body illusions and minimal phenomenal selfhood. Trends Cogn Sci 2009;13:7–13.

146. Limanowski J, Blankenburg F. Minimal self-models and the free energy principle. Front Hum Neurosci 2013;7:547.

147. Schopenhauer A. Die beiden Grundprobleme der Ethik, behandelt in zwei akademischen Preisschriften. Leipzig: F. A. Brockhaus; 1860.

148. Mason P. With a little help from our friends: how the brain processes empathy. Cerebrum 2014:14.

149. Harlow HF, Suomi SJ. Nature of love – simplified. Am Psychol 1970;25:161–8.

150. Bernhardt BC, Singer T. The neural basis of empathy. Annu Rev Neurosci 2012;35:1–23.

151. Anders S, de Jong R, Beck C, Haynes JD, Ethofer T. A neural link between affective understanding and interpersonal attraction. Proc Natl Acad Sci U S A 2016;113:E2248–57.

152. Smith KD, Keating JP, Stotland E. Altruism reconsidered: The effect of denying feedback on a victim's status to empathic witnesses. J Personaliy Soc Psychol 1989;57:641–50.

153. de Vignemont F, Singer T. The empathic brain: how, when and why? Trends Cogn Sci 2006;10:435–41.

154. Güth W, Kocher MG. More than thirty years of ultimatum bargaining experiments: Motives, variations, and a survey of the recent literature. J Econom Behavior & Organization 2014;108:396–409.

155. Henrich J, Boyd R, Bowles S, Fehr E, Gintis H, McElreath R. In Search of Homo Economicus: Behavioral Experiments in 15 Small-Scale Societies. Am Econon Rev 2001;91:73–8.

156. Proctor D, Williamson RA, de Waal FB, Brosnan SF. Chimpanzees play the ultimatum game. Proc Natl Acad Sci U S A 2013;110:2070–5.

157. Bratanova B, Loughnan S, Klein O, Wood R. The rich get richer, the poor get even: Perceived socioeconomic position influences micro-social distributions of wealth. Scand J Psychol 2016;57:243–9.

158. Destoop M, Schrijvers D, De GC, Sabbe B, De Bruijn ER. Better to give than to take? Interactive social decision-making in severe major depressive disorder. J Affect Disord 2012;137:98–105.

159. Kubera B, Klement J, Wagner C, et al. Differences in fairness and trust between lean and corpulent men. Int J Obes (Lond) 2016;40:1802–8.

160. Bechler C, Green L, Myerson J. Proportion offered in the Dictator and Ultimatum Games decreases with amount and social distance. Behav Processes 2015;115:149–55.

161. Piff PK, Stancato DM, Côté S, Mendoza-Denton R, Dacher K. Higher social class predicts increased unethical behavior. Proceedings of the National Academy of Sciences 2012;doi10.1073.

162. Luhmann N. Vertrauen. Stuttgart: F. Enke Verlag; 1968.

163. Compatibilism. In: Zalta EN, ed. Stanford Encyclopedia of Philosophy. Stanford: Stanford University; 2015.

164. Singer W. Unser Wille kann nicht frei sein. Der Spiegel 2003.

165. Strawson PF. Freedom and resentment. Proceedings of the British Academy 1962;48:187–211.

166. Nichols S. Experimental philosophy and the problem of free will. Science 2011;331:1401–3.

167. Nichols S, Knobe J. Moral Responsibility and Determinism: The Cognitive Science of Folk Intuitions. Noûs 2007;41:663–85.

168. Brosnan SF, De Waal FB. Monkeys reject unequal pay. Nature 2003;425:297–9.

169. Hume D. Eine Untersuchung über den menschlichen Verstand. Frankfurt am Main: Suhrkamp; 2014.

170. Gleitze B., Gemper BB, Reinhold G. Familie und Beruf in Japan. Berlin: Duncker & Humblot; 1981.

171. Maynard Smith J, Price GR. The logic of animal conflict. Nature 1973;246:15–8.

172. Sturge-Apple ML, Davies PT, Martin MJ, Cicchetti D, Hentges RF. An examination of the impact of harsh parenting contexts on children's adaptation within an evolutionary framework. Dev Psychol 2012;48:791–805.

173. Korte SM, Koolhaas JM, Wingfield JC, McEwen BS. The Darwinian concept of stress: benefits of allostasis and costs of allostatic load and the trade-offs in health and disease. Neurosci Biobehav Rev 2005;29:3–38.

174. Paulhus DL, Williams KM. The Dark Triade of personality: Narcissism, Machiavellianism, and psychopathy. Journal of Research in Personality 2002;36: 556–63.

175. Jakobwitz S, Egan V. The dark triad and normal personality traits. Personality and Individual Differences 2006;40:331–9.

176. Jonason PK, Li NP, Teicher EA. Who is James Bond?: The Dark Triad as an Agentic Social Style. Individual Differences Research 2010;8:111–20.

177. Mischel W, Shoda Y, Rodriguez MI. Delay of gratification in children. Science 1989;244:933–8.
178. Hirigoyen MF. Die Masken der Niedertracht – Seelische Gewalt im Alltag und wie man sich dagegen wehren kann. München: C. H. Beck Verlag; 1999.
179. Jonason PK, Kavanagh P. The dark side of love: Love styles and the Dark Triad. Personality and Individual Differences 2010;49:606–10.
180. Moser S. Selbstverantwortung und Fremdbestimmung. Ein philosophisch-ethischer Zugang. In: Lesk S, Apflauer G, eds. Selbstverantwortung als Prinzip: Positionen zur handlungsorientierten Perspektive. Wien 2013.
181. Henkel A, Karle I, Lindemann G, Micha W. Dimensionen der Sorge. Baden-Baden: Nomos; 2016.
182. Schmidt B. Verantwortung für Gesundheit: Formen, Funktionen und Folgen der Zurechnung. Soziale Systeme 2016;19:350–75.
183. Henkel A. Soziologie des Pharmazeutischen. Baden-Baden: Nomos; 2011.
184. Højbjerg E. The limits of ignorance – financial literacy and the corporate responsibilization to the business of life. Soziale Systeme 2016;19: 379–404.
185. Henkel A. Gesellschaftstheorie der Verantwortung. Funktion und Folgen eines Mechanismus der Reduktion sozialer Komplexität. Soziale Systeme 2014;19:470–500.
186. Steptoe A, Wardle J, Pollard TM, Canaan L, Davies GJ. Stress, social support and health-related behavior: a study of smoking, alcohol consumption and physical exercise. J Psychosom Res 1996;41:171–80.
187. Bosch J, Gerstein HC, Dagenais GR, et al. n-3 fatty acids and cardiovascular outcomes in patients with dysglycemia. N Engl J Med 2012;367:309–18.
188. Svensson M, Schmidt EB, Jørgensen KA, Christensen JH, Group OS. N-3 fatty acids as secondary prevention against cardiovascular events in patients who undergo chronic hemodialysis: a randomized, placebo-controlled intervention trial. Clin J Am Soc Nephrol 2006;1:780–6.
189. Li NN, Zhou Y, Qin XP, et al. Does intravenous fish oil benefit patients post-surgery? A meta-analysis of randomised controlled trials. Clin Nutr 2014;33:226–39.
190. Langlois PL, Hardy G, Manzanares W. Omega-3 polyunsaturated fatty acids in cardiac surgery patients: An updated systematic review and meta-analysis. Clin Nutr 2017;36:737–46.
191. Adab P, Pallan MJ, Lancashire ER, et al. Effectiveness of a childhood obesity prevention programme delivered through schools, targeting 6 and 7 year olds: cluster randomised controlled trial (WAVES study). BMJ 2018;360:k211.
192. Kipping RR, Howe LD, Jago R, et al. Effect of intervention aimed at increasing physical activity, reducing sedentary behaviour, and increasing

fruit and vegetable consumption in children: active for Life Year 5 (AFLY5) school based cluster randomised controlled trial. BMJ 2014;348:g3256.

193. Link BG, Phelan J. Social conditions as fundamental causes of disease. J Health Soc Behav 1995;Spec No:80–94.

194. Phelan JC, Link BG, Tehranifar P. Social conditions as fundamental causes of health inequalities: theory, evidence, and policy implications. J Health Soc Behav 2010;51 Suppl:S28–40.

195. Safavi-Hemami H, Gajewiak J, Karanth S, et al. Specialized insulin is used for chemical warfare by fish-hunting cone snails. Proc Natl Acad Sci U S A 2015;112:1743–8.

196. Fitzpatrick R. https://www.youtube.com/watch?v=S_LjnwVxGLo. 2015.

197. Herman ES, Chomsky N. Manufacturing Consent. New York: Pantheon Books; 2002.

198. Bourdieu P. Ökonomisches Kapital, kulturelles Kapital, soziales Kapital. In: Kreckel R, ed. Soziale Ungleichheiten. Göttingen: Schwartz 1983:183–98.

199. Dennett DC. Den Bann brechen: Religion als natürliches Phänomen. Frankfurt am Main: Suhrkamp Verlag; 2016.

200. Goffman E. Wir alle spielen Theater. München: Piper; 1969.

201. Norman KJ, Seiden JA, Klickstein JA, et al. Social stress and escalated drug self-administration in mice I. Alcohol and corticosterone. Psychopharmacology (Berl) 2015;232:991–1001.

202. Topiwala A, Allan CL, Valkanova V, et al. Moderate alcohol consumption as risk factor for adverse brain outcomes and cognitive decline: longitudinal cohort study. BMJ 2017;357:j2353.

203. Jiang L, Gulanski BI, De Feyter HM, et al. Increased brain uptake and oxidation of acetate in heavy drinkers. J Clin Invest 2013;123:1605–14.

204. Doya K, Ishii S. A probability primer. In: Doya K, Pouget A, Rao RPN, eds. Bayesian Brain. Cambridge: MIT Press; 2011.

205. Köller N, Nissen K, Rieß M, Sadorf E. Probabilistische Schlussfolgerungen in Schriftgutachten. München: Bundeskriminalamt – Luchterhand; 2004.

206. Sackett DL, Rosenberg WM, Gray JA, Haynes RB, Richardson WS. Evidence based medicine: what it is and what it isn't. BMJ 1996;312:71–2.

207. The periodic health examination. Canadian Task Force on the Periodic Health Examination. Can Med Assoc J 1979;121:1193–254.

208. Freud S. Die Traumdeutung. Leipzig: F. Deuticke; 1899.

209. Hobson JA. REM sleep and dreaming: towards a theory of protoconsciousness. Nat Rev Neurosci 2009;10:803–13.

210. Rechtschaffen A, Bergmann BM, Everson CA, Kushida CA, Gilliland MA. Sleep deprivation in the rat: X. Integration and discussion of the findings. Sleep 1989;12:68–87.

211. Hilakivi I. Biogenic amines in the regulation of wakefulness and sleep. Med Biol 1987;65:97–104.
212. Parmeggiani PL. REM sleep related increase in brain temperature: a physiologic problem. Arch Ital Biol 2007;145:13–21.
213. Hobson JA, Friston KJ. Waking and dreaming consciousness: neurobiological and functional considerations. Prog Neurobiol 2012;98:82–98.
214. Gilestro GF, Tononi G, Cirelli C. Widespread changes in synaptic markers as a function of sleep and wakefulness in Drosophila. Science 2009;324:109–12.
215. Maquet P, Dive D, Salmon E, et al. Cerebral glucose utilization during sleep-wake cycle in man determined by positron emission tomography and [18F]2-fluoro-2-deoxy-D-glucose method. Brain Res 1990;513:136–43.
216. Iranzo J, Floria LM, Moreno Y, Sánchez A. Empathy emerges spontaneously in the ultimatum game: small groups and networks. PLoS ONE 2012;7:e43 781.
217. Wilkinson R, Pickett K. The Spirit Level – Why Equality is Better for Everyone. London: Penguin Books Ltd; 2010.
218. Storch M, Gaab J, Küttel Y, Stüssi AC, Fend H. Psychoneuroendocrine effects of resource-activating stress management training. Health Psychol 2007;26:456–63.
219. Gaab J, Blättler N, Menzi T, Pabst B, Stoyer S, Ehlert U. Randomized controlled evaluation of the effects of cognitive-behavioral stress management on cortisol responses to acute stress in healthy subjects. Psychoneuroendocrinology 2003;28:767–79.
220. Hammerfald K, Eberle C, Grau M, et al. Persistent effects of cognitive-behavioral stress management on cortisol responses to acute stress in healthy subjects – a randomized controlled trial. Psychoneuroendocrinology 2006;31:333–9.
221. Nussbaum MC. Capabilities as Fundamental Entitlements: Sen and Social Justice. Femin Econom 2003;9:33–59.
222. Bourdieu P. Die feinen Unterschiede. Frankfurt am Main: Suhrkamp Verlag; 1987.
223. Brunner EJ, Marmot MG, Nanchahal K, et al. Social inequality in coronary risk: central obesity and the metabolic syndrome. Evidence from the Whitehall II study. Diabetologia 1997;40:1341–9.
224. Pickett KE, Kelly S, Brunner E, Lobstein T, Wilkinson RG. Wider income gaps, wider waistbands? An ecological study of obesity and income inequality. J Epidemiol Community Health 2005;59:670–4.
225. Kim D, Kawachi I, Hoorn SV, Ezzati M. Is inequality at the heart of it? Cross-country associations of income inequality with cardiovascular diseases and risk factors. Soc Sci Med 2008;66:1719–32.

Register

427